예영현대문화신서 9

감각의 문화

THE SENSATE CULTURE

예영현대문화신서 9

감각의 문화

지은이 · 해롤드 브라운
옮긴이 · 차성구
초판 1쇄 찍은날 · 2000년 12월 8일
초판 1쇄 펴낸날 · 2000년 12월 16일
펴낸이 · 김승태
편집, 교정 · 이상윤
표지디자인 · 김정미
영업 · 김석주
등록번호 · 제2-1349호(1992. 3. 31)
펴낸곳 · 예영커뮤니케이션
주소 · 110-616 서울 광화문 우체국 사서함 1661
　　　유통사업부 T. (02)830-8566 F. (02)830-8567
　　　출판사업부 T. (02)2264-7211 F. (02)2264-7214
　　　E-mail : jeyoungedit@chollian.net

ISBN 89-8350-639-3   03300

값 13,000원

■ 잘못 만들어진 책은 언제든지 교환해 드립니다

예영현대문화신서 9

혼돈과 변혁 사이의 서구 문명

감각의 문화
THE SENSATE CULTURE

해롤드 브라운 지음 ■ 차성구 옮김

예영커뮤니케이션

목차

감사의 글

대학과 대학원에서 신학을 공부할 때, 나는 학교에 있는 우리 시대의 위대한 사상가 한 사람을 어렴풋이 알고 있었다. 그의 아들 세르게이와 같은 반이었고 꽤 친하게 지냈지만, 많은 학생들이 그랬듯이 불행하게도 그에게 배울 기회를 얻지 못했다.

피티림 소로킨에 대한 강의를 수강하고, 하버드 대학의 애플턴 채플에서 설교도 듣고 그의 저서를 두 권이나 읽었지만, 정작 그가 하는 강의는 직접 듣지 못했던 것이다. 그런데 1990년 한 해 동안 병상에서, 초판이 출판된 지 반세기나 지난 『우리 시대의 위기』(*The Crisis of Our Age*)를 다시 읽었다. 나는 소로킨의 놀랄 만큼 정확한 판단과 예견에 놀랐고, 그가 많은 미래학자들과 자칭 예언자라 하는 자들과는 달리 희망적인 어투로 말하는 것에 더욱 놀랐다. 그 다음 해에 인디애나폴리스에 있는 자유 기금(Liberty Fund)에서 후원하는 소로킨의 연구에 관한 학술 회의에 참여할 수 있었다. 이런 과정에서 그가 예전에 말했던 '위기'를 20세기 말에 새롭게 적용하려고 시도하는 의도를 이해하게 되었다. 그리고 그는 현대 문화의 마지막 단계에 대한 기독교적인 접근을 좀더 의식적으로 실행하려 했으며, 현대 문화의 붕괴보다는 갱신을 위한 기대를 버리지 않았다. 당시 월터 카이저 2

세가 학장으로 있었던 트리니티 복음주의 신학교에서 나에게 안식년을 허락해 이 연구를 계속할 수 있었다. 또한 알랜 칼슨이 책임자로 있는 록포드 연구소(Rockford Institute)에서는 나에게 충분한 후원을 해주었다. 만약 그러한 배려와 도움이 없었다면 이 연구를 끝내기란 불가능했을 것이다. 시카고 대학의 밀턴 로젠버그 교수, 오스트리아 대학의 한스 밀렌도르퍼 교수 그리고 보스턴 대학교의 의과 대학에 있는 세르게이 소로킨 교수의 충고와 격려에 감사드린다. 조교 에릭 칼슨, 브라이언 딘, 휴 휴즈, 존 리어맨과 비서 마틸다 헌시커와 스태시 구자르도는 함께 연구하고 교정하는 일에 큰 도움을 주었다. 무엇보다도 아내 그레이스에게 감사의 마음을 전한다. 그녀의 사랑과 내조와 인내가 있었으므로 연구에 전념할 수 있었고, 연구를 중단해야 하는 위기를 몰고 왔던 심각한 등반 사고도 극복할 수 있었다. 이 책에 오류나 누락된 것이 있으면 전적으로 나의 책임이다.

해롤드 브라운(Harold O. J. Brown)

서문

　우리가 20세기 말에 어떤 일들이 발생할 것인지 알아보면, 수많은 종류의 예견과 예언과 예측을 접하게 된다. 이들은 미래의 충격에 대해 상당수의 종교인들과 관심 있는 지도자들에게 암울한 공포를 떠올리게 만든다. 미래에 대한 불길한 예감은 불안이나 '과거의 충격'을 더욱 강하게 만든다. 그러한 두려움의 감정들은 20세기의 참상-무자비한 독재 정치, 세계대전, 핵폭탄, 대량 학살, 날로 증가하는 낙태, 안락사 그리고 동성애 등-을 수없이 목격한 사람들의 마음에 겹겹이 싸여 있다. 그러나 지나온 과거를 진보로 여기는 사람들도 있다. 그들은, 몇몇을 제외하고서라도, 20세기에 형성된 여러 가지 모습을 진정한 진보로 여긴다. 또한 과학과 교육이 이룩하고 주도해 나갈 비정한 세속적인 상태가 변함없이 좋기만 할 것임을 강조하면서, 자신들의 냉담한 마음 상태를 거침없이 드러낸다.

　오늘날의 현실을 정확히 파악하고 있는 해롤드 브라운의 풍부하고 탁월한 식견을 접해 보라. 그는 인류의 희망과 두려움을 있는 그대로 설명하는 건전한 관점을 지니고 있으므로, 세속적 입장에 있는 비관론자나 낙관론자들보다 더 올바른 판단을 내릴 수 있다. 이 책의 내용은 주로 개관(survey)과 입증(testament)으로 구성되어 있다. 사회 현실에 대한 개관은 책 전체에 걸쳐 제시되는데, 독자들은 그 내용을 곧 보게 될 것이다. 브라운 박사는 우리 시대의 '감각 문화'에 내재되어 있는 위기를 생생하고도 분명하게 설명해 준다. 우리는 책의 제목이 지니는 완전한 의미를 곧 깨닫게 될 것이다. 그는 위기가 전 우주적이고 체제 전반에 걸친 것임을 밝혀 주었다. 그는 예술, 법, 종교, 철학, 의학, 언론, 사회 전 분야의 위기를 다룬다. 이처럼 단지 감정에 호소하지 않고, 자세히 현실의 상황을 열거하여 문화의 특성을 찾아낸 것을 보고 놀라지 않을 사람은 없을 것이다.

우리가 접하고 있는 위기는 대공황이나 냉전 상태보다 훨씬 더 복잡하다. 좀더 구체적으로 표현하자면, 현대의 위기는 심각한 골절이나 단순한 부상 정도는 비교도 되지 않는 중병이다. 브라운은 현대 사회가 '암'에 걸려 있다고 진단한다. 하지만 그렇게 분석하면서도, 그는 위기를 최종적인 상태로 보지 않고 필연적인 것으로 이해한다. 바로 여기에서 그의 책이 지닌 또 다른 장점이 드러난다. 그는 자신이 개관한 현재의 상황에 기독교적인 신념을 적용시킨다. 마지막 장에서 그는 '고갈되고 황폐한 상태'에 처해 있는 서구 문명이 막다른 곳에 도달했는지 묻는다. 역사와 전설 속에서 사라져 간 '니느웨와 두로' 같은 운명을 맞게 될 것인지 묻고 있는 것이다. 특유의 재치와 신랄함으로 우리 사회에 도움이 되리라고 널리 선전되는 만병 통치약(문화적 다원성)을 사정없이 깎아내린다.

그러나 저자는 현실의 상황을 외면하지 않는다. 오히려 그는 우리에게 현재의 역량으로 희망을 가져야 하는 이유로 어떤 것이 있느냐고 질문한다. 그는 피티림 소로킨으로부터 해답을 찾았다. 러시아에서 추방된 뛰어난 사회학자인 소로킨은 고통스러웠던 1941년 당시의 위기를 정확히 진단하였다. 소로킨의 후계자라 불리기에 손색이 없는 브라운은, 소로킨이 희망을 길어 올린 바로 그 우물을 발견하였다. 바로 '자각의 은혜' (grace of understanding)이다. 하나님의 은혜, 그가 자신의 피조물을 위해 정해 놓으신 목적에 대한 자각, 그러한 은혜의 빛을 통해 깨달은 세계에 대한 자각, 이와 같은 여러 가지 자각으로부터 우리는 희망을 가지게 된다. 그런 희망에 거할 때에만 흔들리지 않는 확신을 지닐 수 있다. 저자인 해롤드 브라운은 우리를 틀림없이 희망에 찬 확신으로 인도해 줄 것이다.

윌리엄 벤틀리 볼(William Bentley Ball)

서론

미래를 알고자 하는 욕망은 인간의 역사만큼이나 오래되었다. 하지만 미래가 어떠하리라는 것을 우리가 어찌 알 수 있겠는가? 어떤 이들은 역사 연구를 통해 우리가 미래에 어떤 기대를 할 수 있을지 알게 된다고 믿는다. 과거의 사회 발전을 관찰하면서 지금 우리 시대에 유사한 경향을 찾아낸다면, 아마 그와 유사한 결과를 기대할 수 있다는 것이다. 다른 이들은 역사가 유용한 안내자는 아니라고 주장한다. 왜냐하면 현대 문화나 포스트모던 문화는 과거 문화에 비해 너무나 복잡하므로, 과거 역사 속의 질서와 인과율은 오늘날과 거의 관련이 없기 때문이라는 것이다. 많은 사람들은 기술이 이루어 놓은 성과와 기술이 향하고 있는 곳을 인식하는 것만이 앞으로 어떤 모습이 우리 앞에 펼쳐질 것인지 정확하게 예견하도록 돕는다고 확실하게 믿고 있다.

몇몇 소설가들은 미래 사회의 모습을 미리 상상해 보기도 했는데, 그들은 기존의 사회 속에서 나타나는 경향들을 근거로 미래의 모습을 추정하였다. 미래에 관심을 가진 사람들 가운데 좀더 학문적이고 과학적인 사람들을 가리켜 '미래학자' 라 부른다. 이 학자들 중에서 어떤 이들의 주장은 충분한 설득력을 가지고 있어 기업체나 정부가 그들의 학설을 바탕으로 하여 중요한 결정을 내리기도 한다.

이처럼 미래를 예견하려는 시도들이 내포하고 있는 공통점은 비관적인 입장을 분명하게 표명한다는 것이다. 미래 예견이라는 분야에서 활동하는 작가들 가운데 두 사람, 곧『훌륭한 신세계』를 지은 알두스 헉슬리(Aldous Huxley)와『1984년』을 지은 조지 오웰(George Orwell)은 황량하고 음침한 인류의 미래를 예언했었다. 그들에 비해 좀더 희망적으로 예견한 미래학자들도 있다.『미래 쇼크』와『제3의 물결』을 지은 앨빈 토플러(Alvin Toffler)와『미국의 재생』을 저술한 찰스 레이(Charles Reich)가 그들이다. 하지만 전반적으로 미래학자들의 견해는 우울한 분위기에 휩싸여 있고, 지구의 미래가 밝거나 희망을 약속하고 있다고 보지 않는다.『인구 폭발』의 폴 얼리치(Paul Ehrlich)와『성장의 한계』를 발표한 로마 클럽은 지구가 인구의 증가로 점점 더 복잡해지고, 빈곤층이 늘어나며, 자유가 상실되고, 희망도 사라질 것이라고 예언했다. 인구통계학자인 피에르 샤뉴(Pierre Chaunu)는 폴 얼리치와 정반대로 예견했다. 즉 세계의 인구는 차츰 감소하게 되며, 모든 인류는 2500년경에 완전히 사라질 것이라 하였다. 다른 미래학자들과 근거는 다르지만, 이는 결국 임박한 재난을 말한다는 면에서 같은 주장이라 할 수 있다. 오스트리아의 사회학자인 한스 밀렌도르퍼(Hans Millendorfer)가 지적한 대로, 모든 미래학자들은 지금의 우리가 예상하는 모습과 전혀 다른 새로운 유형의 인간을 생각해 볼 필요가 있다. 미래학자들은 여러 가지 상이한 근거들을 제시하지만, 그들은 인류의 미래에 큰 재앙이 기다리고 있다는 점에서 놀라울 정도로 일치하고 있다.

음울하고 절망적인 미래에 대한 전망은『역사의 연구』를 지은 아놀드 토인비(Arnold Toynbee)와 같은 뛰어난 역사 철학자들 사이에도 널리 퍼져 있다. 또한 비록 복잡하고 어려운 그의 작품을 많은 사람들이 읽지 않았을지라도,『서구의 몰락』을 저술한 오스왈드 스펭글러(Oswald Spengler)도 그 가운데 한 사람이다. 스펭글러와 토인비는 사회를 살아 있는 유기체로 본다. 따라서 모든 인간 사회는 탄생을 거쳐 성장, 유년기, 성숙기, 노년기, 노쇠한 상태 그리고 최종적으로 죽음에 이른다는 것이다. 이들 두 사람은 특별히 서구 기독교 사회가 완전히 쇠약한 상태에 접어들었다고 보았다.

기독교인들은 종종 미래에 대한 해답을 사도 요한의 계시록이나 다니엘서와 같은 성경의 예언서에서 찾으려 한다. 그러나 성경의 예언에 심취해 있는 학자들이나 재미 삼아 예언서를 뒤적이는 자들은 세상의 종말과 더불어 시작될 하나님 나라가 지니는 놀라운 요소들에 대한 관심보다는 세상의 종말에 앞서 진행될 대환란의 무시무시한 장면들에 초점을 맞춘다. 달리 말하자면, 사람들은 미래를 생각할 때 거의 대다수가 자연스러울 정도로 비관주의와 지구의 앞날에 대한 절망을 먼저 연상한다는 것이다. 그들이 세속적인 자료에 근거하든 성경의 예언에 근거하든 간에 결과는 동일한 것으로 보인다.

하지만 항상 그런 것은 아니었다. 플라톤의 『국가론』에서 웰스(H. G. Wells)의 『신과 같은 인간』에 이르기까지 과거의 많은 작가들은 인류가 더 건강하고 부유하며 현명해지는 방법을 배울 수 있을 뿐만 아니라 그렇게 되리라고 생각했다. 근래의 작가들 중에도 앞날에 대해 낙관적인 견해를 가진 사람들이 몇 명 있다. 『왈던 2』의 저자인 스키너(B. F. Skinner)와 같은 작가들은 우수한 집단의 인물들이 다른 모든 사람들을 책임지고 지혜롭고 확실하게 지도해야 한다고 보았다. 뛰어난 능력을 가진 이들이 빈틈없이 통치하면 일반 사람들도 대부분 원망하지 않으리라는 것이다. 하지만 낙관론자들도 예외는 남겨 놓는다. 공상 과학 소설가로부터 요한계시록을 흥분하면서 해석하는 기독교인들에 이르기까지, 미래에 관심을 갖는 이들은 일반적으로 고난과 재앙이 차츰 가중될 것으로 내다본다.

마치 대다수 사람들이 어두운 미래를 예언하는 것을 즐기는 성향을 지니고 있는 듯이 보인다. 헉슬리와 토인비 그리고 스펭글러와 같은 작가들에 의하여 촉발된 음울하고 황량한 미래에 대한 전망은 고난의 시대가 올 것을 말하는 성경의 예언들과 잘 대조가 된다. 상당히 다른 관점에서 접근하였으므로 미래학자들과 성경학자들은 각기 다른 이유에 근거하여 인류가 암울하고 황량한 미래를 향해 나아가고 있다고 생각한다. 하지만 그들은 모두 비관적인 입장을 취한다는 공통점이 있다.

이처럼 널리 퍼진 비관론과 대비되는 역설적인 측면이 있다. 서구의 국가들은 물질적인 풍요로움에 만끽하고 있다. 의료 서비스와 복지 프로그램이 엄청나게 확장되고 있다. 수많은 사람들이 장기간의 휴가와 사치스러운 여행을 즐기는 여유를 누린다. 수세기 전까지만 해도 서로 멀리 떨어져 있는 지구상의 다른 지역이라면 제국주의자들과 식민지 개척자들이나 탐내는 곳이었지만, 오늘날에는 아무리 먼 곳이라 하여도 값비싼 사진기를 둘러멘 관광객들이 떼를 지어 몰려간다. 연예 오락 프로그램을 통해서는 리모콘 버튼 하나로 세계 어느 곳이든 실제로 구경할 수 있는 세상이다. 이처럼 감각적인 세상에서 제공하는 즐거움과 매력에 만족하지 못하는 사람들조차도 여러 다양한 종교들 가운데 마음에 드는 것을 골라 선택하기만 하면 된다.

서구 사람들은 더 이상 큰 전쟁을 두려워하지 않는다. 상당히 정교하게 수립된 정부의 경제 정책에 의해 대공황과 같은 경제적인 몰락은 사전에 예방되리라 믿는다. 여전히 질병은 완전히 뿌리뽑히지 않았고 사람은 죽을 수밖에 없는 처지이긴 하지만, 과거에는 치명적이던 수많은 질병들이 검진으로 미리 발견되고 있으며, 의료계와 사회 공동체는 심각한 장애로 인하여 당하는 불편을 해소하기 위한 여러 가지 처방을 마련해 놓고 있다. 이로 인하여 신체적인 장애를 가진 많은 장애인들도 보다 생산적인 삶을 영위할 수 있게 되었다. 이제 특정한 소수의 젊은이들만이 고등 교육의 혜택을 받는 시대는 지났다. 학교 교육을 받을 수 있는 기회가 차별 없이 균등하게 제공되므로, 누구나 대학에 입학하여 공부할 수 있게 되었고, 심지어 직업을 바꾸기 위해 재교육을 받을 기회도 주어진다.

이와 같이 사회의 모든 분야에서 진보가 이루어졌음에도 불구하고, 미래에 대한 확신과 희망을 상실한 분위기가 전 세계에 널리 퍼져 현대 문화를 전반적으로 지배하고 있다. 현대 사회가 직면한 위험 중에는 미래에 관한 부정적인 예언들이 사회 분위기를 주도하여 정말 그대로 성취될 수도 있다는 것이다. 앞날이 절망적이라고 확신하는 사람들은 상황을 개선하려는 노력마저 포기하려는 경향을 지니기 때문이다.

비관적인 분위기를 깨기 위해서는 우리 문화의 현실을 있는 그대로 이해해야 하며, 인류 역사라고 하는 거대한 그림에서 문화가 차지하는 위치를 정확히 알아야 한다. 극심한 절망으로 고통 당하는 사람은 자신이 고통 당하지 않던 때를 기억하지 못하며, 앞으로 더 이상 억눌리지 않는 밝은 미래가 오리라는 것을 상상조차 하지 못한다. 그와 마찬가지로 현재의 문화에 깊이 빠져 있는 사람은 지금과 다른 관점에 대한 가능성을 생각하지 못하고 예견된 재앙을 피할 어떤 방법도 찾지 못한다. 심지어 신앙적이고 영적인 가치를 귀히 여기고 하나님께 소망을 두며, 지금의 세계가 궁극적으로 변화되어 그리스도의 왕국이 완성될 것을 믿는 경건한 그리스도인들도 우리가 살아가는 이 세상이 파멸에 이르리라는 측면만 강조한다. 이러한 이유 때문에 긍정적으로 생각하기 원하며 더 나은 세상을 이루기 위해 애쓰고자 하는 사람들 가운데 많은 이들은 미래학자들과 앞날을 예견하는 이들의 견해를 무시하고 그저 근시안적인 입장만을 고수한다. 안타깝게도 이처럼 먼 미래를 바라보지 못하는 태도는 우리 시대의 복잡한 문제들을 처리하기에는 적절하지 못하다. 왜냐하면 현대의 문제들을 해결하려면 오랜 시간이 필요하기 때문이다.

우리는 미래와 관련하여 별로 달갑지 않은 두 가지 선택에 직면해 있다. 우리는 현재의 문제들을 너무 심각하게 받아들여 탈출구를 찾으려는 노력을 포기하거나, 문제를 전체적인 시각을 상실한 채 여기저기에서 상황을 호전시키기 위해 성급하게 일을 벌일 수도 있다. 그러한 단기적인 개선 노력은 광범위한 문명의 몰락과 인간 사회의 붕괴에 파묻혀 결국 부질없는 행동이 될 가능성이 많다. 이런 이유로 과거의 역사와 현재의 인류가 지향하는 역사의 향방을 정확히 파악하면서도, 미래의 재앙들이 있을 수는 있지만 모두가 불가피한 것은 아니라고 조심스럽게 말하는 어떤 위대한 사상가를 만난다면, 우리는 당연히 그의 말에 귀를 기울이게 된다. 문화 전반에 퍼진 대재앙의 위험을 속속들이 알고 있으면서도, 여전히 재앙이 예정된 운명이 아니라는 희망과 현재 우리의 위치를 분명히 인식하고 절망이 아닌 희망찬 미래를 위해 따라야 할 올바른 길을 파악할 수 있다면 엄청난 발전의 가능성도 있다는 희망을 일깨워 주는 사람에게 우리는 경의를 표할 수밖에 없다.

20세기를 빛낸 위대한 사상가들 가운데 유달리 뛰어난 인물이 있다. 바로 피티림 소로킨(Pitirim A. Sorokin, 1889-1968)이다. 그는 우리가 직면한 문제들을 축소시키지 않으면서 동시에 그 문제들이 해결될 수 있고 위기도 해소될 수 있다는 희망을 주었다. 그는 이러한 희망적인 전망이 반드시 실현되리라 믿었다. 단, 우리는 지나간 2000년 간의 문화가 도달한 막다른 골목에서 벗어날 수 있는 바른 길을 발견하고 분별할 수 있는 안목을 지니고 있어야 한다. 러시아에서 추방된 학자인 소로킨은 1941년에 『문화의 위기』(The Crisis of Our Culture)라는 제목의 책을 출판했다. 그 책에는 지난 수십 년 간 발생한 문화의 체계와 발전 과정을 포괄적이고 세밀하게 분석한 내용을 한 눈에 알 수 있게 실어 놓았다. 우리 사회가 20세기의 남은 기간 동안 나아갈 방향에 대한 그의 예견은 거의 예외 없이 정확히 실현되었다.

그가 지닌 가까운 장래에 대한 예언의 정확성은 다른 대다수 미래학자들의 예언을 훨씬 능가한다. 우리는 이 사실을 근거로 먼 장래에 대한 그의 예언도 결국 사실로 밝혀지리라는 희망을 갖게 된다. 스펭글러를 비롯한 많은 학자들이 절망을 예언하는 것과는 달리 소로킨의 예언은 희망적이다. 우리 사회와 이 세계가 반드시 총체적인 재난을 당하게 되지는 않는다. 우리에게 재난을 피하도록 경고해 주는 예언이야말로 실질적으로 도움이 된다.

10년 전만 하더라도 많은 군사 전략가와 사상가들은 미국과 소련이라는 두 초강대국 사이에 끔찍한 핵전쟁이 발생할지도 모른다고 예상했다. 하지만 소련은 이제 여러 개의 독립 국가로 해체되어 더 이상 핵전쟁으로 서구 사회를 위협하지 못하게 되었다. 문화를 낙관적으로 보는 이들은 더 이상 국가간의 대립에 의해 촉발되는 전쟁은 발생하지 않으리라고 예측한다. 그 대신 인구 증가와 천연 자원의 고갈과 같은 전체적인 문제가 악화되기 시작했다. 그런 문제들은 각 개인에게는 별 것 아닌 것처럼 보일지 몰라도, 결국에는 지구 전체에 악영향을 미치는 재앙이 될 것이다.

이러한 비관적인 분위기와는 정반대로 소로킨의 관점은 우리의 기운을 북돋워 준다. 그는 우리가 잘못된 길로 가면 재난을 당하리라고 예언하는 동시에, 그 재난은 충분히 피할 수 있으며 인류는 "이 지구상에서 오로지 인간만이 수행할 수 있는 독특한 사명"을 다하기 위해 중요한 발걸음을 한 번 더 내딛을 수 있다고 믿었다. 재난을 피하고 그 임무를 완수하기 위해 먼저 위기에 대한 자각이 필요하다. 자각을 얻기 위해서는 은혜라는 수단이 요구된다. 은혜는 우리가 임의로 조작하거나 만들어 낼 수 있는 것이 아니다. 그것은 반드시 하나님으로부터 임해야 한다. 우리는 개인적으로나 사회적으로 현재의 위치를 정확히 인식하고, 옳은 길을 선택하고 그 길을 따라가는 은혜를 받아 누려야 한다. 우리가 자신의 모습을 깨닫도록 비춰 주는 빛은 어두움을 재촉하는 황혼의 빛이 아니라 새로운 새벽을 알리는 여명의 빛이 될 것이다.

아무리 많은 학식을 쌓은 인간이라 하더라도 "자각의 은혜"를 요구하거나 생산해낼 수는 없다. 은혜는 하나님의 손에 있다. 그럼에도 우리는 보다 손쉬운 방식으로 이해하고 훨씬 수월한 방식으로 올바른 길을 발견하면서 사실들을 규명하고 관계들을 조명할 수는 있다. 어떤 개인의 노력이나 어느 집단 혹은 사회의 노력도, 그 자체의 힘만으로는 광범위한 대규모의 위기를 해결하지 못한다. 소로킨은 위기의 정체가 무엇인지 파악하도록 도와준다. 그리고 앞날에 대한 두려운 전망으로 우리를 무기력하게 만들기보다는 사회 문제들을 해결할 방법을 찾도록 격려해 준다. 그가 세상을 떠난 지 반세기가 지나서 그의 업적을 계속 이어나가고 그의 통찰력을 독자들과 함께 나누려는 지금, 나는 마치 거대한 위인의 어깨를 딛고 서 있는 듯한 느낌을 받는다. 나는 그의 어깨를 딛고 서서 그가 볼 수 있었던 영역보다 더 멀리 바라볼 수 있었다. 그러나 만약 그가 없었다면, 나는 많은 것들을 전혀 깨닫지 못했을 것이다.

해롤드 브라운(Harold O. J. Brown)

1
서구 문화의 고뇌

20세기가 저물고 있다. 2000년의 세월 동안, 서구 문화는 계속하여 팽창해 왔다. 서구 문화는 대(大) 로마제국의 동쪽 귀퉁이에서 시작되었다. 독특한 유대주의 문화가 기독교로 변형되었고, 빠른 속도로 그리스 문화권으로 스며들어 왔다. 오늘날 지구상에 기독교의 영향력이 미치지 않는 곳은 거의 없다. 우리가 알고 있듯이 서구 문화는 팔레스타인의 한 선지자에 의해 형성된 종교의 발흥과 함께 시작되었다.

세계 전역에서 사용되는 대부분의 달력은 그가 탄생한 해를 기준으로 연도를 계산한다. 역사를 B.C.(주전, Before Christ)와 A.D.(주후, Anno Domini)로 나누는 구분법은 세계 어느 곳에서나 통용되고 있으며, 기독교에 의해 형성된 서구 문화가 전(全) 세계의 역사에 어느 정도로 기준을 제공하고 있는지에 대한 상징적인 예가 된다. 최근 들어 그리스도(Christ)라는 단어와 주(Lord)라는 개념을 제거하고, B.C.와 A.D.를 B.C.E(before the common era)와 C.E.(common era)로 바꾸려는 움직임이 일고 있다.

그러나 그런 움직임이 예수 그리스도와 더불어 전 우주적으로 중요한 일이 시작되었다는 서구 문화의 주된 사상을 지구상의 대다수 사람들이 따르고 있다는 사실까지 숨길 수는 없다.

좁은 서구와 넓은 서구

서구 문화에 대해 말하려면, 먼저 최근까지 '서구 사회' 나 '자유 세계' 로 일컬어진 지역보다 훨씬 더 넓은 지역이 서구 문화에 포함된다는 사실을 이해해야 한다. '서구 문화' 는 본질적으로 기독교의 산물이다. 이러한 의미에서 서구 문화는 그리스, 동유럽, 구소련의 대다수 지역을 포함한다. 비록 동유럽과 구소련이 서유럽과 미국으로부터 거의 40년 간 단절되어 있었지만 그 사실에는 변함이 없다. 서유럽과 미국을 '서구' 로 지칭하려는 일반적인 경향은 문화적인 의미보다는 제2차 세계대전 이후 형성된 정치 세력과 무력 판도 그리고 군사 동맹 때문에 생겨났다. 넓은 의미에서 '서구' 는 동유럽과 러시아는 물론 라틴 아메리카도 포함한다.

그런 의미에서 본다면, 영국에 의해 세워진 싱가포르나 기독교가 널리 전파되어 있는 한국 그리고 필리핀 같은 아시아 국가들도 부분적으로 서구에 속한다고 볼 수 있다. 아시아의 일부 국가가 '서구화' 되어 가는 것과는 반대로, 미국 내의 서구 문화는 조금씩 비서구화되고 있다. 제2차 세계대전 이후 미국의 이민 정책으로 말미암아 비서구적인 종교를 신봉하는 아시아와 중동인들이 대거 미국으로 유입되었다. 미국은 20세기 말에 들어서면서 이민자들이 원했던 서구 문화 속으로 억지로 통합하여 조화를 시도하지 않았다. 오히려 자신들의 모습을 비판하고 스스로의 역사를 부끄러워하면서, '다원주의' 와 '다문화주의' 라는 표어 아래 문화적인 혼란 상황을 기꺼이 맞이했다.

종교적인 관점에서 볼 때 비서구인이 기독교로 개종하면 서구 문화는 더욱 강화되고 보존될 수 있다. 그러나 서구 사회를 이끄는 새로운 엘리트 집단에게는 기독교의 전파가 별로 마음에 들지 않은 일이며 점점 생각하기조차 싫은 것이 되었다. 서유럽에서 이루어진 이민은 미국과는 다른 형태로 이루어졌으나 서유럽의 문화 역시 분열의 위기에 놓여 있다. 지금의 상황은 '서구 문화의 고뇌' 라는 말로 표현해 볼 만하다. 고뇌란 삶과 죽음을 넘나드는 몸부림을 의미한다. 그 몸부림은 죽음에 이르게 할 수도 있지만, 동시에 승리로 끝날 수도 있다.

서구 문화의 고뇌는 특별히 미국 내에서 가장 강력하고 위험하게 일고 있다. 미국이라는 나라는 가장 서구적인 동시에 서구 사회에서 가장 비서구적인 곳이다. 미국이 가장 서구적인 이유는 그곳에 서구 사회의 근본적인 특성들인 기독교 신앙, 실험 과학, 의심의 자유가 가장 확고하게 뿌리를 내렸고, 거의 완전하게 승리를 거두었기 때문이다. 하지만 미국은 가장 비서구적인 곳이기도 하다. 왜냐하면 자신들의 문화보다 조금이라도 효율적이거나 편리한 요소가 대두되면, 서구 문화를 세계에서 가장 우세한 문화로 만들어 주었던 전통과 가치를 쉽게 바꾸고 팔아 넘길 뿐 아니라 쉽게 포기해 버리기 때문이다.

미국이 좁은 의미의 서구 사회에서 차지하는 중요성은 예나 지금이나 상당히 크다. 왜냐하면 미국의 군사력은 옛 소련이 내부 갈등으로 붕괴될 때까지 유지했던 확장 정책을 견제하는 힘이었기 때문이다. 미국과 소련이 대립하고 있었던 40년 간의 냉전은 전 세계를 황폐화시킬 수 있는 충돌로 이어질 뻔했다.

만일 그런 사태가 발생했다면, 그 전쟁은 동양과 서양 혹은 아시아와 유럽의 대결이 아니라, 서구 문화 내부에서 일어난 일종의 내전이 되었을 것이다. 동일한 서구 기독교 문명에 속한 두 적대 세력인, 곧 물질주의와 자본주의에 빠져 있는 명목상의 기독교 국가인 미국과, 유물론과 마르크스주의를 따르는 공식적인 무신론 국가인 소련은 상대방은 물론이고 지구상의 나머지 국가마저 파괴시킬 수 있었다. 달리 표현한다면 19~20세기의 기간 동안 지구상의 다른 문화를 측정하는 기준으로 작용했던 서구 문화는 새로운 천년이 도래하기 전에 자기 자신과 나머지 국가들까지 파멸시킬 뻔했다는 말이다. 그러한 사태가 정말 일어났다면 새로운 천년은 인류에게 없었을 것이다.[1]

서구 문화는 현대 세계를 형성했다. 서구 열강들은 현대 사회를 파괴할 수도 있었으나, 다행히도 그런 비극은 아직 일어나지 않았다. 세계가 핵전쟁으로 인한 대량 학살이라는 파멸은 면했지만, 서구 문화는 스스로 자초한 정신착란 증상으로 거의 파멸될 위기에 놓여 있다. 뛰어난 독일 학자 오스왈드 스펭글러(Oswald Spengler, 1880-1936)는 제1차 세계대전이 끝나갈 무렵 그 같은 사실을 정확히 예언했다. 그는 『서구의 몰락』서구 문명의 몰락을 미리 예측했다.[2] 비록 스펭글러가 자신의 조국인 독일 문화를 자랑스럽게 여겼고, 스스로 작품을 저술해 독일군에 헌정했어도(독일군의 패배가 임박한 것을 모른 상태에서), 그 당시와 그 이후에 나타날 서구 문화에

---

1. 소련이 형성하고 있는 세력권과 문화, 서유럽과 미국의 세력권과 문화 사이에 존재하는 차이는 종종 동구와 서구의 충돌로 언급되었다. 사람들은 그것이 서구 문화 내부에서 기독교 유산이 서로 다른 두 방향으로 퇴락되어 형성된 세력 사이에 벌어진 충돌이라는 것을 알지 못했다. 마르크스주의는 기독교적인 환경에서 생겨났으며 기독교 사회에 대해 격렬하게 저항했다. 서구에서 일어난 혁명(민주주의 혁명)은 그보다는 덜 폭력적이지만, 그로 인해 생겨난 미국의 관료주의는 구소련의 공산당 지도자들 못지 않게 기독교에 적대적이다.

2. Oswald Spengler, *The Decline of the West*, trans. Francis Atkinson(New York: Knopf, 1928). '쇠퇴'(decline)라고 번역된 독일어 단어인 'Untergang'은 더 강한 뜻을 담고 있다. 문자 그대로 해석하면 "아래로 가고 있다"(going under)라는 뜻이다.

대한 그의 판단은 비관적이었다. 스펭글러는 문명과 문화는 마치 살아 있는 생명체처럼 탄생, 성장, 성숙, 퇴조의 단계를 거친 후 결국 소멸된다고 하였다. 현재 서구 문명은 쇠퇴와 부패의 시기를 맞고 있으며, 그 상태를 벗어날 방법은 없어 보인다. 『서구의 몰락』이 그토록 폭넓은 인기를 누린 부분적인 이유는, 몰락의 불가피성을 이야기한 스펭글러의 진술이 제1차 세계대전 이후 서구 사회에 만연된 퇴보와 방종의 분위기에 대한 합리적인 설명과 근거를 제공했기 때문이다.[3]

독일에 의해 여러 가지 잔혹한 행위들이 저질러졌음에도 불구하고, 독일과 그의 운명은 여러 면에서 기독교적 서구 사회의 중심적인 위치를 차지하고 있다. 로마 제국에 정복당하고 점령당했으나 문화적인 자취를 로마에 남긴 그리스처럼, 독일은 전쟁에서 패배하고 분단되었다가 최근 들어 옛 모습으로 통합되었지만 서구 문화의 정신에 많은 흔적을 남겨 놓았다. 서구의 정신적인 일체감을 약화시켰던 종교 개혁이 바로 독일에서 일어났다. 계몽주의가 이 나라에서 번성하였고, 현대 과학에서 중요한 몇 가지 성과도 이곳에서 이루어졌다. 마지막으로 독일은 전쟁을 일으켜서 자신들이 그 형성에 지대한 영향을 끼쳤던 서구 문화의 대부분을 파괴시켰고, 전 세계적으로 독보적인 위치를 차지하고서 맹위를 떨치던 서구 문명을 송두리째 흔들어 놓았다.

오스왈드 스펭글러는 독일이 기독교 국가였던 시절에 성장기를 보냈으

---

3. 보수적인 로마 가톨릭 학자인 미카엘 존스(E. Michael Jones)는 『퇴락하는 현대』(Degenerate Moderns, San Francisco: Ignatius, 1993)라는 책에서 다음과 같이 주장했다. 마가렛 미드(Margaret Mead), 루스 베네딕트(Ruth Benedict), 지그문트 프로이트(Sigmund Freud)의 작품을 포함하여, 현대 과학과 학문으로 이해되는 많은 작품들이 성적인 타락을 쉽게 합리화시켰다는 것이다. 존스의 분석은 비록 단순하긴 하지만 성적인 자유에 대한 열망과, 성적인 행동이 정당할 뿐 아니라 바람직하고 추천할 만하다고 주장하는 이론들 사이에 상당히 밀접한 관계가 있음을 정확히 드러내고 있다.

나, 살아가면서 서서히 독재 체제에 의해 이교도 국가로 변해 가는 모습을 목격해야만 했다. 스펭글러는 히틀러에게서 칭찬을 받았으나, 히틀러를 두둔하지 않았다. 그러나 그는 나치의 지도자를 서구의 몰락을 촉진시킬 새로운 시저(Caesars) 가운데 한 사람으로 여겼다. 만일 12년만 더 살았다면, 스펭글러는 자신의 예상보다 더 엄청난 재앙을 경험했을 것이다. 즉 히틀러의 무자비한 대량 파괴로 인하여 천년을 이어온 독일의 문화가 대부분 허물어진 것이다. 이 12년 동안에 일어난 모든 사건들로 인해 서구 사회가 세계 역사에서 사라질 운명에 처할 수밖에 없다는 스펭글러의 확신은 사람들에게서 더욱 강해졌다.

스펭글러는 그리스도인이 아니었다. 따라서 서구 사회의 퇴락에 관한 그의 예언에는 몇몇 그리스도인들의 환상에 나타나는, 예를 들어 근본주의자이며 미래학자인 할 린제이(Hal Lindsay)의 작품에서 볼 수 있는 것 같은, 악마적인 재앙이나 신적 개입이 포함되어 있지 않다. 린제이가 1971년에 펴낸 『사라진 위대한 행성 지구』는 놀라운 성공을 거두었으나, 지식인 계층과 언론 매체로부터는 관심을 끌지 못했다. 그럼에도 불구하고 그 책은 여러 언어로 번역되어 2천만 부 이상 팔렸다. 스펭글러의 난해한 글을 읽으며 어려움을 겪은 여러 계층의 사람들이 린제이의 글을 읽었다. 그는 또한 우리가 인식하고 있는 세계는 그 한계에 부딪혔다는 생각을 널리 유포시켰다. 그는 10년이 지나지 않아 현대 세계의 질서를 무너뜨릴 아마겟돈 전쟁의 격렬한 마지막 전투가 발생하리라고 내다보았다.[4]

종말에 대한 예언은 사람들을 매혹하는 힘이 있다. 그런 예언들은 우리로 하여금 희망을 상실하게 하고, 미래를 보다 밝게 바라보지 못하게 만들어 실제로 그 예언대로 이루어질 것 같은 경향이 있다. 스펭글러나 린제이

---

4. Hal Lindsay, *The Late, Great Planet Earth*(Grand Rapids, Mich.: Zondervan, 1971).

같이 파멸을 말하는 자들이 많긴 하지만, 다행히 미래 문화를 전망하기 위해 애쓰는 사람들은 그들만이 아니다.

피티림 소로킨은 스펭글러보다 아홉 살 아래이지만 30년을 더 살았다. 소로킨은 러시아의 마지막 황제였던 니콜라스 2세(Nicholas II) 치하에서 사형 선고를 받았지만, 나중에 석방되어 알렉산더 케렌스키의 개인 비서가 되었다. 케렌스키는 러시아에 잠깐 등장했던 러시아 자유 공화국의 지도자였다. 그 공화국은 볼셰비키에 의해 전복되었다. 소로킨은 다시 한번 사형 선고를 받았지만, 레닌에 의해 사면된 후 추방되었다. 그는 미국으로 건너가 남은 생애 40년을 주로 하버드 대학에서 보냈다. 소로킨은 마르크스 전체주의가 동유럽과 아시아의 여러 나라들을 휩쓰는 것을 목격했고, 생애를 마감할 무렵 소련과 중국은 여전히 전복과 정복이라는 세력 확장 정책을 고수하고 있었다.

그의 주변에서 일어난 일들을 살펴보면 소로킨이 서구 문화에 대해 비관적인 입장을 취할 만한 충분한 이유가 있었다는 것을 알 수 있다. 회복이나 갱신이 일어날 징조는 전혀 보이지 않았다. 하지만 그런 와중에서도 그는 인간의 능력과 서구 문명 속에 새로운 새벽의 씨앗이 있음을 보았다. 어떻게 그가 희망을 가질 수 있었을까? 그는 인류 문화를 폭넓고 자세하게 살피면서 그 문화들의 탄생과 소멸, 성장과 쇠퇴, 퇴락과 부흥의 단계를 관찰했다. 그런 과정에서 현대 문화에 적용할 수 있는 패턴들을 찾아냈고, 스펭글러나 린제이보다 더 희망적인 관점을 제시했다. 그가 희망적인 입장을 취한 데에는 한 가지 이유가 더 있다. 소로킨은 하나님을 믿었고, 하나님이 이 땅의 인류를 위해 어떤 계획(a mission)을 세워 놓으셨음을 진지하게 받아들였다. 그 계획이란, 우리에게 맡겨진 사명이 스스로의 힘으로 감당하기에 너무 벅차고 엄청날 때, 그 일을 이루도록 하나님이 친히 우리를 도와주신다는 것이다. 그런 하나님이 계시며 그가 인류를 위하여 큰 계획을 가지고 계시므로, 서구 문화는 고뇌에 사로잡힐 수는 있으나 완전히 소멸되지는 않을 것이다. 하나님이 세워 놓으신 그와 같은 계획이 없다면, 서구 사회와 인류의 미래는 너무나 절망적이다. 나는 소로킨의 분석이 지닌 완전함과 신빙성과 명석함에 감동되었을 뿐 아니라 하나님이 계시며 그가 인류의 미래에 깊은 관심을 갖고 계신다는 확신을 소로킨과 함께 공유한 입장에서 이 책을 저술하고 있다.

소로킨은 오랜 세월 동안 자유 세계를 혼란케 하고 파괴하기 위해 위협을 가하던 구소련이 미약해지고 무너지는 것을 보지 못하고 세상을 떠났다. 1989~1991년에 일어난 공산주의 제국의 몰락은 서구 사회 전체에 행복감과 낙관주의의 물결을 일으키기에 충분했다. 그러나 서구 사회에서는 마치 토라지기나 한 것처럼 임박한 파멸의 위험에서 벗어난 걸 축하하는 불꽃놀이를 볼 수 없었다. 알렉산더 솔제니친(Aleksandr Solzhenitsyn)은 그 이유를 이렇게 설명했다. "인간은 이미 하나님을 잊어버렸다."

소로킨은 성직자도 아니고 예언자도 아니었다. 하지만 그는 하나님을 잊은 적이 없다. 하나님을 망각한 사람은 소로킨이 제시하는 희망과 모든 작품도 함께 잊어버릴 것이다. 하나님을 떠난 독자는 아마 이 책도 내려놓게 될 것이다. 그러나 하나님을 기억하는 사람에게는 현대 감각에 맞추어 제시되는 소로킨의 주장들이 영광스럽고 새로운 새벽의 전망을 던져 줄 것이다.

확신에 차 있던 많은 예언자들은 그들이 예견했던 사건들이 허위로 밝혀지면서 예전에 누렸던 명성을 급속도로 잃어 가고 있다. 오웰이 예언한 세계적인 규모의 전체주의는 1984년에 등장하지 않았다. 하지만 그런 시대가 도래하리라고 믿는 이들이 아직도 남아 있다. 린제이가 가까운 장래에 일어나리라 생각했던 대환란과 아마겟돈 전쟁은 아직도 시작되지 않았다. 반면 소로킨이 제시한 그렇게 극적이지 않은 예언들은 점차 현실로 바뀌고 있다. 그는 1941년에 『우리 시대의 위기』(*The Crisis of Our Age*)를 출판했고, 1956년에 초판을 수정하지 않고 다시 펴냈다.[5] 그 책은 약 반세기가 지난 1992년에 여전히 수정을 가하지 않은 상태로 다시 출판되었다. 소로킨이 예언한 세세한 내용들은 중요한 한 가지를 제외하면 실제로 모두 성취되었다. 한 가지 예외는 다음과 같다. 그는 현대의 문화가 총체적인 위기에서 벗어날 길을 결국에는 찾을 것이고, 격렬한 진노의 날 대신 새로운 새벽을 맞게 될 것이라는 기대를 저버리지 않았다.

우리는 현대 문화의 고뇌로 생겨나는 혼란스러운 광경과 불협화음 속에서도 어떻게 회복이 이루어지는지 그 모습과 소리를 놓치지 않도록 눈과 귀를 항상 열어 놓아야 한다. 죽음을 앞두고 있으면 고뇌를 느낀다. 그러나 회복이 이루어지기 직전에 닥치는 위기를 당할 때에도 고뇌와 고통은 있기 마련이다. 소로킨은 작품을 통해 우리의 고뇌가 서구 사회나 기독교의 장래는 종국에 이르렀음을 반드시 의미하고 그렇게 느낄 수밖에 없다고 생각하는 잘못을 범하지 말아야 할 것을 경고하고 있다. 소로킨의 분석은 믿을 만하다는 사실이 증명되었으므로, 그가 『우리 시대의 위기』를 마무리 지으면서 마지막 부분에 기록한 희망에 관한 내용은 시간이 갈수록 더욱 분명하게 실현될 것이다. 스펭글러나 오웰 같은 대부분의 학자들을 보면서 우리는 그들이 미래를 잘못 이해했음을 알게 된다. 소로킨의 글을 읽으면 그가 전적으로 옳다는 것을 알게 되고 그로 인하여 우리도 희망을 품게 된다.

소로킨의 글을 읽으면서 제일 먼저 갖게 되는 인상은 그도 역시 현대 문명의 위기를 감지하고 있는 역사적인 비관론자라는 것과 현대 문명의 피할 수 없는 붕괴를 예상하고 있다는 것이다. 그는 결코 위기의 심각성이나 범

---

5. Pitirim A. Sorokin, *The Crisis of our Age*(1941: reprint, Garden City, N.Y.: Doubleday, 1956).

위를 얕잡아 보지 않았다. 그와 반대로 위기를 매우 상세하게 묘사했다. 소로킨은 스펭글러처럼 역사 속에서 규칙적이고 반복적인 패턴을 발견했다. 그러나 스펭글러와는 달리 문명의 역사에 유기체처럼 생명 주기가 있는 것으로는 파악하지 않았다. 인간을 포함하여 모든 생물학적인 유기체는 결국 죽음에 이른다. 그러나 인간 사회는 생물학적 유기체가 아니다. 유사한 점은 있으나 확연한 차이점도 역시 존재한다. 생물학적 유기체들은 유사한 요인들로 인해 유사한 질병들이 발생한다. 사회 문화적 체계 속에서는 유사한 상황에서 유사한 원인들이 비슷한 형태로 발전되어 가기도 하지만 반드시 그런 것은 아니다. 방향 전환이 가능하며 특정한 사회의 미래에 관한 운명이 미리 결정되지도 않는다.

사회 체제(supersystem)로서의 문화

다양한 문화 양상들 사이에는 서로 연결되어 있고 상호 작용이 일어나게 마련이다. 문학은 음악, 시각 예술과 연결되어 있다. 의학은 생물학, 화학, 경제, 심지어 정치와 관련되어 있다. 교육은 정치, 법학, 종교, 경제 등과 연결되어 있다. 심지어 스포츠와 여가 활동은 경제와 정치에 이어져 있다. 소로킨이 지니고 있는 근본적인 원칙들 중의 하나에는 문화 사이의 연관성이 의학과 물리학 사이에서처럼 분명해 보이는 관계성의 차원을 훨씬 넘어선다는 확신이 포함되어 있다. 궁극적으로 이러한 원칙은 발전된 문화의 모든 양상을 전부 포괄한다. 모든 활발한 문화는 서로 통합되어 있으며, 소로킨은 이것을 사회 문화적 체제라고 부른다. 예술, 연예, 진리 체계, 법률, 윤리학, 의학, 종교, 정치, 경제, 가족 생활과 같은 다양한 문화 양상들은 모두 서로 연결되어 있다. 한 영역의 발전은 틀림없이 다른 분야에 영향을 미친다. 한 영역에서 생긴 문제들은 순식간에 다른 모든 분야에 악영향을 끼친 후에야 비로소 바로잡을 수 있다.

우리 사회는 온갖 정보들로 넘쳐난다. 겉으로 보기에는 우리가 관심을 기울이지 않아도 되며 서로 연관성도 별로 없는 정보들이 무질서하고 혼란한 상태로 뒤섞여 있다. 도시에서 발생하는 테러, 가정의 붕괴, 정부 예산의 적자, 전염병, 교육의 침체, 포르노 영화, 성적인 혼란 등. 하지만 이와 같은 현상들 사이에 상호 연관성이 있다는 사실을 분명히 깨달아야 한다. 누군가 심한 혈액 부족으로 고통 당하고 있다면, 그가 살아남기 위해 수혈이 반드시 이루어져야 하며 조금도 지체되어서는 안 된다. 하지만 출혈의 근본적인 원인을 찾아 조치하지 않으면, 수혈은 그저 일시적인 처방에 지나지 않는다. 우리 사회는 여러 군데에서 출혈이 일어나고 있다. 우리는 지혈대를 대거나 수혈을 하거나 그 외의 다른 조치를 취하면서 이 사회를 살리기 위해 애쓴다. 그런 치료가 꼭 필요하고 때로는 결정적인 역할을 하기도 하지만, 증상만을 진단하는 데 그치고 더 나아가 위기를 불러온 근본 원인을 발견하여 적절히 치료하지 않으면, 임시 방편은 최후의 재앙을 잠시 지연시킬 뿐이다. 사회 문화적인 체제의 정체를 올바로 파악하는 것은 매우 중요하다. 그러면 모든 문화는 세 가지 중요한 단계 중 어느 하나에 도달해 있고, 때때로 그 단계 사이에서 과도기를 겪기도 한다는 사실을 제대로 이해할 수 있게 된다. 현대 문화는 변화 과정에 있으며, 그러한 과정은 너무나 많은 고통을 수반하기 때문에 '고뇌'라고 부르는 것은 매우 적합하다.

체제(supersystem)의 단계

소로킨은 문화가 거치는 단계를 관념 문화 단계, 이상주의 문화 단계, 감각 문화 단계로 나누어 설명했다. 각 단계는 저마다의 독특한 특성들을 가지고 있으며 대개 각자의 특이한 과정을 거친다. 실제로 모든 인간 사회는 어느 때든지 어느 유형의 단계에 속하기 마련이며, 때로는 두 단계 사이에서 일어나는 과도기를 겪기도 한다. 사회의 모든 분야는 그 사회가 처해 있는 단계를 반영한다. 곧 철학과 종교, 정부와 법률, 문학, 음악과 예술, 가족 구조, 경제 생활 등은 주로 문화가 속해 있는 특정 단계의 주요한 정신적인 원리들에 의해 결정된다.

관념 문화 단계. 관념 문화 단계를 지배하는 정신은 영적인 진리와 가치를 거의 유일한 진리와 가치로 여기는 특성을 지니고 있다. 하나님과 신적인 세계는 가장 숭고하고 진실된 실제이다. 가장 지고한 선은 하나님의 뜻이다. 비잔틴 시대의 부활한 그리스도 상(像)이나 그리스도는 천하만물의 통치자라는 상은 관념적인 예술의 표본이다. 그리스도의 성상은 예배자들에게 하늘의 영광을 보는 듯한 인상을 주려는 의도로 그려진 것이지, 실제로 예수의 모습을 보여 주려고 그린 초상화가 아니다. 관념 문화 단계의 문화는 고상한 원리들을 고수하기 위해 현실적인 쾌락과 당면한 목표들을 희생시킨다. 자기 부인, 금욕주의, 순교 등은 관념 문화 단계의 관점을 가진 사람들에게는 상당히 자연스러운 행위이다.

이상주의 문화 단계. 이상주의 문화 단계를 지배하는 정신은 관념 문화 단계와 감각 문화 단계가 절충된 것이지만, 약간 관념 문화 단계 쪽으로 기울어져 있다. 관념 문화 단계처럼 이상주의 문화 단계의 문화는 영적인 진리와 가치들을 다른 어떤 것보다 더 상위에 둔다. 하지만 동시에 감각 세계의 현실과 가치를 무의미하거나 존재하지 않는 것으로 여기기보다는 그것들을 높이 평가한다. 이상주의 문화 단계의 초기에는 그 원리와 행동의 기준들이 감각 문화 단계보다는 관념 문화 단계와 유사했을 것이다. 하지만 이상주의 문화 단계가 물질적인 가치와 감각적인 세계의 매력에 개방적이

었으므로, 결국 이상주의 문화 단계의 성향은 감각적인 형태로 발전되는 경향을 띠게 된다.

감각 문화 단계. 감각 문화 단계의 정신은 이상주의 문화의 정신과 정반대이다. 우리의 감각에 호소하거나 감명을 주는 물질적인 요소들만이 관심의 대상이다. 이 단계에서는 당당하고 인상적이며 육감적인 것만 추구하며, 무절제한 탐닉을 오히려 장려한다. 루벤스(Peter P. Rubens, 1577-1640, 플랑드르의 화가)의 "술취한 헤라클레스"와 같이 커다란 유화는 감각 문화의 예술을 대변해 주는 작품이다. 실제로 모든 그럴듯한 잡지의 광고는 감각적이다. 사람들이 무절제하게 돈을 낭비하도록 부추긴 것을 사과하는 일은 결코 없다. "내일 죽을 것이라"는 생각은 하지 말고 "먹고, 마시고, 즐기라." 감각 문화와 감각적 예술은 물질을 그저 존재하는 것 정도로 정의하는 단순한 물질주의에 머무르지 않는다. 더 나아가 감각 문화는 물질주의에 대해 열광적이다.

서구 문화는 마지막 단계인 감각 문화 단계에 와 있다. 소로킨의 표현을 빌리자면 서구 문화는 퇴락하는 감각 문화의 후기 단계에 있다. 소로킨은 '퇴락한다'는 말을 다음과 같은 의미로 사용했다. 한때 명확히 규정되어 있었고 잘 조화되어 있으며 생산적이었던 문화의 여러 양상이 이제는 전과 같은 균형과 조화를 잃어버리고 시들어 버리거나 지나치게 팽창하여 제 기능을 다하지 못하고 오히려 역효과만 내고 있다는 것이다. 나중에 감각 문화의 후기 단계에서 드러나는 다양한 양상들을 설명할 때, 문화의 측면 가운데 많은 부분들이 기술적인 의미에서 뿐 아니라 도덕적인 의미에서 퇴락하고 있음이 분명하게 나타날 것이다. 기술적인 의미의 퇴락이란 문화의 다양한 양상이 더 이상 제대로 기능하거나 통합된 전체의 일부분을 형성하지 못한다는 뜻이다. 도덕적인 의미의 퇴락은 서구 문화가 도덕적으로나 윤리적으로 비난받아 마땅하다는 것을 뜻한다.[6]

역사적 전망

과거의 역사를 돌아보면 많은 문화들이 흔적도 없이 사라진 것을 발견하게 된다. 하지만 몇몇 문화는 온갖 위험 속에서도 살아남아 또다시 번성하는 경우도 있다. 이집트 문화는 거의 2천 년 동안 뚜렷한 흔적을 남긴 채 지속되었고, 메소포타미아 문명은 수세기 동안 이어졌다. 중국 문명은 그보다 더 오랜 역사를 가지고 있으며, 아마 공산주의의 무차별적이며 거침없고 무참한 정책으로도 그 문화를 말살시키지는 못할 것이다.

그처럼 수천 년을 이어 온 문화들에 비하면, 미국 문화는 너무나 짧은 역사에 지나지 않는다. 미국 문화가 놀라운 역사와 전통을 자랑하고 있지만, 그것은 서구 기독교 문화의 지류일 뿐이다. 미국 문화를 근원으로부터 잘라낼 수 있다면(미국에서 영향력 있는 세력들이 실제로 이를 원하고 있는 듯하다), 이 문화는 곧 볼품없는 문화로 전락하게 될지도 모른다. 서구 전체에서 미국 문화는 전략적으로 중요성을 띠기 때문에, 미국 문화의 붕괴는 서구 유럽의 중심부에 파괴적인 결과를 초래하게 된다. 그 이유는 유럽 역시 문화적인 정체성의 심각한 위기를 맞고 있다는 조짐들이 나타나기 때문이다. 모든 서구 문화는 과도기를 맞고 있다. 우리는 앞에서 그러한 변화

---

6. 소로킨의 특성 중에는 솔직함이 포함되어 있다. 그는 어떤 단어가 지닌 강력한 선동적인 의미에 아랑곳 하지 않고 자신이 의도한 용어를 거침없이 사용한다. '퇴보하다'(degenerate)는 표현은 인위적인 의미를 담고 있으며 현대 문화에 대한 비난을 뜻하는 것으로 볼 필요는 없다. 그렇지만 소로킨이 현대 사회가 나아가는 방향을 탐탁치 않게 여기고 있다는 사실에는 변함이 없다.

의 소용돌이를 위기라고 언급했다. 문화의 위기는 미국에서 시작되지 않았지만, 미국 문화의 발전이 전 세계로 확산되는 속도가 너무 빠르기 때문에 미국의 위기는 이미 유럽 문화의 퇴락과 분열을 더욱 악화시키는 경향을 띠고 있다.

유럽의 문화는 지난 15세기부터 감각 문화 단계에 접어들었다. 시기적으로 근대의 시작과 때를 같이 한다. 거의 600년이나 지난 지금, 많은 사람들은 이제 현대성(modernity)도 과거의 일로 여기며, 서구 사회 전체가 지금까지 인류가 알았던 것과는 전혀 다른 새롭고 색다른 사회로 진입하고 있다고 여기는 것 같다. 새로운 세계는 어떤 이들에게 흥미와 의욕을 불러일으키지만, 다른 이들은 불안하게 미래를 전망한다. 20세기 중엽은 과학의 진보가 멈추지 않을 것처럼 보인 시기였다. 그러나 20세기 말엽에 이르자 영적인 것과 신비주의에 대한 관심이 다시 일어나기 시작했다. 이러한 관심은 반세기 전만 하더라도 상상도 못할 정도이다. 현대 문화 속에서 친숙해 보이는 것이라고는 하나도 없다고 느끼는 사람들이 많아졌고, 경계를 설정하는 일이 날마다 반복되어야 할 정도로 특정한 기준으로 어떤 문화의 양상을 설명할 수는 없게 되었다. 이미 세상을 떠난 마가렛 미드(Margaret Mead)는 30대 이후의 사람들에게 종종 이렇게 말했다. "우리 모두는 젊은 이들의 세상으로 이주해 온 이민자들이다."

소로킨의 말대로 문화의 경계선이 날마다 실제로 변하고 있기는 하지만, 우리가 느끼는 방향 감각 상실증은 진정으로 새로운 무언가가 도래하고 있다는 표시라기보다는 지난 과거에 한 번 이상 발생했던 변화의 다른 모습일 뿐임을 알 수 있다. 만일 우리가 과거에 일어났던 변화를 정확히 이해하고 있다면, 그 과정에서 무릎을 꿇을지도 모르는 위험을 미리 감지하여 피할 수 있으며 새로운 문화를 맞이할 기회를 놓치지 않고 붙잡을 수 있을 것이다.

현대의 감각적인 서구 문화는 고대 로마의 감각 문화가 기독교의 영향으로 급격한 변화를 겪기 전까지 지속되었던 것만큼 오래 되지는 않았다. 하지만 현재의 모든 상황은 그 당시보다 더욱 빨리 변하고 있다. 중세 기독교 문명이 야만인들의 침략에 굴하지 않고 멸망한 로마의 폐허에서 창조해 낸 것 같은 건설적인 부흥을 우리 역시 기대할 수 있을까? 그렇게 기대할 수 있다면, 새로운 시작은 어디에서 비롯되어야 할까? 서구 기독교 문명이 새로운 도약을 이룩하기 위해 필요한 자원을 자체에 지니고 있는가? 아니면 너무 늦어 더 이상 현재의 상태에서 회복되지 못하고 더욱 퇴락하는 단계로 나아갈 것인가?

문화가 생성되고 발전하며 번성하다가 결국 소멸되는 역사의 과정을 살펴볼 때, 그러한 과정 속에서 문화의 변천뿐 아니라 연속성도 감지하는 일은 매우 중요하다. 외부의 침략을 받아 처절하게 파괴되어 역사에서 사라져 버린 경우는 많이 있다. 예를 들면, 북아프리카의 카르타고를 중심으로 형성된 부유한 상업 문화는 로마의 침략으로 산산조각 났다. 어떤 곳은 군사적으로 정복당하지 않았어도 사라져 버렸다. 그러나 어떤 문화든지 아무런 흔적도 남기지 않고 사라지는 일은 없다. 이집트 문명에 관한 이야기는 거의 3천 년에 걸쳐 전해지고 있다. 스펭글러는 문명이란 생성되어 유년기와 노년기를 거쳐 소멸하는 생물학적 유기체라고 설명하면서, 이집트 문명을 그 예로 들었다. 고대 이집트 문명은 아우구스투스 시저가 이집트를 로마의 통치 아래 굴복시키기 전에 이미 실질적으로 사라져 버렸다. 하지만 현대 서구 문명은 이집트에 대한 기억을 계속 보존하고 있다. 예를 들면 베르디의 오페라 "아이다"는 이집트의 노예가 된 에티오피아의 여왕을 주인공으로 내세운다. 그리고 미국의 공식 문장에는 피라미드의 모습이 새겨져 있고, 워싱턴 기념비는 고대 이집트의 오벨리스크(obelisk) 모양으로 만들어졌다.

이집트의 역사는 현대 서구의 역사에 필적할 만한 모습은 보여 주지 못한다. 로마가 오히려 우리의 관심을 끈다. 로마의 역사는 미래에 대한 전망과 다가올 위험을 경고해 준다. 서로마 제국은 기독교 서구 문명 이전의 조직과 통치의 분위기를 설명해 주는 훌륭한 사례이다. 동시에 문명의 감각 문화 단계가 끝나면서 닥쳐올 수 있는 사회의 붕괴를 보여 주는 완벽한 예이다. 이교 로마 제국은 무너졌으나, 유럽은 로마와 함께 사라지지 않았다. 로마를 침략한 야만 민족들로 인하여 기존의 문화에 변화가 일어났고, 그로부터 새롭고 더욱 인간적인 문화가 형성되었다.

로마의 역사는 오늘날 서구 문화가 직면하고 있는 위험과 도전들을 그대로 보여 주고 있다. 이교도 국가인 로마 제국의 쇠퇴는 서구 기독교 문명의 새벽을 열었다. 지금 우리가 속해 있는 새로운 사회 문화 체계의 첫번째 단계가 시작된 것이다. 우리는 지금 어느 단계에 와 있고, 현대의 문화는 어디를 향해 나가고 있는가? 로마가 게르만 민족 앞에 무릎꿇은 것처럼, 우리 역시 이 세대가 가기 전에 파멸 당할 운명에 처해 있지는 않는가? 아니면 사회 전반을 지배하고 있는 쇠퇴하는 감각적인 가치 체계를 벗어나 문화가 극적으로 살아나는 모습을 볼 수 있을까?

위에서 던진 질문에 대답하려면 현대 문화 속에서 로마의 경우와 유사한 것은 물론이고 전혀 다른 특성들도 찾아보아야 한다. 로마는 헬레니즘 문화, 즉 지중해의 이교 문화가 최고조에 달했던 곳이었으며 동시에 기독교라 불리는 새로운 세계 문명의 발생지였다. 로마 제국 말기에 깊이 뿌리 내리고 있던 감각 문화 체계는 거의 파멸 직전에 있었으므로 로마는 스스로 지탱할 수 없는 지경에 이르렀다. 새로운 시각, 즉 기독교에 바탕을 둔 새로운 사회 문화 체계는 그리스 로마 세계의 이교 체계가 차지하고 있던 자리를 대신했다. 감각적인 욕망을 찬양하던 감각 문화의 세계관은 "하나님의 나라와 그의 의를 먼저 구하도록" 촉구하는 관념적인 시각에 자리를 양

보했다. 이것이 새로운 문명의 출발점이 되었다. 서구 기독교 문명은 그 내부에 다양성과 차이점이 있지만 현재까지 계속 유지되고 있다.

서구 문화는 15세기에 시작된 이후 지금까지 일련의 변화를 경험했다. 결국 A.D. 200년경의 로마처럼 서구 문화는 소로킨이 말하는 감각 문화 단계의 마지막 지점에 이르렀다. 이러한 상태로 나간다면 서구 문명은 로마가 쇠퇴해 가던 때와 마찬가지로 더 이상 지속될 수 없다. 수많은 사상가들이 이런 사실을 인식하고 있다. 스펭글러의 유기체적 모델을 따른다면, 우리는 현대 문화가 마지막 노화 단계에 접어들었고, 곧 소멸되리라는 것에 동의할 수밖에 없다. 소로킨은 유기체적 모델을 받아들이지 않았다. 그는 우리가 속한 서구 문화와 문명이 소멸되지 않으리라는 입장에 서 있다. 그러나 만일 소로킨의 말대로 서구 문명의 몰락이 일어나지 않는다면, 이교도 국가인 로마가 쇠퇴하고 기독교 국가가 시작된 것을 경험한 유럽의 경우와 마찬가지로 현대인들은 회복과 부흥을 경험하게 될 것이다. 쇠퇴 일로에 있던 로마 세계는 가히 변혁적인 새로운 이상을 받아들였다. 현대 서구 문화는 아직까지 그와 필적할 만한 변화를 만나지 못하고 있다.[7]

자각의 은혜

서구 문화의 최종 단계인 감각 문화 단계가 막바지에 이르렀으므로 이 문화는 그대로 지속될 수 없을 것이다. 하지만 서구 문명이 이들 문화와 더불어 소멸되지 않을 것이다. 이것은 대대적인 변혁의 가능성이 있기 때문

---

7. 소로킨의 작품을 명쾌하게 인용하고 각주를 달기 위해, 나는 종종 그가 제시한 개념과 그의 표현을 이 책에 그대로 실어 놓았다. 내가 그에게 얼마나 많은 빚을 지고 있는지 잘 알고 있다. 하지만 그에게 빚진 것이 생각날 때마다 감사의 마음을 기록해 놓는다면, 독자들에게 지루한 느낌을 줄지도 모른다.

인데 이로 인해 소로킨이 말한 전반적인 재난을 피하게 되고 그 대신 진실한 의미의 부흥이 일어나게 된다. 이방 로마의 변화는 기독교로 말미암아 일어났다. 소로킨은 서구 사회의 부흥은 우리가 "자각의 은혜"를 받아들일 때에만 일어날 수 있다고 주장한다. 우리는 그 은혜에 힘입어 올바른 결정을 내릴 수 있다는 것이다. 이러한 자각의 은혜가 이미 존재하는 근원, 즉 과거에 세계의 변화를 가능케 했던 유대 기독교적인 근원에서 나올 수 있을까? 아니면 기독교적 근원은 새로운 변화를 일으키기에 지나치게 역부족이지는 않을까? 소로킨은 영적인 방향 전환을 문화 부흥에 필요한 요소 가운데 하나로 여긴다. 따라서 그가 친근한 기독교적 표현을 사용하며 서구 문화의 부흥에 대한 가능성을 말하는 것은 이해할 만하다. 그러나 그런 표현들은 순전히 종교적인 의미에서 사용되었다기보다는 종교적인 요소들을 담고 있는 것으로 보아야 한다.

만일 자각의 은혜가 문화 전반에 퍼져 있는 사회 문화적 재앙을 예방하고 문화의 부흥을 가능하게 하는 데 필요하다면, 우리가 깨달아야 하는 것은 무엇인가? 한편으로 우리는 현재의 사회 문화에 만연되어 있는 위기를 완벽할 정도로 파악하여 마치 사회, 경제, 정치 질서에 대해 여기저기에서 몇 가지 변화를 주는 것으로 위기를 해결할 수 있다는 생각처럼, 그것을 단순하고 평범하게 여기려는 실수를 피해야 한다. 우리가 위기의 심각성을 깨닫지 못한다면, 위기 해결을 위한 조정과 변화를 거부하게 될 것이고 결과적으로 재앙은 불가피하게 된다. 다른 한편, 우리는 현재의 위기를 해결할 희망이 전혀 없는 것처럼 생각하는 실수를 범치 말아야 한다. 절망은 우리를 가공할 만한 시련으로부터 구해 줄 수 있는 여러 변화를 일으키지 못하도록 방해한다.

1926년 초에 소로킨은 이런 사실에 대하여 다음과 같이 설명했다.

서구 사회의 삶과 구조와 문화 같은 모든 중요한 양상들이 심각한 위기에 처해 있다. … 서구 사회는 몸과 마음이 모두 병들어 있다. 사회 전체가 상처투성이로 멍들어 있으며, 제대로 기능을 발휘하는 신경 조직은 아예 없다. … 우리는 6백 년이나 찬란하게 이어 온 감각 문화의 마지막 시기에서 살아가고 생각하며 행동한다. 기울어진 석양빛은 지나간 시대의 영광을 비추고 있다. 하지만 그 빛은 점점 희미해지고, 짙게 드리워진 그림자는 사물을 뚜렷하게 분간하지 못하게 만들고, 더구나 황혼기에 발생한 혼란으로 우리는 나아갈 방향을 더욱 찾기 힘들게 된다. 변화의 시기로 일컬어지는 밤이 찾아들고, 한밤의 악몽과 무서운 그림자와 마음을 흐트러지게 하는 공포가 엄습한다. 하지만 그밤 너머에 새롭고 위대한 관념 문화의 시작을 알리는 새벽이 미래의 인간을 맞기 위해 기다리고 있을 것이다.[8]

제2차 세계대전이 끝난 후 세계 평화와 발전을 위해 결성되었던 국가연합(UN)의 꿈이 동서간의 냉전으로 희미해지면서 많은 작가들은 미래를 어두운 눈으로 바라보기 시작했다. 그 대표적인 작품이 조지 오웰의 『1984년』이다. 그는 "전쟁은 평화이다", "노예 신분이 자유이다", "무지가 힘이다"라는 세 가지 슬로건을 내걸었다. 오웰은 인류 앞에 점차 처절하고 비참한 미래가 펼쳐질 것이라고 설명했다. 다양한 노선의 미래학자들은 어떤 모습으로 변화가 일어날 것인지에 대하여는 일치하지 않았으나, 인류의 미래를 어둡게 바라보는 데에는 근본적으로 동의했다.

---

8. Sorokin, *Social and Culture Dynamics*, vol. 3(New York: American Book Company, 1937), 535. 하지만 저자는 이미 1926년 이전에 이와는 약간 다른 표현으로 동일한 내용을 주장했다. 즉 주식 시장의 붕괴, 대공황, 제2차 세계대전의 발발이 있기 전에 그런 사실들을 예언한 것이다.

1984년은 별 탈없이 지나갔다. 그러나 세계는 계속해서 무시무시한 핵 전쟁의 위협과 전체주의를 지향하는 공산주의의 확장으로 인한 자유의 억압으로 고통받고 있었다. 그때 갑작스럽고 전혀 예기치 못하게 소련 연방이 무너지기 시작했다. 소련이 지배하고 있던 유럽의 위성국가들이 변하기 시작했다. 동독은 평화적으로 변화를 맞이했고, 루마니아 같은 나라는 유혈 혁명을 통해 평화를 쟁취했다. 마지막으로 소련 연방은 자체적으로 붕괴되고 말았다.

세계는 안도의 한숨을 내쉬었다. 지구 전체를 짓누르던 긴박한 위험은 사라진 것처럼 보였다. 국방 예산을 축소시킬 수 있었고, 많은 병력이 주둔지에서 철수했다. 이스라엘과 인근 아랍 국가들 그리고 팔레스타인의 소수 민족들은 거의 반세기 동안 마음에 쌓아두었던 감정들을 풀기 위한 노력을 시도하는 듯하였다. 현대 사회의 번영을 축하하는 풍성한 축제가 조용한 가운데 몇몇 선진 국가에서 벌어졌다. 하지만 불행하게도 인간성을 위협하는 일상적인 차원의 죄악과 우리 사회를 어지럽히는 특정한 악행들은 긴박했던 군사적 위협이 사라졌음에도 불구하고 여전히 남아 있었다. 이라크가 자국의 이익을 위해 이웃의 작은 국가인 쿠웨이트를 침공했을 때, 열강들은 이라크 군대를 공격하기 위해 연합군을 결성하여 이라크를 몰아내려고 했다. 새로운 세계 질서(New World Order)가 시작되고 있음을 보여 준 사건이었다.

대규모의 전쟁이 일어날 것 같던 임박한 위협이 사라지자 정치인들과 국민들은 모두 외부적인 위험에 더 이상 관심을 두지 않게 되고 자신들의 국내 문제에 온 관심을 기울일 수 있으리라 생각했다. 하지만 이상하게도 안도의 한숨을 내쉬기는 했지만 대다수의 사람들은 더 만족하거나 행복하다고 느끼지 못했다. 오히려 사람들은 여러 종류의 혼란에 사로잡히고 걱정을 떨쳐버리지 못하며 마음에 근심이 가득하게 되었다. 부유한 사람이나 그렇지 못한 사람 모두가 쾌락을 추구하는 데에 혈안이 되었다. 마치 그 옛날의 향락주의자들인 에피쿠로스 학파의 주장이 현대인들의 표어가 된 것 같았다. "내일이면 죽으리니, 먹고 마시고 즐겨라."

이 말은 소로킨이 1941년(1941년은 유럽에서 일어난 충돌이 세계대전으로 확대된 시기이다)에 주장했던 사회 전반의 위기가 끝나고 평온함과 안정의 새로운 시기로 접어들었다는 것을 의미하는 것인가? 그렇지 않다. 1939~45년의 세계대전은 그저 심각한 발작 증상이었지 위기 그 자체는 아니었다. 전쟁은 위기를 예증하는 것이다. 그러나 전쟁이 끝났을지라도 위기는 여전히 우리와 함께 있다. 소로킨이 예견한 재앙은 열강들 사이의 선전 포고, 군대의 집결, 무수한 해군 함대, 엄청난 규모의 폭격기 등과 같은 군사적 요소들을 통해서만 일어나는 것은 아니다. 그는 큰 화재와 같은 전쟁이 세계 전역으로 확산되던 1941년에 아래와 같은 글을 썼다. 당시 그가 말한 내용은 세계 열강들이 외형적으로 평화로운 시기를 보내고 있는 오늘날에도 여전히 정확하다.

그러한 위기는 의심할 바 없는 엄연한 현실로 우리에게 다가와 있다. 이는 모든 것을 잿더미로 바꿀 엄청난 재난이나 마찬가지이다. 몇 주만에 수백만의 사람들이 집과 땅을 잃으며 몇 시간만에 수세기에 걸쳐 형성된 도시가 파괴되고 며칠 사이에 많은 나라들이 자취를 감춘다. 사람들의 붉은 피가 지구 한 쪽 끝에서 다른 쪽으로 큰 강물을 이루어 흐른다. 널리 확산된 재앙이 어두운 그림자를 더 넓은 지역에 드리우게 할 것이다. 알려지지 않은 수백만 명의 사람들이 재산과 행복과 평안을 박탈당한다. 평화, 보호, 안전은 아예 흔적도 없이 사라진다. 번영과 복지는 여러 국가에서 실현된 적이 있으나 이제는 기억 속에 남아 있을 뿐이며, 자유는 단지 신화에 지나지 않는다. 서구 문화는 어두움에 휩싸인다. 가공할 만한 규모의 폭풍이 모든 인류를 휩쓸어 버린다.

따라서 위기의 폭발은 피할 수 없는 것이지만 위기의 본질과 원인과 결과는 그보다 훨씬 불확실하다. 우리는 매일 미래에 대한 헤아릴 수 없이 다양한 의견과 진단을 보고 듣는다.[9]

그 후로 반세기가 지난 1990년대에 이르러 소로킨이 제시한 위기의 모습 가운데 빗나간 것은 서구 열강들이 과학 기술을 바탕으로 하여 전면전을 일으키리라는 단 한 가지였다. "며칠 사이에 나라들이 자취를 감춘다." 1989년에 동독이 종말을 고했고, 2년 후 동독보다 훨씬 크고 강력한 소련이 같은 운명을 맞이했다. 한때 견고한 백인 정권을 유지하던 남아프리카 공화국은 더욱 평화스러운 방법으로 새롭게 변화되었고 단 3일 만에 가시적인 결과가 나타났다.

"사람들의 붉은 피가 지구 한쪽 끝에서 다른 쪽으로 큰 강물을 이루어 흐른다." 1991년에 붕괴된 유고슬라비아에서 동족 상잔의 내전이 일어났고, 1994년에 르완다에서는 수십만 명이 목숨을 잃었다. "몇 주만에 수백만의 사람들이 집과 땅을 잃는다." 수백만의 르완다 사람들이 주변 국가에 있는 열악한 난민 보호소로 도망하였다. 난민들의 물결이 쿠바와 아이티 해변으로부터 흘러 나왔고, 그 가운데 운 좋은 몇 사람은 플로리다 해변에 도착하지만 격리된 임시 난민 보호소에 수용되었다.

"평화, 보호, 안전은 아예 흔적도 없이 사라진다." 세계에서 최강의 군사력을 자랑하는 국가가 육해공의 막강한 군대를 동원하여 잔인한 독재자를 무너뜨리고 소위 민주주의라는 것을 조그만 섬나라에 전수한다는 명목으로, 그 나라의 도시들에서 저지른 계획된 살육과 무차별적인 폭력으로 희

---

9. Pitirim A. Sorokin, *The Crisis of Our Age*, 2nd ed. (Oxford: Oneworld, 1992), 14-15.

생된 사망자 수는 상상을 초월한다. 과거에 빛난 문화를 자랑하던 거대도시들은 마치 전쟁터를 연상시킨다. 도시에서는 낯선 사람이 함부로 모험적인 사업을 벌이지 못하고, 그곳에 거주하는 사람들은 끊임없는 위험에 시달린다. 과거에 거의 모든 사람들의 목숨을 앗아갔던 천연두, 콜레라, 장티푸스 같은 전염병들은 미리 예방되고 거의 완전히 소멸되었지만, 다른 질병들이 그 자리를 대신하게 되었다. 마치 예전의 역병이 다시 나타난 것처럼, 에이즈는 수많은 암보다 더 치료하기 어려운 천벌로 여겨진다. 수백만의 태아가 자궁 속에서 죽어간다. 네덜란드에서는 수천 명의 환자와 나이 많은 사람들이 안락사와 의사의 도움을 받는 자살을 통해 죽어간다. 이와 유사한 일들이 미국을 비롯한 여러 나라에서 일어나기 시작했다. 선진국의 국민 대부분이 당연하게 여기던 확실성과 안전 보장은 점차 사라지고 있다. 위태로운 것은 경제적인 측면에서의 안정감뿐만이 아니다. 생명 자체도 종종 위험한 상태에 처하게 된다.

"번영과 복지는 여러 국가에서 실현된 적이 있으나 이제는 기억 속에 남아 있을 뿐이다." 한때 전체주의 독재 아래 있었던 여러 국가에서 정치·경제적 자유의 회복은 경제적인 고통을 완화시켜주기보다는 오히려 가중시켰다. 또한 미국과 같이 자유로운 상태를 유지하고 있으며 누가 보아도 번영을 누리고 있는 것처럼 보이는 국가들에서도 막대한 무역 수지 적자와 외채가 큰 재앙이 임박했음을 말해 주고 있다. 그러한 재앙은 겨우 연기시킬 수 있을지 몰라도 아예 피할 수는 없다.

위기의 폭발은 불가피한가?

임박한 경제적 재앙과 인구 증가로 인해 예상되는 대규모의 기아 상태는 아직 일어나지 않았다. 소수의 낙관론자들은 그러한 난관들을 피할 수 있으리라 생각한다. 비관론자들은 경제와 인구 문제를 뒤로 미룰수록 언젠가는 더 악화되어 불거질 것이라고 경고한다. 대다수의 중도적인 입장의 사람들은 "내일이면 죽으리라"는 사실을 잊으려 애쓰면서 물질의 풍요로움과 오락을 즐기며 계속해서 그것을 추구하고 있다.

우리가 위기의 상황에 놓여 있다는 생각은 사방에 퍼져 있다. 단지 다른 것이 있다면 위기의 본질에 대한 이해가 서로 다르며 위기에 대처하기 위해 무엇을 할 수 있으며 무엇을 해야 하는지에 대한 생각도 다르다. 많은 사람들은 초대교회의 교인들과 비슷하다. 베드로는 그들에 대해 이렇게 썼다. "조상들이 잔 후로부터 만물이 처음 창조할 때와 같이 그냥 있다하니"(벧후 3:4). 서구 문화는 흑사병, 천연두, 콜레라와 같은 전염병을 견뎌 냈고, 프랑스혁명, 산업혁명, 나폴레옹 전쟁, 미국의 남북전쟁, 경제 위기, 두 번의 세계대전, 볼셰비키혁명, 냉전 시대 등을 겪었다. 따라서 서구 문화가 현재의 난관들을 잘 극복할 수 있으리라고 생각하는 것도 약간의 타당성이 있다. 낙관주의는 위험 요소들을 무시하지는 않지만 위험들이 쉽게 지나갈 것으로 기대하면서 상대화하고 일반화시킨다.

사람들은 특정한 문제들을 밝혀내고 들추어내서 그것들을 몇몇 개인이나 집단의 책임으로 돌리려 한다. 누구나 영향을 미칠 수 있는 경제적인 요소들과 누구든 조정할 수 있는 분위기의 변화 같은 것까지 그들에게 떠넘기려 한다. 현 세대는 사회 전반의 위기의 책임을 사악한 개인들에게 전가시키기를 좋아한다. 제2차 세계대전 기간 동안 악역은 히틀러와 무솔리니의 몫이었다. 그들이 제거되자 위기는 지나간 것처럼 보였다. 하지만 불행하게도 그처럼 도덕 불감증에 걸린 악한들의 후계자는 반드시 생기게 되는데, 스탈린과 마오쩌둥이 그 뒤를 이어 앞선 두 사람에 못지 않게 못되게 굴었다. 이들 역시 역사의 무대에서 사라졌지만, 그들의 자리는 여러 독재자들이 차지했다. 특정한 개인이 세계 평화를 위협하는 원흉으로 묘사되는 일은 주로 언론에 의해 이루어진다. 사담 후세인은 잠깐 동안 중앙 무대를 차지하여 평화를 깨뜨리는 괴물로 등장하였다. 언론은 마치 그를 제거하면 위기가 끝날 것처럼 몰고 갔다. 심지어 후세인에 비해 일으킨 소동의 범위가 좁은 아이티 공화국의 라울 세드라스 장군 같은 독재자도 1993년에 몇 달 동안은, 전 세계에 대해서는 아니지만, 서반구의 평화에 위협적인 인물로 부각되었다. 왜 언론과 열강의 지도자들이 그토록 보잘것없는 작은 국가의 독재자들에 대해 격분하는지 의아하게 여길 사람도 있을 것이다. 아마도 그 이유는 그들이 히틀러, 스탈린, 마오쩌둥 혹은 후세인과 같은 여러 독재자들을 제거하지 않으면, 사회 전반의 위기가 사라지지 않으리라고 직관적으로 깨달았기 때문일 것이다. 언론은 위기를 특정한 악역을 맡은 인물과 연결시켜 보려는 성향을 지니고 있으므로 사회를 어지럽힌 괴물로 몰 수 있는 누군가를 찾아내기 위해 혈안이 되어 있다.

언론이 범한 실수는 그처럼 명백한 어려움들이 하나하나 순서대로 해결될 수 있는 개인적이고 개별적인 문제가 아니라는 것을 깨닫지 못한 데에 있다. 역사적으로 물의를 일으킨 개인들은 사회 전반의 위기를 구성하는 일부이긴 하지만, 사회의 위기는 체제 전반의 변혁을 통해야만 해결될 수 있다. 사회가 위기의 때를 맞고 있다는 사실은 어느 누구도 부인하지 못한다. 소로킨은 이렇게 말했다. "전문가들은 경제 상황을 일시적 혹은 근본적으로 재조정하기 위해 통화 조정, 은행 업무, 사회 보장 제도에서부터 개인 재산의 회수에 이르기까지 여러 가지 처방을 해결책으로 제시한다. 그들은 이와 같은 방법들을 통하여 잘못된 요소를 바로 잡고 범죄를 근절하며, '더 크고 나은' 번영의 축복을 회복하고, 평화와 진보를 보장하는 햇살을 다시 볼 수 있을 것으로 기대한다."[10] 현대적인 의미에서 말하는 조정

---

10. 위의 책., 15.

(adjustment)이란 건강 보험, 건강 진료비의 고용주 부담, 언어 교육, 총기 관리, 댄스 교습, 야간 야구 경기 등과 관련되어 있다. "그러한 것들은 위기와 그 근본과 치료법에 대해 내린 진단의 일종이다"[11] 이런 주장은 선한 의도와 막대한 권력 그리고 자금을 지니고 있는 지도자들이 위기를 해결하기 위해 내놓은 진단법이다. 이런 방법은 반드시 철회되어야 한다. 왜냐하면 이런 진단법은 질병 자체가 아닌 질병의 몇 가지 증상만을 파악하고 대처하는 것이기 때문이다.

다른 진단은 좀더 현실적으로 보이지만 전혀 희망을 제시하지 못하고 임박한 재앙에 대한 불안감을 증폭시키는 단점을 지니고 있다. 우리가 서구 문명이라 부르는 현재의 문화 조류는 이미 전성기를 지났으므로 깨끗하게 물러나야 하고, 아니면 강제적으로 역사의 무대에서 쫓겨날 수밖에 없다는 주장이다. 몇 년 전만 하더라도 우리는 과학 기술의 진보에 정신이 팔려 "획기적인 변화에 대한 기대"를 희망적으로 말할 수 있었지만 지금은 그것이 착각에 지나지 않았다는 것을 인정해야 한다는 것이다. 진보를 희망하던 마음을 버리고 패배와 퇴보를 받아들여야 한다. 현대 문명이 나아갈 수 있는 유일하고 합리적인 길은 패퇴의 시기를 최대한 뒤로 미루고 가능한 한 고통 없이 패배를 당하는 것이다.

서구의 뛰어난 정치가들 대부분은 냉전이 막바지에 이르렀을 때 이런 태도를 취했다. 놀랍게도 동서간의 대결에서 승리를 거둔 후에도 이런 입장은 바뀌지 않았다. 강력하고 특별한 적대 세력의 위협은 더 이상 없었지만 서구 사회는 불안한 퇴락을 계속했다. 종종 거만함과 다른 사회에 대한 경멸을 특징으로 하는 서구 문명의 진보는 이제 주춤하고 있으나 완전히 멈추어야 한다. 서구 사회는 다른 문화가 고급이든 원시적이든 상관없이 스

---

11. 위의 책.

스로 그들 앞에서 겸손해져야 한다. "서구 문명 앞에는 진보만 있을 뿐"이라는 주장은 다문화주의와 정치적인 신사도로 대체되어야 한다. 서구 사회 문화의 패배를 인정하는 이들은 대개 좋은 환경에서 보호받으며 살아가는 유망한 사람들이다. 마치 그들이 누리는 안락함과 사회적인 지위는 앞으로 당분간 도전받지 않을 것 같은 위치에 있는 사람들이다. 전통적인 중산층, 육체 노동자, 농부 등 그들과 반대되는 의견을 가진 사람들은 오만한 보수주의자라고 조롱받는다. 그들 가운데 가장 재능 있고 지적으로 훈련된 구성원들이 다문화주의에 물들고 서구 사회의 열등함을 인정함으로써 종종 그들은 지도자가 없는 혼란 상태에 빠지기도 한다.

이러한 관점에 따르면 많은 증상을 보이고 있는 현재의 위기는 피할 수 없는 종말의 서곡일 뿐이다. 그런 비관적인 관점은 아직까지 창조적이고 건설적인 태도를 견지하려는 사람들 사이에 패배주의를 심어 많은 사람들을 노력조차 하지 않도록 만들어 그 어두운 예언대로 미래가 성취되어 가게 한다. 미래에 관심을 갖고 있는 사람이라면 많은 대학의 총장과 교수들, 목회자들과 언론인, 정치가들과 관료들이 앞날을 비관적으로 말하는 것을 들을 수 있다. 소로킨은 1941년에 이미 어두운 미래를 내다보았다. 그 당시에 비해 달라진 것이라면 미래에 대한 예언이 종종 "거만한 자기 만족"을 바탕으로 이루어진다는 것이다. 브룩버거 신부(Father R. L. Bruckberger)의 표현을 빌자면 "거세된 것을 자랑하는 내시"와 흡사하다.[12]

두 가지 견해 모두가 범한 잘못

비관론자와 낙관론자의 분석은 모두 잘못되었다. 우리가 직면한 위기는

---

12. R. L. Bruckberger, *La Revelation de Jesus Christ*(Paris: Grasset, 1983).

간단한 대책으로 처리될 만한 문제가 아니다. 또한 개인적인 차원에서 밝혀지고 해결될 수 있는 문제와 난관의 복합체도 아니다. 현재의 위기는 서구 문화 전체와 서구 사회의 모든 구성 요소들을 동시에 포함하고 있다. 정부와 국제 조직에서부터 사회의 작은 집단, 나아가 개인들까지 모두 그 위기에 노출되어 있다. 예술과 과학, 도덕과 종교, 경제, 직업과 구제에 대한 태도, 철학과 법률, 예의 범절, 가정, 결혼과 성에 관한 관습 등 서구 세계에서 이루어지는 삶의 모든 부분이 불안정하며 변화하고 있다. 소로킨은 상당히 정확하게 현재의 위기를 진단하여 4세기 동안 세계를 지배했던 서구 문화와 서구 사회의 기본적인 형태가 붕괴되고 있다고 단언하였다.[13]

이와 같은 진단이 비관적으로 들리고 서구 문명에 대한 전망을 어둡게 만든다고 하더라도 서구 문화의 질병이 필연적으로 죽음에 이르는 병이라 말하는 태도는 옳지 않다. 서구의 문화가 현재 모습 그대로 나아간다면 파멸에 이르겠지만 반드시 그렇게 되어야만 한다는 필연성은 없다. 서구 문화와 서구 문명은 중대한 시기에 도달했다. 그러나 이 시기를 쇠퇴와 패배의 시점으로 여길 필요는 없다. 이 시기는 전환기, 즉 위대한 새로운 국면의 출발점이 될 수도 있고 반드시 그렇게 되어야 한다. 극적인 전환기를 맞기 위해 필요한 두 가지 요소를 다시 상기해 보자. 바로 자각과 은혜이다. 우리는 무언가 자각하기 위해 노력할 수 있지만, 은혜를 얻기 위해 할 수 있는 일은 아무 것도 없다. 만일 창조주께서 아직도 인류를 위한 목적을 저버리지 않으셨다면 우리는 그가 자신의 은혜를 거두시지 않을 것이라고 기대할 만한 충분한 이유가 있다.

---

13. Sorokin, *crisis*, chap. 1.을 보라.

단일화된 체계

다음의 몇 가지 사실은 반드시 기억해야 한다. 개별적인 문화는 하나의 통합 체계인 사회 문화적 체계로 대표된다. 물론 인간의 문화 중에 1차원적인 것은 하나도 없다. 가장 원시적인 문화조차 복합적인 차원으로 이루어져 있다. 모든 인간의 문화는 다차원적인 양상을 보여 준다. 법률과 관습, 정부와 행정부의 형태, 경제 체제, 가정 구조의 양식, 교육 방법, 대중 예술과 순수 예술, 진리의 체계, 종교, 종교의 자리를 차지하는 무엇 등이 그것이다.

고대 이집트나 콜롬부스가 아메리카 대륙을 발견하기 이전의 아즈텍 문화처럼 고대에 속한 낯선 문화를 접할 때에 우리는 너무 쉽게 그 문화들을 단순히 문화적인 단일체로 여기려 한다. 그 이유는 우리가 현재 속해 있는 사회와는 달리 고대 문화로부터 멀리 떨어져 있기 때문이다. 우리는 '고대 이집트 문화' 혹은 '아즈텍 문화'라는 말을 아무 생각 없이 사용한다. 우리는 시대적으로 고대 문화보다 훨씬 우리에게 가까운 현대 사회를 생각할 때 다양성과 긴장과 모순을 더 쉽게 발견한다.

유럽-미국형 문화 세계의 중심부에 살고 있는 서구인들은 그들 문화의 단일성보다는 다양성에 대하여 더 잘 알고 있다. 고대 이집트에는 피라미드가 있었고 그리스에는 파르테논 신전과 같은 상징물이 있었으나, 서구 문화를 보편적으로 내세울 만한 상징물은 없다. 그러나 서구 문화를 나타낼 상징이 전혀 없는 것은 아니다. 예를 들어 수많은 마을들과 오래된 도시에는 성당과 교회들이 자리 잡고 있다. 1950년대 초까지만 하더라도 보스턴과 매사추세츠에서 가장 눈에 띄게 우뚝 솟아 있었던 것은 교회였다. 물론 지금은 고층 빌딩 숲에 가려 보이지 않게 되었다. 피라미드와 교회는 두 가지 모두 불멸성을 상징한다는 공통점이 있다. 이 두 가지는 각각의 사회

가 영구적이고 지속적인 것에 관심을 가지고 있음을 상징적으로 보여 준
다. 피라미드는 신격화된 바로의 허구적인 불멸성을 상징하는 반면, 교회
는 생명의 부여자이신 하나님의 영원하심을 드러낸다.

피라미드는 당대의 사람들과 문화보다 더 오래 가도록 견고하게 만들어
졌으므로 그것을 숭배하는 사람들이 얼마나 오래 사는지의 여부와는 별 관
계가 없다. 비록 수세기 동안 비바람에 시달리고 무수한 야만족에게 오랜
세월 동안 방치되었지만 피라미드는 그것을 건설한 문명이 사라지고 난
2000년 후에도 여전히 그 자리에 남아 있다. 그와 반대로 교회는 사람들을
필요로 한다. 유럽의 대성당이나 큰 교회들은, 비록 그 건물들 가운데 상당
수가 더 이상 살아 있는 예배의 처소로서 기능하지 못함에도 불구하고, 여
전히 여러 도시의 중심부에 남아 있다. 그러나 현재는 아무리 큰 성당이라
할지라도 점차 사무실 빌딩과 다른 일반 건물에 둘러싸여 찾아볼 수 없게
되었다. 몇몇 작은 성당들은 소유권을 빼앗기거나 매각되어 박물관과 공연
장 혹은 도서관, 댄스 홀같이 다른 용도로 사용되는 곳도 있다. 어떤 곳은
기독교가 아닌 다른 종교의 집회 장소가 되었다. 마치 고대 로마와 그리스
도의 신전들이 기독교의 교회로 바뀌었던 것과 같은 현상이다.

기독교 건축물들이 미국에서 중심적인 위치를 상실했고 유럽에서도 그
같은 과정을 겪고 있다는 사실은 서구 문화가 붕괴되기 시작했다는 상징으
로 받아들일 수 있다.[14] 서구 문화의 붕괴는 여러 가지 다른 모습으로 이루
어지며 다양한 속도로 문화권 전역에서 진행되고 있다. 북아메리카 대륙의
미국은 유럽과 현저한 차이가 난다. 유럽은 기독교 문화의 건축물과 유물

---

14. 이 말은 교회들이 도시에서 중심부를 차지하고 눈에 띄는 것이 서구 문화의 단일성을 이
    루는 데에 결정적으로 중요하다는 뜻이 아니다. 단지 과거의 그러한 교회의 모습들이 서
    구 문화의 중심되는 단일한 가치를 반영하였다는 것이다.

들이 남아 있고 교회력을 토대로 제정된 모든 휴일들을 지키고 있지만 유럽인들의 신앙 생활은 내리막을 걷고 있다. 미국에서는 유럽보다 훨씬 많은 사람들이 기독교 신앙을 고백하며 신앙 생활에 적극적으로 참여한다. 알렉시스 드 토크빌(Alexis de Tocqueville)은 지난 세기 초엽에 말하기를 지구상에서 미국에서처럼 많은 사람들이 활발하게 기독교 신앙 생활에 임하는 나라는 없다고 하였다.[15] 미국에는 국가 교회가 설립된 적이 없다(주에서 세웠던 마지막 교회는 1832년에 해체되었다). 국가나 주에서 세운 교회가 없다는 것이 미국에서 기독교 신앙이 지속적으로 활력을 유지하고 있는 한 가지 이유이다.

유럽은 점진적이지만 확실하게 기독교적 바탕에서 멀어져 간 반면, 미국에서는 1960년대까지 그 같은 기류가 거의 감지되지 않았다. 1960년대에 이르러 대법원에서 내린 몇 개의 판결로 인해 연방 정부는 갑자기 기독교에 적대적인 입장을 취하기 시작했다. 그 결과 미국 문화 속에 감춰져 있던 변화의 물결이 표면으로 드러났고, 변화의 속도가 더욱 가속화되었다. 어떤 면에서 미국 문화는 기독교 전통의 겉모양만 남아 있는 유럽보다 더 심각하게 방향 감각을 상실했다. 많은 미국인들이 자신들의 신앙에 대한 헌신을 진지하게 생각하고 있음에도 불구하고, 일요일에 문을 닫는다든지 기독교 중심의 휴일과 같은 전통적인 기독교의 표상들은 거의 대부분 사라져 버렸다. 유럽과 미국은 감각적인 사회 문화 체제의 마지막 단계에 도달했다고 말할 수 있다. 만일 본질적인 변화가 일어나지 않는다면 두 대륙은 같은 운명에 처해질 것이다. 그 변화는 최후의 심판을 피하고 하나님이 주신 사명과 존재의 목적을 회복하기 위해 필요한 변혁이다.

---

15. Alexis de Tocqueville, *Democracy in America*, trans. Henry Reeve(Bew Rochelle, N.Y.: Arlington House, 1966).

사라지는 유산

워싱턴과 같은 거대 도시를 유심히 살펴보면 건축가들과 도시 계획 입안자들이 의도적으로 그리스의 민주주의 유산과 로마의 유산을 한데 뒤섞어 놓으려고 했음을 발견하고 놀라게 된다. 의회의 상원(Senate)은 고대 로마의 원로원을 일컫던 말이다. 의회가 사용하는 건물을 의사당(Capitol)이라 하는데, 이 단어는 원래 로마의 캐피톨라인 언덕에 있던 주피터의 신전을 가리킨다. 의회의 의장석 옆에는 집정관 휘장(fasces)이 새겨져 있는데, 이것은 로마의 고관들에게 부여된 권위의 표시였다.

기독교와 성경적인 전통이 미국 초창기부터 두드러진 역할을 했음에도 불구하고, 기독교를 나타내는 상징물은 워싱턴에서 사라지고 있다. 미국 초창기의 지도자들 대부분은 기독교적 입장을 견지하는 것을 당연하게 여겼고, 어느 누구도 신앙의 표현이 공적 생활에서 배제되어야 한다고 생각하지 않았다.

이처럼 기독교를 상징하는 것들 사라지는 이유는 18세기와 19세기 사이에 서구 사회가 의식적으로 이상주의 문화에서 벗어났으며, 더욱 확실하고도 의지적으로 감각 문화에 빠져들었음을 보여 주는 증거이다. 로베스피에르 같은 사람이 지고의 존재를 예배하기 위해 사교(邪敎) 형태의 종교를 보존하는 것이 반드시 필요하다고 말하긴 했지만, 프랑스혁명 기간에 로마 가톨릭과 개신교 교회들은 맹렬한 공격을 당했다. 프랑스 공화국을 제국으로 바꾼 나폴레옹은 자신의 제국을 굳건히 하려는 의도에서 기독교 신앙과 가톨릭을 이용하였다.

사회에 신앙이 없어도 발전되어 가리라는 것은 획기적인 발상이었다. 미국은 프랑스로부터 무엇이든 합리화하려는 경향을 물려받았다. 즉 정부가 세운 이론적인 원리들을 합리적인 결론으로 이끌어 내려는 사고방식을 지니게 되었다. 이런 경향은 주(州) 교회를 세우지 않는다는 원칙으로부터 교회와 주(州) 정부의 근본적인 분리라는 정도까지 변화가 일어나게 했다. 20세기 말에 이른 지금 그러한 원칙으로 종교적이거나 기독교적인 것은 어떤 모양이라도 모든 공적 생활에서 드러내지 못하도록 하는 급진적 배타주의를 지향하는 지경에 이르렀다.

기독교 유산을 조금씩 포기하던 서구 국가들은 이제는 아예 의도적으로 거부하고 있다. 그런 현상은 인생과 세계에 대한 이상주의적인 관점이 거절되는 마지막 단계에 이르렀다는 증거이다. 이상주의적 관점은 영적인 실체와 성경의 인격적인 하나님을 믿으면서, 물질적인 실체와 하나님의 창조의 가치를 고귀하게 여기는 입장이다. 그것이 사라진 자리를 감각적인 물질주의가 대신 차지했다. 물질주의는 오직 눈에 보이고 귀에 들리며 냄새가 나고 느낄 수 있는 것이 아니면 실체로 인정하지 않는다. 지금까지 적어도 지난 3세기 동안에는 이상주의적 가치와 그런 입장에 있는 사람들을 수용할 여지를 남겨 둔 감각 문화 단계였다. 이제 이상주의 문화와 감각 문화가 공존하던 시기는 막을 내리고 있다. 이런 현상이 가장 심각하게 나타나는 분야는 예술 분야이다. 예술 작품 속에서 감각 문화의 우위 현상이 뚜렷해지며, 그런 경향이 문화와 정치 구조 속에서도 두드러지고 있다.

2
예술의 위기

순수 예술은
사회와 문화 속에서 중요한 역할을 담당하고 있으며,
사회와 문화를 가장 민감하게 비춰 주는 거울이다.
- 피티림 소로킨 -

예술이 인생을 모방하는가, 아니면 인생이 예술을 모방하는가? 영화나 텔레비전에서 볼 수 있는 폭력물이 10대 청소년과 아이들 사이에서 폭력을 유발시키는가, 아니면 영화나 텔레비전은 현실을 그대로 보여 주는 거울에 불과한가? 연예와 오락 매체를 통해 방영되는 신체 노출과 여과되지 않은 성적 표현은 따라하고 싶은 충동을 일으키는가, 아니면 그런 장면들은 단지 변화하는 사회의 모습을 묘사한 것인가? 과거에 음란하고 불경스럽게 여기던 말들을 지속적으로 반복하는 것은 언어 습관을 바꾸고 예의 범절과 겸손의 미덕을 파괴하는가? 아니면 그런 말들은 그저 현실의 일상 생활을 있는 그대로 정확히 표현한 것인가? 방송에서 동성애를 호의적으로 묘사하는 것은 젊은이들로 하여금 그와 같은 삶의 모습을 받아들이도록 자극하는가, 아니면 방송의 내용이 선천적으로 동성애 성향을 지니고 있는 사람들을 공정하게 보도한 것인가? 지금까지 제기한 여러 질문들은 예술 분야의 모습이 문화 전체에 얼마나 중요한 위치를 차지하는지 잘 보여 준다.

　예술은 사회의 근본적인 방향성을 반영한다. 또한 사회 구성원들의 특정한 시각과 행동 양식도 드러낸다. 동시에 예술은 그러한 시각과 양식들을 널리 퍼뜨리고 강화시키는 역할도 한다. 극단적인 형태까지 나아간 대중 예술을 포함한 서구의 모든 예술은 점차 혼란스러워지고 방향을 잃어 가고 있다. 이런 점에서 서구의 예술은 사회와 문화 속에 스며든 혼란스럽고 방향 감각을 상실한 분위기를 그대로 반영하고 있다.[16] 간단히 말해서 우리가 오늘날 예술계에서 진행되는 일을 이해한다면 현대의 감각적인 사회 문화 체계의 현재 상황과 장래의 모습을 상당 부분 미리 파악할 수 있다.

예술: 원인인가 결과인가?

　모든 문화는 저마다 예술과 음악과 문학이라는 특정한 형태로 표현된다. 과거에는 이러한 요소들에 대해 시대의 정신을 형성하거나 만들어 내는 원동력으로 보기보다는 대체로 그 시대의 정신이나 사고방식이 표출된 것으로 여겨졌다. 프리드리히 실러(Friedrich Schiller)는 주장하기를 몸은 정신이 구체화되어 나타난 것이라 하였다.[17] 오늘날 서구 사회의 예술과 연예계를 지배하는 정신은 저급한 문화를 양산해내고 있다.[18] 대중 매체가 출현하기 전에는 예술, 음악, 더 나아가 문학을 접할 수 있는 기회가 한정되어 있

---

16. 심지어 고전 작품들이 상연될 때에도, 그 작품들은 원작자의 의도가 전혀 전달되지 못할 정도로 현대화되거나 각색된다. 셰익스피어의 작품이 현대적인 의상을 입은 배우들에 의해 공연된다 하여도 잘못되었다고 볼 필요는 없다. 그러나 맥베스 역을 여자가 맡아 공연하게 되면, 그 뛰어난 음유시인(셰익스피어)의 뛰어난 작품은 전혀 다른 작품처럼 변해 버린다.

17. 쉴러의 유명한 희곡 발렌스타인(Wallenstein)에 나오는 이 말은 하버드 대학에 소재한 박물관 벽에 새겨져 있다(Wallensteins Tod, act 3, scene 13).

었다. 그림이나 조각을 감상하고 싶은 사람은 그 작품이 전시되어 있는 곳으로 가야 했다. 음악도 마찬가지였다. 그때에는 개인적인 취미로 연극에서 연기도 하고 노래도 하였으며, 공연장으로 가서 연주되는 음악을 듣곤 했다. 인쇄술이 발달하기 전에는 문학 작품을 접할 수 있는 길도 역시 제한적이었다. 사람들은 시 낭송회에 참석하여 낭송자들의 이야기를 듣고 그 내용을 마음속에 간직하는 그런 식이었다. 그렇지 않으면 손으로 필사한 값비싼 원고를 사서 보거나 도서관에서나 겨우 찾아볼 수 있었다. 문학 작품은 이동식 타자기의 등장으로 널리 보급될 수 있었고, 막대한 양의 책, 잡지, 팜플렛, 신문들도 문학 작품의 보급에 한 몫을 담당했다. 20세기 들어 발명된 녹화 기술의 도움으로 영화와 TV 및 비디오를 통하여 예술과 음악과 문학 작품이 갖가지 형태로 만들어졌다. 그리하여 계층이나 연령이나 지적 수준에 상관없이 사회의 모든 구성원들이 심지어 청소년과 어린이들까지 예술의 여러 분야를 쉽게 접할 수 있게 되었다.

사람들은 더 이상 음악과 문학 그리고 예술을 감상하기 위해 교육을 받거나 교양을 갖추려 하지 않는다. 그런 경향들이 어린 청소년층에 널리 퍼져나가 교육에 관심을 갖지 않게 되었고, 교양을 갖춘 세련미 대신에 원초적이며 퇴폐적인 풍조에 휩쓸리게 되었다. 알렌 블룸(Allan Bloom)은 그의 뛰어난 저서 『닫힌 미국인의 마음』에서 불평하는 듯한 투로 록음악이 학교 내에서 파괴적인 악영향을 미치고 있다고 지적했다. 학교는 재능 있는 젊은이들이 양질의 교육을 받고 교양을 쌓는 곳이어야 하는데 이제는 학교가 더 이상 그런 기능을 수행하지 못하고 있다.

---

18. 소로킨은 이렇게 말했다: 현대 예술이 인간 사회를 충실하게 묘사하고 있다는 사실을 인정한다면, 인간과 인간의 문화는 더 이상 고상하게 보이거나 동경의 대상으로 여겨지지 않는다.

이전에는 공연장이나 영화관의 입장권을 살 능력이 되는 여유 있는 사람들이나 즐겼던 음악, 드라마, 영화 같은 것들도 이제는 거의 모든 사람들이 어디에서나 쉽게 감상할 수 있게 되었다. 이처럼 예술의 온갖 형태를 쉽게 즐길 수 있게 된 것은 표현의 자유라는 명목 하에 예술적인 표현에 대한 대부분의 법적, 도덕적, 관습적 제약들이 제거된 것과 때를 같이 한다. 예술에서 나타나는 양상은 경제에서와 동일하게 전개된다. 악화(惡貨)가 양화(良貨)를 구축하듯이 저급한 예술이 훌륭한 예술을 몰아낸다.

이런 현상은 급기야 역설적인 상황에 이르게 되었는데, 특히 미국에서 20세기의 마지막 30년 동안 심하게 나타났다. 미국 정부는 1960년 이후 포르노를 자유화하고 인쇄물과 영상 매체에서 음란성과 신성모독을 금지했던 기존의 모든 제약을 실질적으로 폐지했다. 그 결과 방송이나 영화의 대사뿐만 아니라 공적인 연설과 일상적인 대화의 질이 예전에는 천박하다고 일컬어지던 수준으로 떨어졌다.[19] 언어의 저질화 현상은 대중 매체나 교육계, 정부에 몸담고 있는 대부분의 사람들이 오히려 더 부추기고 있다. 거기에 대하여 경고하고 관심을 표하며 규제나 통제를 주장하는 사람들은 즉시 검열 제도나 사상 통제를 지지하는 골수 보수주의자라는 비판을 받는다.

서구 사회에서 지적으로나 문화적으로 뛰어난 엘리트들은 오히려 폭력적인 영상과 무절제한 성적 표현, 신성모독 그리고 모든 종류의 타락된 것들을 판매하며 이익을 챙기는 영상 매체와 연예계 거물들의 이권을 옹호해 주고 있다. 문화의 퇴폐적인 여러 양태는 영화나 텔레비전 혹은 인쇄물에만 국한되지 않는다. 실생활 속에서도 여성과 어린이들을 대상으로 하는

---

19. 기도나 신앙적인 감정의 표현을 할 때, 또는 도덕적인 확신을 나타낼 때에는 천박한 언어를 사용하지 못한다. 또한 학교나 공공 장소와 같이 정부의 통제 아래에 있는 장소에서도 순화된 언어를 사용하도록 권장한다.

성희롱과 성추행이 비일비재하게 발생하며 스트레스나 극심한 고통으로 인해 거의 절망적인 분위기가 날로 확산되고 있다. 건강한 가정과 건전한 사회를 건설하는 책임을 담당하고 있는 당국자들은 사회 전체를 휩쓸어 버릴 듯한 포악함과 상스러운 언어의 물결을 염려한다.[20] 한편 정계와 학계와 방송계에서 활동하는 많은 사람들은 어떤 예술 표현이든지 이를 가로막는 모든 제한의 철폐를 포함한 무제한적인 표현의 자유를 요구하고 있다. 무대나 화면에서 발가벗고 춤을 추거나 성행위를 하는 것과 국기를 짓밟거나 불태우는 것 같은 행동도 그들은 예술이라 한다. 하지만 혼탁한 문화의 희생자들과 이들을 지지하는 사람들은 과거에 전혀 불필요한 것으로 여겨졌던 어느 정도의 제한과 통제를 요구하는 목청을 높이기도 한다. 그러나 이제 극기와 겸손, 예절 같은 덕목들은 지나간 시절의 유물처럼 조롱거리가 되어 잊혀지고 있다.

상처받거나 피해를 본 사람들의 호소는 몇 가지 예외적인 경우를 제외하고 모두 무시당한다. 그들의 요구가 사회 엘리트들의 일시적인 필요를 충족시키거나 '다양성'이나 '다문화주의'와 같이 매력적인 주장을 뒷받침하는 경우가 바로 그 예외이다. 요즘처럼 "어떤 것이든 상관없다"는 분위기 속에서는 외설적이고 선정적이며 잔인하고 타락한 예술을 금지시키기란 거의 불가능하다. 작품의 소재나 내용에 대해 극심하게 공격하든지, 아니면 온건한 제한 사항을 제시하든지, 즉 외설적이거나 신성모독의 예술을 금지시키거나 어느 작품 혹은 개인을 처벌하지 않고 단지 공공 기금의 지급을 중단하기만 하여도 비평가들 사이에서 즉각 "예술에 대한 탄압"이라

---

20. 종종 어떤 사람들은 이러한 범죄 행위들이 정말로 증가하는 것이 아니라 단지 더 자세하게 보도되는 것뿐이라고 주장하지만, 그런 주장은 지극히 단순한 생각에 바탕을 둔 것이므로 신빙성이 없다.

는 목소리가 터져 나온다.

현재 미국에서 이루어지는 규제와 통제는 정말로 잔인하고 타락한 작품을 대상으로 하지 않는다. 오히려 과거에 유익하고 감동적이며 정신을 고양시킨다고 여기던 작품들, 예를 들면 종교적인 표상들이나 신앙의 확신, 하나님이나 구원을 언급하고 있는 작품들을 금지하려는 경향이 대두되고 있다. 한때 미국에서 법과 정의의 기초로 당연하게 받아들여졌던 십계명은 교실이나 법정에서 사라져버렸다. 사람들의 거부감은 종교적인 소재에만 국한되지 않는다. 고상하거나 자기 헌신적인 장면, 건전한 역할 모델, 역사와 전설을 기초한 낭만적이고 정서적인 광경 등은 거의 금지되고 그런 모습들이 왜곡되거나 창피한 것으로 묘사되었을 경우에만 상영이 허락된다.

이제 언어와 사상에 대한 통제는 과거에 평범하고 무해한 것으로 인식되었던 말과 생각에까지 미치고 있다. 거기에는 여승무원(stewardess), 경찰관(policeman), 우편배달부(mailman)처럼 개인의 성(性)을 가리키는 친숙하면서도 경멸적인 의미가 전혀 없는 단어까지 포함된다.[21] 인간의 양성(兩性)을 가리키기 위해 대표적인 의미로 사용되던 남자(man)와 남자들(men) 그리고 그(he), 그의(his), 그를(him) 같은 대명사들의 습관적인 사용도 점차 금지되고 있다. 그런 말들은 점잖게 이야기한다면 세련되지 못하다는 것이며, 나쁘게 말하면 성차별과 가부장 제도를 조장한다는 것이다.[22] 만일 '세련된' 언어를 사용하라는 새로운 요구에 부응하지 못한다면, 학생들은 논문을 통과시키는 데 많은 어려움이 있을 것이며, 작가들은 자

---

21. 심지어 성(sex)이라는 단어는 여러 분야에서 사용하지 못하도록 금지하고 있고, 그 자리는 성별(gender)이라는 단어로 대치되고 있다. 이런 현상은 성(sex)이 선천적으로 결정되는 무언가를 연상시키는 생물학적인 범주인 반면, 성별(gender)은 사회적인 관습을 반영하며 누구나 원하는 것은 무엇이든지 될 수 있다는 사실을 기초로 하고 있다.

22. 경의를 나타내는 몇몇 호칭이 성과 결혼 혹은 사회적 지위를 함축하고 있다는 이유 때문

신들의 글을 책으로 펴내지 못할 것이다. 외설적이고 선정적인 장면들은 화면이나 무대 위에서 드러내고 방송하거나 상연되고, 학대와 고문을 찬양하는 시들은 법정에서 변호되며 비평가들에 의해 후한 평가를 받는 반면, 순수한 사랑의 행동은 금기시되고 오히려 성추행으로 처벌받게 된다. 조금이라도 공격적이거나 무언가를 연상시키는 언어를 사용했다고 고소를 당하면, 그는 직업과 모든 사회의 경력을 일순간에 잃어버리는 대가를 지불해야 된다. 그런 비운은 여성에 비해 남성에게 일어날 확률이 높다.

과거에 특정한 종교나 정치 집단에서 귀하게 여기던 단순한 상징들, 예를 들면 십자가, 성탄절 나무 장식, 또는 남부 연합군의 깃발 등은 사람들이 모이는 모든 공공 장소에서 설치하지 못하게 되었다. 그런 상징들은 종교를 공식적으로 지지하는 느낌을 준다는 핑계로 공적인 자리에 설치되지 못하며, 또한 그런 요소들이 상징하는 관점을 공유하지 않는 사람들에게 불쾌감을 일으킬 수 있다는 구실로 작업장에 내걸지 못하게 한다. 그와 같

에, 미국에서는 선생님(sir), 또는 부인(ma' am)처럼 존경을 표하는 존칭과 용어들이 차츰 무시되거나 아예 사라지고 있다. 1981년에 최초로 여성이 미국 대법원장에 임명되면서, 대법원장을 지칭하는 미스터 저스티스(Mr. Justice)라는 옛 호칭도 없어졌다. 오코너(O' Connor) 여사를 위해 마담 저스티스(Madam Justice)라는 그럴듯한 호칭을 택하지 않았다. 요즘에는 남성이나 여성 판사 모두에게 적용할 수 있도록 단순히 저스티스(Justice)라는 명칭을 사용하고 있다.

언어의 관습은 나라마다 다르게 나타나지만, 유럽 전역에 걸쳐 전처럼 격식을 차리던 언어 습관이 무너져 가고 있음을 쉽게 발견할 수 있다. 예를 들어, 스웨덴에는 아직 국왕이 있는데, 1960년대 이후 군주는 과거에 사용되던 품위 있는 호칭인 니(ni)보다 형식을 갖추지 않는 두(du)라는 호칭이 더 많이 쓰인다. 격식이나 형식주의의 쇠퇴가 그 자체로 나쁜 것은 아니다. 그러나 그러한 형식주의의 쇠퇴가 개인의 나이나 직업에 해당되는 것이 아니며, 전통적인 인식의 형태에 깃든 장점을 받아들이는 것을 의미하는 것이 아니라면, 그것은 사회의 미풍양속을 해치게 되며 점차 모든 인간 관계를 혼란스럽게 만들 것이다.

은 사회 분위기는 신앙을 고백하는 것이 매우 특이하고 부끄러운 취미 생활이라는 느낌을 확산시키는 결과를 가져온다.

그러므로 미국을 중심으로 한 현대 서구 사회는 점차 정신분열 증세를 보이게 되었는데, 그 이유는 한 손으로 음란함과 외설 및 무제한적인 잔인함을 붙들고 있으면서, 동시에 다른 손으로 경건함과 공손함을 나타내는 표현에 대항하여 싸우며 전통적인 가치들을 나타내는 상징들을 해체시키고 있기 때문이다. 서구의 사회 문화 체계는 단순히 망망대해에 표류하고 있는 상태가 아니라 혼돈만이 존재하는 무인도로 돌진하고 있다. 그 섬에서는 기호(taste)와 품위 그리고 예절에 대한 기존의 모든 기준들이 소멸되지는 않지만 눈에 띄는 대로 어디에서나 무참히 짓밟히고 있다.

예술과 순수 예술

소로킨은 다른 여러 책은 물론이고『우리 시대의 위기』에서 '순수 예술'이란 표현을 사용했다. 하지만 그는 대중 문화도 공정하게 관찰했다. "사회와 문화가 어떤 모습으로 존재하느냐에 따라 그 속의 순수 예술의 모습도 달라진다."[23] 사실 그의 주장은 연예계의 모든 요소들에 적용되며 심지어는 뉴스 매체에까지 적용된다. 왜냐하면 뉴스는 종종 오락거리가 되며 연예계의 상황은 뉴스를 만들어 내기 때문이다. 소로킨은 여전히 과거의 가설에 근거하여 사회 현상을 바라보고 있다. 과거의 가설이란 상류 사회의 사람들은 반드시 도덕적이고 사회적인 덕목을 몸소 보여 주어야 하고 다른 사회 구성원들의 본이 되어야 한다는 것이다. 그럼에도 불구하고 소로킨은 미국 상원의원들과 고위직 공무원들이 윤리적으로 퇴폐적인 상태에 빠져

---

23. Sorokin, *Crisis*, 26.

있다는 것이 밝혀져도 놀라지 않았고, 인기 있는 연예인들의 심각한 퇴폐성을 좋은 쪽으로 보도하는 비윤리적인 대중 매체에 의해 상류 인사들 가운데 몇 사람이 비난을 받고 있는 상황에도 놀라지 않았다.

소로킨은 문화와 문학과 순수 예술의 고상한 작품들이 일반 문화에 건전하고 유익한 영향을 끼쳐야 한다고 주장했다. 사회의 낮은 계층은 품행이나 예술적 기호를 포함하여 삶의 여러 영역에서 낮은 기준을 가지고 있고, 대중 문화는 순수 예술보다 더 조잡하므로 덜 필요한 것처럼 여겨진다. 원래 순수 예술의 본보기와 사회 지도층의 행동은 원칙적으로 전체 문화에 좋은 영향을 끼치도록 이끌어야 한다. 예술, 음악, 문학, 연극의 고상한 형태는 평범한 대중들에게 도덕적이고 교육적이며 덕성을 북돋워 주어야 마땅하다. 특히 스포츠 경기나 축제, 음란한 노래, 저속한 연예 프로와 같은 통속 문화가 주는 값싼 즐거움을 대치할 수 있어야 한다. 유감스럽게도 오늘날 문화, 경제, 정치 세계의 상류층을 차지하고 있는 자들은 타락한 행실과 품위를 떨어뜨리는 행동 양식을 따르고 있다. 아마도 위대한 예술가들은 비록 자신들이 예술의 가치를 하락시키는 데 직접 관여하지는 않았을지라도 예술의 저질화를 인정할 것이다.[24]

사회(society)나 문화(culture) 같은 표현을 상류 사회와 고상한 문화를 의미하는 것으로만 이해한다면(순수 예술 분야는 전통적으로 품위 있는 것으로 여겨지고 정부의 후원을 받는 분야에 속해 있었다), 현재 진행 중인

---

24. 이에 대한 자세한 내용을 알고 싶으면, 비평가인 마이클 메드베드(Michael Medved)의 작품 *Hollywood vs. America*(New York: HarperCollins, 1992)를 보라. 시카고 예술계의 주도적인 인물인 아르디스 크래닉(Mme. Ardis Kranik)은 시카고 시의 유명한 오페라(Lyric Opera) 감독이다. 그는 고인이 된 로버트 매플도르프(Robert Mapplethorpe)와 그의 퇴폐적이고 선정적인 작품들을 변호하는 데 혈안이 되어 있었다. 그는 연방 정부가 매플도르프의 것과 유사한 예술 분야에 기금을 제공하지 않는 것을 예술 탄압이며 검열이라고 비난했다.

사태의 전모를 파악하지 못하고 있는 것이다. 왕족이나 정치 지도자들을 포함한 사회의 최고위층에 있는 저명 인사들은 일반 대중들에게 성실함과 이타주의 그리고 예절의 모범이 되기는커녕 기꺼이 조잡하고 음란하며 선정적인 예술의 후원자가 되려 한다. 그들은 가끔 자신들이 사는 모습을 저급한 예술의 소재로 제공할 의도가 있음을 비치기도 한다.

과거에는 밀실이나 음침한 지하에서나 볼 수 있었던 천박함과 음탕함이 이젠 우리의 퇴락한 민주 사회에서 가장 거대한 무대인 '법정'에서도 볼 수 있다. 귀족들과 대통령들은 자신들에게 사교성이 있음을 보여 주려는 노력의 일환으로 사회의 가치를 하락시키는 자들과 친하게 지내며 그들에게 칭찬과 존경을 아낌없이 퍼붓는다. 대통령들과 수상들은 대중들의 기호를 향상시키고 기준을 높이려는 노력은 하지 않고, 자신들의 행동을 통해 예술 분야나 더 나아가서는 사생활에서 일어나는 일들은 "무엇이든 상관없다"는 것을 직접 보여 준다.

라틴 속담에 "여러 가지 기호들(tastes)에 대해 논박할 필요가 없다"(de gustibus non disputandum est)라는 것이 있다. 그런 말이 있다고 해서 달걀이 썩은 것이나 우유가 변질된 것을 모른 척 할 필요는 없다. 우리는 20세기 말에 접어든 예술의 현황을 회피하지 말고 있는 그대로 솔직하게 말할 수 있어야 한다. 소로킨은 예술과 연예계의 성역도 거침없이 비판하려 했다. 그런 태도를 버리지 않았기 때문에 그는 예술이 문화의 흐름을 예측할 수 있는 풍향계일 뿐 아니라 사회 전체와 문화가 나아갈 방향을 결정하는 방향타라는 것을 보여 주었다.

예술의 세 가지 형태:
관념 예술, 이상주의 예술, 감각 예술

모든 문화는 통합적인 체계를 내재하고 있기 때문에 예술 역시 전체 문화에서 드러나는 양상의 기본 특성을 잘 나타낸다. 종종 예술은 일반 문화보다 약간씩 앞서 나갔다. 예술이 혼란스러워지고 통합적인 원칙을 고수해 내지 못하면 나머지 문화도 곧 예술의 모습을 따라간다.

문화는 상이한 여러 단계들을 거쳐가는데, 일정한 시간이 지나면 각각의 문화는 순수하게 관념적이고 영적인 단계에서 벗어나 감각 중심의 체계적인 물질주의로 변해 간다. 과도기에는 어떤 문화가 장차 대두될 것인지 분명하게 나타나지 않을 수도 있다. 현재의 서구 문화는 과도기 상태에 진입했고 감각 문화의 막바지 단계에서 무언가 새로운 것이 발흥하려는 혼돈 속에 불일치와 모순을 경험하고 있다. 예술은 대체로 문화의 부흥보다는 해체의 징조를 보여 주는 증거들을 드러내고 있다. 하지만 그런 와중에도 우리는 희망적인 징후들을 기대할 수 있다. 그 이유는 문화가 전반적으로 변화를 겪을 때 예술은 반드시 그 변화의 한 축을 담당하기 때문이다.

세 체제가 지닌 저마다의 내적 일관성

사회 체제가 통합된 형태로 유지되는 한 그 체제의 영향력은 사회의 모든 분야에 걸쳐 감지된다. 이러한 이유 때문에 사회 문화 체제가 붕괴되기 시작하면 변화는 단지 특정한 영역에서만 일어나는 것이 아니라 사회의 모든 구성 요소에 영향력이 파급된다. 소로킨이 관찰한 바에 의하면 문화가 주로 감각적인 국면에 처해 있으면 순수 예술 역시 감각적인 수준에 머물고, 문화가 산만하고 혼란스러우며 절충적인 국면에 접어들면 순수 예술

또한 그런 모습을 띠게 된다.

수세기 동안 서구의 감각 문화는 견고하게 통합된 형태로 이어져 왔지만 최근 수십 년 간 혼돈과 무질서의 징후들이 점차 강하게 나타나고 있다. 4세기가 넘는 기간 동안 서구의 순수 예술은 점점 퇴락하고 혼란스럽게 변했다. 초창기에는 혁신적이며 재미있는 것으로 인정되었던 것들이 귀찮고 따분하게 되어갔고 거의 매년마다 새로운 것들이 쏟아져 나왔다. 시간이 흐를수록 변화의 속도가 빨라지고 새로운 시도가 날로 대담한 수준에 이르렀으며, 새로운 변화가 시도될 때마다 예술적인 진보라는 명목으로 사람들은 크게 환호성을 질렀다. 새로운 것들을 비판하거나 거부하는 태도는 교양이 없거나 예술적인 감각이 부족한 증거로 여겨졌다.

문학가들과 예술가들은, 비록 예술이 예술가들의 세계에만 머물러 있었지만, 일반 사람들로 하여금 "예술을 위한 예술"이라는 생각을 갖도록 이끌어 주었다. 예술을 자율적인 것으로 보는 사람들에게는 유감스러운 말이지만 예술이 사회와 문화의 다른 분야와 상당히 복잡하게 얽혀 있다는 것이 점점 명확해지고 있다. 사회가 받아들일 준비가 되지 못한 상태에서 예술은 특정한 형태를 취할 수 없으며 사회의 일부가 되지 않은 상태로 사회에 도전하거나 사회를 대항할 수는 없다. 1960년대에 미국과 다른 여러 나라들을 휩쓸었던 반전운동의 저항 노래들(protest songs)은 대중들의 정서를 표현했으며 또한 대중들에게 영향을 끼쳤다. 관념적이거나 이상주의적인 문화 단계에서는 우리의 귀중한 목숨을 바칠 정도로 가치 있는 것은 없다는 저항 노래들이 지녔던 메시지가 거의 인기를 얻지 못했을 것이다. 하지만 감각 문화가 주도한 10여 년 동안 반전의 감정은 날로 확산되어 무수한 사람들에게 감화를 주었다.[25]

---

25. 관념적이고 이상주의적인 문화는 감각적인 사회보다 더 수월하게 사람들로 하여금 전쟁

관념 예술

관념적인 예술은 그 유형이나 내용 면에서 관념 문화의 중요한 전제를 명료하게 표현한다. 그 전제란 바로 진실되고 유일하게 실제적인 가치를 지니는 존재는 하나님이라는 것이다. 따라서 관념 예술의 주제는 감각을 초월하는 하나님의 나라이다. 관념 예술의 '주인공들'은 하나님과 다른 신들, 천사, 사탄, 영혼 등이며 창조, 성육신, 구원, 십자가 수난, 구세주 그리고 여타 초월적인 사건도 빼놓을 수 없는 주제이다. 관념 예술은 철저히 종교적이다.[26]

관념 문화 예술은 언뜻 보기에 조잡하고 미숙하게 보인다. 이런 사실은 관념 문화가 원시적이거나 발달하지 못한 형태라는 주장을 뒷받침하는 예로 사용되기도 했다. 하지만 그것은 잘못된 생각이다. 관념 예술이 물질 세계에 있는 사물들에 대한 실제적인 표상을 그려내지 않는 이유는 사물을 있는 그대로 그리는 예술가들의 기술이 모자라기 때문이 아니다. 그들은 감각 세계의 모습을 그대로 옮겨 놓으려는 노력을 하지 않을 뿐 아니라 사물을 고상하게 표현하거나 찬양하려 하지 않는다. 그 대신 그들은 보는 이들에게 거룩하고 초월적인 실재들을 보여 주고자 애쓴다. 관념 예술의 주

에 지원하고 다른 위험한 의무도 기꺼이 수행하도록 격려할 수 있다. 심지어 옛 소련처럼 유물론에 입각한 사회에서도 히틀러와 대항하여 싸우도록 부추기기 위해 러시아 정교회의 고상한 정신적 유산을 일깨우는 것이 유용함을 간파했다. 히틀러는 국민들에게 전쟁을 위한 동기부여를 하기 위해 잘못된 이상주의적인 환상을 심어 주었다.

26. Sorokin, *Crisis*, 27. 관념 예술에 등장하는 실재들은 오감(五感)으로 인식될 수 없는 것들이라는 사실을 강조하기 위해 초자연적이라는 말보다는 초감각적이라는 용어가 사용되었다. 관념적인 시각으로 보면 초감각적인 실재들은 그 어느 것보다 더 자연스럽고 당연하게 받아들여진다.

제는 신적인 혹은 천사 같은 존재들과 하늘이나 지옥의 광경 같은 것이다. 그런 요소들을 사실적으로 묘사하려는 노력을 기울이지 않는 데에는 그만한 이유가 있다. 먼저, 초감각적 실재들은 눈으로 직접 볼 수 없으며 또한 지나치게 사실적인 묘사는 보는 사람들로 하여금 이 땅의 존재들과 혼동하게 하여 마치 신적 존재들이 초월적이고 초감각적인 세상에 속하지 않은 것으로 착각하게 만든다.

관념 예술이 역사적인 사건을 묘사할 때에는 대개 상당히 틀에 박힌 모습으로 그려진다. 사건을 정확하게 그리기보다는 상징적으로 그리기 때문이다. 마태복음의 내용 가운데 동방박사들의 아기 예수를 경배하는 모습을 생각해 보라. 만약 사진사가 그 곳에 있었다면 아마 그는 생생한 사진들을 찍었을 것이다. 하지만 생생한 사진이나 정밀하게 묘사된 그림은 관념주의 예술가가 말하고자 하는 내용을 정확히 전달하지 못한다. 그 사건을 관념적으로 그린 그림은 예수 공현 축일(Epiphany)에는 무엇을 기념하는 날인지, 다시 말하면 이방인들조차도 그리스도의 오심을 고대하고 있었다는 사실을 설명하고 있는 것이다. 실물을 그대로 옮겨 놓은 것 같은 그림은 사람들의 시선을 특정한 인물에게 쏠리도록 함으로써 동방 박사들을 이방 민족의 상징으로 인식하지 못하게 한다. 초자연적인 메시지를 화폭에 옮겨놓을 수 있는 실질적인 방법은 없다. 따라서 예술가는 그런 내용들을 상징적인 형태로 그릴 수밖에 없다.

관념 예술을 나타내는 가장 탁월한 본보기는 동방정교회의 성상(Icon) 그림이다. 성상은 오늘날에도 계속해서 만들어지고 있다. 그것은 과거의 관념 문화를 상기시켜 주기도 하며, 현 시대의 세태에 반발하여 의도적으로 보존되고 있다. 그러나 성상은 초월적 실재들을 예술가들이 사용할 수 있는 재료와 기술로써 묘사하려는 시도이다. 따라서 초월적인 세계를 현실적인 모습으로 그리려는 시도는 처음부터 실패할 수밖에 없는 운명에 처해진다.

이런 이유 때문에 관념 예술은 현실적인 인생의 조망이나 실제 사람들 혹은 사실적인 그림을 제공해 주지 못한다. "관념 예술의 목적은 사람들에게 즐거움이나 위안을 주는 것이 아니라 믿는 자를 하나님께 더 가까이 인도하는 것이다. … 관념 예술의 감정적인 색조는 경건하고 미묘하며 금욕적이다. … 그 스타일은 마땅히 상징적이며 그래야만 한다. … 관념 예술은 초라한 옷에 감춰진 신비한 영혼을 넌지시 보여 준다."[27] 관념 예술은 메시지를 전달하고 보는 사람들을 가르치고 그들을 신앙적이고 영적인 경험으로 이끌려는 분명한 의도를 지니고 있다. 신앙적인 진리는 영원하며 변치 않는 것으로 여겨지기 때문에 관념 예술가들은 독창적인 것을 찾으려 하지 않고 동일한 방식으로 동일한 주제를 표현한다. 따라서 그들은 종종 창조적인 예술가이기보다는 모방자처럼 보인다. 관념 예술은 물리적인 아름다움을 내세워 인간적인 감각에 호소하려 하지 않는다. 따라서 인간의 오감을 자극하는 요소들의 가치를 발견하고자 하지 않고 오감을 초월하는 것들에서 가치를 찾으려 애쓴다.

이상주의 예술

세속의 감각적인 실재와 하나님의 초감각적인 실재 사이에는 자연스러운 접촉점이 있기 마련이다. 만일 하나님이 참으로 우주의 창조주라면, 결국에는 우주 만물이 그 주인을 드러내리라는 주장은 신빙성이 있다. "하늘이 하나님의 영광을 선포하고 궁창이 그 손으로 하신 일을 나타내는도다"(시 19:1).

---

27. Sorokin, *Crisis*, 27.

이상주의 예술은 감각 세계의 현실을 묘사한다. 하지만 그 가운데 가장 숭고하고 장엄한 모습만을 표현한다. 추하거나 저속한 것은 절대 보여 주지 않는다. 이상주의 예술은 상징적인 의미를 전달하기 위해 정밀한 표현주의 기법을 사용한다. 이상주의 예술가는 아직까지 "예술을 위한 예술"을 추구하는 사람들처럼 새롭고 감각적인 유사 종교의 옹호자가 아니다. 단지 그들은 동료 집단 가운데 가장 뛰어난 사람일 뿐이다. 그의 작품은 "감각 예술의 이상적이며 가장 고상한 모습을 신기할 정도로 합성해 놓은 것"[28]이다. 이상주의 예술은 창조 세계의 아름다움을 묘사함으로써 그것을 보는 사람들에게 세상을 창조하신 하나님의 영광을 기억하게 한다.

감각 예술

감각 예술은 실질적으로 관념 예술과 정반대의 경향을 지니고 있다. 감각 예술은 전적으로 감각에 호소하려 한다. 현실 세계에 대한 정확한 묘사에는 관심을 기울이지 않는 관념 예술과는 달리, 감각 예술, 특히 초기 단계의 감각 예술은 실제적인 묘사에 치중한다. 인물화, 풍경화, 또는 현실 세계에서 일어나는 실제적인 혹은 공상적인 사건들을 주로 다룬다. 감각 예술은 군주들, 전쟁, 대관식, 조약, 바다의 폭풍 등과 같이 중요하고 인상적인 인물이나 사건으로부터 출발되는 경향이 있다. 감각 예술은 한때 관

---

28. 위의 책, 28-29. 이 책에서 구분한 세 가지 범주에 포함되지 않는 형태의 예술이 있다. 그런 작품들은 내적인 혹은 외적인 통일성이 없는 기계적인 복사품의 일종으로 불리운다. 소로킨이 시장에서나 팔리는 절충주의 예술이라 부른 이 형태는, 20세기 막바지에 이르면서 과학 기술의 발전으로 점점 일반화되고 있다. 과학 기술 덕분에 예술 작품의 무한한 재생과 복사와 변형이 가능하게 되었고, 미술가들의 기술을 빌리지 않아도 작품을 만들어 낼 수 있는 단계에 이르렀다.

념적인 중요성을 지닌 실제 사건들을 소재로 삼은 적이 있었다. 파도를 잔잔케 하신 예수나 로마 제국의 대관식 등이 좋은 예이다. 심지어 미국 국회의사당 건물의 둥근 천장에는 조지 워싱턴이 하늘로 오르는 모습이 그려져 있다. 수십 년 동안 감각 예술은 사람들에게 영감을 불러일으키고 그들을 고양시키려 애썼다. 그러나 사람들을 종교적인 교리에 관심을 갖게 하는 것이 아니라 이 세계와 숭고한 인간성의 탁월함을 강조하는 방법을 택했다. 초기의 감각 예술은 종종 고상한 영적 실재들을 다루었다. 하지만 그런 시도는 작품을 보는 사람들 속에 윤리적이거나 영적인 변화를 일으키려는 의도에서 비롯된 것이 아니라 단순히 사람들에게 즐거움과 활기와 재미를 주기 위해 이루어졌다.

비록 관념 예술이나 이상주의 예술에 걸맞은 주제로 시작을 하더라도 감각 예술은 거기에 얽매이지 않는다. 미켈란젤로는 감각 예술 단계의 초창기에 활동한 인물이지만 감각적인 동시에 이상주의적으로 보이는 작품들을 창작해 냈다. 바티칸의 시스틴 성당에 그려진 그의 위대한 작품이 좋은 예이다. 그의 작품은 이상주의 세계에서 서서히 감각 문화로 옮겨가는 변천 과정을 잘 보여 준다. 루벤스의 육감적인 누드 그림은 명백하게 감각 예술에 속한다. 그의 그림들은 보는 이들의 시선을 사로잡는다. 그 속에 깊이 생각할 만한 고상한 인간의 이상이 담겨 있기 때문이 아니라 발가벗은 모습에 이끌리는 것이다.

감각 예술의 초기에는 사람의 모습이 주요 소재였다. 어린아이들의 천진난만한 모습, 젊은이의 육체적 아름다움과 힘, 모양이 잘 갖춰지고 균형 잡힌 신체의 관능적인 매력, 나이 든 사람의 기품과 위엄을 갖춘 모습 등. 목가적인 풍경과 바다의 풍랑, 시골에서 벌어지는 축제, 당당하게 보이는 동물 등도 그려졌다. 보는 사람들의 눈을 즐겁게 하려는 목적에서 정밀함과 생생한 표현이 강조되었다. 감각 예술의 초기 단계에서 감각 예술과 이상주의 예술을 명확히 구분하기란 쉽지 않다. 그 이유는 초기 감각 예술은 현실 세계에서 주목받는 부분에 관심을 쏟고 심지어 그것을 이상화시키려는 경향이 있기 때문이다. 하지만 완숙기에 접어들었을 때, 감각 예술의 소재가 변하기 시작한다. 정계의 고위 인사, 중산층 시민, 또는 일하거나 휴식을 취하는 농민의 모습에서 벗어나 평범하고 천한 사람이나 광경을 작품의 대상으로 삼았다. 예를 들면 창녀나 거지, 범죄자, 미치광이, 죽음이 임박한 환자, 빈민굴의 모습, 심지어 시체까지 거기에 포함되었다. 가장 최근의 퇴폐한 감각 예술 작품으로는 앤디 워홀(Andy Warhol)의 실물보다 훨씬 큰 수프 깡통과 로버트 매플도르프(Robert Mapplethorpe)의 동성애 장면을 담은 선정적인 사진 등이 있다.[29]

관념 예술은 보는 사람들이 영원한 것에 관심을 집중하도록 유도하였다. 그와 대조적으로 감각 예술은 사람들을 즐겁게 하고 기분을 전환시켜 주고 매혹하는 데에만 열중한다. 감각 예술이 절정기에 이르면 보는 사람들의 마음을 사로잡아 그들을 노예로 만들 것이다. 아마도 작품을 구경하는 사람을 꾀어 직접적이고 감각적인 자기 만족에 빠지게 할 것이다. 포르노 사진은 그것을 아주 잘 보여 주는 예이다. 요즘 쏟아져 나오는 대부분의 광고는 그와 유사한 목적 아래에서 만들어지는데, 포르노보다 좀더 세련된 방법으로 제작된다는 차이밖에 없다.

감각 예술의 중심 주제는 아래와 같다.

- 현실 세계에 대한 애착

---

29. 매플도르프(1989년에 에이즈로 사망)는 사진 작가로서 남다른 예술적 재능을 증명해 보인 후, 이상 야릇한 것으로 관심을 돌렸다. 다른 사람의 입에다 소변을 보는 사람의 모습이라든가, 항문에서 나온 가죽 채찍을 한 손에 잡고 알몸인 채로 서 있는 자신의 모습을 사진에 담기도 했다.

▪ 사람들을 매혹하고 즐겁게 하려는 욕구

　감각 예술의 막바지 단계에 이르면, 사람들을 매혹하며 이윤을 남기려는 의도에서 만들어지는 상업적인 작품들이 주종을 이룬다. 관념 예술이 정적인 반면 감각 예술은 동적이다. 미켈란젤로와 피카소를 모두 감각 예술의 대표자로 분류하는 것은 이상하게 보일지 모른다. 미켈란젤로는 사실적으로 그림을 그리고 조각 작품을 만들었지만, 피카소는 추상주의 예술의 대표자이기 때문이다. 감각 예술이라는 용어는 상당히 광범위하게 사용되므로, 거기에는 루벤스나 틴토레토와 같은 고상한 예술의 거장들과 인상파 화가들, 표현주의 작가들, 폴 고진(Paul Gaugin)과 프란츠 마크(Franz Marc)처럼 그리 사실적이지 않은 작품을 그리는 현대 미술가, 여러 종류의 추상 예술, 초현실주의가 포함되며, 앤디 워홀 같은 대중 예술가도 들어간다. 이처럼 다양한 예술가들이 공통적으로 지닌 태도는 영적인 것에 대해 무관심하며, 경험적인 실재가 우선되는 현실 세계에 집착하는 것이다. 지금의 세계가 아름답게 보이든 부조리하게 보이든 상관하지 않는다.

　감각 예술은 초감각적인 가치가 현실에 나타날 수 있다고 생각하지 않는다. 궁극적으로 고결하거나 훌륭한 것이 있다는 생각 자체를 거부한다. 예술의 기능이 보는 이들의 마음과 감정을 영원한 가치로 끌어올리는 것이라는 생각에서 완전히 벗어났다. 그 대신 사람들을 현실과 개인적인 경험과 감정의 수준에 묶어 두려 한다. 아름다운 풍경을 바라보거나 허드슨강 학파(Hudson River School)의 낭만적인 이야기를 읽는 사람은 이 세상의 아름다움에 완전히 넋을 잃을 것이다. 피카소나 프랜시스 베이컨의 예술에서 나타나는 세계는 무의미하고 불합리하다는 인상을 준다. 그러나 감각 예술을 옹호하는 사람은 절대로 영원하거나 영구적인 가치를 지닌 세계를 강조하지 않는다. 바울은 이렇게 말했다. "종말로 형제들아 무엇에든지 참되며 무엇에든지 경건하며 무엇에든지 옳으며 무엇에든지 정결하며 무엇에든지 사랑할 만하며 무엇에든지 칭찬할 만하며 무슨 덕이 있든지 무슨 기림이 있든지 이것들을 생각하라"(빌 4:8). 감각 예술가들은 여기에 대해 "그런 것은 아예 없다"라고 응수한다. 예술은 현대 문화에 관한 여론 형성층들이 감히 침범할 수 없는 영역이 되었다. 그렇기 때문에 어느 누구도 수프 깡통을 그린 조잡한 그림(워홀)과 오줌통으로 뛰어드는 사진(세라노)에 대해 사실적인 예술이 아니라고 함부로 말하지 못한다.

감각 예술은 사람들을 자극하고 흥분시키며 매혹시키는 것을 목표로 삼는다. 작품을 구경하는 사람들이나 청취자들을 감각적인 만족을 주며 더 나아가 종종 혐오감과 불쾌감도 주는 현실 세계로 이끌려 한다. 사람들을 영적인 묵상이나 영적인 실천을 강조하는 현실 너머의 영역으로 끌어당기지 않는다. 신앙과 윤리, 다른 여타의 가치들에서 철저히 분리되고 교육적이거나 교훈적인 의도를 배제함으로써 감각 예술은 정말로 "예술을 위한 예술"이 되었다. 관념 예술은 언제나 인간의 문제들을 건전한 모습으로 표현하고 상징화시키는 기법을 사용하여 나타내었다. 그에 반하여 감각 예술은 재빨리 관능적인 나체 그림으로 돌아섰다. 때로는 그들의 그림을 포르노 사진과 구분하기 어려운 경우도 있다.[30]

예술의 감각적인 형태는 외형적인 세계를 사실적인 방법으로 묘사하기

---

30. 사람의 벌거벗은 모습을 비교적 순결한 방법으로 그릴 수도 있다. 그리하여 호색적인 관심을 자극하지 않고 인체의 아름다움을 예술적으로 감상하도록 유도하는 것이다. 피터 폴 루벤스(Peter Paul Rubens)같은 위대한 거장의 그림은 선정적인 것으로 구분되지 않지만, 상당수의 감각 예술 작품은 성적인 욕구와 음란함을 연상시킨다. 최근 수십 년 동안의 잡지와 영화에서 포르노가 본격적으로 등장하기 시작했다. 그때에는 직접적으로 성적인 표현은 하지 않더라도 외설적인 자세를 취한 나체를 보여 주는 정도였다. 그러나 이제는 정상적인 혹은 변태적인 성행위를 더욱 노골적으로 보여 주는 단계에 이르렀다.

를 앞으로 계속 할 것이다. 하지만 마지막 단계에 이르면 감각 예술은 인상파나 표현주의로 흐르고, 결국 초현실주의에 이르러 공상, 부조리, 환상 등이 주축을 이루게 된다. 초창기의 감각 예술은 물리적인 세계를 사람들에게 매력적으로 보여 주며, 이 세계가 제공하는 감각적인 쾌락을 만끽하도록 사람들을 유혹하는 것을 목표로 삼았다. 하지만 새로운 작품은 무언가 새로운 요소를 담고 있어야 한다는 강박 관념 때문에, 감각 예술은 필연적으로 표현의 강도를 '강화' 하는 방향으로 흘러갈 수밖에 없었다. 관객들의 상상력을 사로잡고 그들을 매혹하기 위해 더욱 충격적이고 극적인 장면과 음향과 기교를 사용하였다.

감각 예술의 목적은 즐거움을 주는 것이고, 사람들은 고상하고 교훈적인 것보다 익살스럽고 우스꽝스러운 것을 더 좋아하고 여기에 쉽게 빠져든다. 그런 이유에서 감각 예술은 재빨리 코미디(comedy)와 익살스러운 연극 그리고 풍자 문학 등을 표현 수단으로 삼았다. 관객이나 청중들이 지루하지 않도록, 감각 예술은 끊임없이 변하고 언제나 새롭고 자극적인 것을 추구하였다. 소로킨은 이렇게 말했다. "감각 예술은 어떠한 정신적인 가치도 상징화하지 않기 때문에 언제나 외적인 모습에 치중한다. … 따라서 허식적인 표현이나 자질구레하고 터무니없는 내용, 지나친 기교, 그 외에도 겉모습만 화려하게 보이려는 온갖 수단들을 과도하게 사용한다…."[31] 이런 현상은 요즈음 쉽게 관람할 수 있는 웅장한 영화에서 분명하게 드러난다. 또한 미식 축구 슈퍼볼 경기의 휴식 시간에 방송되는 휴식 시간 쇼(half-time show)도 빼놓을 수 없는 좋은 예이다.

관념 예술에서 성상(聖像)을 그리는 것은 경배의 행위로 여겨졌지만, 감각 예술 시대에 들어와 성상은 아무리 오래되었든 아니면 새로 만든 것이

---

31. Sorokin, *Crisis*, 28-29.

든 간에 모두 자연스럽게 매매되는 물건이 되고 말았다. 감각 예술은 주로 전문적인 예술가들에 의해 이루어지며 비판의식 없는 대중과, 대중에게 아첨하는 대중매체가 있어야 성공을 거둔다. 시간이 흐를수록 감각 예술의 왜곡되고 괴상한 특성들이 점점 강조되고 있다. 오래 전에 예술 후원자들은 시간을 초월하는 예술품이 될 작품들을 의뢰했지만, 요즘의 기업가들은 과거의 유명한 작품들과 심지어는 유명한 작가들의 하찮은 소유물까지 경매에서 값을 올리는 데에만 신경을 쓴다. 이는 진정한 창조성이 상실되었음을 무의식적으로 입증하는 현상으로서 쇠퇴 국면에 접어든 현대 감각 문화의 특징이다.

여러 시대를 거쳐온 예술

원시 문화는 비록 기록을 남기지는 않았으나 그들이 근본적으로 관념적이었음을 보여 주는 예술품을 종종 만들었다. 단순한 관념 예술의 형태를 보여 주는 사례는 현재 혹은 가까운 과거에 속한 아프리카 종족과 주니족 인디언(애리조나 주 북동부에 사는 아메리칸 인디언)의 생활 속에서 찾을 수 있을 뿐 아니라, 먼 과거에 속하는 신석기 시대의 기하학적인 그림에서도 발견된다. 관념적인 예술은 도교 예술과 불교 문화, 티벳과 브라만이 주축을 이루는 인도, 고대 이집트 그리고 9세기에서 15세기에 이르는 그리스 문화를 지배하고 있다.

감각 예술에 속한 시기도 상당히 넓게 퍼져 있다. 구석기 시대의 구상(具象)적인 그림들, 아시리아 역사의 대부분, 이집트의 구(old)왕국 이후의 시대, 크레타-미케네 문명, 서로마 제국의 멸망까지 계속 이어진 헬레니즘 시대의 그리스-로마 세계 등이 감각 예술 단계에 포함된다. 서구 문화는 르네상스 이후 점진적으로 감각 예술 단계로 접어든다.

이상주의 단계에서 만들어진 작품들은 앞에서 말한 두 단계의 것에 비해 눈에 띠지 않는데, 그 이유는 이상주의 단계는 관념 단계에서 감각 단계로 넘어가는 과도적인 단계이기 때문이다. 따라서 잠시 이상주의 예술이 발흥하더라도 그 기간은 기껏해야 수세기에 지나지 않는다. 15세기의 그리스와 말기의 유럽 중세 세계에서 이상주의가 잘 나타나는데, 이 기간은 관념 체제가 주도권을 상실하고 감각 체제가 시작되기 이전의 중간 시기이다.

이러한 상이한 여러 국면들, 곧 관념적, 이상주의적, 감각적 국면들은 서로 번갈아 일어난다는 사실을 깨달아야 한다. 어느 한 단계를 다른 것에 비해 '더 고상' 하거나 아니면 '더 유치' 하게 여길 필요가 없다. 특정한 문화의 단계는 그 속에 포함된 사람들이 지닌 문명의 수준을 나타내거나, 그 문화의 예술가나 장인(匠人)들의 기술적인 수준을 나타내는 기준이 아니다. 오히려 각각의 단계는 각 문화의 성격을 반영하는 것이다. 문화는 단지 해당 구성원들이 생각하고 분석하는 방법을 지칭하는 것이라기보다는, 그들이 자신들의 세계와 실제를 인지하고 해석하며 이해하는 전 과정을 가리킨다.

서구 사회는 수세기 동안 감각 단계에 속해 있던 문화적 환경에서 지내왔으므로, 다른 문화와 다른 시대에서 이루어낸 결과들을 자신들의 감각적인 시각으로 바라볼 수밖에 없다. 따라서 그들이 보기에 관념 예술은 감각 예술보다 더 유치한 것으로 비치기 마련이다. 왜냐하면 감각적인 것에 익숙해진 사람들은 초감각적인 것과 신적인 실재를 공감하지 않기 때문이다. 박물관에 전시된 자료들을 감상하는 식으로 관념 예술을 이해하려는 노력을 보일 수는 있지만, 그런 작품들을 보면서 스스로 편안히게 느끼기란 힘들다. 감각 문화의 여론 형성층에서 종교적인 신념을 나타내는 작품이라면 어떤 것이든 싫어하고 혐오스럽게 여기는 이유가 바로 이 때문이다.

감각 문화는 간단히 관념 예술을 유치한 것으로 치부해 버린다. 감각 사회의 사람들이 차츰 감각 예술의 세련미를 따분하게 여기고 함부로 취급할 때, 일시적인 대안으로 관념 예술로 돌아갈 것처럼 생각되겠지만 그들이 영적인 실재를 인정하고 소중히 여기는 일은 일어날 가능성이 거의 없다.

관념 문화와 이상주의 문화에서 생겨난 예술품들을 조잡하고 실력이 없는 것으로 쉽게 단정짓는 것은 심각한 오해이다. 그런 생각을 지닌 사람들은 거의 석기 시대의 그림을 무시한다. 하지만 석기 시대의 예술가들은 자신들이 흥미를 가진 것들, 예를 들면 동물이나 사냥하는 장면 같은 것들을 정밀하게 묘사할 수 있었다. 사람들은 대개 원시인들이 현실 세계에 있지도 않는 영적인 존재들, 신들과 여신들, 초자연적인 세력들에 엄청나게 의지하며 살았을 것이라고 쉽게 단정해 버린다. 현대인들은 자신들을 의심이 많고 현실적이며 원시적이지 않은 세련된 사람들이라고 여긴다. 하지만 이런 태도는 지나친 단순화(oversimplification)이다. 수집 가능한 여러 증거들을 근거로 판단해 볼 때, 초창기의 인류는 감각적인 실재를 잘 알고 있었다. 구석기 시대의 동굴 벽화는 현실 세계에 대한 그 당시 사람들의 예리한 인식을 반영하고 있으며 그들에게 초감각적인 실재에 대한 관심이 있었다는 사실을 암시하지는 않는다. 따라서 석기 문화는 비록 단순하긴 하지만 감각적이었다고 말하는 것이 옳다. 달리 표현하자면, 어떤 문화가 오래 되었고 원시적이라 하여 그 문화가 감각 세계를 잘 인식하지 못하고, 초감각적이고 영적인 실재가 지배하는 비현실적인 세계에 속한다고 주장하는 것은 착각이다.

인류의 최초 예술

서구 문화는 16세기 이전의 관념화 단계에서 비롯되었으므로 사람들은 어떤 문화든 초기 단계는 관념적일 것이라 추측하는 경향이 있다. 그러므로 원시인들이 신적이고 영적인 실재에 의존하는 것은 당연하다고 여기며 원시 문화의 예술은 본질적으로 종교적일 것으로 예상한다.

하지만 사실은 그렇지 않다. 소로킨이 제시한 증거들은 초기의 인류가 감각적인 세계관을 지니고 있었음을 밝혀 준다. 현재 구석기와 신석기 시대의 사람들이 세계와 실재를 어떻게 바라보고 인식했는지 설명해 주는 문자화된 기록이나 조약 문서는 남아 있지 않다. 그러나 그들이 남긴 예술 작품이나 예술적인 증거들을 근거로 몇 가지 결론을 도출할 수 있다. 이런 증거들은 극소수에 불과하지만 신석기 시대는 관념 문화 단계인 반면, 구석기 시대의 원시 문화가 감각적이었다는 사실을 뒷받침해 준다. 초창기의 두 문화가 우리 눈에는 모두 동일하게 원시적인 것으로 보이지만, 그들은 현실에 대해 서로 다른 방법으로 이해하고 있었다. 마치 후기 헬레니즘의 이교도 문화와 초기 기독교 문화 사이에 차이점이 있었던 것과 같다.[32]

---

32. 구석기 문화가 감각적이었고 물질적인 실체를 중시했다는 사실이 놀랍게 받아들여진다면, 현재의 후기 모더니즘 혹은 포스트모더니즘 시기가 물질적이고 객관적인 사실을 중시하는 분위기에서 이탈해 나왔음을 생각해 보라. 엄격한 사실의 바탕 위에서 형성된 자연 과학이 많은 업적을 성취해 놓았음에도 불구하고, 현재의 문화는 그 세계에서 유래되었다. 놀랍게도 현대인들은 뉴에이지 운동을 통해 갑작스럽게 출현한 신비주의를 경험하고 있다. 자연 과학의 출발점은 세계가 지적이고 전지 전능한 창조자의 작품이라는 기독교의 신학적 확신에 근거하고 있다. 그런 이유 때문에 세계는 하나님의 형상으로 만들어진 인간에 의해 연구되고 어느 정도는 이해될 수 있다고 여겨졌다. 기독교는 물질 세계를 하나님이 만드신 최상의 실체로 여긴다는 점에서 유물론은 아니다. 하지만 기독교는 창조자의 작품이 객관적으로 실재하며, 소위 과학적인 방법에 의해 유익하게 연구될 수 있다는 입장에 있다. 과학적인 방법이 영원토록 지속되지는 않을 테지만, 어떤 문화가 하나님이 객관적인 실체의 창조자라는 믿음을 상실하게 될 때, 그 문화는 현재의 뉴에이지 운동에서 내세우는 것같은 환상의 세계로 돌아설 것이다. 역설적으로 들릴지는 몰라도, 현대 과학의 발생은 눈에 보이고 느낄 수 있는 것만을 믿는 회의주의로 인하여 시작되지 않고, 지혜로우신 하나님의 질서 정연한 창조를 믿는 확실한 기독교 신앙에서 비롯되었다.

비록 우리는 기원전 2천 년의 크레타와 미케네 그리스의 문화에 대해 많이 알지 못하지만, 그 문화의 방향이 주로 감각적이었다는 사실을 가르쳐 주는 충분한 증거가 남아 있다. 여전히 남아 있는 그 시대의 예술과 해독된 문학 작품은 그때 사람들이 현실을 세속적이고 쾌락적으로 즐기려 했음을 보여 준다. 테세우스와 미노타우로스(사람 몸에 소의 머리를 가진 괴물) 이야기처럼 사라진 문화로부터 전해오는 신화는 초감각적인 실재가 자리잡을 수 없는 회의적인 태도를 반영하고 있다. 곧 그 문화는 감각 문화였다. 몇 세기가 지난 후 동일한 토양에서 호머(Homer)의 관념 문화가 일어났다. 『일리아드』(Illiad)는 신들이 인간과 접촉하는 세계를 그리고 있다. 존 핀리 2세(John H. Finley Jr.)의 표현대로 그 세계에서 인간은 "신이 보기에 특별히 다른 존재(Who's Who)"가 아니라 함께 어울려 살았다.[33]

이 시기의 조각들은 신들과 여신들이 일정한 상징적인 형태를 띠게 되었음을 보여 준다. 돌로 새긴 여러 성상들은 권력과 지혜와 다른 속성들을 상징한다. 이상적인 동시에 감각적이었던 후기 그리스 문화에서 볼 수 있는 성상들이 인체의 아름다움을 완벽하게 재현하려 했던 것과 큰 차이를 보인다.

또 다른 사례

초기 지중해 문화를 잠깐 살펴보기만 해도 초감각적이고 신적인 질서에 대해 세속적인 세련미를 가미하며 회의적인 태도를 지닌 감각 문화 단계가, 반드시 문화의 마지막 국면이 아니라 신적인 실재를 영원한 것으로 간

---

33. 이 표현은 고인(故人)이 된 존 핀리 2세가 하버드 대학에서 진행한 유명한 강의인 "인문학 2"에서 비롯되었다.

주하는 관념 단계를 뒤따라 출현할 수도 있음을 깨달을 수 있다. 이런 현상은 초기 크레타-미케네 문화에서 호머의 그리스 문화로 이어지는 변천 과정에서 나타났다. 또한 지금 우리가 더 풍부한 증거를 가지고 있는 그리스-로마의 이교도 문화 말기에도 유사한 과정이 있었다.

현대의 대중 문화가 역사를 주의 깊게 체계적으로 연구하려 하지 않더라도, 대다수 사람들은 서구 문명의 헬레니즘적인 배경을 알고 있으며 그리스의 영광과 로마의 장엄함에 대한 역사적 사실이나 소설을 쉽게 접하고 있다. 『벤허』나 『성의』(The Robe) 같은 소설과 영화는 역사적으로 어느 정도 정확한 이야기이기 때문에 감각적인 로마 문화의 웅장함과 냉소적이며 세속적인 상태를 잘 보여 준다. 하지만 로마의 조직과 구조는 내적인 약점과 약화로 인해 야만인들의 침입으로 전복되어 쉽게 무너졌다. 로마의 멸망 이후 대두되는 시기는 암흑 시대라 일컫는다. 이 명칭은 그 시대가 새로운 문화의 여명기라는 사실을 간과하고 있다. 우리는 그렇게 등장한 새로운 문화의 황혼기에 살고 있다.[34]

새로운 기독교 문화의 시작은 예술 분야에서 일어난 변화를 통해 감지되었다. 그 변화는 A.D. 4세기에 더욱 분명해졌다. 말기 그리스-로마 시대의 퇴폐적인 감각 예술에서 벗어나 하나님과 신적인 실재에 대한 믿음을 반영하는 관념적인 접근으로 이어지는 변화가 점점 더 강하게 일어났다. 당시의 예술은 수세기에 걸쳐 세력을 떨친 서구 기독교 문화의 특징을 잘 보여 준다. 당시 예술가들이 더 이상 적절한 기술이나 기교를 소유하지 않았다는 이유로, 초기 기독교 예술이 말기 헬레니즘 문화에 비해 표상적이거나 사실적이지 않다고 생각하는 것은 잘못이다. 두 예술 사이에 차이가 있는

---

34. 최근의 연구는 암흑 시대를 새롭게 조명하여 그 시대가 결코 로마의 몰락과 함께 끝난 것이 아님을 인정하기 시작했다.

것처럼 보이는 이유는 예술가들이 그들의 시선을 인간으로부터 하나님과 그의 영광으로 돌렸기 때문이다. 그들이 믿기로는 상당히 현실적이지만 사실적으로 표현되지 못할 주제로 관심을 돌렸다.

문화 체제(supersystems) 사이에서 일어나는 변화의 의미

스펭글러, 토인비, 소로킨 같은 위대한 역사가들의 주장을 고려하지 않은 채 단순히 예술과 문화 일반에 대한 평범한 이해만을 염두에 둔다면, 문제는 간단해질 것이다. 이러한 사상가들은 문화의 발생과 몰락, 즉 역사의 주기를 주로 다루었다. 적어도 서구에서 대부분의 현대인들은 주기의 관점에서 역사를 보지 않고 진보 사상에 깊이 물들어 있다. 다시 말해 그들은 정신이나 영적인 가치의 영역보다는 주로 기술과 편의성 측면에서 역사를 바라보려는 경향을 가지고 있다. 우리는 편의성의 정도가 증가되면 그것이 진보라고 생각한다. 윤리와 도덕은 더욱 퇴보하고 예술은 점점 퇴폐적이며 동시에 선정적으로 변하더라도, 우리는 그것을 진보의 일부로 받아들인다. "시간을 되돌릴 수는 없다." 이것이 그들의 슬로건이다.

이런 이유 때문에 원형 경기장과 판테온 신전을 건축한 지나간 시절의 웅장했던 감각 문화를 아쉬워하면서 초기 기독교 문화를 문화의 퇴보로 바라보는 것은 요즘 시대에 당연한 일이다. 초기 기독교의 작은 예배당, 어두운 로마네스크식 교회당, 조잡한 성곽은 거대한 로마의 건축물에 비할 바가 아니었다. 더군다나 고대 그리스의 영웅 서사시와 열렬한 애정시처럼 관심을 끄는 찬양곡이나 기독교 저술도 없었다.

현대인들은 역사책과 박물관 및 서사시적인 영화를 통해 고대 그리스와 로마의 이교 문화가 이룩한 예술적인 탁월함과 건축학적인 성과에 깊은 감명을 받는다. 우리는 프락시텔레스의 상(像), 율리우스의 시저의 흉상, 그리스와 로마의 성당, 로마의 법정 그리고 많은 검투사와 기독교 순교자들이 죽음을 당한 원형 경기장의 모습을 사진과 그림으로 보았다. 그리고는 게르만 민족과 바이킹 해적이 로마 제국에 침입하여 도시와 마을들을 불태우고 파괴하는 그림들을 보게 된다. 이어서 사막에 살면서 누추한 옷을 걸친 성인과 수도원에서 필경하는 수도사의 모습을 본다. 성인들의 상(像)도 볼 수 있는데, 그들은 무표정한 얼굴과 밑으로 길게 내려뜨린 옷을 걸치고 있다. 동정녀와 어린 예수의 부자연스러운 모습, 후광에 둘러싸인 성인, 고상하게 고통 당하는 순교자의 사실적이지 못한 자세 등을 담고 있는 그림들은 고대 그리스 예술의 훌륭한 나체 그림과 현격한 차이를 보인다. 우리는 프랑크 농민의 오두막과 게르만 약탈자의 두목이 거주했던 조잡한 성들과 한때 영화를 누렸던 로마의 일곱 언덕(이 곳을 중심으로 고대 로마가 건설되었다)을 상상으로나마 비교해 볼 수 있다. 중세 성당의 장식물은 여신 아프로디테와 아폴로와 헤르메스 신을 상징하는 형태의 상(像)에 비해 너무 초라하다.

13세기의 경직되고 형식적인 기독교의 미술은 르네상스 시대의 아름답고 생생한 예술로 변화된다. 르네상스 시대에는 고대 그리스의 작품에 비해 전혀 손색이 없는 미켈란젤로의 다윗 상과 같은 작품이 만들어졌다. 다빈치, 라파엘, 티치아노, 뒤레(Dürer), 렘브란트 및 네덜란드 거장들(Dutch masters)의 작품들은 그보다 이전 시대에 성인들과 거룩한 그림만을 그린 미술가들이 모르던 재능과 기법을 새로이 발견했음을 보여 주는 듯했다. 만일 이 같은 사실들만 알고 있다면, 어떤 역사가들이 이 때를 "신앙의 시대"라 정의하는, 중세 기독교 시대는 그리스-로마 문명의 화려함과 르네상스의 새로운 발견 사이에 낀 어두운 시대로 보이기 쉽다. 이와 같은 피상적인 이해는 현대 문화에 속한 많은 사람들 사이에서 일반화되었는데, 그들은 중세 기독교 시대를 퇴보와 무지의 시대로 여기거나(비기독교인의 경우) 그 시대에 대해 변명하거나 사과하려 한다(기독교인의 경우).

예술의 본질에 나타난 두드러진 변화

문화 체제에서 일어난 변화는 예술의 형태에도 변화를 일으켰고, 예술의 변화는 전체 사회 문화적인 체제의 변화를 촉진시켰다. 우리에게 가장 친숙한 그리스로부터 로마제국을 거쳐 오늘날에 이른 서구 문명의 세계를 자세히 살펴보면, 앞에서 언급한 바 있는 세 가지 중요한 변화를 발견하게 된다.

- 관념 예술에서 감각 예술로의 변화. 호머의 시대와 알렉산더 대왕 시대 사이에 이상주의 예술이 있었음.
- 감각 예술에서 관념 예술로 되돌아감. 4세기에 발흥한 기독교 시대 이후.
- 관념 예술에서 다시 감각 예술로 변화. 중세 말엽에 들어서면서 잠시 이상주의 예술이 일어남.

우리는 인간의 문명을 그 자체로 이해하려는 목적에서뿐만 아니라 현대 서구 문화가 처한 현재의 위기를 자각하기 위해 예술의 변천 과정을 잘 연구해야 한다.[35]

---

35. 제2차 세계대전이 끝나는 시기를 전후로, 아시아와 아프리카의 여러 나라들과 특히 전쟁에서 패한 일본이 자국의 생존을 위해 필요하다고 여겨지는 근대화를 시작하면서 거의 비슷하게 '서구화' 되었다. 그 결과 그들 국가들은 서구의 방식을 배우고 채택하기 위해 노력했다. 거의 반세기도 지나지 않은 지금, 싱가포르를 비롯한 아시아의 몇몇 국가들이 '서구의 가치'를 사회와 도덕의 퇴보와 동일시하여 서구적인 요소들을 배척하는 것은 흥미롭고도 당황스런 현상이다.

소로킨은 첫번째 변화에 대해 다음과 같이 간결하게 설명했다.

B.C. 6세기가 막을 내리면서 사회 전반에 관념 예술이 퇴보하고 이상주의 예술이 등장하는 것을 보게 된다. 이상주의 예술은 B.C. 5세기에 절정에 이른다. 피디아스(Phidias, B.C. 500-432, 그리스의 조각가), 아이스킬로스(Aeschylus, B.C. 525-456, 그리스의 비극 시인), 소포클레스(Sophocles, B.C. 496-406, 고대 아테네의 비극 시인), 핀다로스(Pindar, 기원전 5세기경의 그리스의 서정 시인) 등이 중심 인물이었다. 그때가 아마 이상주의 예술의 가장 뛰어난 시기였을 것이다. 파르테논(그리스 아테네의 아크로폴리스 언덕에 있는 여신 아테네의 신전) 신전으로 대표되는 당시의 이상주의 문화의 절반은 종교적이며 절반은 경험적인 것이었다. 이상주의 예술은 감각 세계에서 오로지 고상한 양식과 긍정적인 가치만을 채택했다. 그것은 이상화된 유형 예술이었다. 당시의 그림들은 상당히 아름다운 모습이지만, 사람들의 모습을 사실적으로 표현하지 않았다. 천박한 것이나 통속적인 요소들은 그때의 그림들에서 찾아볼 수 없다. 예술 이상주의는 당시 예술가들이 지니고 있었던 인체에 대한 해박한 지식과 인체를 이상적인 형태로 그려내던 기교에서 잘 나타난다. 그들은 대표적인 인체의 유형에 입각하여 사람의 모습을 이상적인 형태로 표현했다. 구체적이고 사실적인 그림이나 추한 것이나 불완전한 요소가 섞여 있는 그림은 없다. 여러 신들과 이상화된 인간의 모습이 당시 그림의 주종을 이룬다. 노인이 다시 원기를 회복하고, 어린아이는 다 자란 어른처럼 묘사된다. 여성적인 특성들은 거의 드러나지 않고, 여자들은 운동 선수 차림으로 표현되있다. 구체적인 풍경도 나타나지 않는다. 사람들의 자세와 표정에는 거칠다는 느낌이 전혀 없으며, 사람들의 감정이나 열정이 과도하거나 왜곡되어 표현되지도 않았다. 그들은 마치 신들처럼 고요하고 평온한 모습이다. 심지어 죽은 사람도 살아 있

는 사람처럼 평온한 아름다움을 머금고 있다.[36]

이상주의 기간 동안의 그리스 예술과 문학은 도덕적이고 시민 생활에 유익하며 종교적인 가치들을 함양시키는 기능을 담당했다. 이상주의 예술은 평범한 사람들이 경험하는 실망, 좌절, 고통, 근심과 같은 삶의 일상적인 현실을 반영하려는 의도를 담고 있지 않았다. 이상주의 예술의 목적은 인간의 미덕, 예를 들면 용기, 지혜, 품위, 전쟁에서의 용맹함, 운동 경기 능력, 인체의 아름다움과 우아함과 같은 요소들을 가장 잘 보여 주는 것이었다. 그 예술은 이러한 미덕을 추구하도록 장려하는 것을 목표로 삼았다. 이러한 미덕이란 운동 경기에서의 신기록 작성이나 엄청난 재산의 축적을 말하지 않고, 인격, 지혜, 선행 등을 의미했다. 유명한 인물들의 미덕은 대중들이 따라야 할 모범으로서 찬양되었고 그들의 결점은 완전히 가려졌다.

아이스킬로스와 소포클레스, 유리피데스가 지은 뛰어난 비극 작품의 초점은 고결한 인물에게 아주 사소한 결점이 있다는 데에 맞춰져 있다. 그 결점이 없었다면 무자비한 재난이 몰려오지 않았을 것이기 때문이다. 현대의 감각적인 문화에 내재된 냉소적이고 폭로하는 분위기에 익숙한 독자들은 그런 비극을 보면 당연히 반감을 가질 것이다. "비현실적이야. 실제로 인생은 그렇지 않아." 바로 그것이 요점이다. 이상주의 예술은 사실적이지 않고 이상적이다. 이상주의 비극은 모든 인간이 공통적으로 지니고 있는 실패나 결점들을 살피거나 알리려 하지 않는다. 그보다는 고상하고 고결한 기준에 도달할 수 있으며 때때로 그것이 완성된다는 것을 보여 주고, 일반 군중을 격려하여 젊은 시절부터 그 고결함을 위해 노력하도록 유도하려 하였다.[37] 이상주의 시대의 예술가와 시인들은 감각 예술 시대의 예술가들처

---

36. Sorokin, *Crisis*, 32.

럼 전문인이 되지 못했다. 그 당시의 예술은 운동 경기와 마찬가지로 직업적이지 않고 아마추어 수준에서 이루어졌다.[38]

예술은 시대 정신을 반영한다

순수 예술이나 대중 예술의 구분 없이 모든 예술은 세계와 그 속에 있는 인간의 모습에 대한 예술가의 이해를 표현한다. 그들이 채택하는 예술의 형식은 옳은 것과 그른 것, 의미 있는 것과 불합리한 것, 아름다운 것과 추한 것, 고상한 것과 비천한 것에 대해 어떻게 생각하고 있는지를 선명하게 드러낸다. 예술이 표명하거나 말하는 것과 사람들이 믿고 느끼고 지각하는 것이 일치할 때, 많은 사람들은 그 예술을 따르게 될 것이다. 예술과 대중이 접촉점을 찾으면, 예술은 사회-문화적인 체제를 반영하는 동시에 그 체제를 형성하도록 도와주는 이중의 역할을 수행하게 된다. 때때로 예술은 확대경이나 확성기 같은 작용을 한다. 즉 이미 문화 속에 존재하는 요소들을 더 크게 보이고 더 크게 들리게 한다. 나아가 예술은 자신이 반영하는

---

37. 기독교는 전통적으로 원죄 교리를 주장하고, 아무리 뛰어난 인간이라 하여도 "죄를 범하였으매 하나님의 영광에 이르지 못한다"(롬 3:23)는 사실을 지적하면서, '고결한 이방인들'의 도덕적인 성취나 미덕에 대해 비판적인 입장을 취했다. 어떤 사람이라도 결점이나 실수에서 완전히 자유로울 수 없다는 것은 사실이다. 하지만 어떤 사람들은 결점을 극복하기 위해 몸부림친다. 그 반면에 어떤 이들은 노력을 포기하고 심지어는 자신들의 단점에 푹 빠져 버린다.

38. 이상주의 문화에서 운동 경기 역시 아마추어 분야였다. 하지만 그리 오래지 않아 스포츠는 직업화되었다. 일단 스포츠가 직업화되자, 아무리 뛰어난 운동 선수라도 젊은이들에게 미덕을 고취시키는 경우는 거의 없었다. 이는 운동 선수가 미덕을 갖추지 못했기 때문이 아니라, 문화가 변했기 때문이다. 미덕은 더 이상 좋은 것으로 인정되지 않았고 흠모하거나 따라야 할 것으로 여겨지지 않았다.

문화의 경향이 더 커지거나 과장되도록 자극할 수 있다. 예술가의 활동은 이런 식으로 그가 살아가며 활동하는 사회-문화 체제의 한 기능을 담당하게 된다. 그와 같은 관점에서 예술은 당시 사회-체제가 현실에 접근하는 방법을 반영한다고 볼 수 있다.

- 과거의 관념 문화에서 예술은 신적이고 영적인 사실들을 유일한 실체로 묘사했다.
- 이상주의 문화는 여전히 영적인 요소들을 가장 고상한 실체로 그렸다.
- 감각 체제에서는 신적이고 영적인 주제들이 세속적이고 물질적인 것들로 대치되었다.

예술은 중요하고 매혹적인 것으로 여겨지는 문화의 양식과 기호뿐만 아니라 현실에 대해 문화가 지닌 기본적인 관점을 반영한다. 그 문화가 생각하는 진리에 대한 견해와 어떤 것을 참되다고 여기는지에 대해서도 예술을 통해 드러난다. 어떤 문화의 예술은 필연적으로 해당 문화의 진리 체계와 관련되어 있다.

3
진리 체계의 위기

> 이 세상 지혜는 하나님께 미련한 것이니…
> -고린도전서 3장 19절-

르네상스 이후로 인간 지식의 급격한 증가로 우리는 넋을 잃을 정도이다. 과학자들은 새로운 사실들을 줄줄이 밝혀냈고 전에는 인간의 시야에서 감춰져 있었던 비밀들을 연이어 드러냈다. 그러나 역설적으로 들릴지는 모르지만, 인간이 많은 것을 배워갈수록 인간 사회는 무엇이 사실(real)이고 무엇이 진실(true)인지를 알지 못해 더 복잡하게 변해갔다. "과학은 실재(reality)에 대해 관심을 갖지 않는다. … '실재' 에 대해 걱정하는 것은 우리 과학자들의 일이 아니다."[39]

사람들은 과학적인 혹은 지적인 피곤함을 느끼기 시작했다. 모더니즘의 특징이라 할 수 있는 진리를 찾기 위한 연구는 더 이상 이루어지지 않고, 현대인들은 포스트모더니즘 시대에 접어들었다. '실재' 는 언제나 유동적

---

39. 소로킨은 어느 젊은 과학자가 진술한 이 내용을 자신의 책 3장에서 인용했다. Pitirim A. Sorokin, *The Crisis of Our Age*, 2d ed. (Oxford: Oneworld, 1992), 66-67.

이고, '진리'는 전적으로 대중들에 의해 좌우되는 시대가 도래했다.

소로킨은 주장하기를 감각 문화의 퇴락 단계에서는 과학적인 발명과 발견이 활발하게 이루어지지 않는 경향이 있다고 하였다. 그는 인생의 말기에 자신의 주장과 반대되는 현상이 일어나고 있음을 인정했다. 발명과 발견은 중단 없이 급속도로 진행되고 있었던 것이다. 하지만 과학의 진보가 정체되어 있음을 보여 주는 징후도 눈에 띠었다. 우주 탐사는 소로킨이 죽은 다음 해에 달 착륙을 계기로 절정에 이르렀으나 그 후로는 속도가 눈에 띄게 줄었다. 의료 기술은 진보를 계속했으나 극복하지 못할 장애물에 부딪혀 고전하고 있다. 자주 발병하는 질병들을 치료하는 기술은 많이 개발되었으나 새로운 질병들이 나타나고 예전에 퇴치되었던 질병들이 다시 나타나고 있다. 유아 사망률은 줄었고 인간의 평균 수명은 늘어났으나 인간이 도달할 수 있는 최대 수명은 더 이상 늘어날 것 같지 않다. "우리의 연수가 칠십이요 강건하면 팔십이라"(시 90:10). 저명한 의학 잡지들은 새로운 낙태용 약품의 개발을 특집 기사로 다루고, 의사 조력 자살이 마치 대단한 업적이라도 되는 듯이 보도한다.

몇 년에 한 번씩 새로운 세대의 컴퓨터와 소프트웨어가 개발된다. 더욱 짧은 시간에 엄청난 양의 정보를 처리하는 일이 가능해졌다. 하지만 불행하게도 시간이 흐를수록 많은 양의 정보는 오직 기계 속에서만 찾을 수 있고 인간의 마음에는 정보의 양이 줄어든다. 인간의 마음은 점점 정보의 홍수에 완전히 파묻힐 위기에 놓여 있다. 정보 그 자체를 알기보다는 그 정보가 있는 위치를 알아내는 것이 큰 과제가 되었다.[40] 르네상스식 인간의 시

---

40. 미래의 역사가들이 20세기의 마지막 10년과 21세기의 첫 해를 되돌아볼 때, 소로킨이 지적한 대로, 수많은 발명과 발견들이 인간의 두뇌가 아닌 컴퓨터에 의해 이루어진 것처럼 보일 것이다. 인간 지식의 보관소는 계속해서 확장되고 있지만, 그것은 컴퓨터의 용량이 늘면서 정보의 보존량이 많아지는 것이지 인간의 머리 속에 있는 정보는 점점 줄어들고

대는 이미 지나갔다. 그때에는 개인이 여러 가지 과학적이고 학문적인 원리들을 상당한 수준까지 섭렵할 수 있었다.

본디오 빌라도는 "진리가 무엇이냐?"(요 18:38)라고 예수께 물었다. 소로킨은 빌라도의 질문이 영속적인 것이라고 하였다. 모든 문화와 인류에게 정확한 대답을 할 수 있으려면 '초인'(superhuman)이나 모든 지식을 통달한 전지한(omniscient) 인물이 있어야 한다. 빌라도는 회의론자였으며 아마 그런 인간은 존재하지 않는다고 믿었던 것 같다. 만약 그런 사람이 있더라도 우리가 이해할 수 있는 형태로 대답하지는 못할 것이다. 달리 말하자면, 빌라도는 진리란 도달할 수 없다는 의미로 그런 질문을 던졌다.

빌라도의 말을 자세히 살펴볼 필요가 있다. 인간적인 차원에서 얻어지는 진리는 부분적이며 불완전하다. 모든 인간의 노력은 언제나 실수를 동반한다. 사리를 분별할 줄 아는 사람들은 인간의 지식이 제한적이라는 것을 알았다. 우리는 오로지 부분적으로만 알 수 있다. 하지만 우리가 완전하고 철저히 알지는 못하지만, 적어도 몇몇 사실들은 정확하게 알 수 있음을 인식하는 것은 매우 중요하다. 특별히 그리스도인은 이처럼 '전지 전능하신 분'이 실제로 존재하시며, 그가 우리에게 진리를 가르쳐 주실 수 있고 또한 가르쳐 주고 계신다는 확신을 품고 있어야 한다. 이것이 하나님의 말씀이 가르치는 바이다. 하나님이 인격적인 분으로 존재하신다는 것을 믿는 자만이 그 원리를 제대로 이해할 수 있다.

니케아 신조(A.D. 325)에서 밝힌 것처럼, 하나님이 실재하며 진실로 그가 "하늘과 땅과 가시적인 것과 눈에 보이지 않는 모든 것의 창조주"라면, 인간의 불완전한 지식과 오류를 범힐 가능성에도 불구하고 인간이 완전한

있다. 사람들이 실제적인 사실은 단 하나도 알지 못하는 때가 올 수도 있다. 비록 무수한 사람들이 여러 정보들을 보기 위하여 어떤 파일은 어떻게 찾아야 하는가를 알더라도, 그것은 엄밀한 의미에서 '안다'고 할 수 없다.

진리에 도달하는 것을 가능케 하는 합리성과 일관성의 원리는 반드시 있기 마련이다. 우주가 지극히 지혜로우신 창조자의 작품이라면, 그의 피조물인 우리가 부분적으로라도 우주의 구조와 질서를 이해할 수 있으리라고 기대하는 것은 바람직한 태도이다. 성경이 말하는 것처럼 인간이 하나님의 형상으로 만들어졌다는 것이 사실이라면, 우리가 창조자의 작품을 일정한 범위 안에서 이해할 수 있을 것으로 기대하는 것은 더욱 합당한 근거를 가진다.

천지 만물은 하나님이 완전하게 만드셨지만 창조 이후 인간의 죄라는 이질적인 요소가 개입하는 바람에 세상은 지금과 같은 모습으로 변했다. 이런 개념은 유일신 신앙을 갖는 데 필수적인 요소이다. 하나님께서 정해 놓으신 만물의 질서가 있고, 이러한 질서는 견고하여 우리가 그것을 연구할 수 있고 배울 수 있으며 그런 연구에 기초하여 신뢰할 만한 예언을 할 수도 있다.

지혜로우신 창조자에 대한 믿음은 현대 과학이 발흥에 필요한 전제를 제공해 주었다. 노스 화이트헤드(North Whitehead, 1861-1947)와 스탠리 재키(Stanley L. Jaki, 1924-)같이 과학 분야를 주로 다루는 역사가들과 철학자들은 그런 사실을 분명히 제시했다. 현대적인 의미에서 실험 과학은 전지하신 창조자와 그가 질서 정연한 만물을 만드셨음을 믿는 사람들에 의해 생겨났다. 그들은 성경과 기독교의 가르침을 통해 확신을 얻었다. 일단 과학이 진리의 불변성이라는 기독교적 이해의 범위 안에서 잘 형성되자, 기독교 외의 다른 신앙을 가진(혹은 무신론을 따르는) 과학자들도 과학 발전에 귀중한 공헌을 하였다. 그럼에도 불구하고 과학은 기독교 신앙의 틀에서 벗어날 수 없었다. 전지전능하신 창조주께서 세계를 만드시고, 그의 피조물인 인간들이 부분적으로나마 그 세계를 이해할 수 있는 충분한 지혜를 부여해 주셨다는 기독교 신앙이 없었다면, 과학은 쉽게 발전하지 못했을 것이다.

진리에 대한 세 가지 접근법

문화의 양상이 구분되었던 것과 마찬가지로, 진리에 대한 접근법도 각각 세 가지 주요 문화 체제를 따라 특징지을 수 있다. 개별 문화와 이를 대표하는 것들이 진리의 존재나 진리를 파악할 있는지의 여부에 대한 믿음의 정도에 따라 접근법이 구분될 수 있기 때문이다.

관념적 진리

관념 문화에서 진리는 하나님께 달려 있다. 하나님이 드러내시는 것은 무엇이나 진리이다. 그가 우리에게 하시는 말씀들은 그가 원하는 정도만큼 우리에게 이해되며, 원칙적이고 실제적으로 전혀 오류가 없다. 아주 강력한 유일신 신앙에서 이런 믿음은 성경의 무오성(infallibility of Scripture), 즉 성경은 곧 하나님의 말씀이라는 형태로 표현된다. 문자로 기록된 계시가 부족했던 과거의 관념 문화에서도 신들의 진리는 절대적이며 인간의 능력으로 변경하거나 고칠 수 없다는 생각이 단연 우세했다.

신적 실재의 절대성과 불변성은 초기 그리스 희곡에서 비극적인 갈등을 일으키는 원인이었다. 그리스에는 성경처럼 부모를 죽이는 것은 중대한 범죄이며 무자비한 형벌을 받으리라는 것을 가르쳐 주는 경전이 없었다. 그러나 그리스인들은 그런 경전을 필요로 하지 않았다. 아이스킬로스의 "오레스테이아"(Oresteia)와 소포클레스의 "오이디푸스 사이클"(Oedipus Cycle)과 같은 위대한 비극 작품에서, 오레스테스와 오이디푸스는 비극적인 경험을 통해 진리를 배운다. 그들의 운명을 통해 선포되는 진리를 관객들은 깨달을 수 있는 것이다. 비극의 과정에 용서란 없다. 일단 치명적인 실수를 범하면 어느 누구도 그 잘못을 돌이키지 못한다.

신적 진리는 절대적이며 불변하기 때문에 관념 문화 속에 있는 사람들은 종종 자신들의 신앙을 위해 기꺼이 죽으려 한다. 천국에서 누릴 영원한 행복에 대한 약속과 지옥의 영원한 형벌에 대한 위협은 이 세상이 약속하거나 가져다주는 즐거움이나 고통보다 훨씬 더 확실하고 오래 지속될 것으로 여긴다.

감각적 진리

관념 문화와 대조적으로 감각 문화는 오로지 증명될 수 있는 것만을 믿고 경험될 수 있는 것만 생각하고 검증할 수 있는 것만을 신뢰하며 실험할 수 있는 것만 고려한다. 반드시 그렇지는 않을지라도, 감각 문화에 속한 사람들은 가치에 대해 냉소적이고 영적인 진리나 종교적인 이상처럼 감각으로 느낄 수 없는 것을 위해 희생하려 하지 않는다. 감각 문화에서 군인을 필요로 할 때 그들은 용병을 고용한다. 용병들은 고통과 죽음의 위험을 무릅쓰더라도 돈을 벌고 약탈품을 취할 수 있다는 생각에 이끌린다.

현재의 감각 문화를 이끌어 가는 미국의 직업 군인들은 용병의 모습과 흡사하다. 그들은 애국심이나 국가에 대한 사랑을 바탕으로 모집되지 않는다. 상당한 금전적인 수입을 분명히 약속 받은 상태에서 지원한다. 또한 만약 그들이 싸우게 되더라도 상대는 자신들보다 훨씬 군사력이 열세일 것이라는 암시적인 약속도 받아 놓는다. 과거의 용병들처럼 미군은 종종 미국의 국가적 이익이 걸리지는 않았더라도 타국의 이익을 보호해 주어야 하는 곳에서 전쟁을 수행한다. 그러나 다른 국가에서 그들에게 수당을 지불하지 않는다는 점과 미국의 경비로 미군이 운영된다는 점에서 과거의 용병들과 현재의 미군은 다르다.

이상주의적 진리

진리에 대한 이상주의적 접근은 종합적이다. 물질 세계의 현상에 접근할 때 이상주의적 접근법은 감각과 측정 기구들로부터 얻은 증거를 받아들인다. 초감각적인 실재에 관해서는 신적 계시에 의존한다. 이상주의 문화는 수학, 논리학, 철학 같은 분야에서 많은 성과를 거둘 수 있다. 그런 분야들은 신적 계시가 아닌 인간 이성의 종합적인 능력에 의존하고 있기 때문이다. 이상주의적 진리 체계는 영적인 진리들을 가장 고귀한 진리로 여긴다는 점에서 관념적 체계와 유사하다. 하지만 이상주의 체제는 감각의 증거들을 높이 평가한다는 이유 때문에 시간이 흐를수록 점진적으로 감각적 진리 체계로 변해 간다. 감각적인 진리는 순간적인 감각의 인식에 기초를 두고 있으므로, 이상주의적 진리를 옆으로 밀어내 분리시킨 다음, 그것을 실제적인 현실과 관련 없는 영역에 속한 '종교적인 진리'로 분류한다. 이런 상황하에서 과학의 '진리들'은 사실로 받아들여지고, 한때 신앙의 진리로 여겨졌던 것들은 별 볼일 없는 의견이나 관점 정도로 전락된다.

네번째 가능성: 진리는 없다

그 전에는 이상하게 보였지만 몇 년 전부터 일어난 뜻밖의 변화로 현대인들은 포스트모던 시대를 맞이하게 되었다. 현대인들은 더 이상 진정한 진리와 객관적인 실재라는 개념에 얽매이지 않는다. 비록 감각 체제가 처음에는 과학과 경험의 진리를 인정했을지라도, 감각 문화의 완숙기에 이르면 과학적인 진리와 물리적인 사실에 관련된 증거들조차 의심하게 된다. 50년 전만 해도 종교적인 확신과 도덕적인 기준은 자연 과학처럼 실재에 기초하고 있지는 않아도, 단순히 '믿음' 혹은 '견해'라는 식으로 설명하곤

했었다. 오늘날에는 확실한 사실과 자연 과학에서 제시하는 과학적인 증거조차 관찰하는 사람에 따라 다양하게 다를 수 있는 해석 정도로 경시하려는 경향이 지배적이다. 이런 경향은 곧 회의론의 대두를 불러왔다. 회의론은 진리의 존재 자체를 거부하며, 만일 그런 진리가 존재하더라도 인간에게 알려질 수 있다는 것을 부인하고, 설령 알려지더라도 표현되거나 전달될 수 있음을 부정한다. 이런 흐름을 일반적으로 포스트모더니즘이라 일컫는다.

자크 데리다(Jacques Derrida)와 미첼 포컬트(Michel Foucault)와 같은 해석학자들은 본문의 객관적인 의미라는 개념을 의심하였다. 본문을 해석하기 위해 독자는 본문을 분석하고, 본문의 기초를 이루는 두드러진 개념적 구조를 확인하며, 독자 자신의 관점에 입각하여 새롭게 해석해야 한다고 주장했다. 이 말은 본문이 의미를 지니지 않고 있다는 뜻이 아니라 그 의미가 독자의 관점에 따라 좌우되어야 한다는 것이다. 그런 접근법은 지적인 질문을 유발시키고 학문과 의미의 전달을 원활하게 한다. 지금까지의 학문은 너무 난해하여 소수의 사람만이 한정적으로 접할 수 있었고, 많은 사람들은 진리를 찾는 일을 쉽게 포기해 버렸다는 것이 그들의 주장이다.

자연 과학에서 밝힌 사실도 더 이상 확실한 것으로 여기지 않는 포스트모던 사회의 서구인은 실재에 대한 자신의 이해와 해석에 의존하여 모든 것을 바라본다. 수십 년 전만 하더라도 서구인들은 과학의 능력으로 자신이 모든 진리에 도달할 수 있음을 절대적으로 확신하였으나, 지금은 진리의 존재 자체를 의심하며, 존재하더라도 지적으로 파악할 수는 없다고 생각하는 지경까지 이르렀다. 포스트모던에 속한 사람은 전적으로 회의론자가 되거나 완전히 객관적인 실재를 추구하는 대신, 자신만의 세계를 창조하기 시작했다. 그 세계는 영적인 실재와 육체로부터 분리된 존재, 별 세계의 자아(自我)들, 대체 의약품, 이전까지만 해도 말도 안 되는 미신으로 취급되던 온갖 형태의 신앙들로 가득 차 있다.

소로킨이 지적한 대로 "인류는 그와 같은 체제가 주도적인 상황에서는 전혀 살아갈 수 없다."[41] 정말로 참된 것은 무엇이나 거부하는 이 같은 급진적인 회의론의 변종은 다문화주의의 새로운 유형이다. 즉 모든 것이 참되다고 말하지만 시간과 장소와 상황에 따라 달라질 수 있다는 조건을 달아 놓는다.

진리 체계의 위기

진리 체계의 위기는 한편으로는 이상주의 체제와 관념 체제 사이에서, 다른 한편으로는 이상주의 체제와 감각 체제 사이에서 일어난 조화될 수 없는 충돌로 그 모습을 드러냈다. 관념 체제에서 견고한 진리로 보였던 것들이 감각적인 진리의 관점에서는 어리석고 미신적인 것으로 조롱받았다. 수천 명의 순교자가 기꺼이 목숨을 버릴 정도로 확고했던 신앙적인 확신은 위험한 환상으로 격하되었다. 그와 반대로 감각적인 진리의 입장에서 진리로 여겨지는 견고한 과학적인 사실과 역사와 현실적인 경험은 관념적인 진리의 관점으로는 거짓되고 사람을 미혹하는 것으로 인식된다. 감각적인 세계관을 가진 사람은 죽음이 마지막이라는 생각에서 "내일이면 죽으리니 먹고 마시고 즐기며 살자"라고 말한다. 관념적인 세계관에 입각한 사람은 "한 번 죽는 것은 사람에게 정하신 것이요 그 후에는 심판이 있으리라"(히 9:27)고 한다. 재물이나 명예가 안개처럼 사라져 버리고 하나님의 진리를 무시한 자들이 영원한 상실의 고통을 당하는 것이 사실이라면, 그것들을 이 땅에 쌓아 두는 것이 과연 자신에게 무슨 유익이 되겠는가?

---

41. Sorokin, *Crisis*, 68.

감각 문화에서는 관념 체제나 이상주의 체제에서 중요하게 여겨진 진리들, 예를 들면 삼위일체 교리 같은 것들이 무의미하게 보이기 때문에 그리 활발하게 논의되지 않는다. 이슬람교도들처럼 관념 체제를 경쟁적으로 따르는 사람들은 "하나님은 한 분"이라는 자신들의 관념적 진리와 충돌되기 때문에[42] 삼위일체 교리가 거짓이고 신성모독이라고 맹렬하게 거부한다(종종 전쟁으로 이어지기도 한다). 소로킨은 이렇게 말했다. "여러 종교의 계시된 진리는 그것이 배타성을 띠고 있다는 점에서 완전한 거짓으로 볼 수 있다. 반대로 그렇기 때문에 온전한 진리인 것도 사실이다. 이는 하나의 문화가 쇠퇴하고 다른 문화가 시작되는 과도기에 진리 체계들 사이에서 일어나는 격렬한 충돌 현상을 잘 설명해 준다."[43]

로마 제국의 처음 3세기 동안에 감각 문화는 마지막 국면을 맞고 있었는데, 그때 본격적으로 시작된 기독교 세계관은 증명되지 않고 근거 없을 뿐만 아니라 더 나아가 무지하고 미신적이며 스스로를 기만하는 것으로 간주되었다. 당시의 사상가들은 기독교에 대해 가혹한 비판을 가했다.

- 로마의 역사가인 타키투스는 기독교를 "파렴치하고 혐오스러운 위험한 미신"으로 생각했다.
- 플리니는 "극단으로 몰아가는 천박한 미신"이라 규정지었다.
- 마르쿠스 아우렐리우스는 말하기를 "기독교는 비합리적이고 균형 잡히지 않은 저항 정신에서 생겨났다"고 했다.

---

42. 물론 정통 기독교도 하나님은 한 분이라고 주장한다. 그리고 삼위일체 교리는 그러한 고백을 위태롭게 하기보다는 보존하는 역할을 한다고 생각한다.

43. Sorokin, *Crisis*, 69.

소로킨은 이렇게 설명했다. "감각적인 진리라는 관점에서 본다면 기독교 신앙과 계시와 하나님에 대한 진리를 포함하는 모든 기독교 신앙과 활동은 모순이고 미신일 수밖에 없다."[44]

후기 이교주의 사회를 지배한 감각 체제와 신적 계시에 바탕을 둔 기독교의 관념적 진리 사이에 일어난 충돌은 약 6세기경에 로마 제국의 전 영토에서 기독교가 완전한 승리를 거둘 때까지 수세기 동안 계속되었다. 어떤 면에서 교회가 제국의 권위를 대신했으며 감각적인 진리보다는 신앙의 진리에 기초한 문화가 근대 유럽을 형성해 나가기 시작했다. 7세기를 전후해서 일어난 이슬람은 기독교 국가인 로마에 치명적인 위협을 가했으나 당시의 관념 문화에는 그렇게 위협적인 존재가 아니었다. 왜냐하면 비록 기독교 신앙의 내용과는 달랐지만 이슬람 역시 신앙의 진리를 굳건히 붙잡고 있었기 때문이다.

동쪽의 인도에서부터 서쪽의 대서양까지, 남쪽의 사하라 사막부터 북쪽의 헤브리디스 제도(스코틀랜드 서쪽 열도)에 이르기까지 관념적 진리가 주도권을 잡았다. 아랍 제국이 시리아와 이집트 및 아프리카를 정복한 후 재빨리 이슬람이 확산될 때, 그것은 또 다른 것으로 쉽게 대체할 수 있는 근본적으로 동일한 유형인 문화 체제의 문제가 아니라 오히려 지금까지의 여러 교리들을 제거하고 그 자리에 유사하지만 전혀 다른 것들로 대신 채워 넣는 것을 의미했다.[45]

우리는 주로 기독교에만 초점을 맞추지만, 이슬람 세계에서도 문화가 관

---

44. 위의 책.

45. 비록 전쟁 기간 동안 나치와 공산주의는 지독한 적대 관계에 있었지만, 제2차 세계대전이 끝난 후, 나치 당원으로 활동했던 많은 사람들은 공산주의자가 되었다. 그런 경우는 철학이나 신념의 근본적인 변화가 아니라, 검은색에서 붉은색으로 옷을 갈아입은 것에 불과하다.

념 단계에서 이상주의 단계를 거쳐 감각 단계에 이르는 유사한 발전 과정이 거쳤음을 관찰할 수 있다. 아랍과 터키의 문화는 공식적으로 이슬람의 관념적 진리를 표방하고 있는 동안에도 기독교 국가의 문화보다 더 급속도로 감각적인 단계로 변해갔다(르네상스 이후 기독교 세계는 이슬람 세계를 능가하는 감각 문화 단계에 이르렀고 이슬람에 속해 있었던 많은 지역들을 식민지로 삼았다).[46] 이집트와 근동(Near East), 스페인 등지의 세련된 이슬람 문화는 상당히 감각적인 수준에 이르렀다. 그러나 유럽의 열강들이 그 지역들을 지배하기 시작하자 그 곳은 다시금 관념적인 진리와 가치들을 중시하는 방향으로 변해 갔다. 제2차 세계대전 이후와 아프리카에서 식민지 시대가 끝나갈 무렵, 이슬람 세계는 감각 문화에 대항하는 강력한 반발이 일어났다. 그들은 감각 문화가 서구 사회와 기독교의 산물이라는 잘못된 생각을 품고 있었다. 그런 반대 운동의 명칭은 '이슬람 근본주의'(Muslim fundamentalism)였다.[47]

군사적인 승리, 제국주의의 확장, 경제적인 풍요는 종종 관념적이거나 이상주의적인 관점이 감각적인 관점으로 변화되는 것을 자극하는 촉매제

---

46. 이슬람 제국은 페르시아 제국과 로마에 포함되어 있었던 여러 지역을 정복한 후, 더욱 부유해지고 더 국제적인 규모를 갖추었다. 왜냐하면 이슬람 문화가 비잔티움의 기독교 문화뿐 아니라 아시아의 고급 문화에도 접촉하였기 때문이다. 서구 유럽의 야만적인 상태와 비교되는 아시아의 부유함과 정교함은 당연히 이슬람 세계에 감각적인 문화의 발흥을 자극했다. 콘스탄티노플을 중심으로 세워진 비잔틴 제국은 이 기간(8세기에서 12세기까지) 동안 정교한 문화를 유지했다. 그러나 아랍과의 전쟁과 그 다음 터키와의 전쟁, 북쪽에서 밀려오는 슬라브족과 계속되는 전쟁을 치르면서, 비잔틴 제국은 동일한 감각 문화의 발달을 이룩하지 못했다.

47. '근본주의'라는 표현은 기독교의 특정 학파를 가리키기 위해 20세기 초에 만들어졌다. 기독교의 근본주의는 교리적이고 사회적인 관심을 지니고 있긴 하지만, 사회에 대한 자신들의 관점을 폭력을 사용해서라도 억지로 구현하려 하지는 않았다.

역할을 한다. 앞의 두 관점은 하나님에 대한 진리를 영원한 것으로 여기고 이 세상의 지혜는 그보다 덜 중요한 것으로 보는 데 비하여, 감각적인 관점은 오로지 판단 가능하고 궁극적으로 이익을 가져다줄 수 있는 것만을 "진리"로 여긴다. 국력의 쇠퇴는 또 다른 측면의 변화를 야기한다. 감각 단계에서 관념 단계로 진행된 최후의 변화는 로마 제국의 힘이 약해져 외적의 침입을 제대로 막지 못할 때 일어났다. 그 과정에 폭력은 동반되지 않았다. 오늘날의 서구 기독교 문화에서 세력을 떨치고 있는 감각적인 세계관은 점점 강력해질 것이며, 떳떳이 정부와 교육계 및 정보 기관의 뒷받침을 받고 있다. 그럼에도 불구하고 여기저기에서 진리에 대해 다시금 관념적으로 접근하려는 징후들이 감지되고 있다. 그러나 아직까지 이슬람 근본주의에서 표방하는 폭력적인 요소들은 표면적으로 나타나지 않고 있다.

이슬람 근본주자들이 지닌 가장 현저한 특징으로 그들이 언제든지 폭력과 테러에 가담할 준비가 되어 있다는 점이라고 생각한다면 잘못이다. 왜냐하면 그런 생각은 행동주의자들이 마음에 담고 있는 것은 오로지 현실의 권력과 정부의 통제에 대한 항거뿐이라는 잘못된 인상을 줄 수 있기 때문이다. 사실 그러한 요소들은 이슬람 근본주의 운동의 지엽적인 측면일 뿐이다. 그들에게 정말로 중요한 것은 '진리'이다. 현대의 감각 문화는 어느 정도 서구에 의해 강제로 이식되었고, 어느 정도는 그들 내부의 퇴폐적이고 저속한 문화 속에서 양산된 것으로 알라 신의 진리를 거부하는 경향을 보인다. 바로 그런 이유 때문에 감각 문화는 이슬람 영토에서 완전히 근절되지는 못하더라도 최소한 추방되어야 하는 것이다.

이슬람과 기독교의 근본주의자들은 가상 고상한 진리, 즉 실질적으로 유일한 진리는 신적 계시뿐이라는 기본적인 확신을 품고 있다. 서구 기독교 사회, 특별히 자유주의가 보편화된 사회의 사람들은 지적이고 종교적인 논쟁을 억지로라도 해결하는 것을 점차 낯설게 느끼고 있다. 나치와 마르크스주의자들의 모습과는 정반대이다. 근본주의의 부활은 이슬람 세계에서 잠깐 동안 일어나는 미미한 현상 정도로 보이지만, 그런 운동이 현대나 포스트모던 세계에 존재한다는 사실은 감각 문화 체제가 거의 탈진 상태에 이르렀다는 증거이다.

감각적인 진리가 힘을 잃고 점점 많은 사람들이 더 이상 진리를 향한 1차원적인 접근으로 만족을 얻지 못할 때, 그 자리를 대신할 다른 가치 체계가 필연적으로 일어난다. 현대 사회는 하나님의 진리에 헌신하는 새로운 여명기로 돌아갈 것인가? 하나님의 형상으로 만들어진 인간의 존엄성을 인정하며, 이 땅에서 하나님으로부터 받은 창조적인 사명을 감당할 것인가? 아니면 감각적인 진리가 지니고 있는 어느 정도의 안정성마저 상실하여 혼란스럽고 야만스러운 상태로 빠져들 것인가? 이 질문에 대한 대답의 일부는 우리에게 달려 있다.

신의 계시와 인간의 과학

현대 과학의 발달은 중세 말엽의 이상주의 문화가 감각적인 사회 문화 체제로 변화하는 것과 거의 동시에 일어났다. 신앙과 이성의 갈등, 신학과 자연 과학의 대립은 두 체제가 서로 진리를 담고 있다고 주장하며 서로 진리의 일관성을 믿기 때문에 발생한 것이다. 그러나 하나의 체제에서 진리로 드러난 내용은 다른 체제의 관점으로 볼 때에도 계속해서 진리로 인정될 수 있다. 관념 체제와 이상주의 체제에서 신의 계시는 절대적인 진리였다. 감각을 통해 발견된 진리들이 계시와 조화를 이루는 것은 당연한 일이다. 만일 그 둘이 조화롭게 보이지 않는다면, 둘 사이에 오해가 있거나 아니면 두 가지 모두 전혀 진리가 아니다. 감각 체제에서 인간의 지성을 활용하여 물질 세계에 대하여 발견한 내용들도 절대적으로 사실이다. 세 체제는 모두 저마다 진리에 대한 고상한 개념을 지니고 있다. 그 개념들이 실질적으로 상충하는 결과에 도달한다면 논쟁은 불가피하다.

　처음에 몇몇 과학자들이 특정 종교의 교리에 도전하기 시작했다. 왜냐하면 그 교리들이 사실이 아니라는 결론에 도달했기 때문이다. 진리는 종교적인 신념을 받아들이거나 거부할 수 있는 결정 기준이다. 진리라면 자연 과학자와 신학자 모두 받아들여야 한다. 거짓이라면 마땅히 자연 과학자든 신학자든 그것을 거부해야 한다. 감각 문화가 꽃피우자 기독교에서 가르치는 진리들과 충돌되는 많은 사실들이 발견되었고, 그로 인하여 19세기 중엽부터 현재에 이르기까지 극심한 대립이 두 체제 사이에 계속되고 있다. 여러 세기 동안 그리스도인들은 자신들의 관념적이거나 혹은 이상주의적인 진리들로 감각적인 진리의 도전을 충분히 막아낼 수 있으리라 생각했다. 그러나 시간이 흐르고 감각 문화가 급속히 확산됨에 따라 그리스도인들 가운데 많은 사람들이 의심스런 교리들을 포기하거나 아예 기독교 신앙을 버리는 현상이 나타났다.

　30년 전쟁이 진행되는 동안(1618-48) 기독교의 진리를 위해 죽을 각오로 싸울 것으로 기대되었던 그리스도인들의 자발성이 시험대에 올랐고 그 가운데 상당수가 기진맥진하여 쓰러졌다.[48] 진리에 대한 감각적인 시각은 종교 논쟁이 시작될 때 이미 뿌리내리고 있었다. 종교적인 진리를 수호하려던 전쟁의 대가로 양편 모두 엄청난 학살을 경험하자 사람들은 환멸을 느끼게 되어 미련 없이 감각적인 진리로 돌아섰다.

　18세기 이성의 시대에는 계시가 더 이상 확실하고 절대적인 진리로 받아들여지지 않았다. 오히려 불필요한 것으로 여겨지고 더 나아가 송교 전쟁

---

48. 신앙적인 문제가 30년 전쟁의 유일한 원인은 아니다. 그러나 그로 인하여 전쟁이 더욱 악화되었고 이성적인 타협을 통한 해결이 불가능하게 되었다.

을 일으킬 수 있는 위험한 것으로 인식되었다. 인간의 이성은 멋진 삶으로 인도해 주기에 충분한 길잡이로 등장했다.

19세기에 들어 성경 비평과 다윈의 진화론은 계시된 진리라는 개념을 더욱 믿지 못할 것으로 보이게 했다. 그럼에도 불구하고 사람들은 그런 진리가 있다는 것은 믿었지만, 그들은 더 이상 성경이나 다른 종교적인 계시의 교훈을 진리로 이끌어 주는 믿을 만한 길잡이로 받아들이지 않았다. 이처럼 감각 문화가 힘을 발휘하는 국면에 접어들자 물질 세계는 가장 고상하고 유일한 실재로 받아들여졌고, 과학을 통하여 이 세계에서 얻을 수 있는 지식이 의심할 나위 없는 확실하고 믿을 만한 진리로 자리잡게 되었다. 과학은 그리스도인들이 신적 계시 속에서 찾았던 인도(引導)의 불빛을 대신하게 되었고, 좀더 신뢰할 만한 안내자로 간주되었다.

진리에 대한 환멸

20세기 중엽에 이르러 신앙적인 교리를 반박하는 주장은 자연 과학에서 내놓은 객관적인 혹은 가설에 근거한 증거들을 바탕으로 삼았다. 그들의 주장은 다음과 같은 말로 표현되었다. "그건 진리가 아니야. 증거가 없잖아." 하지만 20세기가 저물어 가는 시점에서 사람들은 자연 과학에 환멸을 느끼기 시작했고, 과학이 증거라고 내놓은 사실도 전적으로 믿지 않게 되었다. 아인슈타인의 상대성 이론과 하이젠버그의 불확실성 원리가 광범위하게 이해되지는 않았을지라도, 과학에도 한계가 있으며 과학자의 주관성이 객관적인 관찰에 영향을 미칠 수 있다는 것을 분명하게 드러내었다. 지금까지 본질적으로 객관적이라고 생각되어 왔던 과학적인 진리는 주관적이며 관찰자에 따라 변할 수 있는 것으로 비춰지기 시작했다. 실존주의 철학은 인간 존재의 부조리함을 밝혀냈다. 실존주의는 기존의 모든 판단과 지식을 거부하는 포스트모더니즘으로 이어졌다. 모든 진리는 상대적인 것이 되었고, 진리는 상대적으로 믿을 수 없는 것과 절대적으로 무가치한 것으로 분류되었다.

이런 현상은 진리에 대한 감각적인 접근법이 지니고 있는 본질적인 문제점인 듯하다. 사람들은 물질 세계만이 진리의 근원이며, 물질 세계는 인간의 감각에 의해서와 과학 기술이 개발한 기구와 도구들에 의해서 충분히 이해될 수 있다고 생각한다. 따라서 과학의 한계와 과학의 내적인 오류 요소들에 부딪힐 때, 더욱 심하게 좌절하며 진리의 실체에 대한 확신을 상실하기 시작한다. 진리가 각 사람의 주관성에 의존한다면, 구체적인 증거나 신뢰할 만한 신적 계시 가운데 어느 것도 진리라고 주장할 수 없다. 단지 필요를 충족시켜 주는 것과 전혀 필요치 않은 것만이 있을 뿐이다. 이런 원리를 신앙에 적용해 본다면, 신앙적인 교리들은 더 이상 객관적이고 절대적인 진리라고 높임을 받지 못하며 객관적으로 잘못된 것이라고 비난받지도 않는다. 단지 그것들은 "당신을 위한 진리" 혹은 "나를 위한 진리" 등으로 받아들여지거나, "나에게 도움이 안돼" 또는 "나하고는 상관없는 것이야"라는 이유로 거절된다.

이 같은 새로운 접근법은 막바지에 이른 감각 문화 속에 살고 있는 우리 삶의 모든 영역에 널리 퍼져 있다. 얼마 전만 하더라도 가장 과학적이고 효과를 입증할 수 있는 유일한 분야로 여겨졌던 의학 분야에서, 이제는 임상 실험의 결과를 거의 혹은 전혀 요구하지도 않고 효과를 입증하지도 않은 상태에서 기존의 접근 방법과는 상이한 치료 방법을 장려하며 그것을 진지하게 받아들인다. 종교에서는 진리에 대하여 보편적으로 신뢰할 만하고 측정 가능한 기준을 결여한 채 신앙의 근본적인 교리들은 그저 기호(taste)나 선호도(preference)의 문제 정도로 여기려는 분위기가 확산되고 있다. 그 결과 도덕이나 윤리도 더 이상 절대적인 원칙으로 생각되지 않고 그저 기호나 선택이나 기분 문제로 취급된다. 현대 사회는 가장 최신의 정교한 기계들과 컴퓨터의 가공할 만한 능력을 힘입어 과학을 통해 모든 실체의 궁극적 진리들을 발견할 수 있다고 자신 있게 주장했었다. 하지만 이제는 답을 찾았다고 생각했던 문제들이 전혀 대답할 수 없는 더 많은 문제들을 일으키고 있다는 것을 인정하게 되었다.

과학은 왜 사물들이 존재하는지에 대한 궁극적인 질문에 결코 대답하지 못했다. 그러나 얼마 동안 과학은 사물이 어떻게 존재하게 되었는가에 대하여 성공적으로 설명해 주었고, 그 대답이 마치 궁극적인 질문에 대한 실제적인 대답인 것 같은 인상을 주었다. 감각 문화의 퇴락기(頹落期)에 살고 있는 사람들은 자신들이 예전에 종교에 대한 확신을 상실했던 것처럼 과학에 대한 신뢰를 잃어 가고 있다. 현대 사회를 과학과 과학적 진리에 대한 지나친 믿음으로 특징 지워진다면, 현재 세대는 그러한 확신을 상실해 갈 뿐만 아니라 그러한 과학에 대한 믿음을 큰 실수로 생각하기 시작했다. 이제 우리는 포스트모더니즘이라 불리는 준거틀(frame of reference) 속에 살고 있다. 비록 포스트모더니즘의 모습은 오늘날과 똑같은 형태로 과거에 나타난 적은 없지만 이런 진전은 감각 문화 말기의 특징이다.

이러한 급진적인 회의주의는 "실제로 존재하는 것은 아무 것도 없다"는 생각과 "우리가 원하는 것은 무엇이나 현실로 이루어진다"는 주장 사이를 오락가락한다. 마치 밀턴의 『실락원』(*Paradise Lost*)에 등장하는 사탄과 같다.

> 마음은 어떤 간섭도 받지 않는 고유한 장소이며,
> 그 자체만으로도 천국을 지옥으로, 지옥을 천국으로 만들 수 있다.

밀턴은 이러한 교만이 사탄적인 환상을 대표하는 것이라고 생각했다.

그러나 포스트모더니즘의 시각으로 볼 때, 위와 같은 표현은 자명(自明)한 진리이다. 독자 반응 비평(reader-response criticism: 독자 중심의 비평 방법(reader-oriented criticism))은 본문이 그 자체에 어떤 의미가 있다는 것을 부인한다. 객관적인 진리란 독자의 반응이라 여기는 이러한 생각은 종교적인 확신에 대한 교리적인 논쟁과 다툼을 해결하기 위한 새로운 접근법으로 떠오르고 있다. 상이한 관점 사이에 충돌이 일어나면 그 싸움의 당사자들은 더 이상 상대방이 잘못되었다고 비난하지 않고, "그것은 너에게 있어 진리이고, 내가 믿는 것은 나에게 있어 진리이다"라는 데에 서로 동의한다. 상호 모순된 주장은 동시에 진리일 수 없다는 이런 관점은 과거의 것에 비해 더 관용적이고 아량 있는 것처럼 보인다. 그러나 이 같은 관점 속에는 참다운 '진실'을 고려하지 않은 엄청난 오류가 내재되어 있다. 카툴루스(Catullus)가 말한 대로 이 세상에서 잠깐 살다가 떠나가는 삶이 전부이며 그 후에는 "잠든 상태로 계속되는 영원한 밤"이 있을 뿐이라면, 이 땅에서의 삶은 완전히 자신의 이익만을 위해서 살아가는 것이 가장 이치에 맞는 선택이다. 하지만 "한 번 죽는 것은 사람에게 정하신 것이요 그 후에는 심판이 있으리라"는 말씀이 사실이라면, 이 세상을 전부로 여기는 태도는 스스로 파멸에 이르는 길이다.

관념 문화는 진리가 오직 하나님의 진리, 신적 질서의 진리뿐이며 계시나 영감을 통해서 알 수 있다고 본다. 이상주의 문화는 다른 진리들도 받아들이지만 여전히 하나님의 진리를 가장 고귀하고 가장 중요한 진리로 평가한다. 감각 문화는 오로지 물질 세계의 명백한 사실에서만 진리를 찾는다. 처음에는 그런 사실들이 명백하고 신뢰할 만한 것으로 보일지 모르나, 시간이 흘러 감각 문화가 퇴락기에 접어들면 그때까지 확실하던 사실들은 단순한 하나의 설명에 불과한 것으로 보이며, 결국 명백한 것은 아무 것도 남지 않게 된다.

진리 체계의 위기는 엄격한 실험 과학 분야를 제외한 지적(知的)인 학문 분야 전반에 영향을 미치고 있으며, 심지어 실험 과학 분야에서도 그 충격을 느낄 수 있을 정도다. 예를 들어, 미국의 법 체계에서 배심원에 의한 공판의 원리는 피고인의 유죄 혹은 무죄를 결정하는 최상의 방법으로 채택되었다. 이제 배심원 체계는 마치 극장에서 관객들의 모습과 같은 것이 되었다. 훌륭한 변호사 혹은 검사에게 오히려 '무죄'나 '유죄'를 판결해 주는 것이다. 범죄 사실에 대한 실제적인 조사는 아예 사라졌거나 판결과는 무관한 것이 되었다. 피고는 개인적인 범죄나 결백에 근거하여 처벌받거나 석방되는 것이 아니라 배심원들의 반응에 따라 결정된다. 피고와 피해자에 대한 배심원들의 느낌이 판결에서 가장 중요한 요소이다. 개인적으로 상처를 입고서 일으킨 소송에서 원고가 입은 피해의 정도는 소송과 무관하다. 중요한 것은 배심원이 어느 편을 피해자로, 어느 편을 가해자로 보려 하는가의 여부이다.

철학은 전통적으로 지혜를 추구하는 가운데 진리에 도달하려는 학문이다. 그러나 철학 분야에서도 현재의 포스트모더니즘의 경향이 나타나 객관적인 진리를 발견할 수 있다는 생각을 거부하려는 움직임이 있고 실제로 거부하는 사람들도 있다. 규칙이나 종교 의식을 준수하는 사람들은 자신들이 전수받은 어떤 범주 안에서 인식할 수 있는 것에 반응할 뿐이며, 그들이 내린 결론은 단지 어떤 범주를 자신들의 인식에 적용하는 방법을 드러내는 것일 뿐이다. 그러므로 그들의 결론이 우리가 진리라고 부르는 무언가를 의미하지는 않는다. 이와 다른 입장에 서 있는 접근법은 루돌프 카르납(Rudolf Carnap)에 의해 시작된 논리 실증주의를 표방하는 '비엔나 학파'이다. 카르납은 실험적으로 입증될 수 없는 모든 진술은 무의미하다고 주장했다. 이러한 주장은 대부분의 철학을 의미 없는 것으로 만들 것이다. 실제로 카르납 자신의 학설도 경험적으로 입증될 수 없다.

    심리학 분야에서 행동주의(behaviorism)는 가장 귀중한 우리의 지적 성취는 단순히 적응, 자극, 반응의 산물이라고 말한다. 객관적인 진리를 발견할 만한 연구 방법은 없다는 주장이다. 하지만 법률과 철학에서의 전통적인 진리 탐구에 대한 그들의 비난이 진리는 존재하지 않는다는 것을 의미하는지, 아니면 그러한 비난이 자신들이 받은 적응과 자극에 대한 행동주의자들의 단순한 반응은 아닌지 그들은 말해 주지 못한다. 이 접근법은 그 자체에 근본적으로 결점이 있고, 스스로에게 강요된 무분별함으로부터 고통을 당하며, 눈에 전혀 맞지 않는 안경을 쓰고 왜곡된 렌즈를 통해 세상을 보고 있을 가능성을 발견할 수 있는 길이 없다. 형식은 사실보다 더 중요한 요소가 되었다. 특정한 상황 속에서 진리를 확인하려는 진지한 노력을 기울이지 않고, 방법에 대한 끊임없는 의문을 품고 연구 절차나 사람들을 조작하려고 애씀으로써 관심을 흐트러지게 만든다.

4
종교의 위기

각 사람의 마음은 복잡하게 뒤얽혀 있어서,
개별 국가들이 여러 가지 다양한 거짓에 빠져드는 것은 전혀 놀라운 일이 아니다.
그뿐 아니라 거의 모든 사람들은 저마다의 신(gods)을 가지고 있다.
- 존 칼뱅 -

서구 사회에서 진리 체계의 위기는 종교에 극적인 결과를 초래했다. 세 가지 종교가 서구 문화에 영향을 끼쳤다. 유대교가 시초이며 서구 문명을 일으킨 기독교의 출발점을 형성하였다. 그 다음으로 이슬람교가 있다. 이슬람교는 유대교나 기독교와 유사한 요소들을 상당히 많이 내포하고 있는데, 주로 기독교 신앙에 대해 도전함으로써 서구 사회에 영향을 미쳤다. 서구 사회 말기의 감각적 사회-문화 체제는 진리의 존재를 의심하기 때문에 서구 사회에서 가장 강력한 종교인 기독교의 진실성과 존재 이유를 훼손시키고 있다. 하지만 기독교의 모든 주요 고백들은 동일한 내용을 담고 있다. 즉 하나님과 인간과 세계에 대한 주관적인 해석이 아닌 객관적인 진리들을 가르친다.

포괄적인 종교?

모든 종교는 초감각적인 세계를 다루기 때문에 자연 과학의 가설처럼 검증할 수 없다. 따라서 일반 대중들은 '종교'라 불리는 범주를 만들어 기독교를 거기에 포함시켜 다른 모든 종교들과 함께 한 통속으로 취급하려는 경향을 지니고 있다. 따라서 모든 종교는 사실과 과학과 진리의 반대 입장에 서게 된다. 역설적으로 말하자면 진리를 깨닫는 능력을 스스로 의심하는 문화에서는 일반적으로 종교가 진리를 발견하는 데 도움이 되지 않는다는 신념을 상당히 확신하고 있는 듯이 행동한다.

모든 신앙과 교리들을 '종교'라는 하나의 범주로 묶고 그 범주를 과학과 역사에 반(反)하는 것으로 여기는 태도는 지극히 잘못된 것이다.[49]

종교를 가진 적이 없는 사람들은 일반적으로 모든 종교는 서로 비슷하며 동일한 것을 추구한다고 말한다. 긍정적인 의미에서 본다면, 이런 말은 다른 종교를 가진 사람들이 공동의 도덕적 선을 위해 연합하도록 설득하려는 의도에서 한 것이라 할 수도 있다. 또는 종교에 대한 비판과 거부를 나타내기 위해 부정적인 의미로 말한 것일 수도 있다. 즉 모든 종교는 서로 비슷하다. 모든 종교는 하나같이 설득력이 없고 똑같이 무가치하다는 말이다.

---

49. 국회가 "종교를 설립"하는 것을 금지한 미국의 제1차 헌법수정안은 정부가 종교 간의 신학적 차별을 조금이라도 두지 말아야 한다는 의미로 해석되었다. 정부는 특정한 종교나 종교 행위는 받아들일 만하고, 다른 것은 용인할 수 없는 것이라고 공표할 수 없다. 이 수정안은 실질적으로 서구의 위대한 전통 종교로부터 매우 이상한 이교(異敎)까지 통틀어 모든 종교를 한 덩어리로 묶어 버렸다. 몇몇 종교적인 관습(예를 들어 옛날 인도에서 남편의 시체와 함께 아내가 산 채로 화장되던 사티(sati) 같은 풍습)은 전근대적이므로, 현대적이고 인간적인 정부가 용납하지 않는 것이 당연하다. 그러나 그 수정안은 크리스마스 캐롤같이 별로 종교적이지 않은 관습들조차 허용하지 않고 있다. 심지어 많은 공립학교에서 '크리스마스 휴가'라는 말은 '겨울 방학'으로 대치되었다.

종교를 극도로 싫어하는 사람들은 모든 종교적인 신념과 관습(그 가운데 몇몇은 정말로 어리석거나 파괴적이다)을 단일한 범주 안에 묶어 놓음으로써, 종교는 모두 억제되어야 하며 적어도 개인적인 관심이나 취미 수준으로 떨어뜨려야 한다고 주장한다. 그러나 진리와 관련되어 있는 문화는 아무 검증도 없이 모든 종교를 버릴 수 없다. 왜냐하면 하나 혹은 그 이상의 종교에서 진리를 가르치고 있다는 것은 누구나 생각할 수 있기 때문이다. 모든 종교와 각 종교의 교리 및 관습을 포괄하는 것으로 종교를 함께 묶으려는 시도는, 그런 시도가 종교를 좋게 평가하기 위해서든 아니면 비판하기 위해서든 상관없이 이치에 맞지 않는다.

원칙적으로 모든 종교를 거절하는 것이나 모든 종교가 무의미하다고 주장하는 것은 모든 영적이고 종교적인 진리를 폐기처분 하는 것을 당연시하는 감각 문화에서나 가능한 일이다. 어떤 교리를 절대적이고 보편적인 진리로 믿는 사람은 주위의 감각 문화와 필연적으로 갈등을 겪는다. 왜냐하면 감각 문화는 그러한 진리의 존재를 부정하기 때문이다. 감각 문화는 삶에서 물질적인 측면을 다루는 것이 마땅하고 유익하다고 주장하면서도, 어떤 특정한 종교가 그 주변의 문화보다 더 유익하고 사람들에게 적합하다고 인정한다면, 그 문화는 더 이상 온전한 감각 문화가 아니다. 그것은 절충적인, 즉 일종의 이상주의 문화이다. 서구의 감각 문화가 부분적으로 통합되어 불완전한 상태를 이루고 있는 한, 사람들은 그런 상태 속에서 살아가게 되며 어느 정도까지 종교적인 신앙과 관습을 유지하게 된다. 따라서 현재 시점에서 과거의 관념적이거나 이상주의적인 체제에 귀를 기울이게 된다. 그러나 감각 문화가 좀더 완전한 상태에 이르면, 종교를 가지고 있는 사람들은 종교를 버리든지 아니면 문화를 거절해야 하는 갈등의 상황에 놓이게 된다. 혹은 지속적인 긴장의 상황에서 사는 길을 택할 수도 있다.

가장자리로 밀려난 종교

마샬 맥루한(Marshall McLuhan)이 그의 책[50]에서 지적한 대로 대중 매체의 확산과 지구촌(global village)의 형성은 궁극적으로 모든 전통 종교들을 사회의 가장자리로 밀어낼 것이다. 감각 문화가 초감각적인 실재와 가치들을 다시 한번 인정하고 받아들이는 변화를 겪지 않는 한, 감각 문화는 더욱 종교에 대해 적대적인 입장을 취할 것이며 종교뿐 아니라 모든 종류의 객관적인 도덕 기준까지 적대시할 것이다.

종교 집단들이 감각 문화에 도전하거나 맞서기보다는 그 문화와 공존하기 위하여 자기들의 근본적인 신앙을 절충한다면, 종교는 사실상 흔적 없이 사라지는 것에 스스로 동의하는 것이다. 기독교 신앙이나 다른 전통 종교를 중요하게 여기는 사람들이 반드시 알아야 하는 사실은 이것이다. 감각 문화와의 갈등이 결국 모든 종교적인 진리 주장에 대한 억압이나, 아니면 그 문화의 본질적인 변화로 이어지게 된다는 것이다. 현 시대의 문화적 분위기는 종교적 진리를 억압하는 쪽으로 기울고 있으며, 그러한 기세는 당분간 돌이킬 수 없을 것처럼 보인다.

서구의 감각 문화에 내재된 특정 요소들은 몇몇 종교의 근본적인 원리들과 충돌한다(예를 들어 연예 매체에서 일반화된 성적인 자유에 대한 예찬은 성적인 자제를 명하는 종교적인 명령과 부딪힌다). 하지만 그런 충돌이 종교에 대하여 감각 문화가 지닌 적개심의 근본 원인은 아니다. 오히려 감각 문화는 어떤 종교의 교리가 진리라고 주장한다면 그것을 미신으로 조롱하겠다는 진리관을 가지고 있다.

종교를 지지하는 사람에게 모든 종교는 동일하게 타당성을 지닌다고 말

---

50. Marshall McLuhan, *The Gutenberg Galaxy*(Toronto: University of Toronto Press, 1962).

하는 것은 논리적으로 옳지 않다. 왜냐하면 많은 종교들 사이에 근본적인 일치점이 있긴 하지만, 동시에 종교들 사이에는 몇 가지 직접적으로 상충되는 모순이 있기 때문이다.

- 세 가지 주요 단일신교인 유대교, 기독교, 이슬람교는 모두 한 분 하나님을 믿고 여러 가지 윤리적인 교훈들을 공통적으로 지니고 있다. 그러나 세 종교는 하나님의 본질과 그의 속성들에 대하여 현격한 차이를 보인다.
- 기독교와 불교의 윤리적인 교훈은 여러 면에서 유사하다. 하지만 기독교는 한 분 하나님을 믿는 반면, 불교는 하나님을 믿지 않는 무신론이다.
- 기독교와 아즈텍의 종교에서는 하나님이나 신들이 인간의 마음을 높이 평가한다고 말한다. 그러나 근본적인 차이가 있다. 기독교는 유대교와 마찬가지로 "네 마음을 다하고 목숨을 다하고 뜻을 다하여 주 너의 하나님을 사랑하라"(마 22:37)고 하여 믿는 자들에게 마음을 하나님께 바칠 것을 요구한다. 아즈텍 종교에서 인간의 마음은 기독교와 완전히 다른 방법으로 바쳐진다. 인간의 심장은 "신들의 음식"이므로 살아 있는 사람의 몸에서 심장을 꺼내 우상에게 바친다. 그럼으로써 신들이 이 세상을 계속해서 보존해 준다고 믿었다.

대부분 종교들은 몇 가지 공통점을 가지고 있다. 특히 도덕적인 삶을 요구하는 교훈적인 측면은 더욱 그렇다. 그러나 그것 때문에 모든 종교들은 근본적으로 유사하다거나 모두 동일한 것을 추구한다고 주장한다면 명백한 잘못이다.

초감각적 진리: 유일한 진리란?

관념 문화는 신앙의 진리인 신적 진리가 유일한 진리라고 여긴다. 이상주의 문화는 여러 종류의 진리들을 받아들이지만 여전히 신적 진리가 어느 것보다 고상하다고 생각한다. 그와 반대로 감각 문화는 감각의 진리만을 받아들인다. 이런 이유 때문에 감각 문화는 상당히 반종교적이고 종교적인 신앙이나 관습을 거의 혹은 아예 지니고 있지 않을 것 같다.

비록 서구 문화가 여러 세기 동안 감각 단계에 머물러 있지만 반드시 그런 것만은 아니다. 이에 대한 두 가지 이유가 있다.

1. 현재의 지배적인 문화가 모든 종교를 미신으로 취급하여 거부하지만, 문화가 그 속에 있는 모든 사람들의 마음을 완전히 장악하지 못했다. 다시 말하자면 수많은 사람들이 자신들은 아직 감각적인 성향의 회의주의에 빠지지 않았다고 반발한다. 만일 모든 사람들이 감각 문화에 완전히 젖었으면, 현대의 감각 문화에 있는 종교에 대한 비판도 없을 것이다. 왜냐하면 종교란 것은 없기 때문이다.

2. 예수님은 구약성경의 말씀을 인용하여 "사람이 떡으로만 살 것이 아니요"(마 4:4, 신 8:3)라고 하셨다. 문화가 전통 종교들을 비웃고 종교를 사회의 가장자리로 밀어낸다면, 삶 속에서 공허함을 느낀 수많은 사람들이 고대의 종교나 이색적인 종교를 다시 부활시키거나 자신이 좋아하는 대로 새로운 것을 만들어 낼 것이다.

사실 현대의 감각 문화는 무수한 종교로 가득 차 있다. 하지만 문화를 형성해 온 종교들은 점차 그 문화 속에서 자리를 잃어 가고 있다. 인간은 강력한 종교적 충동을 지니고 있으므로 대부분의 사람이 전혀 종교를 갖지 않는 것은 거의 불가능하다. 사람들은 자신이 믿는 것을 종교라 부르지 않지만 종교를 가지고 있는 것은 확실하다. 체스터톤(G. K. Chesterton)은 이렇게 말했다. "하나님을 믿지 않는 사람이라 해서 아무 것도 믿지 않는 것은 아니다. 그는 다른 무언가를 믿을 것이다." 감각 문화 속에는 무수한 종교가 있다. 그러나 종교는 일반적으로 초감각적인 것을 다루는 반면, 진리에 대한 감각적인 이해는 측정 가능한 감각적 증거에 근거하고 있다. 그러므로 감각 문화는 종교를 진리의 관점에서 평가하지 않고, 얼마나 좋은 느낌을 주며 어떻게 필요를 채워 주는가 하는 측면에서 평가한다. 이제는 종교에서 중시하는 하나님이나 영적인 세력의 객관적인 실재보다는 그것이 사람들에게 줄 수 있는 주관적인 만족감이 가장 중요한 요소가 되었다.

감각 문화는 감각으로 접근하지 못하고 오로지 신적 계시나 인간의 영성으로만 알 수 있는 초감각적인 영역이란 없다고 전제하기 때문에, 신적 계시의 객관적 진리를 강조하는 기독교와 같은 종교는 감각 문화에서 환영받지 못할 것이 분명하다. 이러한 사실은 서구 기독교 사회 전반에 걸쳐 역설적인 상황을 만들어 놓았다. 서구의 문화는 바로 관념적인 기초 위에 세워진 문화이기 때문이다. 서구 문화는 좀더 이상주의적인 단계로 옮겨가면서도 신적 진리의 우월성을 계속해서 강조했다. 서구의 문화가 완전히 감각적인 단계에 접어든 지금, 서구 사회에는 정신분열증 같은 갈등이 심화되고 있다. 한편은 문화의 종교적인 요소들과 여전히 신앙의 객관적인 진리에 뿌리내리고 있는 사람들로, 다른 편은 감각 문화 전체와 오로지 감각의 진리만을 받아들이는 사람들로 양분되어 있기 때문이다.

20세기 동안 이어져 내려온 기독교 역사의 막바지에 처한 서구 사회에서 일어나는 종교의 위기는 기독교인들 사이에서 발생한 교리적인 충돌(예를 들어 교황 무오류설과 성경 무오설)로 생겨난 것이 아니라 진리에 대한 급진적인 감각적 접근 때문에 일어났다. 영적인 것은 무엇이나 사실로 밝혀질 수 없다면, 진리를 주장하는 모든 종교는 폐기처분되어야 한다. 만일 종교가 완전히 폐기되지 않으면, 정원 손질이나 골프 같은 단순한 취미 정도로 장려되어야지 결코 한 사람의 삶을 위한 토대로 작용해서는 안 된다.

역사적으로 계시 종교는 자신들의 교리적인 주장이 지니는 객관적 사실성에 의해 유지되거나 사라졌다. 기독교는 그런 종교에 대한 뛰어난 본보기이며 서구 문명과 가장 깊은 관련을 맺고 있다. 기독교의 몇몇 교리적인 주장은 유대교나 이슬람의 몇 가지 교리처럼 역사적인 기록에 근거하고 있다. 인물들과 사건들이 여전히 현존하고 있는 것처럼, 또는 그 사건이 실제 역사에서 일어난 듯이 묘사되어 있다. 성경의 여러 본문에는 실제 역사에 분명하게 나타난 사건들의 기록이 들어 있다. 따라서 우리는 성경의 기록을 사실로 받아들이든지, 아니면 종교 자체를 가치 없는 것으로 폐기시키든지 확실한 태도를 보여야 한다.

유대교에서 하나님의 율법보다 더 중요한 것은 없다. 율법은 십계명으로 요약될 수 있다. 십계명은 교리라기보다는 명령이므로 언뜻 보기에 역사성을 의심받을 수 있을 것으로 여겨진다. 하지만 십계명은 역사적인 진술로 시작된다. "나는 너를 애굽 땅, 종 되었던 집에서 인도하여 낸 너의 하나님 여호와로라"(출 20:2). 따라서 율법은 역사적 사건에 대한 기록과 연결되어 있다. 유대인들은 그 사건에 대한 기억을 매년 유월절마다 되새기며 기념한다. 그 기억은 믿을 만한 것인가? 모세가 실제로 하나님의 명령에 따라 하나님의 극적인 간섭하심으로 히브리인들을 이집트에서 이끌어 내었을까? 만일 그렇다면, 십계명은 하나님께로부터 말미암은 것이며 의심할 여지없이 구속력을 지니고 있다. 하지만 그렇지 않다면, 왜 일부 소수 집단이 하나님의 것이라 착각하고 있는 명령이 삼천 년도 훨씬 지난 지금까지 전혀 다른 언어를 사용하는 사람들을 속박해야 하는가?

기독교의 문제

기독교 없는 서구 문화는 생각할 수 없다. 문화에 끼치는 기독교의 영향력은 해가 갈수록 점점 약해지고 있지만, 서구 문명은 기독교와 함께 시작되었고 기독교와 더불어 성장하였다. 애초부터 기독교의 목회자들, 교사들, 전도자들은 복음이 진리이므로 반드시 받아들여야 한다고 주장해 왔지만, 기독교 윤리가 어떤 문화에 가져다줄 수 있는 유익은 신앙이 진리라고 믿는 그 문화 속에서 살아가는 다수의 사람들에 의해 좌우되지 않는다. 기독교가 지닌 사람을 교화시키는 능력은 역사의 초기부터 지도자들과 통치자들의 호감을 샀고 콘스탄틴 황제가 가장 호의적인 태도를 보였다.

기독교의 윤리적인 가르침은 기독교인이든 아니든 상관없이 모든 사람들에게 가치 있는 것이다. 다른 종교에 속한 지도자들도 그 사실을 인정했다. 하지만 경건한 그리스도인은 그런 가르침들이 부활하신 주님이신 그리스도께로부터 나온 것이기 때문에 규범적인 것으로 여긴다. 비록 그리스도가 말한 도덕적인 교훈들이 인간 경험의 중심부에 위치하고 있어 다른 종교들의 가르침이나 많은 도덕론자들의 생각과 거의 일치한다 하여도, 그리스도 이후 펼쳐진 세계 역사에서 대부분의 사람들이 예수의 부활에 대한 이야기를 믿을 만한 것으로 여기고 그의 주장을 정당하게 받아들인 시대는 없었다. 문제는 기독교가 지닌 발전적이고 문화적인 가치들은 기독교의 교리가 폭넓게 믿어지고 받아들여질 때에만 효력을 발휘했다는 데에 있다. 기독교의 신앙이 지닌 근본적인 내용들이 많은 사람들에게 진지하게 받아들여지지 않을 때에 기독교의 문화적 효용성도 급속히 사라졌다. 감각 문화는 하나님, 천국, 영혼, 구원 등과 같은 초감각적인 실재들과 관련된 교리들을 받아들이기 어렵게 만들기 때문에, 기독교를 차츰 파괴시킬 것이며 실제로 그런 일이 현실에서 일어나고 있다.

　서구 사람들이 기독교의 문화적 영향력에 의지하고 싶어하는 데에는 실질적이고 전통적이며 정서적인 이유가 있다. 많은 사람들은 더 이상 기독교를 믿지 않고 기독교의 까다로운 교훈들을 준수하려 하지 않으면서도 기독교가 끼친 문화적 유익을 높이 평가한다. 그러므로 그들은 감각 문화와 기독교 모두가 똑같이 근거가 확실하고 심지어 둘 다 바람직하다는 기괴한 생각을 내세워 기독교 신앙을 전혀 다른 방식으로 표현하고 있다.

　기독교 신앙은 궁극적으로 그리스도의 부활이라는 진리에 의하여 세워지기도 하고 무너지기도 한다. 기독교는 예수를 로마 통치하에 있던 예루살렘이라는 정황에 위치한 역사 속의 실제 인물로 소개한다. 로마 총독인 본디오 빌라도와 헤롯이라는 이름을 가진 두 왕은 너무나 선명한 역사적인 정황을 제공해 준다. 만약 예수의 부활이 복음서에서 말하는 것처럼 일어나지 않았다면, 기독교 신자들은 사도 바울이 말한 것과 같은 상황에 처하게 된다. "그리스도께서 만일 다시 살지 못하셨으면 우리의 전파하는 것도 헛것이요 또 너희 믿음도 헛것이라"(고전 15:14). 무수한 순교자들은 그리스도께서 부활하신 것처럼 새로운 생명으로 살아나리라는 확신에 찬 기대를 품고 기꺼이 죽음을 맞았다. 순교자들이 강조한 것은 신앙의 질이 아니라 신앙의 내용이었다. 자신들이 믿는 대상의 인격과 능력을 강조하였다. 그의 능력은 죽음을 이긴 부활로 충분히 증명되었다. 오늘날 서구 문화 세계에 살고 있는 많은 사람들은 자신들의 삶을 그리스도의 부활에 기꺼이 내맡기려 하지 않는다. 단지 감각적인 세계에서는 부활과 같은 종교적인 진리를 받아들이려 하지 않는다는 이유 때문에 사람들은 그리스도의 부활이 일어났음을 부인한다. 그럼에도 불구하고 최근까지 서구 사회에 사는 대다수의 사람들은 부활 신앙을 통해 성장한 문명을 받아들이고 있다. 서구 문화는 명확한 종교적 진리를 인정하는 믿음에서 자라왔다. 그러나 현재의 서구 문화에 속한 사람들은 그러한 신앙적 진리가 존재한다는 것을 믿으려 하지 않는다. 그런 서구 문화가 오래 갈 수 있을까?

다원주의와 다문화주의

기독교 교리의 진리를 믿으려 하지 않으면서 기독교 문명의 가치를 찬양하는 서구 사회의 오랜 경향은 결국 쓸모 없는 것으로 판명되었다. 이러한 움직임을 주도한 두 가지는 '다원주의' 와 '다문화주의' 였다. 다원주의라는 표현은 단일한 종교가 공식적으로 또는 실질적으로 지배적인 위치에 있지 않고, 여러 다른 종교들과 철학들이 나란히 공존하는 상태를 설명하기 위해 처음에는 서술적으로 사용되었다. 최근 들어 그 표현은 규범적인 의미로 쓰인다. 즉 어느 종교나 철학도 자신만이 진리라는 주장을 할 수 없는 상황이 되었다는 뜻이다. 서구 사회에서 다원주의는 그리스도인들과 기독교가 문화의 방향을 결정하거나 지도하는 권리를 주장하지 못하도록 하기 위해 자주 대두되었다. 기독교가 어떤 현상이나 경향은 선호하고 다른 것들은 반대하거나 억압하는 것을 금지하려는 것이다. 다원주의는 기독교가 자신이 형성하고 이루어 놓은 사회 속에서 전통적인 규범으로 작용하거나 그 사회를 안정시키는 역할을 수행할 권리를 지니고 있음을 부인한다.

다문화주의 역시 서술적인 용어로 시작되었지만 점차 규범적인 표현이 되었다. 그러나 광범위한 사고의 변화로 생길 수 있는 다원주의와는 달리, 다문화주의는 다양한 문화 속에 살던 개인들이 한 곳으로 이주하여 나란히 살게 될 때 발생하는 상황을 일컫는다. 과거에는 어떤 문화 속으로 들어온 이민자들은 보통 새로운 문화에 적응하려 하였다. 그 문화를 받아들이든지 아니면 적어도 새 문화와 조화를 이루며 살았다. 이 같은 유형의 사례는 유럽 국가들로 흩어진 유대인들이 '디아스포라' 라는 거주지에 정착하는 모습에서 찾아볼 수 있다. 그보다 더 적은 규모의 예는 박해를 피해 프랑스에서 스위스와 독일 그리고 영국으로 옮겨간 위그노(16-17세기경의 프랑스 신교도) 교도들의 이주이다. 이주민을 받은 국가에서는 이주자들이 "로마에 가면 로마법을 따르라"는 격언처럼 행동해 줄 것을 원했다.

제2차 세계대전 이후 다문화주의는 서술적이기보다는 규범적인 차원으로 변해갔다. 사업, 교육, 고용 등의 이유로 비서구적인 문화에서 서구 사회로 옮겨온 사람들뿐 아니라 많은 수의 피난민들로 인해 발생한 인구의 이동은 서구 사회가 정체성의 위기를 겪고 있던 바로 그때에 엄청난 수준에 이르렀다. 인류 역사가 시작된 이후 가장 파괴적인 두 번의 전쟁이 발생한 곳은 서구이다.[51]

북유럽 게르만 민족의 인종적인 우월성을 밉살스러울 정도로 내세운 아돌프 히틀러는 서구에 속한 민중 선동가였다. 그의 출현으로 말미암아 다른 게르만 민족과 코카서스 사람들은 그를 대신하여 자신들의 존재에 대해 유감스러워 하고 사과했다. 아시아에서 대량 학살용 무기를 자유롭게 사용하여 핵무기와 재래 무기로 수많은 도시를 초토화시킨 장본인은 바로 서구의 초강대국인 미국이었다. 현대 과학 기술을 접목시킨 모든 종류의 무기들을 아시아의 조그마한 나라에서 함부로 사용하였지만 결국 베트남에서 망신만 당하고 철수한 나라가 바로 미국이다.

이러한 상황 속에서 미국을 비롯한 서구의 국가에 살고 있는 사람들은, 자신들의 서구 문화를 제외한 모든 문화는 똑같고 서구 문화보다 열등하다는 생각을 키워왔다. 서구의 국가들이 자신들의 영역 안에서 서구의 문화적 관점을 보존하려고(대다수 비평가들은 '강요한다'는 표현을 사용한다)

---

51. 2차 세계대전은 독일이 1939년에 폴란드를 침공하면서 시작되었다고 말한다. 그 당시 일본은 이미 중국을 침략하고 있었다. 1941년에 일어난 독일의 러시아 침공과 일본의 미국 공격은 전쟁을 확대시키는 계기가 되었고, 유럽과 아프리카 그리고 아시아를 전쟁에 몰아넣었다.

노력하는 것은 '문화 제국주의'라는 비판을 받고 있다. 이민자들에 의해 서구로 유입되었고 어느 정도의 서구인들도 받아들인 비서구적인 종교들은 관심을 끌었고 정중한 대우를 받았다. 그 종교들에 포함된 관습, 풍속, 사회적 규범, 축제일 등도 용납되었다. 기독교에서 파생된 전통적인 서구의 관습과 풍속과 사회적 규범과 휴일은 새로 온 이민자들에게 강요되지 않는 분위기가 형성되었다. 기독교의 전통들은 여전히 정상적으로 유지되고 실행되었지만, 이민자들에 대한 배려의 측면에서 뒷전으로 밀려났다.

기독교계의 혼란

다원주의와 다문화주의는 명목상으로 서구 문화에서 기독교 국가라고 불리는 대다수의 나라에서 혼란스러운 현상을 야기했다. 그 혼란 속에는 '도덕'의 상실과 '의욕'의 상실이라는 두 가지 의미가 포함된다. '도덕'은 서구 사회가 주로 기독교 신앙으로부터 도출해 낸 것이다. 자신이 한 때 뛰어난 위치에 있었고 지금도 존재하고 있다는 사실에 대해 끊임없이 변명해야 하는 의무에 시달릴 때 우리는 '의욕'을 상실하게 된다. 서구 국가들은 서구 문명과 기독교 문명이 개화를 일으키고 현대 의학을 이루었고 공중 위생을 실현했으며, 기독교가 가난한 자와 낙후된 지역을 돌보았다고 높이 평가하려는(또한 자신들의 제국주의와 경제 침략에 대해 변명하려는) 습관이 있다. 이 같은 변명들은 그 가운데 몇 가지는 사실이기도 하지만 종종 공허하고 설득력이 없는 것으로 들린다. 서구 문화의 혜택을 입은 나라들이 서구의 기술과 과학으로 생기는 이득을 포기하는 경우는 거의 없다. 심지어 그들이 서구의 제국주의와 경제 지배를 물리칠 때에도 그러한 이익은 버리려 하지 않는다. 서구의 기독교 문화는 서구 국가들이 탐욕스럽게 다른 나라들을 착취하는 것을 막지 않았다. 그러나 기독교는 서구 사회로 하여금 자신들의 죄악을 깨닫고 잘못을 인정하도록 유도하였다. 그로 인하여 서구 사회는 양심의 가책을 받았다. 서구의 교회도 예외는 아니었다. 그들은 다른 문화에 둔감했으며 사람들을 개종시키겠다는 열성 때문에 그들의 민속 종교를 없애려 했던 것에 대해 자책했다.

서구 문화 세계의 중요한 국가들이 마르크스주의의 영향 아래 들어갔다. 마르크스주의는 옛 소련 연방을 70년 동안이나, 소련의 위성 국가들을 30년 동안이나 지배했다. 마르크스주의는 서구 사회의 기독교 유산에 대해 비판하고 매도하고 중상하는 일을 지속적으로 해왔다. 어떤 때에는 구체적인 서구의 범죄와 악습을 정확히 지적하였지만, 거의 대부분 서구 전체에 대해 포괄적인 비난을 퍼부었다. 마르크스주의는 이제 기독교에 대항하는 적대 세력으로서의 기능을 거의 상실했지만, 서구 사회의 도덕과 의욕에 끼친 상처는 아직까지 아물지 않았다.

다원주의, 다문화주의, 마르크스주의는 모두 서구 문화를 통합하는 힘을 발휘해 온 기독교 신앙을 약화시키고 분열시키는 데에 이바지하였다. 그러나 기독교를 약화시키는 데 가장 중대한 역할을 한 것은 위에서 말한 세 가지 요소가 아니라 감각적인 사회 체제 자체의 좋지 못한 영향력이었다. 몇 세기 동안 사고 영역에서 우위를 점하고 있었던 감각적인 세계관은 영적이고 신적인 초감각적 실재들과 가치들을 생각하지 못하도록 사람들을 유도하고, 이 세계와 인간의 이성과 물질적인 요소에 더 관심을 갖도록 동기를 부여했다. 그 동안 교회는 지적인 영역에서 감각 문화에 대항하여 싸움을 벌였고, 어느 정도 성공을 거두어 믿는 자들에게 계속해서 영향을 미치며, 새로운 신자를 만들고 날로 퇴락하는 감각 문화에서 이상주의적인 요소들을 유지해 갈 수 있었다.

금세기 들어 중대한 변화가 일어났다. 어떤 사람들은 그 변화의 시기를 제1차 세계대전 이전 혹은 제1차 세계대전과 제2차 세계대전 사이의 기간으로 보며, 또 다른 사람들은 제2차 세계대전 이후로 본다. 여하튼 간에 그 변화의 결과는 헤아릴 수 없이 막대한 것이었다. 감각 문화는 철학, 사상, 예술, 음악의 영역 너머까지 확대되었고, 윤리와 개인의 행동까지 철저히 구속하였다. 감각 문화는 즐거움을 위해 살아갈 것을 권하고, 죽음 이후에 심판이 있으리라는 기독교적 개념을 부인하며 조롱하였다. 많은 사람들은 감각 문화의 유혹에 쉽게 넘어가 더 이상 초감각적인 실재와 영적인 가치들에 깊은 관심을 갖지 않게 되었다. 기독교의 주도적인 인물들조차 감각적인 경향에 맞서 반박하기 위해 필요한 신앙적인 확신을 상실해 가는 상황 속에서 쾌락주의적인 탐닉에 대한 유혹은 광범위한 반대에 직면하는 일은 없을 것이다.

우리가 알다시피 기독교는 신적 계시와 역사적인 사실들에 기초한다고 주장하는 유일한 종교가 아니다. 유대교와 이슬람교 역시 신앙과 교리를 역사적인 인물들과 사건들에 연결시키고 있으며, 기독교와 마찬가지로 유대교와 이슬람교도 그들의 역사성을 의심받고 거부당할 수도 있다. 하지만 지도자와 스승의 위치에 있으면서 자신이 이전에 고백했던 신앙을 손상시키는 일에 앞장서는 집단이 내부에 있는 종교는 기독교뿐이다. 제사장들, 목사들, 주교들, 대주교들, 교수들 그리고 무수히 많은 신학교에서 회의주의, 무신론, 급진적 페미니즘, 여신 숭배, 신 이교주의, 신비주의, 심지어 마법을 장려하는 것을 아무렇지도 않게 여긴다. 또한 전통 기독교에서 부도덕하고 혐오스러운 것으로 여겼던 행동들을 인정하고 찬양한다.

혼합주의

서구 문화의 두 전통 종교인 기독교와 유대교는 하나님이 한 분이며, 다른 신들을 섬기는 것은 용서받지 못할 우상 숭배라고 가르친다. 역사적으로 두 종교는 다른 종교들과 혼합되는 것을 격렬히 거부하였다. 예수를 메시아로 받아들일 수 없다는 유대인들의 확신으로 인해 그리스도 승천 이후 1세기에 기독교와 유대교는 분리되고야 말았다. 두 종교는 신자들이 자기들의 신앙 이외에 다른 종교를 따라가는 것을 결코 용납하려 하지 않았다. 유대교와 기독교는 중요한 점에서 의견을 달리하지만, 두 종교는 몇 가지 근본적인 교리를 공유하고 있다. 이러한 공통적인 요소들로 인해 두 종교는 동일한 문화권 속에서 문화의 분열을 야기하지 않고 공존할 수 있었다.

요즘 일어나는 종교의 위기에 편승하여 모든 면에서 종교를 혼합시키려는 움직임이 있다. 문화 전반에 걸쳐 너무나 다양하고 상호 모순적인 종교적 관점이 퍼져 있다. 이러한 일은 기독교와 교회 내부에서도 일어나고 있다. 로마 가톨릭은 중세기에 종교 재판소를 통해 교회에 오류나 거짓 교리를 이끌어들인 것으로 판명되는 사람들을 찾아내 가혹한 형벌을 가했다. 그로 인해 개신교도들에게 무자비하고 잔혹하다는 비난을 받았다. 하지만 이제 가톨릭은 그리스도의 부활이나 신성과 같은 본질적인 교리를 부정하는 교수와 사제들, 마법이나 여신 숭배와 같은 경험적인 영성을 조장하는 자들을 징계하는 것이 불가능하다는 것을 알았다. 자신이 그리스도인이라고 말하는 수많은 사람들이 윤회, 신비주의, 초심리학, 미확인 비행 물체(UFO)와 같은 것들에 매혹된다. 그들은 전통적인 기독교와 다른 종교를 혼합시키고 있다. 마치 밀턴이 말한 "종잡을 수 없이 복잡한 미로에서 길을 잃은" 타락한 천사와 같다.

문화와 교회와 개인들 사이에 널리 퍼진 혼합주의는 단순히 종교의 위기를 나타내는 징후 정도가 아니라, 진리 체계에서 일어나는 위기가 위험한 상태까지 이르렀음을 보여 주는 현상이다. 평범한 사람들은 철학이나 법체계 같은 것보다는 종교에 직접적으로 관련되기가 쉽기 때문에, 종교의 위기는 다른 어느 요소보다 더 강력하게 문화적 통합성을 깨뜨리게 된다.

5
윤리와 법의 위기

사람아 주께서 선한 것이 무엇임을 네게 보이셨나니
여호와께서 네게 구하시는 것이 오직 공의를 행하며 인자를 사랑하며
겸손히 네 하나님과 함께 행하는 것이 아니냐

미가서 6장 8절

카터 대통령은 1977년 취임 연설 때 미가 선지자의 글을 인용하였다. 미가의 글은 법의 정신에 대한 가장 고전적이고 기초적인 관점을 보여 준다. 즉 법은 하나님의 요구라는 것이다. 이 말은 상당히 단순하고 직접적으로 들린다. 어린아이들을 키우는 부모라면 누구나 "그건 공평하지 못해!"라는 말에 익숙할 것이다. 심지어 아주 어린아이들도 부모로부터 달갑지 않은 요구를 받으면, '공평'이라고 하는 고상한 법에 본능적으로 호소한다. 많은 사람들은 최고의 법이 있다고 믿는다. 대통령이나 여왕, 어머니나 아버지와 같은 윗사람의 순간적인 바람이나 요구보다 더 높은 수준의 법이 있다고 믿는다.[52]

---

52. 심지어 다신론적이며 신들이나 여신들이 상당수 있다고 믿으며 성경의 인격적인 하나님을 믿지 않는 문화에서도 인간의 법률이 반드시 포함시켜야 하는 신성한 법이 있다고 생각한다.

법에 대한 또 다른 관점이 있는데, 그것은 오늘날의 현대 사회에서 점차 우위를 차지하고 있다. 법은 인간이 의도한 그 무엇이라는 관점이다. 실제로 법이란 다른 사람들을 복종시킬 만한 권력을 가진 사람들이 의도한 대로 만들어 내는 것이다. 첫번째 접근법을 '신적 명령의 윤리'라고 한다면, 두번째 접근법은 '윤리나 법 제정주의'라고 할 수 있다. 신성한 명령의 윤리는 '형이상학적 도덕주의'라고 불리기도 한다. 이는 도덕적 가치가 외부에서, 즉 우리에게 익숙한 물질 세계를 넘어선 세계로부터 말미암은 것을 강조한 입장이다.

적정한 수준으로 안정되어 있고 튼튼한 사회는 통합된 사회이다. 그런 사회의 제반 영역은 서로 조화를 이루고 있다. 그 사회의 예술은 진리와 종교, 법, 가족 구조, 심지어 경제와 산업 활동에 대한 사회 전반의 생각을 그대로 반영한다. 현대 사회는 겉으로 보기에 한없이 다양하고 분화되어 있는 듯하지만, 아직은 통합적인 상태를 유지하고 있다. 따라서 현대 사회의 법은 사회와 별개로 독립되어 있지 않고, 현재의 예술과 사회 생활과 진리에 대한 자각과 도덕과 윤리 의식 등을 포함하고 있는 전체 사회의 일부로 자리잡고 있다.

법은 한 사회의 윤리 의식을 공식화하는 도구이다. 법은 사회가 옳음과 그름에 대해 갖고 있는 생각과 옳은 것은 어떻게 보상해야 하고 그른 것은 어떻게 벌을 주어야 하는가에 대한 기준을 나타낸다. 감각 체제 말기의 퇴락하는 국면에 접어든 현재의 윤리 의식은 어떠한가? 현 시대는 두 가지 근본적인 접근법 가운데 어디에 속하나?

1. **형이상학적 도덕주의**. 우리는 하나님과 그의 신적인 명령이 인간의 한계를 넘어서고 인간의 욕망이나 두려움이나 편견에 근거하지 않은 것이라 생각하는가?

2. **법 제정주의**. 우리는 인간이 법을 제정할 수 있으며, 정의(justice)를 규정하는 것은 법이므로 불공정한(unjust) 법이란 개념은 표현상 모순이라 믿는가?

이스라엘의 선지자들은 첫번째 관점을 '신적 명령'의 윤리라는 적절한 표현을 사용하여 간결하게 설명해 주었다. 유대교와 기독교와 이슬람교의 전통에서 확고하게 믿는 것처럼 하나님이 실제로 계시며 그가 선한 것으로 여기는 것을 인간에게 보여 주셨다면, 그것은 하나님의 권위를 인정하는 모든 사람들의 질문에 명확한 해답을 준다. 선한 것이 무엇인지 알고 싶은가? 하나님이 당신에게 보이셨다.

"사람아 주께서 선한 것이 무엇임을 네게 보이셨다"는 미가의 생각은 영원한 법이 하늘에서 제정되었음을 우리에게 가르쳐 준다. 그 법은 영원하신 분, "하늘과 땅, 보이는 것과 보이지 않는 모든 것을 창조하신 분"[53]의 판단과 의지를 보여 주기 때문이다. 어떤 것은 좀더 많이, 어떤 것은 아주 조금 그의 법을 담고 있다는 차이는 있으나 인간의 법은 하나님의 법을 드러낸다. 그리고 얼마나 하나님의 법을 잘 나타냈는가에 따라 판단을 받게 된다.

미가는 이스라엘 선지자였다. 그러나 그의 관점은 셈 계통의 문화에 한정되지 않는다. 인도-아리안계에 속한 페르시아인들 사이에서도 그와 유사한 태도를 찾아볼 수 있다. 그런 태도는 역시 유대인 선지자였던 다니엘에 의해 메데와 페르시아에 바벨론이 정복당한 후에 일어난 어떤 사건을 기록한 내용 가운데 나타난다. 페르시아 관리들은 다리오 왕에게 이렇게 고했

---

53. 하나님에 대한 이런 묘사는 니케아 신조(A.D. 325)로부터 유래되었고, 존재하는 모든 것은 하나님의 창조로 생겨났다는 것을 강조한다. 이 말은 창조주 하나님 자신이 만든 피조물을 위한 규율을 만들 만한 충분한 권위가 있음을 뜻한다.

다. "그런즉 왕이여 원컨대 금령을 세우시고 그 조서에 어인을 찍어서 메대와 바사의 변개치 아니하는 규례를 따라 그것을 다시 고치지 못하게 하옵소서"(단 6:8). 그들은 페르시아 왕의 독재 권력, 곧 어느 누구도 바꿀 수 없는 법을 만들 수 있는 능력을 강조하지 않았다. 왕이 하늘의 뜻을 대변하여 말하고 있다는 사실을 충분히 확신하지 않았다면 왕은 "메대와 바사의 변개치 아니하는 규례를 따라" 절대법을 선포할 수 없다는 확신을 강조하고 있다. 물론 그런 경우 왕은 나중에 재고(second thought)하여 법을 바꿀 수 없다.

여기서 페르시아 관리들은 이중적인 속임수를 사용하고 있다. 그들은 왕을 속여 어느 누구라도 하늘의 뜻과 자신을 동일시할 수 없다는 임의적인 선언을 하도록 유도했다. 그러나 일단 왕이 그런 법을 선포하자 신하들은 그 법을 신의 명령으로 간주할 것을 왕에게 요구하여 왕을 포함한 어떤 사람이라도 그것을 고치지 못하게 하였다. 다니엘은 왕의 법을 무시하였고 그 법이 명한 대로 사자굴에 던져졌다. 하지만 사자들은 그를 해치지 못했다. 하나님은 이미 그의 천사를 보내어 "사자들의 입을 봉하셨다." 그 이유는 다니엘의 말대로 그의 "무죄함이 그 앞에 명백하기"(단 6:22) 때문이었다. 하늘의 뜻은 기적적인 사건으로 인하여 분명히 드러났기 때문에, 왕은 자신의 법이 하늘의 뜻에 부합되지 않으면 실제로 그것은 법이라고 할 수 없음을 깨달았다. 결과적으로 왕은 다니엘을 석방시키고 그를 모함한 관리들을 사자굴에 던지기 위해 그 법을 고치기보다는 오히려 하늘의 뜻이 분명히 아닌 것을 법으로 선포한 자기의 잘못을 깨닫게 되었다.

다니엘의 이야기는 셈 계통의 유대인뿐 아니라 인도-아리안 계통의 페르시아인들도 인간의 법은 신의 뜻에 부합되어야 한다는 동일한 확신을 지니고 있었음을 보여 준다. 이런 태도는 대부분의 문명에서 공통적으로 발견된다. 인류는 전 역사에 걸쳐 개인적인 혹은 집단의 일시적인 분위기에 근거하지 않고 정의, 즉 하나님이나 하늘의 뜻에 기초하여 법령을 세우고 법을 기록하며 윤리의 체계를 세웠다고 주장해 왔다. 달리 말하자면 인간은 자신들이 세운 법이나 여러 명령들이 신적인 법에 합치하리라는 가정 위에서 행동하고 있다. 미가의 예언에서 그 고상한 법은 바로 성경에 제시되어 있는 하나님의 법이다.

유럽과 미국에서 최근까지 제정된 모든 법률, 즉 유럽 대륙의 성문법이나 영국과 미국의 전통에 자리잡고 있는 관습법은 다소 차이는 있으나 성경의 도덕적이고 법 정신을 표명할 의도에서 만들어졌다. 지금까지의 법은 인간이 절대적으로 보편 타당한 법률을 만들 수 없다는 일반적인 확신을 반영하고 있으나, 그럴지라도 우리는 법률과 법규들을 더 높은 수준의 기준에 일치하도록 제정해야만 한다. 법에 대한 이 같은 근본적인 관점은 관념적인 사회-문화 체제와 이상주의적인 사회-문화 체제의 특징이다. 그런 관점은 감각 체제가 등장하기 전까지 변하지 않았다. 그때에는 법적 절차에 대한 보수적인 성향 때문에 설령 법에 대한 관점의 변화가 있더라도 매우 느린 속도로 진행되었다.

법의 영역에서 일어나는 변화

이상주의 문화에서 감각 문화 체제로 넘어가는 전이 과정에서 법에 대한 기본적인 이해의 영역은 어떻게 바뀌기 시작했을까? 유럽과 미국의 최근 역사는 놀라운 사실을 보여 준다. 법률은 상위법에 두었던 이론적인 중심점을 잃었고 차츰 독단적이고 심지어 변덕스러운 상태로 변해갔다. 덧붙여 말하자면, 법률은 매우 복잡해졌고 종종 내용을 이해하기 위해 전문가의 도움을 필요로 하게 되었다. 한 사회가 자신들이 지닌 법의 배후에 최고의 절대적인 심판자가 계시다는 것을 믿는 한, 그 사회에 속한 모든 인간 재판관들이 절대 심판자 앞에서 자신들의 판결에 대해 책임을 져야 한다는 것을 알고 있는 한, 그 사회는 더욱 포괄적이고 보편적인 범위에서 법률을 제정할 수 있으며, 그 사회의 재판관들은 그 법률을 최고 절대 심판자의 인격과 그의 뜻이라고 하는 빛에 비추어 해석하기 위해 노력할 것이다. 거룩한 입법자이신 하나님에 대한 신뢰가 약해질수록 인간의 법률은 필연적으로 점점 복잡해지고, 입법자들은 법적인 논쟁에서 유리한 결과를 보장받으려 할 뿐 인간 판사들에게는 아무 것도 남겨놓지 않는다. 거룩하신 재판관이 부재한 상태에서 입법자들은 판사들이 자신의 욕망이나 변덕을 넘어서 판사로서의 의무감에 충실하리라고 확신하지 못한다.

감각 문화의 출현으로 법에 대한 인식에 커다란 변화가 일어났다. 인간의 법은 신적인 법을 반영하기 위해 애쓰는 것이라는 차원에서 벗어나, 법은 단순히 권력을 가진 입법자의 의지를 구체화한 것일 뿐이라는 인식이 널리 퍼졌다. 감각 문화의 막바지에 접어든 지금 인간의 법은 신적 차원의 고상한 법에 부합되어야 한다고 생각하는 사람들과 법은 오로지 인간의 의지에 종속될 뿐이라고 생각하는 사람들 사이에 일어난 갈등은 아직 완전히 해결되지 않았다. 그럼에도 불구하고 감각 문화의 마지막 국면에 이어질 최종적인 단계가 어떠하리라는 것을 확실하게 예견할 수 있다. 우리는 점차 두번째 관점의 지배 아래 들어가고 있다. 우리는 그것을 '실용법'이라 부른다(그 배후에 있는 철학은 법 제정주의이다. 이는 현대 서구 세계에서 지배적인 법률 철학이다). 이런 현상은 전혀 놀라운 것이 아니다. 왜냐하면 인간보다 더 뛰어난 절대자가 없다면 인간은 자기의 법을 스스로 만들 수밖에 없기 때문이다. 법에 대한 법 제정주의적인 접근은 여러 세기 동안 알려져 왔지만 대중적인 관심은 거의 끌지 못했다. 법은 권력층이 지닌 의지의 산물이라는 이러한 관점에서 보면 그것은 전적으로 인간적인 것이다. 법은 초월적인 권능자나 초감각적인 실재에 의존하지 않는다.

법률 제정

현대 영어, 특히 미국에서 사용되는 영어의 용법은 라틴계 어원을 가진 단어를 멀리하는 경향이 있다. 언론인들은 입법자(legislator) 대신에 법률 제정자(lawmaker)라는 단어를 사용하는데, 그 이유는 쓰기가 더 쉽기 때문이다. 그러나 유감스럽게도 입법(legislation)과 법률 제정(lawmaking) 사이에는 의미상 중요한 차이점이 있다.[54] 우리는 우리 자신이 "법을 만든다"라는 말을 너무 쉽게 하는데, 그런 말을 할 때에는 자신도 모르는 사이에 우리가 지니지 않은 힘을 스스로에게 부여하고 있는 것이다. 물론 우리는 자연의 법칙이나 물리학과 화학의 법칙들을 만들 수 없다는 것을 알고 있다. 하지만 그것이 우리는 국가와 사회의 법을 만들지 못한다는 것을 의미하는가?

수세기의 인류 역사 속에서 사람들은 천체와 화학 원소의 관계 속에 여러 가지 기정 사실이 있는 것처럼 인간 관계 속에도 어떠한 기정 사실이 있으리라고 추측했다. H_2O는 물이다. 그러나 인간의 어떤 법령으로도 H_2O_2를 만들거나, 물 분자에다 다른 원소를 첨가한 화합물을 만들 수 없다. 우주 속에 일정한 질서를 부여한 창조주가 있다는 것을 믿지 못하는 사람일지라도, 물리학과 화학의 여러 사실들을 다루다 보면 일정한 질서가 있음을 인정하게 된다. 그러나 인간 사이의 관계는 어떠한가? 인간을 만드신 창조자가 계시다면, 그가 인간의 마음속에 인간들이 소중히 여기고 거기에 따라서 살아

---

54. 영어권의 사람들은 법률 제정자(lawmakers)와 입법자(legislator)를 번갈아 가면서 사용하지만, 프랑스와 독일에서는 병행하여 사용하는 단어가 존재하지 않는다. 빈정대는 의미가 아닌 경우, 프랑스 사람들은 뿌제르 드 르와(faiseurs de lois)라고 말하지 않고, 독일 사람들은 게제츠마허(Gesetzmacher)라고 말하지 않는다. Edgar Bodenheimer의 *Jurisprudence*(Cambridge, Mass.: Harvard University Press, 1972) 137면을 보라.

가야 하는 일정한 질서를 주셨다고 주장하는 것은 타당하지 않은가?

우리가 자연의 법칙, 물리학과 화학의 법칙들을 만들 수 없다는 것은 자명한 사실이다. 우리가 스스로 보기에 합당한 대로 생태계를 조작할 수 있게 되더라도, 우리는 생물학의 법칙을 만들 수 없다. 하지만 우리가 만들 수 있는, 적어도 우리가 만들 수 있다고 생각하는 특정한 종류의 법이 있다. 우리는 법원의 판결을 통과시킬 수 있고 법을 제정하며 그 법 조항을 법전에 수록할 수 있다. 이제 중대한 질문이 남았다. 우리는 마음에 드는 것이라면 어떤 법이라도 만들 수 있는가? 우리는 물리학과 화학의 법칙을 중요시하는 것처럼 인간의 상황 속에 깃들어 있는 한층 높은 수준의 질서를 존중하려 하는가?

관념적이고 이상주의적인 사회 문화 체제 속에서 윤리와 법은 인간에 의해서 만들어지지 않고 고귀한 질서로부터 기인한 원리로서 당연하게 여겨진다. 이러한 관점은 "법은 발견되는 것이지 만들어지지 않는다"라는 로마의 격언과 완전히 일치한다. 이 격언이 전제로 삼는 것은 물리학의 법칙처럼 인간의 행동 법칙은 밝혀 내고 드러내기 위해 배워야 하는 것이지, 우리가 원하는 대로 함부로 만들 수 있는 것이 아니라는 사실이다. 사람들이 가치 기준을 변경하려고 시도할 때마다 그런 움직임에 반대하는 자들은 앞에서 말한 관점에 근거하여 인간 행동과 인간의 법을 판단할 수 있는 "법률 위의 법"이 있음을 강조한다.

발견된 법에서 인위적인 법으로의 변화

사회-문화 체제가 관념 단계에서 감각 단계로 옮겨가면서 대다수 사람들은 인간 입법자들이 마땅히 설명해 주어야 했을 하나님과 같은 초감각적 실재에 대한 안목을 상실했다. 또한 인간의 법이 당연히 모범으로 삼아야 할 초월적인 원리들도 잊혀지고 있다. 그럼에도 불구하고 여러 세기 동안 서구 사회의 법률과 규정들은 '발견된' 법 속에서 자신들의 근원을 끊임없이 밝혀냈다. 그 이유는 아마도 서구 사회의 법률 체계 속에서 감각적인 성향에 대한 충분한 이해가 매우 느린 속도로 이루어졌기 때문일 것이다. 법률과 법적인 구조는 일반적으로 변화에 둔감하다. 종종 법률과 규례들은 그것들을 받치고 있던 근본 토대가 변화된 후에도 오랫동안 법전 속에 남아 있고, 존중되거나 시행되는 것이 금지된 이후에도 상당한 기간 동안 존속된다. 그러나 이제 우리는 감각적인 성향의 세력이 전반적으로 감지되는 것과 때를 같이하여, 법의 영역에서 점차 급속한 변화가 일어나고 있는 것을 목격하고 있다. 감각 단계로 가는 마지막 변화는 유달리 좋지 않은 결과를 낳을 것인데, 그 이유는 감각적인 사회가 전체적으로 이미 완숙기를 지나 기진맥진한 상태가 되었기 때문이다. 이제 법률과 법적 원리는 예전에 보편화되었던 관점이 필요해질 때가 되어서야 변화가 일어날 것이다.

18세기와 19세기에 있었던 세 가지 주요한 사건 때문에, 법이 지닌 불변의 절대적인 원리에 대해 오랫동안 인간이 품었던 확신이 약화되었다.

1. *신대륙 발견을 가져온 항해.* 이로 인하여 유럽은 아시아와 신세계로 나아갔다.
2. *성경 비평주의의 출현.* 하나님이 하신 말씀은 신뢰할 수 있고 권위가 있음을 부인했다.
3. *진화론의 대두.* 인간은 만물의 영장으로서 특별한 존재라는 생각을 못하도록 방해하고, 인간을 다른 동물과 동일한 위치에 두었다.

16세기 이전까지 유럽 세계는 유대교와 이슬람을 제외한 다른 주요 문화와 접촉이 거의 없었다. 유대교와 기독교는 신학 교리에 대해 입장을 달리

했지만, 도덕 원리에 대해서는 거의 동일한 관점을 지니고 있었다. 유대교와 기독교는 하나님이 최고의 입법자이심을 굳게 확신했다. 이슬람은 두 종교와 여러 가지 중요한 점에서 달랐지만, 많은 시각들을 공유하고 있었고 두 종교에 기원을 둔 것도 많이 있었다. 유럽의 그리스도인들은 이슬람이 기독교와 공유한 여러 사실들을 잘못 해석하고 있다는 것을 알았다. 여하간 이슬람은 모든 법이 하나님께 그 기원을 두고 있다는 확신을 더 강하게 품고 있었다.

게다가 유럽 기독교 국가는 아랍과 터키의 침략을 받자 이슬람에 대항하여 자신을 방어하기 위해 많은 힘을 쏟아야 했다. 그로 인해 대부분의 유럽인들은 내면적인 자기 분석에 몰두할 만한 여유를 찾지 못하고 자신들의 신념과 가설의 타당성을 당연시할 수밖에 없는 형편에 처하게 되었다. 어떤 사회가 생존을 위해 전쟁을 수행할 때에는 그 사회의 문화적인 가설의 타당성에 대해 깊이 숙고할 만큼 한가한 시간이 없다. 한참 시간이 지난 후 유럽과 북아메리카 문명이 주도적인 세력이 되고 어느 세력도 도전할 수 없는 것처럼 보이자 서구인들의 사색적인 마음은 자신들의 문화와 법의 '존재 이유'에 의문을 품기 시작했다.[56]

1. 신대륙 발견을 가져온 항해. 15세기 말엽에 포르투갈은 남아프리카의

---

56. 이에 대한 분명한 사례는 1939에서 1945년까지 전쟁을 치른 독일에서 찾아볼 수 있다. 되돌아보면 나치즘의 많은 정책과 주장은 거의 분석이 불가능할 정도로 허술하다. 하지만 독일인들은 사방에서 적군의 공격을 받을 때, 있는 힘을 다해 싸워야 했으므로 자신들이 표면적으로 믿고 있는 것이 전쟁을 치르기에 합당한 이유인가에 대해 깊이 생각할 시간을 갖지 못했다. 그와 마찬가지로 미국인들이 자기 성찰을 하며 자신들이 지금의 모습대로 살아갈 권리를 지니고 있는지에 대하여 의문을 품은 시기는, 미국이 전쟁에서 적군들을 모두 물리치고 경제 대국으로 자리잡고 세계의 유행을 주도하는 국가가 되고 나서야 도래하였다.

희망봉을 돌았고, 스페인은 아메리카 대륙을 발견했다. 유럽인들은 점차 터키 제국 동편에 위치한 거대한 고대 문명을 알게 되었다. 중앙 아메리카와 남아메리카에 있던 상당히 색다른 두 개의 고대 문명도 마주쳤다. 유럽인들은 자신들이 소유한 지적이고 영적인 전통보다 더 오래된 문명들을 처음으로 알게 되었고, 그 문명들을 단순히 이교도의 문화이며 저급한 것이라고 내쫓을 수 없었다. 그럼에도 불구하고 유럽인들은 몇몇 문명을 정복하고 식민지로 개척할 수 있었다. 아메리카 대륙에서 스페인은 상이한 문화를 발견하는 대로 순식간에 정복해 나갔다. 그러나 아무리 난폭한 정복자라도 그 지역의 토착 문화가 세련되고 발전된 것이며, 자신들이 당연히 생각하는 것과는 다른 원리들에 의해 움직여 나가고 있다는 것을 모를 리 없었다.

18세기에 이르러 아시아의 고급 문화, 특별히 인도와 중국의 문화와 활발한 접촉이 이루어지자 유럽인들은 자신들의 문화적 우월주의에 대한 고지식한 소신을 포기하지 않을 수 없었다. 그들이 그때까지 확신하고 있었던 절대적 진리는 다른 진리 체계에 의해 존속되어 내려온 오래된 문명과 부딪히게 됨으로써 상대화되었다.[56]

---

56. 이처럼 상이한 여러 문명들도 관념적인 혹은 이상주의적인 문화를 지니고 있었고, 서구에서 존중되는 것과 유사한 영속적인 법에 대한 믿음이 있었다. 그러나 그들은 신적 실체의 궁극적 본질에 대해서는 상당히 다른 신념을 지니고 있었다. 바로 이 점이 서구인들의 마음을 흔들어 놓기 시작했고, 그 결과 여러 가지 도덕적이고 윤리적인 확신의 실질적인 유사성은 그리 중요치 않게 여겨졌다. 루이스(C.S. Lewis)는 서양과 다른 문화 사이의 유사성과 서구인들이 그 유사성을 보지 못한 것처럼 여러 유형들을 *The Abolition of Man*(New york: Macmillan, 1953)이라는 소책자에서 잘 설명해 놓았다. 스페인이 중앙과 남아메리카를 점령한 지 얼마 되지 않아, 유럽인들은 콜롬버스 이전 문화를 이상화하고 낭만적으로 묘사하기 시작했다. 마치 그 문화가 당시 유럽 전역에 널리 퍼져 유럽인들이 너무나 익숙하게 알고 있었던 부패와 악덕에 물들지 않은 것처럼 기록했다.

2. 성경 비평주의의 출현. 18세기의 계몽주의는 기독교의 절대성에 대한 유럽인들의 확신을 더욱 약화시켰고, 결과적으로 기독교에서 말하는 도덕적인 가르침의 보편적인 적절성도 의심받기 시작했다. 나아가 기독교의 교리적 가르침은 직접적인 공격에 직면하게 되었는데, 당연히 그 교리를 방어할 것으로 여겨졌던 신학 교수들이 공격의 선봉에 있었다. 19세기 중엽까지 고등 비평은 성경의 신적인 근원과 권위에 대한 믿음을 침식해 들어갔다. 먼저 구약을, 그 다음에는 신약을 공격 대상으로 삼았다. 성경이 여러 세기에 걸쳐 다양한 편집자들에 의해 편집된 작품인데 어떻게 현대인들에게 복종을 요구할 수 있느냐는 것이 그들의 주장이었다.

처음에는 기독교의 진리에 대한 자부심과 신뢰의 상실이 얼마나 중대한 문제인지 분명하게 드러나지 않았다. 레싱(G. E. Lessing, 1729-1781)과 임마누엘 칸트(Immanuel Kant, 1724-1804)와 같은 계몽주의 시대의 도덕론자들은 기독교에서 가르치는 것과 동일한 도덕 원리를 주장하였다. 하지만 일반 대중의 경향에 맞추어 시대를 따라가던 지식인들은 성경의 신적 권위에 대한 믿음을 상실하기 시작했다. 사태가 이쯤 되자 사람들이 기독교에서 가르치는 행동 원리에 대한 존경심을 잃어버리는 것은 시간 문제였다. 기독교 윤리를 방어하려는 노력은 신적으로 계시된 명령에 근거하지 않고 합리적인 이성이라는 자연스런 경향 기초로 하였으므로 모두 허사로 돌아갔다. 인간이 대답을 구해야 할 거룩한 재판관이 사라지자, 사람들은 도덕을 강조하는 윤리학자들의 말을 들어야 할 긴박성을 느끼지 못했다.

성경이 권위 있는 하나님의 말씀이 아니라면, 우리 인간은 스스로를 하나님의 형상으로 창조되었다고 생각할 수 있을까? 우리가 하나님의 자녀라면, 성경과 서구의 많은 철학에서 가르치는 대로 인간의 이성은 우리가 창조자이신 하나님의 의지에 순응해야 한다고 말해 줄 것이다. 그러나 우리가 하나님의 형상대로 만들어지지 않았고 비인격적인 힘의 우연한 산물에 지나지 않는다면 어떤 일이 벌어지겠는가? 그렇다면 우리가 마땅히 찾기 위해 노력하고 그에 따라 살아가야 하는 신이 제정하신 법이 자리잡을 여지가 있을까?

3. 진화론의 대두. 1856년에 펴낸 찰스 다윈(Charles Darwin)의 『종의 기원』(*The Origin of the Species*)은 법의 기초를 뒤흔들어 놓는 세번째 타격이 되었다. 다윈은 하나님의 존재를 부인하지 않았다. 하지만 그의 시각은 하나님을 기껏해야 인간의 기원을 우연히 발생시킨 존재로 만들어 놓았다. 따라서 그는 은연중에 우리가 하나님의 원리에 따라 살아가야 한다는 주장을 부인하고 있었다. 다윈의 시각은 순식간에 폭발적인 인기를 얻었고, 대부분의 세속 학문 분야에서 새롭고 필수적인 정설로 인정받았다. 만일 우리 인간이 하나님의 형상대로 만들어진 그의 특별한 창조물이 아니고 단지 가장 원시적인 형태의 생명체에서 현재의 모습으로 진화된 존재에 불과하다면, 윤리와 정의의 절대적인 기준이 있다는 것을 어떻게 믿을 수 있겠는가? 우리의 법률은 자신을 포함한 모든 것들이 거쳐야 하는 진화론의 영향을 받지 않고 남을 수 있을까?

20세기에 접어들면서 프로이트(Sigmund Freud)의 시각을 널리 받아들이면서 윤리와 정의의 영속적인 기준을 위협하는 더 강력한 충격이 밀려왔다. 그의 이론에 따르면 도덕적인 추론과 동기는 감추어진 충동과 반사 작용 그리고 주로 성적 본능의 표출에 지나지 않는다. 다른 환원주의적인 학설과 이론들은 인간의 도덕적인 추론을 단순한 생물학적 과정에 지나지 않는다는 수준으로 끌어내리는 경향을 지녔다. 한 가지 예를 들어 보면, 스키너에 의해 시작된 행동주의(behaviorism)는 인간의 지적 확신에 기초를 이루는 절대적이거나 근본적인 진리 같은 것은 없다고 주장한다. 확신이란

외부의 일정한 자극에 대한 반응일 뿐이며 특정한 진리를 담고 있지 않다고 한다.[57]

하늘에서 제정된 법이 없다고 한다면, 인간 사회는 어떤 기준에 따라 조직되어야 하는가? 인간은 자신의 삶을 구성하고 조직할 법을 필요로 한다. 그러나 하나님이 그 법들을 주시지 않는다면, 도대체 그것들은 어디에서 오는 것일까? 거기에 대한 단 한 가지 대답이 있다. 인간 스스로 법을 만드는 것이다. 물론 우리가 법을 만든다면, 그 법은 우리가 부여하는 것보다 더 많은 권위와 강제력을 지니지 못할 것이고, 우리는 권력을 수단으로 하여 법을 마음대로 취급하려고 주제넘게 나설 것이다. 바꾸어 말하면 법은 창조자의 의지를 나타내는 것이 아니라 가장 힘이 강한 집단의 의지를 표현하는 것이 된다. 겉으로 선명하게 나타나지는 않지만 종종 명백하게 모습을 내보이기도 하는 이런 관점은 20세기 초엽의 대부분 서구 사회에 보편화되었다. 미국의 위대한 법률 정치가인 올리버 웬델 홈즈 2세(Oliver Wendell Holmes Jr.)는 대단한 독재자였던 아돌프 히틀러와 법에 대한 관점에서 별로 다를 바 없었다. 즉 법은 단순히 주도적인 세력의 의지를 반영한다고 믿었다. 홈즈는 예의바르고 품위 있고 세련된 신사였다. 그러나 법에 대한 그의 생각 속에는 히틀러의 법 제정에 대한 반대 의사가 전혀 내포되어 있지 않았다. 왜냐하면 히틀러는 당시 독일의 주도적인 세력의 의지를 반영하고 있었기 때문이다.

제2차 세계대전이 끝난 후, 한때 독일의 주도적인 법 제정주의자였던 구스타프 라트부르크(Gustav Radburch)는 기독교의 윤리와 도덕에 대한 통찰력은 물론이고 자연법의 개념으로 회귀할 것을 주장했다. 그는 역사상 가장 위험했던 순간은 인간이 스스로 법을 만들 수 있다는 것을 발견한 때

---

57. B. F. Skinner, *Beyond Freedom and Dignity*(New York: Knopf, 1971).

라고 했다.[58] 입법(legislation)이란 단어는 라틴 어원 lex, legis(법, law)와
latus('번역하다'라는 의미에서 '옮기다')로 이루어졌다. 이 단어는 법이
란 하늘에서 만든 대로 '발견'하여서, 인간의 법 조항과 법조문으로 '옮겨
지는' 것이라는 관점을 뒷받침하고 있다. 바로 이런 이유 때문에 우리는
회의에서 무언가 제안할 때 '동의'(motions)나 '제청'(moving)이라는 말
을 하는 것이다.

정의(Justice) 확립

우리의 법은 정의(justice)를 명백히 밝히고 있는가? 인간의 법과 별개로
존재하는 정의가 인간의 법에서 최상의 가치로 표명될 수 있을까? 관념적
인 사회에서 이런 문제는 쉽게 해결된다. 인간의 법은 정의에 대한 고상한
기준에 일치되어야 한다. 그러나 법이 정의에 합치되지 않고 오히려 정의
를 그르치도록 제정되었을 때에는 어떻게 하는가? 아무리 영적인 사람이라
도 현실 세계 속에서 살아야 하고, 그들의 신앙과 교리적 확신의 바깥에 존
재하는 현실을 인식해야 한다. 그들은 때때로 고상한 기준에 일치하지 않
는 실제적인 인간의 법도 준수할 것이다. 관념 문화에서 불공정한 법은 정
의라는 높은 기준을 근거로 비판받을 것이고 결국 취소되거나 공정한 형태
로 바뀔 것이다.

초감각적인 가치의 실제를 인정하지 않는 감각적인 사회에서 인간 세계
에 존재하는 유일한 법(자연법은 포함하지 않음)은 그들의 판단에 옳고 최
선이라고 생각하는 원리와 기준에 따라 사람에 의해 만들어진 법이어야 한
다. 정의를 세우는 것은 법이다. 이런 태도는 많은 사람들이 불공정하다고

---

58. Bodenheimer, *Jurisprudence*, 139-142.

생각한 판결을 대법원에서 내리면서 내걸었던 주장에 잘 나타나 있다. "대법원의 결정은 이 나라의 법이다." 고등법원과 정의를 동등하게 여기려는 경향은 고등법원 판사들의 명칭에서 잘 나타난다. 고등법원 판사는 쟁점이 된 문제를 심사숙고하여 결정한다는 의미를 담고 있는 일반적인 판사(Judge)라는 명칭을 쓰지 않고, 정의 자체가 인간 판사에게서 구체화되었음을 암시하는 고등법원 판사(Justice)라는 호칭을 사용한다. "고등법원 판사(Justice)가 말한 것"은 실질적으로 "정의(justice) 자체가 말한 것"을 의미하게 된다. 고등법원에서 내린 결정에 대해서는 재론의 여지가 없다.

관념 사회에서는 이와 같은 판사의 권위에 대한 이해가 어렵지 않게 받아들여진다. 왜냐하면 다니엘서에 나오는 메데와 페르시아의 왕처럼 사람들은 판사가 하늘의 권위를 가지고 말을 하는 것으로 생각하기 때문이다. 감각 사회에서는 인간의 목소리보다 더 높은 권위는 필요하지 않으며 그런 권위가 존재하지도 않는다. 제1차 세계대전 이후 이어진 시대에 오스트리아의 법학자인 한스 켈젠(Hans Kelsen) 같은 유럽의 법률 이론가들은 두번째 입장에 확고히 서 있었다. 켈젠은 정의를 규정하는 것이 법이기 때문에 불공정한 법이라는 말 자체가 모순이라고 하였다. 만일 어떤 법이 합법적이고 정확한 법적 절차에 따라 적절하게 제정되었으면, 그것은 공정한 법이며 더 이상 반박할 수 없다고 했다.[59] 켈젠이 유대인이었음에도 불구하고, 히틀러는 자신이 제정한 법의 정당함을 주장하기 위해 켈젠의 이론을 기꺼이 활용하였다.

---

59. 히틀러가 오스트리아를 독일에 합병했을 때, 켈젠은 운 좋게도 미국으로 이주할 수 있었다. 그는 미국에서 자신의 입장을 약간 수정했다. 불공정한 법이란 표현상 모순이지만, 극단적인 경우에 인간이 만든 법은 정의의 근본적인 원리를 더럽힐 때 불법이 될 수도 있다. 어떤 법은 본질적인 정의와 인간의 존엄성을 심각하게 침해하는데, 그런 법은 더 이상 법이라 불릴 자격이 없다.

전쟁 범죄 재판

우리 시대의 가장 중요하고 극적인 재판이 전쟁에서 패한 독일의 뉘렌베르크에서 열렸다. 이것이 그 유명한 뉘렌베르크 전쟁 범죄 재판이다. 승전국들은 격분하여 나치의 독재 아래에서 고통받은 나라들과 국민들의 복수를 하기 위해 벼르고 있었기 때문에, 패전국 지도자들의 처벌을 요구했다. 그러나 절대 권력이 통치하는 자신들의 국가에서 정당하게 임명되어 공직을 수행했던 자들의 행동에 대하여 어떤 근거로 재판할 수 있겠는가? 어떤 사람들은 전범들을 당장 처벌해야 한다고 요구했다. 살아 있는 독일의 지도자들을 검거하여 즉시 총살하거나 교수형을 시켜야 한다고 주장했다. 이런 일들은 인류의 역사에서 종종 있었다. 패전국의 많은 통치자들과 지도자들은 승전국에서 부과하는 파면과 고문을 참아내기보다는 순식간에 죽음에 이를 길을 선택했을 것이다.

나치의 잔인한 만행은 국가의 주권과 이기주의라는 명목 아래에서 자행되었다. 그 중에는 우발적이고 독단적으로 행해진 잔혹한 행위도 있었다. 그러나 살아 있는 나치의 지도자들을 즉결 처형하는 것은 후세에게 승전국들이 나치의 무분별한 폭력을 흉내낸 것에 불과한 것으로 비춰질 것이다. 따라서 패전국 지도자들의 죄를 밝혀내는 정식 재판이 열려서 거기에서 죄에 대한 적절한 처벌을 내리는 것이 마땅한 절차였다. 나치 정부와 그 추종자들이 저지른 범죄는 그 당시 현존하던 법률이나 협약으로 감당할 수 없었던 것이므로, '인류에 반하는 범죄' 라는 새로운 범죄 항목이 고안되었다. 뉘렌베르크 재판은 하늘에 속한 신성한 법이 있다는 인간의 공통적인 인식에 호소하였다. 비록 그 법이 법조문에 공식적으로 들어 있지 않더라도 반드시 존중되고 시행되어야 함을 강조한 것이다. 뉘렌베르크 재판은 많은 결점들을 담고 있었다. 그 중 하나는 승전국들이 자신들은 '인류에 반하는 범죄'에 대해서 전적으로 결백하지 못하다는 것이었다. 그러한 결점들을 지니고 있었지만, 그 재판은 적어도 그러한 악행들은 그 자체로 악하거나 잘못된 것이라는 원리를 재확인시켜 주었다.[60] 인간적인 권위로 제정한 법은 인간의 모든 악행을 금지하는 법 조항을 전부 포함시키지 못한다.

뉘렌베르크 재판의 판결을 정당화하려는 또 다른 시도가 있다. 만일 그 재판이 켈젠의 법 제정주의의 원리를 따라 판결했다면, 법원은 승전국들에게 나치 지도자들의 과거 행적을 드러내기 위해 소급하여 법을 제정하도록 허락했을 것이고, 그 소급법을 이용하여 나치 전범들을 적절히 처벌했을 것이다. 실제로 어떤 사람들은 뉘렌베르크 재판을 그런 식으로 해석하는 것을 당연히 여긴다.

법 제정주의의 원칙은 앞에서 말한 두 가지 경우를 모두 배제한다. 만일 뉘렌베르크 국제재판소가 켈젠의 관점을 따랐다면, 나치 전범들은 무죄를 선고받아야 한다. 왜냐하면 그들은 오로지 나치의 법이 허용하는 대로, 혹은 그 법이 요구하는 대로 행동했을 뿐이기 때문이다.[61] 하지만 그 당시에 켈젠의 이론을 만족하게 여기는 사람은 거의 없었다. 전쟁 범죄에 대한 재판을 정당한 것으로 인정한 대부분의 사람들은 '승전국의 정의'보다 더 우

---

60. 나치 독일은 잔악한 행위를 너무나 많이 그리고 너무나 극심하게 저질렀으므로 대부분 사람들은 범죄를 밝히기 위해서는 법의 힘을 빌어야 한다는 법적 원리를 기꺼이 무시하려 했다. '인간성에 적대적인 범죄'는 그것이 잘못되었고 처벌받아야 한다는 특별한 법 조항을 필요로 하지 않는 범죄이다. 많은 비평가들은 재판과 처형에 대한 판례에만 온 신경을 썼다. 그러나 나치가 잔악한 행위를 할 당시 그들이 저지른 범죄를 명백하게 금지한 것을 명시한 조항은 없었다. 제2차 세계대전 이후 패전국의 전범들을 재판할 때 '전쟁 범죄'라는 항목을 계속 적용하였는데, 뉘렌베르크 재판보다 더 올바르게 적용한 경우는 거의 없었다.

61. 하지만 적어도 몇몇 경우 피고인들은 당시 나치의 법에서 금하는 행동을 하여 그 법을 위반하기도 하였다.

위에 있는 정의를 반영한 것이라 인정한다. 비록 당시에 피고인들이 저지른 범죄를 처벌할 법 조항이 없었지만, 그들은 보다 상위법 앞에서 유죄이며 따라서 마땅히 유죄 판결을 받고 처벌도 받아야 한다고 했다.

뉘렌베르크 재판의 예를 비추어 볼 때, 때때로 어떤 특별한 행위는 상충되는 듯이 보이는 신적인 법과 인간이 만든 법 가운데 어느 것에 의해서도 정당화될 수 있음이 분명하다. 교수형을 언도 받은 사람의 실제적인 견지에서 보면 그것은 별 차이가 없다. 그러나 지금 살아야만 하는 사람의 견지에서 보면, 법이 정의의 고귀한 원칙에 부합된 판결을 했는지, 아니면 단순히 권력에 있는 자들의 의지를 반영했는지의 여부는 커다란 차이를 가져오는 것이다.

제2차 세계대전이 끝난 후 뉘렌베르크 전쟁 범죄 재판소는 만일 어떤 법이 합법적으로 제정되었다면 그 법은 정당하며 그 법의 기준에 맞춰 나온 결과도 역시 옳다고 하는 이론을 부인하였다. 그러므로 그 전범 재판소는 생존하고 있던 수많은 나치 지도자들에게 사형을 선고했다. 하나님께서 주신 정의의 절대적인 기준이라는 이런 개념은 인간의 마음속에 여전히 남아 있고, 누군가를 처벌하기 위해 인위적으로 조작된 법에 의해서가 아니라 궁극적인 정의를 기준으로 판단한다는 생각을 뒤흔들기도 하는 흔치 않는 경우에 간간이 표출되었다.

1994년에 프랑스 법정은 뉘렌베르크 재판을 아주 작은 규모로 모방하였다. 비시 정부(Vichy: 제2차 세계대전 기간 중 나치 독일과 협력한 프랑스 정부)의 전직 민병이었던 78세의 폴 투비에르(Paul Touvier)를 '인류에 반하는 범죄'로 기소하였다. 그는 1943년 프랑스 민병대를 죽인 것에 대한 앙갚음으로 일곱 명의 유대인 포로들을 살해하였다. 프랑스 법정은 공소시효에 대한 법규를 '인류에 반하는 범죄'에는 적용하지 않기로 결정할 수 있었는데, 그것은 전후 프랑스 정부에 의해 통과된 소급법 때문이었다. 또한 퐁피두(Georges Pompidou, 1911-1974, 수상(1962-1968), 대통령(1969-1974)을 지낸 프랑스의 정치가) 대통령에 의해 투비에르에게 내려진 사면도 적용하지 않기로 했는데, 퐁피두는 그의 살인 혐의에 대해서만 사면하였지 인류에 반하는 범죄에 대해서는 사면하지 않았기 때문이다. 소급법 적용은 불공정하다는 생각이 폭넓게 확산되어 있음에도 불구하고(그 법에 따르면 폴 투비에르는 1994년에 재판을 받지 말아야 했다), 대부분의 프랑스인들은 그가 범죄를 저지른 지 50년이 지났지만 처벌을 받아 마땅하다고 동의했다. 뉘렌베르크 재판의 선례대로 투비에르에게 내린 유죄 선고가 공정하다는 주장이 두 가지 측면에서 제기되었다.

1. 법 제정주의에 기초하여 한 편에서는 소급법은 적법한 절차를 거쳐 제정되었으므로 공정하다고 주장했다.
2. 영속적인 법을 기초로 하여 한 편에서는 주장하기를, 비록 투비에르의 행위에 대한 정죄를 법적으로 뒷받침할 만한 인간의 법은 없으나, 그의 행동은 영원한 법과 신적인 정의라는 기준에 비추어 볼 때 잘못된 것이라 하였다.

폴 투비에르 재판은 뉘렌베르크 전쟁 범죄 재판에 비하면 하찮게 보인다. 하지만 그 재판은 아직 인간이 만든 법보다 더 높은 기준이 있다고 생각하는 사람들의 존재를 보여 주었다. 수천만 명의 죽음을 가져오는 전쟁이라는 상황에서 일곱 명의 유대인 죄수들을 살해한 죄로 기소된 프랑스 민병대원 한 사람에 대한 재판이 하찮게 보일지 몰라도 투비에르의 재판은 상당히 중요한 문제를 설명해 준다. 만일 그의 행위가 범죄라면 이유가 무엇인가? 그의 행위가 근본적이고 영원한 정의의 원칙에 위배되기 때문인가? 만일 그렇다면 그의 행동이 당시 효력을 발휘하던 인간의 법에 일치하는 것일지라도 그에게 유죄 판결을 내리는 것이 합당하다. 그의 행동이 한참 후에나 제정된 법에서 죄라고 다시 규정했기 때문에 범죄로 성립된다면, 만약 지금으로부터 오랜 시간이 지난 후에 미래의 프랑스 정부가 관련 법을 개정하여 포로를 죽이는 것이 적법한 사형 방법이라 하여 그의 행동이 옳았던 것으로 인정하지 않으리라는 보장이 어디 있는가? 비시 정부가 아직도 권력을 잡고 있다면, 투비에르는 거의 반세기 동안을 숨어 지내지 않을 수도 있었다.

충격적인 사례

대다수의 선진국은 최근까지 낙태를 범죄로 규정하여 법으로 금지했다. 제2차 세계대전이 끝난 후 여러 국가들은 차례로 낙태법을 관대하게 적용하기 시작했다. 즉 낙태를 단순한 '의료 절차' 정도로 규정했다. 심지어 어떤 사람들은 낙태를 칭찬할 만한 행동으로 여기게 되었다.[62] 미래의 법정이 낙태를 완전한 범죄로 여겨 인류에 반하는 범죄로 판결한다고 가정해 보자. 그런 판결로 인해 낙태 수술로 부자가 된 의사들과 관계자들이 투비에르와 같은 범죄자로 재인식될 수 있을까?

관념적이고 이상주의적인 사고를 가진 사람들은 나치나 투비에르, 낙태 시술자 혹은 그 같은 행위를 저지르는 자들이 정말로 유죄인 이유는 인간의 법이 그렇게 규정하고 있거나 나중에 소급법이 적용되기 때문이 아니라고 생각한다. 어떤 행동은 그 자체로 옳고 어떤 행동은 그 자체로 악한 것은 하나님의 판단에 따라 결정된다는 것이 그들의 생각이다. 현재 낙태 금지를 주장하는 사람들은 이미 낙태를 시행한 사람들을 처벌할 수는 없고,

---

62. Beverly Wildung Harrison, *Our Right to Choose*(Boston: Becaon Press, 1983)을 보라.

단지 낙태 금지법이 통과된 후에 낙태를 행한 사람들만 처벌해야 한다고 주장한다. 그러나 낙태가 의심할 바 없이 처벌받아야 마땅한 흉악한 행위라고 믿는 사람들은 낙태를 시행한 모든 사람들이 처벌받아야 한다는 입장을 고수한다. 그 이유는 그들이 낙태는 그 자체로 악한 범죄이지, 특정한 인간의 법률을 위배했으므로 범죄로 성립되는 것이 아니기 때문이라고 본다.

법의 위기가 지니는 중요성

우리 시대의 사회-문화적 위기를 몰고 온 여러 요인들 가운데, 윤리와 법의 위기는 우리 사회의 미래와 가장 깊이 연관되어 있다. 신학자들과 철학자들과 심리학자들은 인간이 진정한 자유 의지를 지니고 있는가의 여부에 대해 논란을 벌이고 있다. 분명한 것은 우리 모두가 어느 입장을 결정할 것인지 요구받는다는 사실이다. 각 시대마다 어느 입장을 선택하느냐에 따라 그 결과도 달라졌다. 그러나 윤리와 법 분야에서 채택된 입장은 수세기 혹은 수천 년 동안 지속되는 경우가 있었다. 우리가 하늘에서 '발견'했다고 생각하는 법은 우리에게 실제로는 불공정하다는 인상을 심어 줄 수도 있지만, 정말로 법이 신적 기초를 가지고 있다면 우리는 절대적인 기준과 폭넓게 공유되는 도덕적인 통찰력에 따라 인간의 법을 판단할 수 있다. 단순히 권력을 잡은 자에 의하여 '만들어진' 법은 반대를 용납하지 않으며 원칙적으로 불공정할 수 없다. 사람들이 그 법에 반대한다면 전쟁은 불가피하다. 법정에서 논쟁을 벌이든지 반역을 도모하기 위한 난폭한 전쟁을 일으켜야 한다.

윤리에 대한 여러 관점 비교

윤리의 기준은 법의 형태로 제정이 되어 있든 그렇지 않든 간에, 그 기준이 발견되는 근본적인 사회-문화적 체제와 자연스럽게 상호 작용이 일어난다.[63]

관념 윤리

관념적인 사회에서 옳고 그름의 기준 및 범죄와 처벌에 대한 원칙은 초자연적인 신적 정의의 원칙, 곧 하나님의 명령과 같은 초감각적인 가치에 기초하게 된다. 성경의 여러 본문이 이러한 태도를 설명해 준다. 예를 들어 예수님은 이렇게 말씀하셨다. "오직 너희를 위하여 보물을 하늘에 쌓아 두라 거기는 좀이나 동록이 해하지 못하며 도적이 구멍을 뚫지도 못하고 도적질도 못하느니라 … 사람이 만일 온 천하를 얻고도 제 목숨을 잃으면 무엇이 유익하리요 사람이 무엇을 주고 제 목숨을 바꾸겠느냐"(마 6:20, 16:26).

진정으로 중요한 것은 영원한 시간 속에서 일어나는 일이라는 이러한 개념은 인류 역사 전반을 이루는 근본 토대가 되어 왔다. 사회의 모든 구성원이 이러한 원칙에 따라 행동한 시기는 한 때도 없을 테지만, 상당히 많은 사회에서 그런 태도가 현명하고 분별 있는 것으로 당연시되기도 했다. 다양한 시대와 여러 다른 장소에서 정치와 사회와 지식 분야를 이끌어간 지

---

63. 독자들은 세 가지 사회 문화 체제가 각 문화의 기능 방법을 서술적으로 나타내 주는 것이지 문화가 어떻게 기능해야 한다는 것을 정해 놓은 규칙이 아님을 반드시 명심해야 한다. 때때로 각 체제 사이의 차이점은 모호해지고, 특정한 문화의 여러 측면들은 하나의 체계에서 다른 체계로 동일한 속도로 변화되지 않을 수도 있다.

도자들은 관념 윤리를 사회-문화적 환경의 기초로 여기며 따랐다. 그렇지 않은 자들은 자신을 가장 상위에 두고 온갖 방법을 동원하여 최고의 신적인 법을 엄청나게 위반했다.

대체로 사회가 관념 단계에 있을 때에 위대한 지도자들의 행동은 관념 체제에 합치되거나 적어도 그런 시늉을 낸다. 인간의 행동에 영향을 미치는 관념 윤리의 힘은 그 윤리의 이론적인 기초가 진리라고 믿는 사람들에게서 나온다. 그 힘은 아무리 탁월하고 강력한 인간이라 할지라도 궁극적으로 하나님의 심판대 앞에 서야 한다는 것을 믿는 사람들에게서 나온다. 다음과 같은 예수의 말씀은 관념적인 관점을 상징적으로 나타낸다. "무릇 많이 받은 자에게는 많이 찾을 것이요 많이 맡은 자에게는 많이 달라 할 것이니라"(눅 12:48). 오랜 세월 동안 수많은 사람들은 이 세상의 물질적인 것들을 모두 다 기꺼이 포기했고, 심지어 하늘의 보화를 소유하게 되리라는 소망과 영원한 생명을 잃지 않기 위해 자신의 생명마저 기꺼이 버리기도 했다.

위에서 참고한 여러 본문들은 기독교에서 유래한 것이지만 다른 주요 종교들도 관념적인 성향을 내포하고 있다. 소로킨이 지적한 대로 "주요 종교들은 최상의 윤리적 가치를 감각 세계 안에서 찾지 않고 하나님이나 다른 절대자의 초감각적인 세계에서 찾는다. 그들은 모두 감각이 지배하는 경험 세계와 그 속에서 중시하는 가치들을 허위 가치로 여기고, 아니면 별로 중요하지 않거나 종속적인 가치 정도로 본다."[64]

순수한 의미에서의 관념 체계는 오랫동안 지속되기가 어렵다. 왜냐하면 평범한 사람들에게 극도의 자기 부정을 과다하게 요구하기 때문이다. 그러한 가치 체계에 따라 움직이는 사회는 그 구성원들에게 상당한 수준의 고

---

64. Pitirim A. Sorokin, *The Crisis of our Age*, 2d ed. (Oxford, Oneworld, 1992), 264.

행을 부과하며, 특히 순간적인 필요를 채움으로써 얻는 만족을 구하지 못하게 하고, 정 필요하다면 다음 세상에 가서 그런 만족을 얻게 되리라는 희망을 갖도록 유도한다. 윤리적인 측면에서 지속적으로 관념적인 상태를 고수한 개인이나 사회는 거의 찾아볼 수 없다. 심지어 절충적인 성격을 띠고 있는 이상주의적인 윤리의 시대도 유지되기가 쉽지 않다. 그에 대한 사례는 제1차 세계대전이 끝난 후 미국에서 생겨난 다소 이상주의적인 체제에서 찾아볼 수 있고, 제2차 세계대전이 마무리된 뒤 관념적 가치의 붕괴는 더욱 빠른 속도로 진행되었다.

현실 세계에서 살아가는 이상 우리는 완전히 포기할 수 없으며 우리를 힘들게 하는 의식주 문제 같은 여러 요구들에 직면하게 되고, 그러한 것들은 우리에게 쉽게 거절할 수 없는 보상과 즐거움을 제공해 주기도 한다. 인간의 욕구 가운데 몇 가지는 무턱대고 거부할 수 없는 것이 있다. 그리고 인간이 지닌 대부분의 욕구는 너무나 강렬하여 상당한 수준의 자기 훈련을 쌓았고 결연한 의지를 가진 사람만이 욕구를 채움으로써 얻을 수 있는 만족감을 기꺼이 포기할 수 있다. 일관된 관념적 윤리는 앞으로 도래할 세상에서 더 크고 막대한 보상을 거두기 위해 이 땅의 세속적인 모든 유익과 발전을 경멸하도록 부추긴다. 그러나 어느 누구도 이 땅에서 폐쇄적으로 존재할 수 없으며, 앞으로 다가올 세상에서 상급과 처벌이 있음을 굳게 믿는 사람일지라도 예외일 수 없다. 예수님은 먹고 마시는 것에 대하여 말씀하기를 "너희 천부께서 이 모든 것이 너희에게 있어야 할 줄을 아시느니라"(마 6:32)고 하셨다.

감각 윤리

감각적인 가치를 최고로 여기는 윤리 체계가 감각 체제이다. 다양한 감각 윤리 속에는 공리주의와 쾌락주의가 포함되어 있다. 공리주의는 최대 다수의 최대 행복을 추구하며, 즐거움을 얻고 고통을 피하는 것을 행복의 기준으로 삼는다. 이런 입장은 감각적인 윤리 영역을 전반적으로 명확히 보여 준다.

> 내일이면 죽을 테니 먹고, 마시고, 즐기자.
> 술, 여자 그리고 노래.
> 살아가는 동안 그대의 욕망에 따르라. … 이 땅에서 그대가 원하는 대로 행하고, 그대의 마음을 괴롭게 하지 말라.
> *까르페 디엠(Carpe diem).* 현재를 즐겨라. 시간은 짧다.
> 잔치는 웃음을 위해 마련되고, 술은 인생을 즐겁게 한다.
> 그러나 돈이 모든 것의 해결책이다.

소로킨은 반세기 이전에 이미 사태를 정확히 파악했다.

"중국과 인도, 그리스와 로마, 이탈리아와 프랑스, 영국과 미국 등에서 예나 지금이나 변함없이 지배적인 윤리 체계는 감각 윤리 체제이며, 어느 것은 더 조잡하고 혹은 더욱 세련되었다는 정도의 차이밖에 없다. 그들이 표방하는 최상의 목표는 감각적인 행복, 쾌락, 공리성 그리고 안락함 등을 극대화시키는 것이다. 왜냐하면 그들은 어떠한 초감각적인 가치도 믿지 않기 때문이다. 따라서 그 윤리 체계의 명령은 절대적이지 않고 상대적이며 편의 위주이고 그 속에 포함된 개인이나 집단에 따라 언제나 바뀔 수 있다."[65]

---

65. 위의 책., 12.

이상주의 윤리

우리가 이상주의적이라고 말하는 이 체제는 중간적인 혹은 혼합된 체제이며, 하나님, 절대자, 혹은 영적 실재들을 최상의 가치로 인식한다는 점에서 관념 체제와 유사하다. 하지만 이 체제는 감각적인 가치들을 위한 자리도 마련해 놓고 있는데, 아름다움이나 조화 그리고 용기와 같은 고상한 요소들을 중시한다. 이상주의적 사회-문화 체제는 두 체제 사이의 타협을 표방하지만 감각적인 관점보다는 관념적인 관점에 더 가깝다. 관념 윤리와 이상주의 윤리는 두 가지 모두 감각으로 인식되고 즐길 수 있는 것보다 초감각적인 실재를 더 중시한다는 점에서 비슷하다.

먹고 마시는 음식물은 우리의 감각을 자극하며, 우리는 음식물 없이 살아갈 수 없다. 하지만 감각적인 만족과 음식물이라는 측면에서 생각해 본다면, 우리가 진정으로 필요로 하는 것이 우리의 바라는 것과 일치하기란 그리 쉽지 않다. 우리가 원하는 것을 얻고 나면, 우리는 재빨리 그것을 탕진한 후 점점 더 많이 그리고 다른 종류의 즐거움을 원하게 된다. 다른 고등 종교와 마찬가지로 기독교는 우리가 자신들의 필요뿐 아니라 욕구를 진정으로 만족시키기 위해서는 다음 세상을 기다려야 한다고 가르친다. 그런 가르침은 완전히 성숙된 감각 체제와 양립할 수 없고, 관념적인 혹은 이상주의적인 접근으로만 이해할 수 있다.

관념 윤리로부터 감각 윤리로 변화

명확하고 확실한 절대적 원리를 지닌 종교에서 파생된 관념 윤리 체제가 어떻게 종교적인 색채를 상실하고 오로지 상대적인 쾌락과 안락을 추구하는 감각 체제로 변할 수 있을까? 관념 윤리 혹은 이상주의 윤리는 모두 영적이거나 감각적인 가치의 최고선(最高善, summum bonum)에 대한 개념을 세워 놓고 있다. 두 체제는 최고선을 각기 다르게 정의한다.

- 관념 체제에 있어서, 최고선은 하나님(God)이다.
- 이상주의 체제에서 최고선은 하나님이 허락하신 인간의 즐거움이다.

두 체제 사이에는 미묘한 변화가 일어나고 있다. 그 변화는 비록 사소해 보이지만 그 속에는 관념 윤리에서 감각 윤리로의 변화를 애초에 예상했던 것보다 더 쉽고 더 빠르게 만드는 방향성이 내재되어 있다.

성 토마스 아퀴나스(St. Thomas Aquinas)는 중세에 스콜라 철학이 지배한 기간 동안 가장 뛰어난 신학자이다. 그는 다음과 같은 기록을 남겨 놓았다. "인간의 완전한 행복은 신적 본질에 대한 이상(vision) 외에는 아무 것도 없다." 기독교가 발생하기 이전에 살았으며 아퀴나스에게 가장 많은 영향을 끼친 그리스 철학자 아리스토텔레스의 생각도 별로 다를 바 없었다. 그는 이렇게 말했다. " '최고선' 혹은 '완벽하게 행복한 인생' 은 단순한 인간의 본성보다 훨씬 더 고상할 것이다. 왜냐하면 인간은 그저 인간인 상태로 살아갈 때보다 신적 원리를 마음에 품고 살아갈 때 가장 행복할 수 있기 때문이다. … 우리는 스스로를 영원한 존재로 여겨야 하며 우리 속에 있는 가장 고상한 원리에 따라서 살고자 애써야 한다."

아퀴나스에게는 하나님 한 분만이 최고선(summum bonum)이었다. 인간을 위한 최고선은 하나님의 임재 앞에 서 있는 기쁨에 넘친 모습이다. 그분 앞에서 우리는 가장 고귀한 행복을 경험하게 될 것이다. 만일 누군가 자신이 받을 상급은 생각지 않고 오직 하나님을 위하여 하나님을 섬기려고 결심한다면, 그런 태도야말로 진정한 관념 윤리의 표본이다. 실제로 인격적인 하나님을 믿는 모든 위대한 종교들은 하나님이 자신을 열심히 구하고 찾는 자에게 상급을 주신다는 사실을 가르친다. 세속적인 삶 가운데 자기 훈련과 자기 부정을 실천하는 자들은 앞으로 올 세상에서 더 큰 행복을 기대한다.

이 세상의 즐거움과 쾌락을 좇는 사람은 종종 다음 세상에서 하나님의 충실한 종들에게 주어지는 진정한 선(행복, 즐거움)을 이 땅의 것보다 앞세우도록 설득당할 수 있다. 장차 오게 될 더 커다란 즐거움을 위하여 순간적인 쾌락을 잠시 접어두는 이러한 태도는 관념적이기보다는 이상주의 윤리에 가깝다. 왜냐하면 그런 태도는 이 세상의 세속적인 만족의 실재와 가치를 인정하면서도 장래의 행복을 믿으며 그것이 기다릴 만한 가치가 있는 것임을 확신하기 때문이다.

실제적으로 이상주의 윤리는 관념 윤리가 그런 것처럼 스스로를 나타낼 때가 많다. 두 체제를 따르는 자들은 윤리적인 문제들을 동일한 방법으로 해결해 나간다. 그들은 모두 장래의 심판을 통한 보상이나 처벌이 하늘의 뜻에 달려 있다고 믿기 때문이다. 이상주의 체제와 감각적인 사고방식의 결정적인 접촉점은 관념 윤리가 가장 고상한 목표를 하나님 자신보다는 하나님이 허락하신 인간 행복에 두고 있다는 점이다. 일단 인간 행복이 '최고선'이 되면, 다음 세상에서의 행복을 약속하는 윤리 체계를 버리는 것은 시간 문제이다. 바로 지금 여기에서 행복을 추구하는 것이 훨씬 나아 보이기 때문이다.

엥겔버트 험퍼딩크(Engelbert Humperdink)의 오페라 "헨젤과 그레텔"(Hansel and Gretel)의 마지막 장면에서 아이들의 아버지인 피터는 이렇게 노래한다. "악은 결코 숨길 수 없으며 미덕은 그 자체가 보상이다." 험퍼딩크의 작품에 등장하는 피터처럼 많은 유명한 윤리 사상가들은 이상주의적이고 관념적 원리에 따라 바로 지금 여기에서 진정한 행복이 이루어진다고 가르친다. 아리스토텔레스는 행복 혹은 행복이라고 부를 가치가 있는 것은 고결한 삶의 정황 속에서만 성취가 가능하다고 가르쳤다. 그는 우리 안에 '고귀한 원리'와 같은 무언가가 있다고 믿었음이 확실하다.[66] 어떤 사람들은 그 위대한 고대의 철학자가 선과 악, 미덕과 악덕을 너무 순진하게 구분했다고 말하기도 한다. 그 이유는 그가 선은 선하다는 것과 악은 악하다는 것을 증명할 의무가 자신에게 있다고 생각하지 않았기 때문이라는 것이다. 아리스토텔레스는 그러한 구분을 위해 논리적으로는 반박을 할 수 있었을 테지만, 감각적인 세계에서 확실한 증거를 정말로 제시할 수는 없었다.

시편 기자는 이렇게 말했다. "여호와여 주는 의인에게 복을 주시고 방패로 함같이 은혜로 저를 호위하시리이다"(시 5:12). 그러나 이러한 복은 감각에 의해서만 행복이 감지되는 현실의 삶에서 언제나 드러나지는 않는다. 아리스토텔레스는 악한 사람은 진정으로 사랑을 알 수 없고 진정한 친구를 사귈 수 없으며, 바로 이런 이유에서 악인들은 진정한 행복을 누릴 수 없고 오로지 불행만 당한다고 믿었다. 시편 기자와 아리스토텔레스와 아퀴나스는 고결한 삶이 이 땅에서 바로 지금 진정한 행복을 얻기 위해 필요한 것이라 주장했다. 참된 행복은 오직 저 세상에서만 주어진다는 관념적인 관점과는 달리, 이상주의적 접근은 늘 효력을 발휘하지는 것 같지 않은 이 땅에서도 실험할 수 있다. 관념 윤리 속에 내포된 이러한 전형적인 약점은 실용적인 감각 윤리의 출현을 용이하게 한다.

관념적이거나 이상주의적인 관점을 높이 평가하고 사람들이 그 관점을 존중하기를 원하는 이들은, 다음 세상에서의 삶과 기대하고 있는 상급이 오로지 초감각적인 증언과 증거에 의해서만 보장된다는 사실을 받아들여야 한다. 그런 확신은 그에 상응하는 종교적인 믿음이 진리이며 믿을 만하다는 신뢰감이 형성되어 있지 않으면 유지될 수 없다. 초감각적인 실재가

---

66. 위의 책., 113.

존재한다는 확신이 약해지면, 우리의 필요와 욕구 만족을 위해 다음 세상을 기다릴 이유는 자연스럽게 사라지고 만다. 초감각적 실재에 대한 의심이 만연되고 힘을 발휘하면, 관념 윤리와 이상주의 윤리는 옳지 않은 것으로 여겨지고, 전적으로 감각적인 준거 기준으로 사회의 분위기가 옮겨가기 시작한다.

윤리 체계의 변화

세 가지 윤리 체계는 그리스 로마 시대부터 지금에 이르기까지 서구 문명의 전 역사에 걸쳐 번갈아 나타났다. 윤리 체계는 그에 상응하는 예술과 진리 체계가 우세하게 되는 때와 비슷한 시기에 널리 보급되며,[67] 예술과 역사의 변화에 뒤이어 수년 혹은 수십 년의 간격을 두고 변화되는 경우가 많이 있다. 이것은 매우 중요한 사실인데, 법은 문화의 다른 요소들보다 더 느리게 변화하기 때문에 사회의 실제적인 상태는 책에 기록되어 있는 법 조항과 차이가 나기도 한다. 물론 궁극적으로 법은 문화와 일치하게 되고 이런 일이 일어나는 때에 한 사회의 문화적 변화는 완료된다.

프랜시스 쉐퍼(Francis A. Schaeffer)는 『이성에서의 도피』(*Escape from Reason*)에서와 문화의 역사를 간략하게 다룬 『그러면 우리는 어떻게 살 것인가?』(*How Should We Then Live?*)라는 책에서 주장하기를, 변화는 먼저 예술계와 음악계에서 일어나고 나중에 그 변화의 충격이 윤리와 법의 영역에서 나타난다고 하였다.[68] 기원전 4세기에도 예술의 변화에 뒤이어 곧바로

---

67. 위의 책., 138.

68. Francis A. Schaeffer, *The Collected Works of Francis Schaeffer*, 5 vols.(Wheaton, Ill.: Crossway, 1982).

윤리 사상에 변화가 일어났다. 그때 소크라테스와 플라톤, 아리스토텔레스는 변형된 관념 윤리 사상을 선도했다. 그 사상은 올바른 생활 속에 행복한 삶으로 가는 길이 있다고 보았다. 신이 내리는 상급과 처벌이 실재한다는 믿음은 관념 윤리와 이상주의 윤리를 떠받치는 근본적인 토대이다.

순수하게 관념적인 윤리 체계를 지닌 사람은 드물다. 유별나게 엄격한 칼빈주의자 중에 그런 사람들이 가끔씩 보인다. 그들은 이렇게 말한다. "하나님의 영광과 영원한 생명을 위해 어떤 벌이라도 기꺼이 받겠다." 그들에게 있어 개인의 행복은 하나님의 영광과 비교할 때 전적으로 무의미하다. 어떤 사람들은 이런 입장을 고수하고, 어떤 이들은 자신들이 그것을 진정으로 믿는다고 생각한다. 그러나 이와 같은 윤리 체계는 실제로 지키며 살아가기에는 매우 힘든 것이다.

그리스의 고전 비극은 유사한 관념적 관점을 반영하고 있다. 소포클레스의 『오이디푸스 사이클』(*Oedipus Cycle*)에서 오이디푸스는 처벌을 받게 될 범죄에 연루되는 것을 피하기 위해 할 수 있는 일을 모두 했음에도 불구하고 고통을 당해야 했다. 그 고통은 운명적으로 그에게 부과되었다. 그의 고통은 소포클레스에게 아무 의미도 없었다. 중요한 것은 그가 도덕 법칙을 위반했고 비록 자기도 모르게 부지불식간에 저지른 일이라도 그에 대한 처벌은 반드시 주어지리라는 것이다. 인간의 행복은 순식간에 지나가 버리는 무상한 것이며 최고의 가치가 아니다.

관념 윤리에서 이상주의 윤리로 넘어가는 변화의 시기는 오래 지속되지 않았다. B.C. 3세기에 이르러 감각 윤리가 퍼지기 시작했고 A.D. 4세기경에 기독교에 의해 대치될 때까지 감각 윤리의 시대는 계속되었다. 감각 윤리는 다른 어떤 것을 감각 세계보다 더 높이 평가하지 않았지만, 그 속에는 저속한 모습만 있는 것이 아니라 고상한 예의 범절도 담고 있었다. 그러한 고상한 모습은 이상주의 윤리와 그리 다르지 않게 보였고, 바로 이 점

때문에 많은 사람들이 이상주의 윤리와 감각 윤리 사이에 있는 근본적인 차이점을 간과하기도 했다. 감각 윤리 기간의 윤리 체계를 이끌었던 스토아 학파는 상당한 수준의 극기를 가르쳤고, 감각적인 욕망은 불만족과 타락을 가져올 뿐이라 하였다. 그보다 좀더 쾌락 지향적이지만 여전히 신중한 입장을 취한 학파가 에피쿠로스 학파인데, 그들은 주장하기를 감각은 당연히 만족되어야 하지만 적당하고 절제된 방법으로 만족감을 추구해야 한다고 가르쳤다. 무절제한 방종은 장기적으로 볼 때 즐거움보다는 고통을 가져다주기 때문이다. 감각적인 세계관이 반드시 천박한 방종을 양산해 내는 것은 아니지만, 시간이 흐를수록 점점 방종 쪽으로 기울어지는 경향이 있다.

억제되지 않은 무절제한 쾌락을 추구하는 천박한 쾌락주의는 감각 윤리의 극단적인 형태이다. 이것은 대다수 사람들의 호감을 샀지만, 부유하고 특권을 가진 소수만이 즐길 수 있었다. 로마의 빈곤층은 가난 때문에 더 이상주의적인 태도를 취하거나 덜 이기적인 자세를 갖지 않았다. 그들은 단지 사치스러운 생활을 할 만한 여유가 없었다. 감각적인 방종이 난무하는 상황에서 가난 때문에 소외당한 이들의 현실은 그들이 부유한 사람들보다 기독교를 더 많이 받아들이도록 작용을 했다. 당시 새로운 종교였던 기독교는 자기 부정을 훌륭한 행동으로 가르쳤다. 아마 그러한 이유 때문에 사도 바울은 기독교를 받아들인 사람들에 대하여 다음과 같이 기록하였을 것이다. "형제들아 너희를 부르심을 보라 육체를 따라 지혜 있는 자가 많지 아니하며 능한 자가 많지 아니하며 문벌 좋은 자가 많지 아니하도다"(고전 1:26). 하지만 로마에서 가장 부유하고 막강한 권력을 가졌던 자들조차 실제에 대한 감각적인 관점이 하나님 중심의 관념적인 관점으로 변화되는 사회-문화적 양식의 변화에 많은 영향을 받았다. 기독교 초창기부터 부유하고 지도층에 있는 사람들 가운데 신앙을 받아들이는 많은 개종자가 있었다. 금욕적이고 감각적이지 않는 입장에 있는 다른 종교들도 사정은 마찬가지였다. 그러나 감각적인 욕구를 즐기기에 충분한 재력을 가진 사람들에게 사회 전체가 영적인 분위기로 바뀌는 것은 곤혹스러운 사건이었다.

물론 그 반대의 경우도 마찬가지이다. 이런 현상은 현재의 미국인들의 삶에서 찾아볼 수 있다. 내세의 가치를 귀하게 여기겠다고 다짐한 사람은 주위의 모든 사회-문화적 체계가 초감각적 실재에서 벗어나 감각적인 요소들만을 중시하는 분위기에서 살아가기가 쉽지 않다. 서구 문명에는 아직 초감각적 가치를 신뢰하는 사람들이 많이 있지만, 그들을 둘러싼 사회가 끊임없이 물질주의를 증진시킬 때에 그들이 그러한 확신을 버리지 않고 지키기는 여간 어렵지 않다.

비록 관념적인 관점이 이미 감각적인 분위기에 밀려난 후에 시작되긴 했지만, 16세기의 종교개혁은 관념적인 세계관을 다시 한번 주장하여 하나님과 그의 의지와 그의 말씀을 특히 강조하였다. 루터가 종교개혁을 일으키며 내걸었던 표어는 관념적인 종교의 교리를 가장 선명하게 보여 준다. "사람이 의롭다 하심을 얻는 것은 율법의 행위에 있지 않고 오직 믿음(faith alone)으로 되는 줄 우리가 인정하노라."[69]

종교개혁으로 시작된 개신교는 유럽 문화의 감각적인 경향을 바꾸고 초감각적인 가치들을 본질적인 요소로 담고 있는 초기 기독교의 확신을 회복하기 위해 막대한 노력을 기울였다. 기독교가 시작될 때 이교도 국가인 로마 제국과 기독교 사이에 일어난 갈등은 관념 체제와 감각 체제 사이의 갈등이었다. 예수는 로마의 총독인 본디오 빌라도에게 이렇게 말했다. "내

---

69. 루터는 헬라어 성경을 번역하면서 로마서 3:28에 오직(alone, 독일어로 allein)이란 단어를 첨가하였다. 그는 원문의 적합한 의미를 드러내기 위해서 그 단어를 첨가해야 한다고 주장했다.

나라는 이 세상에 속한 것이 아니다"(요 18:36). 초기 기독교는 일정한 지역이나 부족을 정치적으로 지배하지 않았으므로 로마 제국에 대항하여 반란을 일으키거나 전쟁을 수행할 수 없었다. 기독교의 전투는 본래부터 영적인 것이었다. 종교개혁은 관념적인 진리에 대한 상이한 두 가지 이해 사이에 일어난 전쟁이었다. 개신교는 유럽의 여러 곳을 정치적으로 지배하게 되었고 무기를 동원한 전쟁이 시작되었다. 종교적인 교리의 형태로 표현된 관념적이고 이상주의적인 진리에 대한 헌신이 거의 한 세기 이상 지속된 유혈 전쟁을 일으켰다는 사실은 사람들로 하여금 교리적인 형태를 띤 진리 자체에 커다란 환멸을 느끼게 하였다. 따라서 종교개혁으로 일어난 관념적이고 이상주의적인 부흥 운동은 완전히 감각적인 사회 문화 체제로 변화하는 과정을 잠깐 동안 방해하는 역할만 수행했다.

18세기에는 진리와 기독교 교리의 신빙성에 대한 회의가 일어나기 시작했고, 특별히 프랑스와 영국과 독일의 지식층에서 강하게 발생했다. 그런 분위기는 유럽으로부터 북아메리카로 급속히 번져갔다. 그렇지만 기독교 교리의 진리에 대해 회의적이거나 심지어 그것을 노골적으로 부인하는 사람들 가운데 많은 이들이 기독교 윤리는 계속 유지하려 하였다. 뉴잉글랜드의 칼빈주의파 개신교도들은 기독교 교리를 부정하는 유니테리언파(Unitatianism, 삼위일체설을 부인하고 유일 신격(神格)을 주장하여 그리스도의 신성(神性)을 부인)의 신앙을 받아들였지만, 그들은 기독교에서 규정해 놓은 도덕적인 삶을 추구하는 데에 있어 전통적인 기독교인들보다 더 열심을 내었다. 하지만 어느 순간에 비록 자신들이 기독교 신앙의 교리는 버렸지만 다양한 기독교 윤리를 주장하고 실천하던 많은 사람들이 갑자기 돌아서서 기독교의 윤리마저 버리게 되었다.

소로킨은 1941년에 처음 출판되고 1956년에 다시 출간된 자신의 저서 『미국인들의 성 혁명』(*The American Sex Revolution*)에서 그런 일이 일어날 것을 정확히 예견했다.[70] 20세기의 마지막 해가 다가올수록 그가 예견한 일들은 현실로 나타나고 있으며 감각 윤리의 퇴폐적인 형태는 서구 문화 전반을 완전히 지배하고 있다. 과거의 관념 윤리 체제는 4세기에서 13세기까지 유럽을 지배했다. 그 이후 더 이상 관념 윤리가 완전히 지배적인 세력을 떨친 적은 없었지만 여전히 강하게 남아 있어 최근까지 형식적으로나마 사람들 사이에서 장려되고 있다. 관념 윤리 체제는 특히 서구 문화 세계에 사는 사람들에게 잘 알려져 있다. 소로킨은 말하기를 "관념 윤리의 가장 숭고한 형태는 산상수훈에 잘 요약되어 있다"고 하였다.

하나님으로부터 유래한 기독교 윤리의 도덕적 가치는 절대적이다. 기독교 윤리의 주요한 원칙은 인간을 위한 하나님의 사랑인데, 그 사랑은 모든 것을 포함하고 모두에게 주며 모든 것을 용서하는 사랑이다. 또한 하나님에 대한 인간의 사랑과 인간에 대한 인간의 사랑도 그 윤리 속에 포함된다. 기독교 윤리의 정신(ethos)과 정념(pathos, 情念)은 이러한 무한한 사랑에 뿌리내리고 있으며, 그 사랑에는 은혜와 의무와 희생이 수반된다. 일방적인 은혜로 말미암아 인간은 하나님의 자녀가 되고, 이러한 관계로 인하여 거룩하게 구별된다. 혈통이나 성별, 나이, 혹은 사회적 지위에 상관없이 그는 최상의 가치를 지닌 존재가 된다. 기독교는 도덕적 원리를 절대적인 수준으로 만들어 놓음으로써 인간을 가장 고상한 성화(聖化)의 수준에 올려 놓았고, 인간을 단순히 수단으로 악용하려는 세력으로부터 무조건적으로 그를 보호하려 한다. 기독교의 관념 윤리는 인간에게 최상의 가치를 부여하고 인간이 가장 숭고한 수준의 거룩함을 유지할 수 있음을 인정한다.

원래의 기독교 윤리가 이 같은 특성을 지니고 있었으나 중세에 와서 초감각적인 가치와 분리된 기독교는 재물과 쾌락과 효용성은 물론이고 감각

---

70. Pitirim A. Sorokin, *The American Sex Revolution*(Boston: Peter Sargent, 1956).

적인 행복과 같은 감각 세계의 가치들을 높이 평가하게 되었다.

"인간들이여, 반드시 기억하라. 너는 흙이니 흙으로 돌아갈 것이니라."[71]

기독교 윤리 체계 배후에 자리잡고 있는 자명한 전제는 히브리서에 잘 나타나 있다. "이 사람들은 다 믿음을 따라 죽었으며 약속을 받지 못하였으되 그것들을 멀리서 보고 환영하며 또 땅에서는 외국인과 나그네로라 증거하였으니 이같이 말하는 자들은 본향 찾는 것을 나타냄이라"(히 11:13-14). 기독교 윤리에서 가장 중요한 요소는, 영원한 시간의 관점을 통해 볼 때 시간과 공간의 제약을 받는 현실 세계에서 일어나는 일보다 더 중요한 내생의 초감각적인 실재가 있다는 확신이다.

법의 세 가지 근본 체계

윤리 체계와 마찬가지로 법의 체계도 현재 세력을 떨치고 있는 사회 문화-체제의 가치 구조와 관계들을 나타낸다. 하지만 법은 종종 예술과 진리 체계에서 일어나는 변화보다 뒤늦게 변화되는 경향이 있다. 시편 23편과 십계명처럼 예수의 산상수훈은 오늘날에 이르기까지 변함없이 불후의 명성을 얻고 있다. 십계명은 합리적인 사고를 하는 사람이면 누구나 지킬 수 있는 기준을 제시한다. 하지만 그와 대조적으로 산상수훈은 훨씬 더 많은 것을 요구한다. 십계명은 "간음하지 말지니라"(출 20:14)고 명령하는 반면, 산상수훈은 "간음치 말라 하였다는 것을 너희가 들었으나 나는 너희에게 이르노니 여자를 보고 음욕을 품는 자마다 마음에 이미 간음하였느니라"(마 5:27-28)고 말한다.

---

71. Sorokin, *Crisis*, 114.

산상수훈의 도덕적 요구는 상당히 높은 수준이며 그것들을 완수하기란 어렵고 아마 불가능할지도 모른다. 그와 대조적으로 십계명은 전혀 실현 불가능한 것은 아니다. 산상수훈에 나타나는 높은 수준의 관념적 윤리는 수세기 동안 많은 사람들에게 힘써 지켜야 할 숭고한 목표로 인식되어 왔다. 그러나 실제로 그 목표를 충분히 달성할 수 있다는 소망을 품은 사람은 별로 없었다. 이 같은 고상한 윤리는 원칙적으로 반복해서 강조되었지만, 13세기와 14세기에 걸쳐 좀더 융통성 있는 이상주의 입장에 점차 자리를 내주기 시작했다. 그 기간 동안 예전에 비난받고 정죄 되었던 행동 양식과 태도들이 일반화되기 시작했고, 특별히 부유한 사람들과 문학이나 예술에 종사하는 사람들 사이에서 그런 현상이 일어났다.

종교개혁은 관념 윤리를 표방하는 세력의 반발 작용이었고, 삶의 여러 영역에서 그들이 도전한 전통 가톨릭보다 더 엄격한 윤리적 기준을 강조하였다. 종교개혁의 여러 중요한 분파는 금욕을 강조하였다. 그러나 종교개혁 운동이 가톨릭의 교리적인 일치를 손상시켰기 때문에 감각적이고 공리주의적인 가치들을 중시하려는 움직임을 저지하지 못했다.

관념 문화는 주로 그 문화를 구성하는 사람들이 공유한 확신에 의하여 유지된다. 바로 이런 이유 때문에 그런 문화에는 상당히 세밀한 법규를 만들거나 그 사회에서 바람직하게 여기거나 혹은 그렇지 않게 여기는 모든 사항들을 기록으로 남겨둘 필요가 없다. 관념 문화에서 요구하는 많은 사항들은 매우 진지하게 여겨지는 것일지라도 기록되지 않은 채 전달된다. 관념적인 사회가 법규들을 세밀하게 기록하기 시작하는 것은 분명히 그 사회의 사람들이 윤리적으로 느슨해지고 있다는 증거이며, 따라서 그 사회는 종교적이고 사회적인 의무들을 더욱 성문화된 법규에 첨가시킬 필요를 느끼게 된다. 성문법이든 아니면 그저 전통이든지 간에 관념 문화의 법들은 하나님의 법이나 신적 명령에 가능한 한 완전한 정도까지 일치되려는 경향이 있다. 관념 문화의 지배를 받는 국가의 정부에서 전형적인 목표로 내세우는 "국민의 복지를 증진" 시킨다는 개념은 영적인 혹은 정신적인 복지의 관점에서 이해되어야 할 것이다. 법의 중요한 목적은 물질적인 풍요나 감각적인 즐거움을 증진시키는 것이 아니라, 사람들로 하여금 하나님께로 나아가는 길을 찾고 그와 연합하며 그의 뜻에 부합되는 행동을 하도록 도와주는 것이다. 법의 목표는 하나님의 영광을 드러내고 신적 명령을 촉진시키며 사람들이 영적으로 향상되는 길을 가르쳐 주는 것이다. 사람들의 물질적인 풍요는 기껏해야 2차적인 목표에 지나지 않는다.

관념 체제에서 법률상의 범죄와 종교적인 차원의 죄는 동일한 것으로 여겨진다. 민법은 영적인 목적을 지니고 있다. 사람들에게 어떻게 살아야 할 것인가를 가르치고, 심지어 그들이 무엇을 믿어야 하며 어떻게 예배해야 하는가를 말해 주기도 한다. 하나님을 대적하는 것은 범죄 행위가 된다. 사회의 법이 하나님의 뜻을 반영하고 있다고 가정하고 있으므로, 모든 범죄는 하나님을 대적하는 죄악이 된다. 교회나 회당 예배에 출석하는 것과 같이 순전히 종교적인 의무들이 법적인 의무가 되며, 그 의무를 이행하지 않으면 법적인 처벌을 받게 된다. 종교적인 교리에는 위배되지만 자연법이나 사람들의 일반적인 인식에는 반대되지 않는 행동들(예를 들어 다른 종교, 신성 모독, 신앙 공동체를 벗어난 결혼, 다른 종교를 가진 사람과의 결혼, 금지된 음식이나 음료를 먹고 마시는 것 등)은 법조문이나 법전에서 중요한 위치를 차지한다. 건전한 윤리에 어긋나는 것으로 생각되는 성행위는 관념 사회나 이상주의 사회의 법에서 지나칠 정도로 금기한다(비록 성적인 행동과 그 결과는 어느 사회에서든 사회의 조화와 개인의 행복을 위해서 중요하지만, 심지어 감각 문화에서도 종종 그런 행동은 법으로 규제되고 있다). 우리들에게 부담스럽게 여겨지는 법과 규칙들은 후기 감각 사회에 퍼져 있는 자유의 유형들을 측정하는 기준으로 사용되기도 한다. 그런 법은 단순히 힘들지만 억지로 지키는 정도의 차원에 머물지 않고 관념적인 입장에 있는 사람들에 의해 좋다고 인정되고 높이 평가되기도 한다. 왜냐하면 그들은 약속된 복을 획득하기 원하고 정부로부터 도움을 얻고 지배를 받는 것을 싫어하지 않기 때문이다. 물론 사회-문화적인 변화가 진행 중일 때에, 그러한 법과 규제들은 부담스러운 것으로 드러나며 무시되다가 결국에는 폐지되고 말 것이다.

관념 사회의 기준은 엄격하고 가혹하게 보일 수 있다. 그러나 그런 기준의 물리적인 가혹함은 종종 형벌과 처벌이 종교적인 성격을 띠고 있다는 사실에 의해 완화되기도 한다. 법을 위반한 사람은 대중 앞에서의 죄를 고백하거나 참회의 행동을 보여야 한다. 그렇지 않으면 다음 세상에서 영원한 형벌을 당한다. 만약 종교적인 형벌이 이 세상과 다음 세상에서 악행과 심각한 범죄를 효과적으로 억제하는 기능을 수행할 수 있다면, 이 땅에서의 가혹한 처벌의 필요성은 약화될 수도 있다. 소로킨이 지적한 대로, 악행은 신적 명령을 어기는 것이므로 비록 그 행악자를 처벌하는 것이 직접적으로 사회에 이익을 끼치는 것처럼 보이지 않더라도 반드시 처벌해야 한다.

법의 관념적, 이상주의적, 감각적 체계

법 체계는 윤리 체계와 마찬가지로 일반적인 상황 아래에서 사회-문화적 체제의 일부로 통합되어 있으며, 사회가 관념적인지, 이상주의적인지, 감각적인지의 여부에 따라 사회 체제의 전형적인 특징들을 명백하게 드러낸다. 관념 문화는 스스로의 특징적인 법 조항들을 만들어 내는데, 일반적으로 종교적인 원리들을 민법과 형법에 접목시킨다. 법은 하나님의 뜻이나 신적 명령의 표현이므로, 원래 '신적인 법'(jus divinum) 혹은 '거룩한 법'

(jus sacrum)으로 인식된다. 법은 하나님으로부터 온 것이므로 절대적이며 다른 목적을 위해 파기될 수 없다. 아래의 내용은 관념 체제의 전형적인 모습을 나타낸다.

> 그러나 만일 사람이 그 이웃을 미워하여 엎드려 그를 기다리다가 일어나 쳐서 그 생명을 상하여 죽게 하고 이 한 성읍으로 도피하거든 그 본 성읍 장로들이 사람을 보내어 그를 거기서 잡아다가 보수자의 손에 넘겨 죽이게 할 것이라 네 눈이 그를 긍휼히 보지 말고 무죄한 피 흘린 죄를 이스라엘에서 제하라 그리하면 네게 복이 있으리라(신 19:11-13)

> 너희는 거하는 땅을 더럽히지 말라 피는 땅을 더럽히나니 피 흘림을 받은 땅은 이를 흘리게 한 자의 피가 아니면 속할 수 없느니라 너희는 너희 거하는 땅 곧 나의 거하는 땅을 더럽히지 말라 나 여호와가 이스라엘 자손 중에 거함이니라(민 35:33-34)

관념적 법 체계의 명령은 거부할 수 없다. 그 명령은 절대 권력으로부터 하사 받은 것이기 때문이다. 이 권위에 의문을 품는 것은 곧 재앙을 자초하는 모험을 하는 것이다. 이 명령의 실효성이 항상 분명하게 나타나는 것은 아니지만, 그럼에도 불구하고 복종해야 하며 의심하지 말아야 한다. 콜럼버스의 신대륙 발견이 있기 이전에 멕시코의 아즈텍족(멕시코의 원주민, 1519년 코르테스(Cortes)에게 정복당함)은 수천 명의 포로들과 자원자들을 자신들의 신에게 매년 바쳤다. 그들은 신들이 '거룩한 음식'을 원한다는 믿음을 가지고 살아 있는 사람의 몸에서 심장을 잘라 바쳤고, 그런 의식이 그 사회를 혼란스럽게 만들지 않았다. 아즈텍족은 포로를 잡아 신에게 바치려는 목적을 위해 주기적으로 전쟁을 일으켰다.[72]

성경적인 윤리는 의심 없는 철저한 관념적 복종을 요구한다. 하나님은 아브라함에게 말씀하셨다. "여호와께서 가라사대 네 아들 네 사랑하는 독자 이삭을 데리고 모리아 땅으로 가서 내가 네게 지시하는 한 산 거기서 그를 번제로 드리라"(창 22:2). 이러한 문맥이 보여 주는 것은, 아브라함의 하나님이 무조건적인 복종을 요구하실 수 있고 실제로 그런 요구를 하시지만, 그는 그러한 가혹한 명령이라도 아브라함이 즉각적으로 순종하는 것에 만족하시며 실제로 아들을 바치라고 요구하시지 않았다는 것이다. "사자가 가라사대 그 아이에게 네 손을 대지 말라 아무 일도 그에게 하지 말라 네가 네 아들 네 독자라도 내게 아끼지 아니하였으니 내가 이제야 네가 하나님을 경외하는 줄을 아노라"(창 22:12).

수세기 동안 무수한 사람들이 신적 명령이 요구하는 바를 따라야 한다는 확신을 가지고 있다는 이유로 가혹한 대가를 지불해 왔다. 영국이 19세기에 완전히 그런 풍습을 금지할 때까지, 인도에서는 높은 신분에 있는 과부들은 화장되는 남편의 시체와 함께 불에 타 죽어야 했다. 그런 법은 인간의 행복이나 복지를 증진시키려는 의도에서 만들어지지 않았고 단지 신들의 뜻이나 신적 명령에 복종한다는 것을 나타내기 위해 만들어졌다. 신중한 연구나 "최대 다수의 최대 행복"과 같은 공리주의적인 요구는 하나님이나 신들이 요구하는 것보다 더 우위를 차지하지 못한다.

관념적인 법은 개인이나 사회를 위해 실질적인 중요성을 분명히 드러내지 않는 가치들을 종종 보호하려고 한다.[73] 또한 관념적인 동기를 지닌 규

---

72. 아즈텍족이 스페인에 패배한 이유 중의 하나는 그들이 포로들을 신에게 바치기 위해 적군을 죽이지 않고 산 채로 잡으려 했기 때문이다. 스페인 군대는 그런 목적을 전혀 가지고 있지 않았기 때문에 아즈텍을 철저히 쳐부술 수 있었다.

73. 관념적인 법은 직접적으로 혹은 간접적으로 스스로를 보호하는 기능을 지니고 있다. "너는 너의 하나님 여호와의 이름을 망령되이 일컫지 말라"는 명령에 이어 "나 여호와는 나

정들은 개인의 건강과 사회의 안정에 기여하는 것으로 드러나기도 한다. 예를 들어 정결한 음식만을 먹고 부정한 것은 먹지 못하게 하는 유대인의 규율과, 일요일에 상점을 열지 못하도록 금지했던 미국의 법규 등이 거기에 포함된다. 음식에 관한 정결법은 그 법이 만들어졌던 지방처럼 특히 더운 지방에서 건강을 유지하는 데에 분명한 유익이 되었다. 그리고 의무적인 일요일 휴업은 일정한 사회적 이익을 가져다주었다.[74]

관념법은 인간을 하나님과 화해시키려는 목적에서 인간이 경험하는 중요한 행사들, 예를 들면 출생, 결혼, 죽음은 물론이고 생일이나 졸업과 같은 사소한 일들을 위해서도 예배 의식을 갖는다. 대체로 관념법은 차량 우측(좌측) 통행과 같이 쉽게 변화될 수 있는 독단적이고 인간적인 규제를 만들어 내는 것을 피하려 한다.

때때로 관념적인 태도는 주로 감각적인 분위기가 팽배하며 최고 권력의 의중을 중시하는 세속 사회에서조차 변치 않고 지속되기도 한다. 독재 체제에서 왕의 위엄에 대한 모독은 신성 모독과 마찬가지로 엄중하게 처벌받는다. 미국과 같은 공화정 체제에서조차 어떤 상징성이 있는 행동은 관념 사회에서의 신성 모독처럼 여겨져 중대하게 처리된다. 최근까지 미국의 성

의 이름을 망령되이 일컫는 자를 죄 없다 하지 아니하리라"(출 20:7)는 경고가 뒤따라 온다. 거짓 맹세나 위증이 일반화되면, 그 사회는 보호 기능을 상실하게 되고, 법은 더욱 강력하게 복종을 요구하게 된다. 어떤 사람들이 불경스러운 말을 하면, 그런 말은 반대 입장에 있는 사람들의 마음에 더욱 깊은 종교적 확신을 불러 일으키고 결국 내전으로 이어진다.

74. 미국에서 일요일 휴업법은 그 법이 기독교 신앙을 증진시킨다고 주장하는 세속주의자들에 의하여 폐지되었고, 그 이후로 그들은 제1차 헌법수정안에 대한 세속주의자들의 해석을 스스로 위반하고 있다. 대부분의 유럽 국가에서는 일요일 휴업법이 지켜진다. 특정 종교를 지지하기 위해서가 아니라 일주일에 한 번 갖는 공휴일이 가족과 근로자들에게 좋은 영향을 끼친다는 것을 알기 때문이다.

조기는 존경하는 마음으로 다루어야 하는 물건으로 여겨졌다. 심지어 요즘에도 대통령을 위협하는 말을 하기만 하여도 감금되어 강제로 정신 감정을 받게 된다.

관념법 체계는 그 속에 살고 있는 사람들에게 믿고 의지할 수 있는 것이라는 인상을 준다. 그 법이 엄격한 요구를 하며 때때로 무거운 부담을 지우더라도 사람들의 신뢰도는 변하지 않는다. 극단적인 예로서 콜럼버스 이전에 멕시코에서 일어났던 아즈텍 문명의 제사 체계를 들 수 있다. 전쟁에서 잡아온 수만 명의 포로 외에도 명문가 집안의 예쁜 아이들과 멋진 청년들이 높은 제단 위에서 제물로 바쳐져야 했다. 엄격하기는 하지만 그보다 덜 섬뜩한 사례는 라마단(회교 달력의 9월, 해가 돋을 때부터 해가 질 때까지 금식해야 한다) 기간 동안에 모든 이슬람교도들이 의무적으로 금식하는 데에서 찾아 볼 수 있다.

기독교 안에서 의식을 강조하는 분파는 사순절(Lent)이라고 알려진 금식 기간을 준수한다. 그러나 사순절 금식이 민간의 법에 의해 강요되던 것은 이미 오래 전의 이야기이다. 최근 수십 년 동안 로마 가톨릭은 심지어 성직자들의 규율에서조차 금식에 관한 부분을 상당히 약화시켰다. 서구의 감각 문화에 속한 대부분의 나라들도 말로는 사순절을 '지킨다' 고 한다. 그러나 사순절이 시작되기 전까지 떠들썩한 술잔치와 무분별한 방종이 허용되는 사육제(Carnival, 천주교 국가에서 지키는 사순절 직전 1주일 간의 명절)가 열린다. 또한 사육제 마지막 날 '참회 화요일'(Mardi Gras)이 있지만 일단 사순절이 공식적으로 시작되면 어떠한 고해성사도 진행되지 않는다. 그 대신 감각적인 윤리가 그 자리를 차지한다.

관념적인 법 체계에서는 소유를 팔고 사는 것과 같은 일상적인 거래도 종교적인 의식을 동반하는 경우가 많다. 인간의 일을 신적 질서의 정황에 위치시키고 그 속에서 보호받으려는 의도에서 비롯된 일들이다. "옛적 이스라엘 중에 모든 것을 무르거나 교환하는 일을 확정하기 위하여 사람이 그 신을 벗어 그 이웃에게 주더니 이것이 이스라엘의 증명하는 전례가 된 지라"(룻 4:7). 소로킨은 초기에 관념적인 경향을 보였던 로마법에서 유사한 사례를 인용하였다. 재산에 대한 분쟁이 일어나면 소유권을 주장하는 사람이 자기 손에 빈디카(vindicta) 혹은 페스투카(festuca)라 불리는 막대기를 들고 다음과 같은 상투적인 문구를 말함으로써 소송을 시작했다. "나는 이것이 나의 소유임을 로마법 아래에서 주장한다. 나는 이렇게 말하며 이 막대기를 당신 위에 놓는다"(Hanc ego rem ex jure Quiritium meam esse ago: sicut dixi, ecce tibi vinditam imposui). 피고인은 유사한 방식으로 대답했다. 모든 소송 절차는 종교적인 의식의 바탕 위에서 이루어졌다.[75]

이스라엘에서 어떤 여자가 간음했다는 의심을 받을 때에는 다음과 같은 절차로 재판이 진행되었다.

> 제사장은 그 여인으로 가까이 오게 하여 여호와 앞에 세우고 토기에 거룩한 물을 담고 성막 바닥의 티끌을 취하여 물에 넣고 … 여인으로 그 저주가 되게 하는 쓴 물을 마시게 할지니 그 저주가 되게 하는 물이 그의 속에 들어가서 쓰리라 … 그 물을 마시운 후에 만일 여인이 몸을 더럽혀서 그 남편에게 범죄하였으면, 그 저주가 되게 하는 물이 그의 속에 들어가서 쓰게 되어 그 배가 부으며 그 넓적다리가 떨어지리니 그 여인이 그 백성 중에서 저줏거리가 될 것이니라(민 5:16-27).

그런 체계에서 재판을 담당하는 직무는 종교적인 제의를 주관하는 제사

---

75. Sorokin, *Crisis*, 123.

장의 일이었고, 제사장과 재판장들을 무시하는 자는 가혹한 처벌을 받았다. "사람이 만일 천자히 하고 네 하나님 여호와 앞에 서서 섬기는 제사장이나 재판장을 듣지 아니하거든 그 사람을 죽여 이스라엘 중에서 악을 제하여 버리라"(신 17:12). 관념적인 법은 특별한 명령에 덧붙여 도덕적인 훈계도 나타낸다. 사람들은 서로를 하나님의 자녀로 여기며 희생적인 사랑과 이타주의를 실천하고 선한 뜻을 나타내며 서로에 대한 의무를 이행하는 데에 충실할 것을 요구받는다. 즐거움과 효용성과 이익과 개인적인 만족을 생각하기 전에 위에서 말한 모든 요소들이 선행되어야 한다. 도덕적인 삶은 궁극적으로 이 땅이나 다음 세상에서 아니면 두 곳 모두에서 하나님의 복을 보상으로 받게 될 것이다.

관념적인 사회에서 정부는 자신의 정통성을 하나님이나 다른 신으로부터 이끌어낸다. 하나님으로부터 승인을 받지 않은 정부는 비합법적이다. 결과적으로 관념적인 정부는 언제나 명백히 혹은 암시적으로 신정(神政) 체제이다.

올바른 정부는 그 권위를 하나님에 기원을 두고 있어야 한다는 인간의 확신은 너무나 강하므로, 정부는 그 법이 본질적으로 관념적이지 않게 된 이후에도 계속해서 하나님께 기원을 두고 있는 것처럼 언급하기도 한다. 제2차 세계대전이 끝난 후 아이젠하워 대통령이 통치하던 때에, 미국의 지폐에 "우리는 하나님을 신뢰한다"(In God we trust)는 문구가 들어갔다. 영국의 여왕은 아직도 자신을 엘리자베스 여왕(Elizabeth, by the grace of God Queen)이라고 부르며 동전에도 그렇게 새겨 놓았다.

관념적인 세계관은 신적인 법에 세심한 것까지 복종할 것을 요구한다. 그 법에 복종함으로써 얻게 될 장래의 이익을 위해서가 아니라, 단지 그것이 하나님으로부터 유래했다는 이유 때문이다. 이상주의적 법 체계는 관념적인 법의 변형된 형태이다. 왜냐하면 이상주의적인 법은 명백하게 하나님으로부터 권위를 이끌어 내지만, 하나님의 법에 귀를 기울임으로써 실질적인 유익을 얻는 데에 더 중점을 두기 때문이다. 구약성경에 나타난 음식물 정결법은 사람들로 하여금 하나님께 헌신하는 거룩한 백성으로 살아가도록 하기 위해 제시되었다. 시간이 지나면서 유대인이나 다른 민족 가운데 그 법을 지키는 사람들은 정결법이 건강상 이득을 가져다준다는 사실을 더 강조하였다. 인도 브라만은 정결한 의식을 엄격히 강조했는데, 종교적인 이유에서 시작된 것이 건강상의 유익을 즐기는 차원으로 변했다. 힌두교에서 종교적인 가르침에 따라 전통적으로 지켜오던 채식주의와 같은 습관들이 다른 나라들에서도 받아들여졌다. 어떤 사람들은 힌두교의 가르침에 이끌려서 그런 습관을 지키고, 어떤 이들은 그러한 개인적인 수행이 실질적인 이득을 가져온다는 생각에서 힌두교의 관습을 따랐다.

관념적인 문화에서도 신들의 명령을 따라 사는 것은 결코 쉽지 않다. 이런 이유 때문에 진정한 관념적인 법 조항들은 오로지 간단한 형태로만 지금까지 남아 있다. 관념적인 것과 정반대인 감각 체제로 옮겨가면, 콜 포터(Cole Porter)가 쓴 것처럼, "무엇을 해도 괜찮다"는 입장이므로 처음에는 즐겁고 속박에서 해방된 것처럼 보인다. 그러나 안타깝게도 고대 로마가 경험했던 일들을 현대의 감각 문화는 또다시 겪게 될 것이다. 인간 행동을 규제할 높은 수준의 고귀한 기준이 없고 순간적인 욕구와 기호가 최선의 것으로 여겨질 때, 그 사회의 문화는 더 이상 지속되지 못한다.

6

위기 시대에 일어나는 사회의 퇴락

기독교계를 덮고 있던 껍데기는 파괴되었다.

동양의 극복하기 어려운 정신 세계, 과거의 이교도, 산업 사회의 요소들은

기독교와 동일한 권위로 도전해 오고 있다.

우리의 모든 삶과 마음은 서서히 떠오르는 새로운 정신에 완전히 사로잡혀 있다.

그것은 곧 자유롭고 무신론적이며 국제적인 민주주의의 정신이다.

-조지 산타야나(George Santayana, 1913)-

1913년에 제기된 산타야나의 낙천주의는 옳다고 할 수 없다. 바로 그 다음 해에 제1차 세계대전의 엄청난 대학살이 시작되었고, 모든 인간의 역사를 통틀어 가장 피를 많이 흘린 시기가 시작되었기 때문이다. 소로킨이 『우리 시대의 위기』를 펴낸 1941년까지 얼마간의 공백기가 지난 후 그보다 더 극심한 폭력이 계속해서 자행되었다. 미국은 아직 전쟁에 휘말리지 않았으므로 미국인의 삶은 비교적 안정되어 보였다. 그러나 소로킨이 볼 때, 전쟁이 아무리 끔찍하다 하여도 그것은 위기가 아니라 단지 위기의 심각한 증상일 뿐이었다. 소로킨이 죽은 1968년까지 그가 우려한 문제들은 미국 내에서 점점 악화되었고, 1965년부터 급격히 증가하는 추세를 보였다. 소로킨은 1941년에 20세기 말에 서구 문화에 일어날 일들을 정확하게 묘사했지만, 그 당시에는 그 정도로 앞날을 내다볼 수 있는 사람은 거의 없었다.[76] 오늘날에 그의 작품을 읽는 사람들은 그가 예견한 일들이 대부분 정확하게 들어맞는 것에 놀랄 것이다.

만일 어떤 사람에게 옳고 그름에 대한 강한 확신이 없다면, 그가 하나 님이나 절대적인 도덕 가치에 대한 믿음을 가지고 있지 않다면, 계약상의 의무를 존중하지 않는다면, 또한 쾌락과 감각적인 가치에 대한 열망이 절정에 달했다면, 그 어떤 것이 다른 사람들에 대한 그의 행동을 좌우하고 통제할 수 있겠는가? 오로지 그의 욕망과 정욕만이 그를 다스릴 것이다.[77]

1950년대부터 1980년대까지 서구 세계는 핵무기에 의한 파멸의 망령에 사로잡혀 있었다. 책, 영화, 텔레비전 시리즈들은 소름끼칠 정도로 무서운 시나리오("전쟁 게임"이나 "사후 세계" 같은)를 내보냈다. 핵전쟁을 예견하지 않은 사람들은 얼빠진 전체주의에 의해 세계가 지배될 것으로 상상했다. 『1984년』(*Nineteen Eighty-Four*), 『시계 태엽 오렌지』(*A Clockwork Orange*), 『브라질』(*Brazil*)은 그 당시 출판된 많은 책 가운데 대표적인 예이다. 그런 일들이 실제로 일어나지 않았다는 사실로 인하여 사람들은 아무 일 없으리라는 그릇된 안정감을 품게 되었다. 우리는 소로킨이 말한 위기가 의미하는 것이 단지 앞에서 말한 여러 현상들이 아니라는 것을 깨닫지 못하고 있다. 산업이 발달한 주요 국가의 경제는 크게 번성하지는 않더라도 적어도 지금까지 유지되어 왔다. 소로킨이 내다본 위기는 아직 지나간 것이 아니라 마치 폭풍이 오기 전에 믿을 수 없을 정도로 잠깐 동안 고요한 것처럼 잠시 유보되었을 뿐이다. 많은 사람들이 느끼는 안도감 때문

---

76. 문화에서 일어날 변화들은 윌리엄 베네트(William J. Bennett)가 잘 묘사했다. *The Index of Leading Cultural Indicators*, vol. 1(Washington, D.C. : Heritage Foundation and Empower America, 1993).

77. Pitirim A. Sorokin, *The Crisis of Our Age*, 2d. ed. (Oxford: Oneworld, 1992), 168.

에 우리까지 앞날의 위기에 둔감해져서는 안 된다.

어떻게 소로킨은 반세기 훨씬 이전에 우리의 현재 상황을 정확하게 예견할 수 있었을까? 비록 역사는 정확하게 반복되지 않지만, 인간 사회는 인간 존재와 마찬가지로 예측할 수 있는 성질을 지니고 있다. 유사한 기본적인 상황들이 있다면 그 상황은 비슷한 결과들을 가져온다. 그 결과들이 반드시 동일하게 나타나는 것은 아니다. 어떤 사람들은 술버릇을 고쳐 인생을 바꾸기도 하고, 겉보기에는 도덕적인 사람들이 난잡한 상태에 빠져 거기서 헤어나지 못하기도 한다. 인간은 변할 수 있다. 사회도 역시 변할 수 있다. 이런 일들은 지금까지 우리가 말한 문화의 유형이 변화되는 과정 속에서 나타나기도 한다. 문화적인 변화가 야기할 수 있는 현상들을 인식하지 못하는 것은 큰 잘못이다. 사회의 변화는 선택, 행동, 수많은 사람들의 태도 등으로 인해 일어난다. 한 개인의 동기나 동기의 부족이 주요한 사회적인 변화를 일으키지는 않는다. 그러나 사회 전반에 퍼져 있는 막대한 수의 개인들이 동일한 방향으로 동기부여되면 사회는 그에 따라 반응한다.

대중 매체가 가지고 있는 선전 기술이 지닌 위험한 요소는 사람들에게 어떻게 생각해야 한다고 말하는 것이 아니라 사람들로 하여금 독자적인 생각을 못하도록 금지하는 것이다. 대중 매체는 사람들이 스스로 생각하는 것을 방해한다. 1940년대에 나치당은 대중 매체의 조명, 영화, 특수 효과 등과 같은 새로운 기술들과 군대의 행진이나 엄청난 규모의 군악대와 같이 전통적으로 사람의 마음을 끄는 요소들을 절묘하게 접목시켜, 낙심하고 풀이 죽은 독일 국민들에게 동기를 부여하고 힘을 불어넣었다. 모든 도덕적인 억압은 사라져 버렸다. 이러한 힘이 인구 일억도 안 되는 중간 크기의 나라가 세계의 나머지 국가들에 도전하고 실제로 싸워 이긴 듯이 보이도록 하는 것을 가능케 했다.

서구 국가의 정부들은 괴벨(Goebbel) 박사가 만든 것 같은 선전 기계는 가지고 있지 않지만, 대부분의 서구 문화는 대중 매체와 24시간 연속되는 연예 산업에 푹 빠져 있다. 모든 사람들은 효과적으로 마취되어 있고, 각 사람의 독자적인 사고는 거의 찾아볼 수 없고, 온갖 구호들이 생각의 자리를 차지하고, 논리적인 분석은 실질적으로 자취를 감추었다. 도덕적인 억압은 사라졌다. 그러한 상황 속에서 개인이나 전체 문화가 지니고 있는 정상적인 복원력은 효력을 발휘할 수 없게 되어 마땅히 일어나야 할 사고의 구조적인 변화가 일어나지 않는다.

어떤 개인이 하나님이나 절대적인 도덕적 기준들을 믿지 않을 때, 그 사람이 다른 사람의 권리를 침해하는 것임에도 불구하고 자기가 원하는 바를 하고자 한다면 어떻게 그것을 단념시키겠는가? 만일 다른 사람이 그러한 '자기 실현'을 반대한다면, 폭력적인 대립을 막을 길이 없다. 개인적인 차원에서 이러한 경향은 살인, 강도, 절도, 여러 종류의 사기, 심지어 자살과 같은 범죄를 야기할 수 있다. 사회적인 차원에서는 전쟁, 혁명, 사회의 붕괴 등을 일으키는데, 그런 현상은 문제 자체이기보다는 문제의 증상이다. 우리가 한동안 중요하게 여겼던 대륙간의 핵전쟁을 피하는 것만이 사회 붕괴를 예방하는 해결책이 아니다. 현대의 문화는 더 이상 우리를 지독하고 불길에 휩싸인 지옥으로 이끌어갈 것처럼 위협적으로 보이지 않는다. 하지만 점점 해가 갈수록 문화는 그 내부로부터 서서히 무너지고 있다.

사회적인 차원에서 일어나는 하나님과 모든 도덕적 절대 가치에 대한 믿음의 상실은 우리 시대의 사회 문화적 변화를 특징짓는 고통과 죄악을 일으키는 근본적인 원인이다. 굳건한 신앙을 가진 사람들은 아직 문화 속에 많이 있다. 그러나 문화가 전체적으로 방향 감각을 잃을 때, 그런 개인들은 대중 매체와 매체 거대화 시대의 붕괴를 효과적으로 저지하지 못할 것이다.

대중 매체, 특히 대중 연예 산업의 영향은 사회 붕괴를 가져오는 새롭고 중요한 요인이 되었다. 하나님을 믿거나 하나님에 대한 믿음을 상실하는 것은 사회나 문화가 아닌 개인들이다. 종교 지도자들의 주요 관심사는 사람들을 설득하고 변화시키는 것이지 문화의 변화가 아니다. 그러나 문화 속에서 살아가는 종교 지도자들이 문화 전반에서 무슨 일이 일어나고 있는지 거의 관심을 기울이지 않는다면, 침체에 빠지게 될 것이고 사회와 구별되어 단순히 고립되는 정도에 그치지 않고 점점 자신들의 신앙적 확신을 확산시킬 능력을 잃어버리게 될 것이다.

하나님이나 도덕적 절대 가치에 대한 믿음이 확산되면, 종교적인 신앙을 가지고 있지 않거나 절대적인 도덕 가치를 지니지 않은 사람들에게도 좋은 영향을 미치게 된다. 결과적으로 사람들은 예의 바름, 친절함, 단정함 등을 지니고 행동하게 될 것이고, 나아가 어떠한 행동을 의무적으로 하겠다는 것을 의식적으로 생각하지 않아도 다른 사람들에게 관용을 베풀게 된다. 하나님과 도덕적 절대 가치에 대한 믿음이 사회에서 사라져 갈 때, 사회 분위기는 여전히 믿음을 강하게 지니고 있는 사람들에게 위협적으로 변하게 된다. 따라서 그들도 스스로와 자신들의 신앙적 확신을 점차 별 것 아닌 듯이 여기게 되고 만다.

어느 사회가 전쟁이나 경제적인 격변 혹은 대규모의 소동 등에 휘말리지 않고 비교적 견고하게 유지되고 있다면, 상당수의 사람들과 집단들이 자신들의 기본적인 신념을 상실하거나 잊어버리지만 여전히 사회가 자신들에게 기대하는 대로 행동하는 일이 일어날 수 있다. 이런 이유 때문에 한 사회는 근본적인 신념이 침식되어 손상된 이후에도 몇 년에서 길게는 몇십 년 동안 외형상의 견고함을 유지할 수 있다. 서구 문화가 이상주의적 단계를 벗어나 이제 막바지에 이른 감각적 단계에 접어든 이후에도 오랫동안 껍데기뿐인 기독교 윤리를 유지하고 있었던 것도 바로 그런 이유 때문이다. 사회의 안정성과 결속력이 더 이상 견고한 바탕을 지니고 있지 않은 과거의 기억이나 습관에 근거하고 있다면, 사회의 붕괴와 와해는 어리둥절할 정도의 빠른 속도로 일어난다. '화석화된 신앙' 처럼 과거에 품었던 신념들에 대한 기억이 문화 속에서 사람들로 하여금 일정한 범위의 예절을 지키도록 동기를 부여하는 시점이 있다. 그러나 그 시점이 지나가면 모든 것은 믿을 수 없이 빠른 속도로 변화하기 시작한다.

문화의 기본 형태가 변화될 때, 언어 습관, 의복 형태, 태도, 오락, 부모와 자식 사이의 관계, 남성과 여성 사이의 관계, 세대간의 관계가 모두 변한다. 처음에는 서서히 변하다가 나중에는 속도가 더 빨라진다. 이런 일들은 역사 속에서 반복적으로 일어나고 있다. 대중 매체나 대중 교통 수단이 없었던 과거에도 우세한 문화 형태가 쇠퇴하게 되면 사회 전체의 기본적인 생활 방식과 상황이 예기치 못할 정도로 갑자기 변화되었다. 그런 결과 때문에 이전에는 개별적인 차원에서 일어나는 예외적인 문제들이 사회에 만연되고 빈발한다. 범죄, 특히 폭력 범죄와 정신 질병, 전쟁, 혁명 등이 그 예이다.

변화 속도의 증가

근대의 시작은 사상의 급속한 확산을 촉진시킨 인쇄술의 발전과 때를 같이한다. 르네상스로부터 시작된 고전 부흥과 종교개혁으로 촉발된 성경의 보급 때문에 사람들은 천 년의 세월에 걸쳐 진행되었던 신앙과 도덕에 대한 가톨릭 교회의 지배에 도전하였다. 그러한 도전은 이상주의 문화의 방어벽을 약화시켰다. 그럼에도 불구하고 후기 이상주의 문화에서 초기 감각 문화로 넘어가는 변화는 느린 속도로 진행되었고, 특히 개인의 행동에 영향을 미친 것은 한참 후의 일이었다.

개신교는 가톨릭의 교리와 조직력에 도전했지만, 그것은 가톨릭의 도덕적인 가르침을 더욱 강화시키는 역할을 했다(성직자의 독신에 대한 조항은 예외). 개신교도들은 가톨릭 교도들과 마찬가지로 하나님의 뜻을 가장 우선시하고, 육체적인 만족을 그보다 덜 중요하게 여기며, 앞으로 다가올 세상에서의 상급을 기대하면서 이 땅에서의 삶에서 닥치는 어려움들을 견뎌내라고 배웠다. 그 당시에는 문화의 관념적인 형태와 이상주의 형태가 주류를 이루었고 아직 감각적인 문화는 나타나지 않았다. 감각 문화는 가톨릭과 개신교의 전통적인 윤리와 교리를 의심하고 부패시켰으며 궁극적으로 그것들을 폐지하고 말았다. 문화적인 변화가 사회 전반에 실질적으로 정착되기까지 수세기가 소요되었다. 사람들과 문화는 천천히 변하고 오랜 세월 동안 뿌리내린 습관은 쉽게 사라지지 않는다. 변화는 일정 기간 동안 눈에 띄지 않게 진행되다가 어느 순간 갑자기 속도가 빨라지는데, 그때에는 모든 것이 친숙하게 보이지 않는다.

이런 일들이 서구 문화에서도 일어났다. 기초를 이루는 사회-문화의 형태가 변화되면서, 상황은 평범한 사람들의 일상 생활 속에서 광범위한 변화가 일어날 수 있을 만큼 성숙되어 갔다. 여러 상황들이 충분히 바뀌면 갑자기 급격한 변화가 일어난다. 변화가 속도를 얻을수록, 느리게 시작된 문화의 변화는 통신과 교통에서 일어나는 빠른 혁신들로 인해 가속이 붙는다. 가치와 기준들 및 과거의 확실성은 산산이 부서지고 무너진 것처럼 보인다. 라틴 속담에 이런 것이 있다. "사람은 자기 친구에게 늑대가 된다" (homo hominibus lupus). 사람들은 더 이상 공동의 이익을 인정하려 하지 않는다. 그들이 생각하는 이익은 상당히 개인적이고 이기적인 차원의 것이 되었기 때문이다. 무절제한 욕구를 의미하는 '정욕' (lust)이라는 고전적인 표현은 공동의 이익과 일반 대중의 복지를 억누르는 자기 중심적인 충동을 묘사하기에 적합한 것이다. 관념 문화나 이상주의 문화에서 정욕은 부끄러운 것이었으나, 감각적인 세계에서 그것은 자랑거리가 되었다.

사회 구성원 대부분이 이기적이고 음탕한 태도를 지니고 있으면서도 전혀 부끄럽지 않게 행동한다. 그러나 아직도 상당수의 사람들이 오래된 기준들을 존중하고 그 기준에 맞춰 행동한다. 신앙적이고 도덕적인 약속은 변화의 흐름에서 사람들을 건져내고, 온갖 조롱과 비웃음을 무릅쓰고라도 "사회 풍조에 휘말리지" 않으려고 노력하게 만든다. 하지만 대중의 정보와 통신을 담당한 분야에서 일하는 사람들이나 단체에게 이 말은 적합하지 않다. 왜냐하면 그들은 거의 퇴폐적인 감각 문화의 마지막 단계에 완전히 빠져 있기 때문이다. 그들은 계속해서 흐름을 타고 나아가야 한다고 주장한다. 이런 주장을 하는 부류에는 전위적인 출판물이나 연극뿐 아니라 대도시의 신문과 순수 잡지 그리고 중산층을 대상으로 하는 텔레비전과 라디오 뉴스 방송의 진행자와 대담 진행자, 심지어 대학원에서 유치원까지의 모든 교육 기관도 포함된다. 더 이상 "무엇에든지 참되며 무엇에든지 경건하며 무엇에든지 옳으며 무엇에든지 정결하며 무엇에든지 사랑할 만하며 무엇에든지 칭찬할 만하며"(빌 4:8)라는 칭찬과 인정을 줄 만한 사람이 있으리라는 기대를 가질 수 없게 되었고, 그런 말을 하고 그렇게 행동하며 그런 인품을 지닌 사람을 거의 찾아보기 힘들다. 그렇게 살아가는 사람들은 사회에서 더욱 웃음거리가 되어가고, 위선적이라 비난받으며, 시대에 뒤떨어졌다고 불쌍히 여김을 받게 된다. 폭력과 기만과 남용과 신성 모독 같은 것들을 묘사하고 찬양하는 연극을 극찬하는 비평가들을 찾기 위해 싸구려 정기 간행물과 선정적인 주간 신문을 뒤적일 필요가 없다. 그런 것들에 대한 아낌없는 칭찬은 주도적인 일간지와 순수 잡지에서도 쉽게 찾아 볼 수 있다. 비평가들은 감각 문화가 사악하고 왜곡되었으며 변질되었다고 말하는 적이 거의 없으며, 잘못된 방향으로 나아가고 있다고 말하는 경우는 더욱 없다.[78]

---

78. 이에 대한 예는 미국에서 발간되는 신문 가운데 가장 유명한 신문인 *New York Times*에

공격, 폭력 그리고 범죄

한 사회가 모든 체계와 가치에 악영향을 끼치는 격변에 시달릴 때, 개인과 집단은 물론이고 궁극적으로 모든 구성원들이 목적 의식과 방향 감각을 상실하게 된다. 이런 혼란은 점점 강력해지는 맹렬함과 폭력을 특징으로 하는 갈등을 야기한다. 개인들은 다른 사람들과 충돌하고, 서로에 대한 조롱과 경멸로 인한 상승 작용이 일어난다. 국회의사당 같은 곳에서 진행되는 공적인 연설도 상대에게 모욕적인 표현들로 가득 차 있다. 그런 표현들은 한때 욕설로 여겨지던 것이며, 옛날이라면 결투로 이어질 만큼 상대방을 자극하는 것이다. 지금보다 훨씬 단순한 시대였으면 죽음을 각오한 전쟁을 일으켰을 법한 비열한 욕설이 심지어 관공서에서도 여기저기에서 제멋대로 터져 나오고, 법원은 표현의 자유라는 원칙을 핑계로 범죄자를 두둔한다. 그러한 난폭한 언어가 의사당에서 언제나 폭력으로 이어지는 것은 아니지만, 그런 장소에서 점점 자주 언어 폭력이 자행된다는 사실은 사회와 정부의 고위층조차도 자기 통제력을 잃어 가고 있음을 보여 주는 징조이다. 언어 폭력은 마음속의 태도에 근본적인 변화가 일어난다는 표시이다.

범죄는 수적으로 증가할 뿐만 아니라 더욱 잔인하게 변하고 있다. 예전의 강도들이나 도둑들은 돈이나 소유물을 빼앗은 후에 피해자들을 해치지 않았는데, 요즘은 그들을 죽이려 하고 어떤 때에는 먼저 그들을 잔혹하게 해치기도 한다. 방어 능력이 없는 어린아이들도 가차없이 해치고, 노약자나 병자들을 동정하고 존중하는 것은 고사하고 그들을 무차별적인 폭력의

서 찾아볼 수 있다. 1965년까지도 *Times*지는 음란하고 아랫 사람들을 착취한다고 여겨지는 편집자가 발간한 책의 광고를 받아 주지 않았다. 요즘에는 그런 책들이 *Times*지에 광고를 게재하려 애쓸 필요가 없다. 그 잡지의 비평가들이 그런 책에 관심과 격찬을 쏟아붓기 때문이다.

대상으로 가장 선호한다. 이런 모든 모습들이 당연하게 여겨진다. "늙은 여자는 강도를 당하고 두들겨 맞는 것이 당연해. 그녀는 혼자서 거리에 나가지 말았어야 했어." 어두워진 후에 도심 거리를 다니는 것을 두려워하는 것은 나이든 여자들만의 문제가 아니다. 건장한 젊은 남자라도 주의해야 한다. 몇 년 전만 하더라도 폭행을 당하면 멍들고 상처를 입는 정도에 그쳤는데, 이제는 죽음으로 끝나는 경우가 많다. 폭력과 난폭함이 다른 사람에게 향하지 않을 때에는 자기 자신에게로 향하게 되는데, 그 결과 정신적인 질병과 폭음, 마약 남용, 난잡한 성행위, 자살 등과 같은 자기 파괴적인 행동을 일삼게 된다.

전통적으로 정의를 세우는 기관으로 이해되는 법원은 정의보다는 다른 요소들에 기초하여 결정된 이해 관계가 서로 충돌하는 싸움터로 변했다. 재산, 명성, 인종적인 혹은 민족적인 충성심, 성별, 연령, 고용한 변호사의 능력 등이 이해 관계를 결정하는 요소들이다. 미국에서 형사 혹은 민사 법원은 언제나 혼란스럽다. 형사 소송이 진행될 때 배심원들은 극악 무도한 살인자에 대해 심사하면서, 개인적인 동정심이나 인종적인 감정 때문에 무죄를 선고하거나 (배심원의 의견 불일치로 인한) 미결정 심리를 강요한다. 민사 법정에서 판사는 사소한 문제에 대해 천문학적인 액수의 배상금을 지불하라고 명령하는데, 실제로 고통받은 피해보다는 고소인에 대한 동정심과 피고인의 재산을 근거로 그러한 판결을 내린다. 미국에서 그러한 부조리를 바로잡으려고 시도하는 연방 정부와 주 정부는 사방으로부터 오는 신랄한 비난에 휘말리기 십상이다. 법정은 정의를 세우는 곳이라는 확신은 사라지고 있고, 언뜻 보기에 법정은 정의가 아닌 이익을 추구하는 곳처럼 보일 때가 많다.

전에는 대인 관계 속에서 예절과 관용의 기준을 중요시하던 개인이나 기관들이 의도적이고 조직적으로 그 기준들을 허무는 세력과 손을 잡고 있다. 법을 집행하는 정부 기관과 법원은 너무 많은 범죄자들로 넘쳐나므로 비교적 사소한 죄는 철저히 조사할 생각도 못한다. 폭력범을 포함한 많은 죄수들이 교도소의 수용 능력 때문에 석방되는 경우도 있다. 여기에 더하여 법원은 인간의 이기심이 옳지 못한 모습으로 나타나는 것을 방지하는 데 사용된 전통적인 요인들을 제거하는 일에 아주 적극적인 의욕을 보이고 있다. 종교적인 용어는 정의가 다스린다고 하는 법정에서조차 공식적으로 금지되었다. 1994년에 대법원은 십계명을 지방 법원의 벽에 더 이상 걸어 놓지 말라고 명령했다. 십계명은 오래 전부터 법원의 벽에 걸려 있어 모든 사람이 존중해야 할 고귀한 기준이 있으며 궁극적으로 따라야 할 최고의 권위를 가지신 분이 계시다는 사실을 기억나게 해주었다.

미국 내에서 법과 관련된 직업을 가지고 있는 많은 사람들이 무고한 사람을 보호하고, 죄인을 처벌하며, 약자에게 권리를 보장해 주는 것 같은 일은 더 이상 하지 않고 오로지 이익에만 몰두하고 있다. 변호사들과 의뢰인들은 재산을 늘리기 위해 법을 악용하여, 자신이 입은 상처나 손해에 책임이 있거나 무책임한 사람을 소송의 대상으로 삼지 않고, 책임이 조금밖에 없고 아니면 책임도 없는 돈 많은 개인이나 법인을 표적으로 정하여 수입을 올리려 한다. 오로지 하나님만이 고칠 수 있는 어떤 질병이나 상처를 치료하지 못한 의사들은 무능력하다는 이유로 변호사와 그들의 의뢰인들에 의해 재산을 빼앗긴다.[79]

---

79. 어떤 외과 의사와 그가 가입한 보험 회사는 환자가 그의 손을 완전하게 사용하도록 치료하지 못했다는 이유로 수백만 달러를 지불해야 했다. 만약 그 의사가 환자의 손을 완벽한 상태로 되돌려 놓았다면, 그 의사는 도대체 어느 정도의 보상금을 받아야 할까? 아마 의사는 많은 보수를 받고 있을 테지만, 수백만 달러에는 절대 미치지 못할 것이다. 또 어떤 의사는 의료 사고를 냈다는 이유로 교도소에 수감되었는데, 쇠약하고 나이든 환자의 죽음을 약간 앞당겼다는 죄목이었다. 그러나 어떤 의사들은 자기 환자들의 "죽음을 도와주었다"는 이유로 자비롭다는 칭찬을 받는다.

전쟁

　인간이 다른 인간에 대하여 저지르는 가장 공격적이고 전체적인 폭력의 형태가 전쟁이다. 20세기는 인간의 역사에서 가장 많은 피를 흘린 시기였다. 대륙 전체가 전쟁에 휘말려 날뛰고, 군인이 아닌 일반인들을 사정없이 잔인하게 공격했다. 전쟁이 일반화된 상태는 문화와 전체 세계가 불안정하다는 것을 가리킨다. 20세기 말엽에 이른 현재 세계에는 전쟁 발발이 증가하지 않는 대신 표면적인 미봉책들이 실행되고 있다.

- 전쟁은 대규모 병력이나 강력한 해군 함대, 혹은 전투 비행 대대들 사이에서 일어나지 않는다. 그 대신 훈련받지 않은 몹시 격분한 적대 세력들 사이에서 국지적으로 도시나 지역에서 끊임없이 전투가 벌어지고 있다.
- 전쟁은 더 이상 전쟁이라 불리지 않는다.
- 국가간의 전쟁은 선전 포고 없이 곧바로 일어난다.

　세계 역사는 끊임없는 전쟁의 역사였다. 고대 근동 아시아의 비옥한 초승달 지역에서 아시리아와 바벨론 그리고 페르시아의 군대는 수세기 동안 밀고 밀리는 접전을 계속하여, 고대 도시들을 함락시키고 모든 거주민들을 포로로 끌고 갔다. 알렉산더 대왕의 강력한 힘이 고대 왕국들을 정복하고 지중해 지역에 감각 문화를 이식시킨 후에야 비로소 전쟁이 그쳤다. 로마의 역사는 곧 전쟁의 역사이다. 로마는 전쟁을 통하여 세계적인 제국이 되었고 전쟁을 통해 그 제국은 몰락되었다. 인류의 역사에서 어떤 나라도 침략 전쟁으로부터 자유롭지 못했고, 대부분의 나라들은 정복 전쟁을 일으키려는 유혹을 뿌리치지 못했다.

그렇지만 전쟁이 반드시 필연적인 것만은 아니다. 지구상에는 꽤 오랫동안 평화가 유지되던 기간이 있었다. 특히 팍스 로마나(Pax Romana, 로마의 지배에 의한 세계 평화) 때에는 기독교 시대가 시작되기 전까지 거의 2세기 이상 평화가 유지되었다. 전쟁으로 인한 반복적인 환멸감에도 불구하고 인류는 평화로운 세상을 계속 꿈꾸었다. 그러나 전쟁이 멈춘 잠깐 동안의 평화로운 기간에도 탐욕과 이기심으로 가득 찬 태도는 여전히 뿌리를 내리고 있었다. 비록 인간 본성의 일부가 평화와 조화를 갈망한다 하여도, 평화나 일치는 사람들이 자기 절제를 익히고 자신들의 공동체에 자리잡고 있는 욕망을 통제하는 방법을 발견할 때에 비로소 이루어질 수 있다(약 4:1을 보라). 극기심은 인간에게 있어서 결코 쉽게 성취할 수 있는 덕목이 아니지만, 특히 절대적인 도덕 기준에 대한 시각을 완전히 상실하고 거룩하신 재판장에 대한 존경심을 모두 잊어버린 시대에는 더더욱 찾아보기 힘들다.

제2차 세계대전은 원자폭탄 같은 핵무기들이 발전할 수 있는 터전을 마련했고, 핵폭탄이 실제로 일본에 투하되기도 했다. 이러한 끔찍한 새로운 무기들로 인하여 전쟁을 수행하는 나라들은 상대방의 군대를 쳐부수고 도시들을 파멸시키며 민간인들을 무수히 학살할 수 있게 되었을 뿐 아니라, 그 무기를 가진 국가를 포함하여 전 세계의 멸망도 가능하게 되었다. 전 세계의 몰락에 대한 두려움과 모든 인류를 파멸시킬 수 있는 능력을 소유하게 된 강대국들은 자신들의 목표를 이루기 위해 상대방 국가와 무작정 전쟁을 일으키는 것을 최대한 자제했다. 전쟁을 일으키는 것은 곧 스스로의 파멸도 의미하기 때문이다.

그렇다고 해서 핵전쟁을 하지 않는 것이 곧 세계 평화를 뜻하는 것은 아니다. 핵폭탄처럼 대규모의 살상을 가져오는 무기가 없더라도 무수한 인명을 학살하는 일은 얼마든지 일어난다. 1994년 르완다에서 일어난 사건에서 볼 수 있듯이, 소규모의 군대와 원시적인 무기도 수천 명의 인명을 순식간

앗아갈 수 있다. 20세기는 시간이 갈수록 더욱 많은 피를 흘리고 있고, 핵폭탄이나 수소폭탄은 고사하고 우리가 "재래식"이라 부르는 무기를 통해 죽어간 숫자가 20세기 이전의 인류 전쟁 역사에서 죽어간 사람을 합한 것보다 더 많다.

현재의 감각 문화는 전쟁이란 지나간 시절의 이야기로 치부하려는 환상에 사로잡혀 있으나, 그것은 서유럽이나 북아메리카의 선진국에나 해당되는 말이다. 한 세기 이전만 하더라도 나폴레옹이 품었던 정복의 꿈은 허황하고 진부하게 보였다. 19세기 말부터 낙관주의와 자신감의 시대인 "좋은 (아름답고 우아한) 시대"(La Belle Epoque)가 시작되었다. 유럽과 북아메리카의 상당히 선진화된 국가들은 허망하게도 인류가 서구의 고취된 지도 아래 진보와 번영을 즐길 수 있으리라고 생각했다.

제1차 세계대전에서 일어난 엄청난 대학살은 그런 희망을 앗아가 버렸다. 평화가 증진되고 진보가 일어나며 국내외적으로 평온함을 되찾으리라는 환상, 곧 1913년에 산타야나가 제기했던 국제적인 자유 민주주의에 대한 환상은 산산조각 났고 결코 다시 회복되지 못했다. 제1차 세계대전은 "모든 전쟁을 종식시키는 전쟁"이었다. 그러나 21년이 지나자 두번째 세계적인 동란이 발발했다. 러시아에서 일어난 볼셰비키의 10월 혁명은 전체주의 독재의 시대를 예고했다. 전체주의 독재는 유럽에서 1991년을 끝으로 막을 내렸으나 몇몇 아시아 국가에서는 여전히 힘을 발휘하고 있다. 1941년에 이미 20세기가 역사상 가장 많은 피를 흘리고 가장 잔인한 세기가 되리라는 사실이 분명하게 예견되었다.

20세기의 후반기는 전반기에 못지 않게 많은 피를 흘린 기간이었음이 밝혀졌다. 아래에 요약해 놓은 중요한 전쟁의 기록이 그 사실을 대변해 준다.

- 이스라엘과 주변 아랍 국가 사이에는 1957, 1967, 1973에 걸쳐 세 번

의 전쟁이 있었다. 이스라엘이 1948년에 세워진 후 일어났던 것까지 포함한다면 네 번으로 볼 수 있다.

- 이스라엘은 1982년과 1996년에 레바논의 내정에 폭력적으로 개입했다.

- 중국은 1948년에 끝난 피비린내 나는 내전을 겪었다.

- 한국 전쟁은 1950년에 일어났고, 미국과 중국은 1953년까지 그 전쟁에 참가했다.

- 프랑스는 인도차이나 반도에서 1954년에 끝난 전쟁에서 패배했다.

- 미국은 베트남에서 1965-1973년에 걸쳐 참패를 당했다. 2년 후 북베트남은 남쪽을 손아귀에 넣었다.

- 캄보디아의 마르크스주의자들은 자국 국민들을 엄청나게 살육했다.

- 프랑스는 알제리를 계속 보유하기 위해 '자유의 전쟁' 이라는 내전을 수행하여 승리했으나, 결국 그 지역을 포기하고 말았다.

- 인도는 파키스탄, 중국 등과 소규모의 전쟁을 벌였다.

- 이라크와 이란은 8년이라는 기간 동안 처참한 전쟁을 벌였다.

- 이라크는 이란과의 오랜 전쟁으로 인한 막대한 손실에도 아랑곳하지 않고, 주변 국가인 쿠웨이트를 침공했다. 그 결과 미국과 여러 동맹국의 파괴적인 분노를 스스로 자초하였다.

- 1960년대 중반에 나이지리아에서 일어난 내전은 수십만의 인명을 앗아갔다.

- 에티오피아에서는 잔인한 유혈 혁명이 있었고, 수단과 소말리아에서는 피비린내 나는 내전이 일어났다.

- 포르투갈의 통치에서 벗어난 앙골라는 즉시 내전에 휩싸였다.

- 소련 연방의 붕괴는 극심한 내전을 상대적으로 예방하는 효과를 가져 왔다.

- 유고슬라비아의 붕괴는 결과적으로 1996년까지 5년 동안 계속된 전쟁을 초래했다.

세계 평화를 지키기 위해 1945년에 설립된 UN은 현재 150여 국가가 회원국으로 가입해 있다. 그러나 지금까지 UN은 적대적인 세력과 서로 협정을 맺거나 그들의 군사력이 미약할 때에만 평화를 보존하고 회복시키는 데 성공했다. 전쟁을 일으키기로 결정한 강대국들 사이의 분쟁을 예방하는 데 성공한 적은 한 번도 없었다.

전쟁의 역사는 인류를 실제보다 잘 묘사해 주지 않는다. 전쟁은 언제나 파괴적이었고, 인간의 생명을 위협했으며, 인간이 이룩한 번영을 무너뜨리고, 문화를 황폐화시켰다. 도시들이 파괴되고 여러 지역이 황폐해질 때, 굳이 그렇게 표현한다면 유일하게 얻어지는 이득은 승리자에게 돌아가는 영광뿐이다.

왜 나라들은 계속해서 전쟁을 일으키는가? 고대에는 그 이유가 비교적 단순했다. 통치자들이 전쟁을 통해 이익을 얻을 수 있다면 즉시 전쟁을 일으켰다. 부족들과 도시들과 국가들은 전쟁으로 부유하게 되고 자신들의 세력과 명성을 높일 수 있다고 생각했다. 통치자들이나 국가들이 영광과 재물을 위해 전쟁을 일으키면서 반드시 이길 수 있다는 계산이 나올 때에만 모든 노력을 기울였지만, 전쟁에서 이겼다고 해서 그 승리를 통해 항상 무언가를 얻기만 하는 것은 아니었다. 승리의 대가로 피를 흘리고 돈을 낭비했으며, 문화의 분야에서 치른 대가는 예상보다 훨씬 엄청난 수준이었다.[80] 그리고 전쟁에서 패배한 편에서 당하는 희생은 비교할 수 없을 정도로 엄

---

80. 라틴 아메리카에 대한 스페인의 정복을 생각해 보라. 본토 원주민들이 치른 엄청난 희생은 잘 알려져 있다. 그러나 스페인은 결국에 가서 많은 이득을 취했는가? 아즈텍과 잉카

청났다.

현대의 전쟁은 항상 파괴적이며 결코 생산적이지 않다. 1800년대 이후 큰 전쟁을 일으킨 나라나 집단 가운데 이익을 본 곳은 한 군데도 없었다.

- 나폴레옹이 정복 전쟁을 시작했을 때, 그는 백만 명의 군사가 희생된 것을 슬퍼하면서 자신이 프랑스를 떠나게 되리라고 생각지 못했고, 해외의 식민지를 빼앗기고 자신이 세인트 헬레나(St. Helena) 섬으로 유배될 것을 상상도 못했을 것이다.

- 남부가 북부로부터 독립하기 위해 싸울 것을 결정했을 때, 그들은 젊은이들 가운데 1/4이 죽고, 남부에 속한 도시들이 파괴되며 경제가 황폐하게 되고, 자신들의 정부가 재건 기구(Reconstruction)의 지배 아래 들어갈 것을 예상하지 못했다.

- 유럽의 열강들이 제1차 세계대전에 휘말려 비틀거릴 때, 오스트리아-헝가리, 독일 그리고 러시아의 황제들은 권좌를 빼앗기거나 살해되리라는 생각은 하지 않았고, 왕국이 분열되고, 경제가 파탄되며, 전체주의적인 독재 체제가 들어서리라는 예상도 하지 못했다.

- 영국과 프랑스는 전쟁에 개입하면서, 젊은 세대를 전쟁에서 잃게 될 것과 자신들이 더욱 강력한 중앙 정부로서의 책임을 지게 될 것을 예상치 못했다. 또한 그들이 규정한 공평치 못한 평화 조약으로 인하여 전보다 훨씬 격렬한 제2차 세계대전의 장(場)이 펼쳐질 것도 예기치 못했다.

- 윌슨 대통령이 제1차 세계대전에 미국의 참전을 결정했을 때, 그는

에서 약탈한 보물로 가득 채운 금고로 인하여 스페인은 역사상 첫번째로 지독한 인플레이션에 시달려야 했다. 스페인의 돈은 주화(금화와 은화)였기 때문이다.

유럽의 문명을 파괴시키고 히틀러가 등장할 길을 준비해 주리라는 것을 생각지 못했다.

▪ 히틀러는 생활권(Lebensraum, room to live)을 확보하기 위해 제2차 세계대전을 일으켰을 때, 베를린의 폐허 위에서 죽으리라는 계획을 세우지 않았으며, 황폐화된 도시와 무너져 내린 산업 기반 그리고 젊은 세대의 멸절과 폴란드와 러시아에 빼앗겨 회복할 가능성이 없는 고대 독일 제국의 영토 등과 함께 분단된 독일을 후세에 남겨 주려는 계획도 세우지 않았다.

▪ 미국은 베트남 전쟁에 참전하면서, 5만 명이나 되는 병사들의 생명을 헛되이 죽음에 이르게 할 의도가 없었고, 베트남을 공산주의자들의 손아귀에 넘겨 줄 생각도 하지 않았다. 캄보디아를 죽음의 땅(killing field)으로 만들거나 미국 중심부에 도덕적이고 사회적인 재난을 야기할 계획도 없었다.

▪ 소련 연방은 자신들의 뜻을 강요하기 위해 아프가니스탄을 침공했을 때, 본토의 통제력을 상실하여 연방을 여러 개의 독립 국가들로 분열시킬 의도는 전혀 없었다.

전쟁을 통해 여러 국가들 중에 가장 용맹스러운 최상의 국가가 될 수 있다는 사회적 진화론의 환상은 끔찍한 기만으로 판명되었다.[81] 영광스러운

---

81. 제1차 세계대전이 있기 전까지 유럽의 여러 강대국과 미국은 주장하기를 전쟁이 '적자생존'을 용이하게 하므로 인간의 진보에 유익하다고 하였다. 그러나 정확히 그와 반대되는 일이 벌어졌다. 미국의 알프레드 마한(Alfred T. Mahan) 제독과 호너 레아(Horner Lea) 장군이 진화론적 이유를 근거로 전쟁을 찬양했고, 독일의 장성 가운데 프리드리히 폰 베른하르디(Friedrich A. J. von Bernhardi) 장군과 영국과 프랑스의 여러 군인들이 이런 입장을 지지했다. 클라우스 바그너(Claus Wagner)는 전쟁에 대해 이렇게 말했다. "모

정복은 승리자를 전쟁 이전보다 더 가난하게 만들어 놓았다.

전쟁이 일상으로 변하다

　제1차 세계대전은 전혀 새로운 종류의 전쟁, 곧 산업화된 전쟁이었다. 그 이전까지의 전쟁은 일련의 작전 속에서 중요한 몇 번의 전투를 통해 수행되었다. 어떤 군인들은 승리의 전쟁 이후 약탈물로 인하여 자신들이 평생토록 힘들게 일하여 벌어들일 수 있는 것보다 훨씬 더 많은 부를 축적할 수 있었다. 군인이 되는 것은 위험이 따르는 일이었으나 아울러 엄청난 보상을 받을 기회도 함께 잡을 수 있었다. 그러나 1914년 이후 전쟁은 연중 계속되며 하루 24시간을 투자해야 하는 사업이 되었다. 역사상 처음으로 군대 전체가 전투에 지속적으로 참가하게 되었다. 이전에는 전투가 예외적으로 어쩌다 한 번씩 일어나 평화로운 군대 업무를 뒤흔들어 놓곤 했었다. 제1차 세계대전에서 전투는 지속적으로 이어졌고, 아주 짧은 휴가나 상륙 허가 기간만이 허용되었을 뿐이다. 군인들은 전투 사이의 간격이 오랫동안 이어지더라도 병영이나 주둔지에 기거하지 않았다. 그 대신 그들은 참호에 머물면서 끊임없이 포격을 당하며 단 한 순간도 안심할 수 없었다.

　제2차 세계대전이 일어나기 전까지 전쟁의 참상은 주로 전투에 참가하는 군인들에게 한정되었다. 민간인들도 안전하지 못하기는 마찬가지였으나 최악의 상태는 면할 수 있었다. 미국의 남북전쟁 당시, 북부의 군대는

든 자연의 법칙을 요약해 놓은 자연의 법칙이며, 전쟁의 창조적인 작업은 자연 도태 (selection)에 의거하여 이루어진다." 이런 주장은 그 당시 주도적인 생물학자였던 오스카 헤르트빅(Oskar Hertwig)에 의해 도전받았으나 별다른 영향은 받지 않았다. *Zur Abwehr des ethischen, des sozialen, des politischen Darwinismus*(Jena, Germany: Gustav Fischer, 1918), 98-115.

남부의 집과 농장과 공장과 학교 등을 불태웠지만 남부 사람들을 조직적으로 학살하지 않았다. 제2차 세계대전은 그런 분위기를 바꿔 놓았다. 전쟁은 민간인들에게도 역시 한 순간도 안심할 수 없는 위험이었고, 군사적으로 열세에 있는 국가의 국민들은 더욱 심각한 위험에 시달렸다. 독일의 여러 도시들과 마을들은 연합군의 쉴 새 없는 폭격을 받았고 일본에는 소이탄과 핵폭탄이 투하되었다. 현대의 전쟁에서는 어느 누구도 안전할 수 없다. 한 가지 예외가 있다면 군대를 통솔하는 지휘관들인데, 그들은 남다른 대우를 받으며 생명을 유지하는 듯하다.

침략 전쟁이나 방어 전쟁은 산업화 단계에 있는 나라나 선진국 모두에게 엄청난 희생을 치르게 하였다. 주요 강대국들은 전쟁을 자신들의 영토에서 치르려 하지 않았다. 그러나 몇몇 국가(특히 프랑스, 미국, 소련, 중국)는 본토에서 멀리 떨어진 곳에서 끝이 나지 않을 비참한 전쟁을 벌여 많은 인명과 돈과 명예를 잃어버리기도 했다. 때때로 전쟁에서 승리한 국가는 이득을 얻는 것처럼 보이기도 한다. 미국은 제2차 세계대전이 끝난 후에 이득을 챙긴 국가이다. 미국은 산업 기반이 무너지지 않고 국민들의 인명이 비교적 손실을 적게 보았으므로 전쟁 이후에 강력하고 부유한 국가로 등장할 수 있었다. 다른 승전국들 가운데 영국은 왕정을 잃었고, 소련 연방은 오히려 그런 체제를 획득한 듯했으나, 너무나 무상한 것이었다. 독일이나 일본과 같은 패전국들은 자신들을 정복했던 국가들보다 더욱 강력한 경제와 막대한 부를 누리고 있다. 비록 지금은 주요 열강들 가운데 전쟁을 치르거나 전쟁의 위협을 받는 국가는 없지만, 걱정과 두려움의 마음은 결코 완전히 사라지지 않고 있다.

제2차 세계대전 초기에 소로킨은 이런 글을 썼다. "우리는 위험을 무릅쓰고 다음과 같은 일을 추측해 볼 수 있다. 문화 변천의 시기가 끝나고 새로운 관념 사회 혹은 이상주의 사회와 문화가 도래할 때까지, 전쟁은 인간 관계에서 결정적인 역할을 계속해서 유지할 것이다. 비록 내일 휴전 협정이 체결된다 하여도, 그것은 더욱 끔찍한 재난이 오기 전에 잠깐 생기는 막간의 시간을 의미하는 것밖에 안 된다."[82]

만일 여기에서 말하는 전쟁이라는 말이 초강대국 사이에 일어나는 전쟁을 일컫는다면, 이러한 예견은 틀렸다고 할 수 있다. 그러나 소규모의 전쟁과 내전을 전쟁의 범위에 포함시킨다면, 전쟁은 그러한 결정적인 역할을 여전히 유지하고 있다. 아직까지 "더욱 끔찍한 재난"은 일어나지 않았다. 우리는 그런 일이 일어나지 않을 것이라고 생각하기를 좋아한다. 적어도 얼마 동안은 강대국이나 국가 연합 사이에서 전 세계적인 차원의 전쟁은 일어나지 않을 것처럼 보인다. 그러나 우리는 나폴레옹이 워털루에서 패배한 후 거의 백 년 동안 비교적 평화로운 시기가 유지되었음을 잊지 말아야 한다(크림 반도 전쟁과 덴마크, 오스트리아, 프랑스와 프러시아의 갈등은 잠깐의 간주곡에 지나지 않았다). 많은 사람들은 평화가 종국적으로 전쟁을 대신하리라고 생각했다. 유럽의 주요 국가들은 전쟁 없이 지내는 것에 익숙해진 것처럼 보였지만, 그러한 희망은 끔찍한 전 세계적인 전쟁의 발발로 갑자기 산산조각 나 버렸다. 지금 시대에는 세계적인 전쟁이 필연적으로 선행하지 않더라도 거대한 범위의 불행은 일어날 수 있다는 것이 명백하게 밝혀졌다. 국가간의 전쟁은 상당히 위험하고 지구 전체의 운명을 위협하지만, 혁명과 내전은 인간이 겪는 고통의 상당량을 담당하고 있다.

혁명

본질적으로 전쟁을 일으키는 것과 동일한 감정이 혁명을 불러일으킨다.

---

82. Sorokin, *Crisis*, 178.

혁명은 일반적으로 악의 세력을 전복시키고 그럼으로써 인간의 상태를 향상시킨다는 의도와 평계를 내세우며 시작된다. 사람들은 혁명 이후에 전과는 다르게 행동하기 시작할 것이며 더 이상의 폭력은 일어나지 않으리라는 희망이 혁명 초기에 이런 저런 형태로 표현된다. 실제로 최근 수십 년 동안 혁명의 폭력성을 정당화하기 위한 새로운 주장이 제기되었다. 즉 혁명 세력은 그들의 공격 대상인 현정부 체제가 '제도적이고' '구조적인' 폭력을 자행했다는 사실을 규명하는 동시에 자신들이 폭력을 사용하는 것은 옳지 못한 것을 바로잡기 위해 필수적이며 지금까지의 폭력에 맞서기 위한 것이라고 주장한다.

미국의 윌슨 대통령은 "윌슨이 우리를 전쟁에서 지켜 주었다"라는 구호를 내걸고 선거 운동을 하면서, "모든 전쟁을 종식시키기 위한 전쟁"으로 명명한 제1차 세계대전에 미국이 참전하는 것을 옳다고 주장하였는데, 그가 당시에 순수한 마음에서 그런 결정을 내렸다는 것은 의심할 여지가 없다. 그러나 그 전쟁은 그보다 훨씬 더 많은 인명을 앗아간 전쟁을 위한 준비 단계의 역할을 하였다. '제도적인 폭력'을 종식시키려는 혁명이 원래 의도대로 성공을 거두는 경우는 거의 드물다. 마치 제1차 세계대전에 전쟁을 끝내기 위한 의도로 참전했던 것과 마찬가지이다. 인간의 자기 기만 능력은 날로 커져만 간다. 사람들은 여전히 희망을 지니고 있다. 한 가지 특이하고 섬뜩한 예는 1979년 이란에서 일어났던 '이슬람 혁명'이다. 그 혁명은 독재 정권과 압제적인 독재자를 무너뜨리긴 했으나, 전보다 더 무자비하고 압제적인 종교 전체주의를 등장시켰고 경제를 파탄시키고 이라크와의 장기간에 걸친 피비린내 나는 전쟁을 위한 구실을 제공하게 되었다. 전쟁을 끝내기 위한 전쟁, 압제를 종식시키기 위한 혁명, 이런 것은 마치 질병을 없애기 위해 살인을 저지르는 것과 다를 바 없다.

소로킨은 "피비린내 나는 혁명과 그보다 더 많은 피를 흘리는 전쟁"에 대해 언급했다. 전쟁과 혁명 사이의 이와 같은 비율은 반전되어, 이제는 혁명으로 더 많은 피를 흘리고 있다. 둘 중에 어떤 경우든지 간에, 지구는 여전히 인간의 피로 물들고 있다.[83] 세계는 제2차 세계대전 이전과 그 기간 중에 일어난 유대인과 다른 민족에 대한 나치의 학살 소식을 듣고 전율하였다. 그렇지만 연합군은 그것을 중지시키려는 노력을 기울이지 않았다. 오늘날 세계 여러 나라들은 단기간에 수십만 혹은 수백만의 인명을 앗아가는 혁명과 내전 소식을 듣는 데에 익숙해졌다. 크메르 루즈가 캄보디아에서 행한 학살, 아제르바이잔에 의한 아르메니아 사람의 학살, 후투스와 투치스가 르완다에서 저지른 학살, 또한 유고슬라비아에서 여러 파벌들이 행한 잔인한 행동들이 그런 소식에 포함된다.

혁명이 무엇을 의미하고 혁명이 역사 속에서 어떤 결과를 남겼는지 이해하기 위해서는 그 용어에 대한 정의를 내릴 필요가 있다. 왜냐하면 그 말은 평화처럼 모호하게 사용되고 있기 때문이다. 혁명은 쿠데타, 무혈 쿠데타, 내전, 독립 전쟁 등과 구별되는 것으로 현존하는 질서를 전복시키는 폭력적인 격변을 뜻한다. 소로킨은 기원전 6세기부터 현재에 이르기까지 그리스와 로마와 유럽의 역사를 장식한 폭력적인 혁명은 1600여 회에 이른다고 하였다. 이러한 소동의 대부분은 비교적 지역적인 차원에서 이루어졌고 기간도 한정되었으며 사회 질서를 근본적으로 변화시키지도 않았다.

그라쿠스 형제(Gracchus Brothers, 티베리우스(B.C. 163?-132)와 가이우스(B.C. 153?-121), 고대 로마의 정치가, 사회 개혁가 형제)가 통치하던 기간은 로마에서 실제로 혁명이라고 간주할 만한 내전이 시작된 시기이다. 그 시기는 B.C. 27년에 아우구스두스의 통치 아래 로마 제국이 세워지면서

---

83. 전쟁과 혁명으로 인한 인명의 살상 이외에도, 1970년대부터 낙태라고 하는 '조용한 학살'로 말미암아 아직 태어나지도 않은 수천만의 생명이 죽어가고 있다.

끝이 났다. 모든 가족들과 씨족과 계층이 전멸 당했고, 이탈리아의 시골에는 인구가 줄어들었다. 사람들은 그때까지 일반화되었던 위기를 겪은 탓에 제국의 통치 아래에서 질서를 회복하는 것을 고맙게 생각했다. 유고슬라비아와 러시아 일부 지역에서 맹위를 떨친 내전을 그와 비슷한 것으로 보는 것은 억지가 아니다. 그리고 만약 내전이 오랫동안 계속되었다면, 어떤 한 명의 독재자가 가져올 수 있는 그런 종류의 평화가 정착되었으리라는 것도 터무니없는 것이 아니다.

미국의 독립 전쟁은 그런 의미에서 볼 때 혁명이 아니다. 이전의 식민지들은 그들이 이미 전부터 따르고 있었던 노선을 따라 계속적인 발전을 이루었기 때문이다. 1789년에 시작된 프랑스혁명은 로마의 내전과 유사하다. 공개 처형이 이루어졌고, 전국에서 백만 명에 달하는 인명이 학살되었고, 전 유럽과 불화 상태에 빠졌으며, 결국 나폴레옹의 등장으로 제국이 설립되었다. 프랑스혁명은 여러 파괴적인 혁명을 위한 모델이 되었다. 멕시코(1910), 중국(1949년에 끝난 내전), 러시아(1917), 쿠바(1959), 에티오피아(1974), 캄보디아(1975), 이란(1979) 그리고 다른 여러 지역에서 유사한 혁명이 일어났다. 혁명의 와중에는 무자비한 살인과 약탈과 인간이 겪을 수 있는 모든 종류의 재난이 자행되고 일어났다. 국가적인 혹은 인종적인 단일성을 근거로 여러 나라가 억지로 만들어지거나 재건되었다. 제1차 세계대전 이후에 생겨난 체코슬로바키아, 유고슬라비아, 폴란드 등과 같은 국가들은 제2차 세계대전을 일으키는 빌미를 제공하였다. 유고슬라비아는 여러 개의 작은 국가들로 분열되어 수만 명이 죽고 수십만 명의 피난민이 생겨난 장기간에 걸친 내전으로 고통당하고 있다.

제1차 세계대전은 전쟁의 산업화를 가져 왔고, 전쟁은 군인들에게 지속적인 것이 되었다. 제2차 세계대전의 여파는 혁명의 산업화로 이어졌고, 많은 나라의 국민들이 혁명의 영향 아래 놓이게 되었다. 미국에서 도시의 범죄는 혁명이 일어난 것과 같은 역할을 감당하고 있어서, 위험과 재난이 시민 전부는 아니라도 많은 사람들에게 영구적인 것이 되게 하였다. 소로킨은 '전쟁 곡선'을 세밀히 검토하여, 전쟁의 발생과 일정 기간 뒤에 나타나는 내부적인 교란의 발생 빈도를 조사했다.[84] 1990년대에 세계 전역에서 일어난 각국의 내부적인 혼란은 장래에 나타날 불길한 사건들의 징조로 보여진다.

자살

자살의 발생은 희망의 상실과 여러 종류의 절망을 반영하고 있다. 사람들은 자신들의 생명을 불치병이나 엄청난 고통 때문에 끊으며, 포로로 잡히지 않기 위해 그리고 고문과 수치를 피하기 위해 또는 명예를 잃었으므로 목숨을 끊는다. 때로는 항의의 표시로 자살하기도 한다. 20세기 중반에 이르러 의술은 예전에 치명적이던 질병들을 치료하거나 예방하게 되었지만, 자살율은 치명적인 죽음의 원인이 되는 무서운 질병들을 앞서기 시작했으며, 특히 젊은이들 사이에 널리 퍼졌다. 미국 내에서 젊은 남성들 가운데 자살은 사망률을 높이는 첫번째 원인이 되었다.

사회는 각 개인들이 자신들의 생사(生死)를 결정할 수 있는 권리를 지니고 있다는 데에 동의해야 하는가? 고대 그리스와 로마에서 대부분의 사람들은 어떤 상황에서는 자살을 받아들일 수 있으며 심지어는 칭찬할 만한 행동이라고 생각했다. 구약성경에서는 명백하게 자살을 금지하고 있다. 전통적인 유대교에서도 자살이 인간의 피를 흘리는 것이라 하여 금지하고 있다. 기독교는 자살을 확고하게 금하고 있는데, 특히 성 어거스틴(A.D. 354-

---

84. Sorokin, *Crisis*, 179.

430) 이후 자살은 중대한 죄악으로 간주되고 있다. 단테는 그의 작품인 『신곡』에서 자살을 지옥에 두었다. 전통적으로 자살한 사람들은 기독교식으로 매장되지 못했지만 이제는 점차 변화되는 추세이다.

서구 기독교 사회에서 18세기 말엽과 19세기 초엽에 자살이 급격히 증가했다. 독일의 위대한 시인 괴테(Goethe)는 『젊은 베르테르의 슬픔』이라는 중편 소설에서 자살을 집중적으로 다루었다. 자살에 대한 그의 낭만적인 묘사는 많은 젊은이들로 하여금 스스로 목숨을 끊도록 부추겼다. 자살은 일종의 유행이 되었고, 자살할 생각이 없는 젊은이들도 적어도 젊은 베르테르처럼 옷을 입고 '베르테르의 물'(Eau de Werther)이라는 향수를 바르고 다녔다. 나폴레옹은 그 책을 이집트에도 지니고 갔다. 19세기 중반의 낭만주의 시대에 자살은 더욱 일반화되었고, 영국 빅토리아 시대에도 자살의 물결은 스쳐갔다.[85] 우리 시대와 좀더 가까운 시대에 이르러 어떤 철학자들은 자살을 숭고한 행위라고 찬양했다. 리처드 폰 코우덴호프-칼레르기는 "오직 자살만이 자유로운 생명과 자유로운 죽음을 가져다준다"고 했다.[86]

과거에는 종종 자살이 극적인 요소를 지니고 있었다. 일본의 할복 자살 의식이나 베트남이나 다른 지역에서 있었던 항의자(protester)의 자기 희생 같은 것이 그런 부류에 속한다. 그러나 요즘에는 자살을 안락사에 의한 의료 절차로 여기려는 경향이 대두되고 있다. 안락사가 어떻게 행해지고 "의사의 도움"을 받은 것인지의 여부를 따지기 전에, 자살이 일반화된다는 것은 말기의 감각 사회가 영적인 자원을 모두 고갈하고 삶의 즐거움을 잃어

---

85. 올리브 앤더슨(Olive Anderson)의 *Suicide in Victorian and Edwardian England*(Oxford: Clarendon, 1987)과 바바라 게이츠(Barbara T. Gates)의 *Victorian Suicide: Mad Crimes and Sad Histories*(Princeton, NJ: Princeton University Press, 1988)를 보라.

86. Richard N. von Coudenhove-Kalergi, *Ethik und Hyperethik*(Leipzig, Germany: Der Neue Geist/Peter Reinhold, 1922), 117.

버렸다는 또 하나의 징후이다. "자살율이 급격히 증가한다면, 그것은 감각
적인 인간이 행복을 얻는 것에 실패했음을 보여 주는 가장 확실한 표시 가
운데 하나이다."[87] 심지어는 집단 자살 현상까지 일어나고 있다. 1978년 11
월에 구아야나의 존스타운에서 짐 존스와 그를 추종하는 수백 명의 신도가
청산염을 먹고 자살했다. 1993년 3월에 텍사스의 와코에서 데이비드 코레
쉬(David Koresh)와 80명 이상의 추종자가 계획적으로 집단 자살했다.[88]

정신 질병

문화의 불안정이 국가간의 혹은 대인 관계에서 즉각적인 폭력으로 나타
나지 않는다 하여도, 그러한 불안함은 감정적인 문제나 정신적인 질병을
대규모로 일으킬 수 있다. 한 사회에 속한 사람들이 범죄나 전쟁 혹은 혁명
등을 통해 물리적으로 충격을 받지 않았더라도, 그들은 자신들의 이해와
통제를 벗어나는 상황에 의하여 정신적이고 감정적으로 피폐해질 수 있다.
정신 질병의 증가는 심리학자와 정신병 의사 그리고 정신병원의 환자수가
증가하는 것을 통해서도 어느 정도 드러난다. 심각한 감각적 정신적 질병
의 범위는 그러한 수치에 의해 부분적으로 나타난다. 하지만 심각한 정신
적인 질병의 증상을 지닌 대다수의 사람들은 도움을 요청하지 않고 어떻게
해야 하는지조차 모르고 있다. 따라서 정확한 통계치는 산출이 불가능하
다.

미국에서 정신적인 질병을 치료하는 문제는 너무나 막대한 일이 되었으
므로, 병원 시설에서 치료받고 있던 정신적으로 장애를 겪고 있는 수십만

---

87. Sorokin, *Crisis*, 184.

88. 정부의 병력을 공격함으로써 죽음을 당하는 것도 집단 자살의 한 가지 방법이었다.

명의 사람들을 자유롭게 하는, 곧 내쫓는 법안을 통과시켜 그들을 거리로
내몰아 거리의 부랑자들이 엄청나게 증가하였다. 큰 도시의 거대한 호텔과
공연장은 집 없는 걸인들의 무리로 둘러싸여 있다. 그런 광경은 과거에 가
난에 찌든 제3세계의 도시에서나 볼 수 있는 것이었다. 미국의 부랑자 수
는 1930년대의 대공황과 같이 경제적으로 무척 어려운 시기로 알려졌던 때
보다 훨씬 더 많은 것으로 추정된다. 대가족 제도가 소가족 제도로 바뀌고
많은 가정들이 깨지자, 더 이상 가정은 불행에 빠진 가까운 가족 구성원을
위한 피난처 역할을 하지 못하게 되었다.[89] 거주지 없이 떠돌아다니는 현상
은 어찌할 수 없는 경제 문제 때문에 일어나는 것이 아니라, 다른 여러 가
지 확실하지 않은 이유가 있음이 분명하다. 정신적 질병의 증가는 제2차
세계대전 동안 폭격을 당했던 런던이나 함부르크처럼 사람들이 극심한 육
체적 위험과 스트레스에 시달리는 곳에서만 나타나는 현상이 아니다. 그런
증상은 풍요롭고 사치스러운 환경 속에서도 일어나고 있다. 삶의 외적인
상황은 오십 년 전이나 백 년 전에 비해 견딜 만한 상태가 되었지만, 더욱
많은 사람들이 정신적인 안정성을 상실하고 사회적으로 해를 끼치는 행동
을 일삼고 있다. 삶의 정황에 직접적이고 과도한 외적인 압력이 없을 때에
도 이런 현상이 나타난다는 사실은, 침체 상태가 육체적인 재난이나 위험
에 의하여 생기지 않고 오히려 무형적인 요인들에 의해 야기된다는 것을
말해 준다. 문화에 대한 근본적인 신념의 변화는 중요하다. 사람들은 방향
을 상실하였고, 윤리적인 '항성' (fixed stars)은 수평선 너머로 사라져 버렸
으며, 그들은 감정이나 기분보다 더 명확하게 옳고 그름을 판명해 줄 수 있

---

89. 동시에 비공식적인 후원 조직이 있어 스스로 일하고 자활 능력이 있는 젊은이들이 가정
　　과 여러 가지 부담을 떨쳐 버리고 다른 사람들의 관대함에 의지하여 나라 전역을 떠돌수
　　있도록 도와준다. 그들은 참으로 불운하고 무능한 사람들을 위해 생겨난 공적인 복지 혜
　　택을 이용하기도 한다.

는 기준을 지니고 있지 않다.

이러한 파괴적인 문제들의 증가와 확산은 감각 문화가 뿌리내리고 있는 근본적인 원리와 직접적으로 모순된다. 감각 문화는 유일한 가치는 물질적인 것이라 주장한다. 그것은 곧 모든 문제는 물질적인 원인을 지니고 있으므로 물질적인 지원으로 해결할 수 있다는 것을 의미한다.[90] 이처럼 부조리한 상황은 미국에서 있었던 '가난과의 전쟁'과 그 정책과 관련된 여러 복지 프로그램의 실패에서도 찾아볼 수 있다. 1960년대 이후 빈곤을 해결하기 위해 수천억 달러를 쏟아 부었지만, 그럴수록 전보다 더 많은 사람들이 가난과 퇴보의 상태에서 살아가고 있다는 것을 발견할 뿐이었다.

정신 질병을 겪는 사람의 급격한 증가는 종종 가해자가 "정신병을 앓고 있으므로 유죄가 아니다"라는 선고와 함께 폭력 범죄가 처벌을 받지 않고 넘어가는 현실과 무관하지 않다. 피고인은 비록 전에 그런 일이 없었고 앞으로 그렇지 않더라도 "억누를 수 없는 충동"에 사로잡혀 범행을 저지를 당시 "순간적으로 제정신이 아니었다"는 것만 밝히면 된다. 아마도 그는 다른 사람들의 말대로 자신이 악마에 사로잡혔다고 생각할지도 모른다. 과거에는 악마에 사로잡힌 사람은 악마를 쫓아내는 의식(exorcism)으로 고치려 하였다. 요즘에는 그를 정신병원으로 보낸다. "이것은 서구 사회가 급격히 정신적으로 허물어지고 도덕적으로 불균형 상태에 이르렀다는 것을 의미한다."[91]

범죄성은 임상적인 의미에서 필연적으로 혹은 일반적으로 정신적인 질

---

90. 정신적인 질병이나 그와 연관된 여러 현상들의 원인은 주로 비물질적이고 실체를 파악할 수 없는 무형의 것이므로, 증가하는 복지 정책이나 더 나은 보건 위생 사업과 같은 물질적인 차원의 대책으로는 이런 문제들이 기껏해야 어느 정도 완화될 수 있지만 결코 해결될 수는 없다.

91. Sorokin, *Crisis*, 184.

병을 가리키지 않는다. 강도, 절도, 사기 등과 같은 범죄는 종종 이득을 얻기 위한 정교한 계획에 따라 저질러진다. 20세기 말엽에 살고 있는 우리들은 무의미하게 자행되는 범죄와 비열한 잔혹함을 점점 더 많이 목격하고 있다. 변덕스럽고 비합리적인 잔인성을 드러내는 행동들이 〈밀짚 개들〉(*Straw Dogs*), 〈타고난 살인자들〉(*Natural-Born Killers*), 〈펄프 픽션〉(*Pulp Fiction*)과 같은 노래나 영화에서 찬양되고 있다. 2세기 이전에 나온 소설 『젊은 베르테르의 슬픔』과 같은 성향의 이러한 영화들은 모방 심리를 자극한다. 연예 매체에서 지속적으로 폭력을 묘사하며 찬양하는 것은 범죄자들을 체포하고, 피해자가 고통을 당하며, 위법 행위를 바로잡는 정도로 그치는 경우가 거의 없다. 일반적으로 경찰들은 부정적인 모습으로 그려지고, 동일하게 죄를 범하고 심지어는 범죄자들보다 옳지 못한 것으로 나타난다. 정교한 기술을 사용하여 저지르는 고도로 조직화된 범죄 사건과 범죄 행위와 더불어 합법적인 사업에 종사하는 모습은 소설이나 영화에서 다루기 좋은 익숙한 주제가 되었다.

증가하는 형벌의 잔인성

이처럼 연속되는 혐오스러움의 마지막 요소는 날로 늘어나는 사회의 무질서와 혼란을 바로잡는다는 명목으로 더욱 호되고 잔인한 처벌의 도움을 받으려는 경향이다. 정부는 경찰의 수를 늘이고 처벌의 강도를 높임으로써 범죄를 억제하기 위한 노력을 더욱 강화한다. 그러나 특히 미국 사람들에게 있어 범죄를 억제하는 것은 단지 요구되어지는 것이지 실제로 효과를 거두고 있는 것처럼 보이지 않는다. 채찍질이나 고문과 같은 신체적인 형벌은 모든 서구 사회에서 완전히 사라지지는 않았더라도 실질적으로 금지되어 있다. 사형 제도는 대부분의 서방 국가에서 금지되었다. 비록 미국에서 재도입되어 점차 적용하는 경우가 늘고 있긴 하지만, 단지 소수의 기결수만이 실제로 사형에 처해진다.

미국에서 놀랍게 증가하는 것은 수감자들의 숫자이다. 미국은 서구의 다른 어느 국가보다 더 많은 사람들을 감옥에 가두어 놓고 있다. 백분율로 따지면 과거의 소련 연방이나 인종 차별 정책을 썼던 남아프리카 공화국을 능가한다. 그러나 미국에서는 더 많은 교도소의 설립이 요구되며 범죄자들을 더 오랫동안 수감시키라는 목소리가 줄어들지 않고 있다. 25세 이하의 젊은이 네 명 가운데 한 명이 감옥에서 시간을 보내고 있다면, 그 사회가 전체적으로 심각한 방향성 상실을 겪고 있다는 것은 누구나 추측할 수 있다. 아무리 감옥을 크게 짓고 더 많은 수감자를 수용한다 하여도 그 사회의 병폐는 쉽게 고칠 수 없을 것이다.

현재 진행되는 프로그램이나 정책, 혹은 체제를 바탕으로 일어나는 이 같은 사회적인 퇴락이 개선되리라는 예견을 하기란 쉽지 않다. 어떤 이들은 아우구스투스 시저와 그의 후계자들의 통치 아래 있었던 로마를 떠올리면서, 상당한 훈련을 받고 동기가 부여된 소수의 사람이 권력을 잡고 정권을 수립하면 사회를 '정화' 할 수 있으리라는 생각을 품을 수도 있다. 그러나 로마의 진정한 갱신은 황제들의 노력을 통해 이루어지지 않았다. 그것은 오직 문화가 변화될 때, 즉 점차 기독교 운동이 힘을 발휘함으로써 현실화되었다.

7
사회 문화적인 해체의 마지막 단계

악화가 양화를 구축한다(*Bad money drives out good*).
-그레샴의 법칙-

사회-문화적인 체제가 해체의 마지막 단계에 들어서면 보통 네 가지 증상이 나타난다.

1. 인간의 오만과 자기 찬양이라는 측면과 자기 비하와 퇴폐라는 측면 사이에 일어나는 양립할 수 없는 이중성.
2. 전통적인 관습이 사회에서 사라지고, 과거와 현재의 다양한 문화들로부터 내려온 조화되지 않는 요소들이 무질서하게 혼합되어 통합을 이루지 못하고 한데 뒤섞임.
3. 질에 대한 언급 없이 단순히 규모와 숫자에 대한 강조.
4. 점증하는 탈진 현상과 창조성의 상실.[92]

---

92. 여기에 제시된 많은 부분은 소로킨의 분석을 따랐다. Pitirim A. Sorokin, *The Crisis of Our Age*, 2d ed. (Oxford, Oneworld, 1992), 196.

이러한 요소들이 오늘날의 서구 문화를 어느 정도까지 설명해 주는가?

인간에 대한 찬양과 퇴폐의 문화

19세기 말엽과 20세기 초엽은 인간의 능력과 멈추지 않는 '진보'의 행진을 엄청나게 확신한 시기였다. 서구 문화는 세계에서 가장 뛰어난 것처럼 보였다. 서구의 과학은 우주의 수수께끼를 차례로 풀어나가는 듯했다. 그러나 순수 예술과 같은 분야에서 분명한 스트레스의 징조가 강하게 나타나고 있는 것이 사실이다. 산업화된 국가에서는 도시의 무산 계급에 속한 사람들이 과거 수십 년 간 시골에서 빈곤하게 지내던 것과는 전혀 다른 열악한 환경과 더욱 피폐한 상태로 살아갔다. 그럼에도 불구하고 많은 사람들에게 세계는 점차 진보하고 있는 것으로 보였고, 당시의 여러 문제점들은 인간의 발전 과정에 잠깐 나타나는 방해물 정도로 여겨졌다. 이제 인간은 완전히 현대화된 시대에 살고 있었고, 중세 시대의 유치함과 너저분함은 구시대의 유물이 되었다. 시인이었던 스윈번(Swinburne)은 이렇게 선언했다. "가장 높은 자리에 앉은 인간에게 영광이 있으라. 인간이 모든 일의 창조자로라." 휘트먼(Whitman, 1818-1892, 미국의 시인)은 자신에 대한 노래를 불렀으며, 니체(Nietzsche, 1844-1900)는 희열에 넘쳐 초인에 대하여 썼다.

제1차 세계대전은 갑작스럽고 압도적인 충격을 가져다주었다. 전쟁은 상업화되었고 이전에는 생각하지도 못할 정도로 인간(특히 남성들)을 멸절시켰다. 유럽의 열강들은 차례로 무너졌고, 왕권이 넘어갔으며, 거드름을 피우던 제국들은 해체되거나(오스트리아-헝가리) 혁명의 혼돈 속으로 빠져들었다. 25년 사이에 20세기는 그 이전까지 흘렸던 것보다 더 많은 피를 흘렸고, 더욱 많은 파괴와 무자비한 잔인함을 경험했다. 그러나 말 그대로의 포악함은 그때부터 시작이었다. 1920년대에 잠깐 동안의 회복기를 지내자 곧바로 제2차 세계대전의 결과로 야기된 산업 경제와 전 세계적인 공황으로 인한 위기가 뒤따랐다. 인간은 지구 전체를 완전히 파괴할 수 있을 정도로 위협적인 무기를 처음으로 개발했다.

이처럼 파멸적으로 변화하는 사회 현실을 배경으로 하여 음악가, 예술가, 건축가, 작가들의 창의적인 에너지가 분출되었다. 대중 매체의 발전과 전 세계를 넘나드는 통신 수단의 개발은 몇몇 사람에게 순식간에 명성을 안겨 주는 것을 가능하게 하였고 그들로 하여금 엄청난 부를 축적하게 만들었다. 예술적인 생산성은 증가했지만 그 결과는 인간의 진보를 촉진하기보다는 사람들이 자신의 존재에 대해 더욱 싫증을 느끼며 환멸과 절망이 증가하는 것을 입증하는 쪽으로 나타났다. 19세기의 시인 스윈번이 인간과 인간이 행한 일들을 찬양했던 것과 달리 20세기의 예술은 인간의 퇴폐를 부각시켰고, 인간을 '잡동사니'(Dreck)로 묘사하고 인간의 특징적인 성향을 '불안'(Angst)으로 몰아갔다.

감각 예술이 번영하던 초창기 수십 년 동안, 통치자들이나 주교들, 심지어 정부에서 임명받은 위대한 예술가들, 건축가들, 음악가들은 영원히 변치 않는 아름다움을 묘사하고 나타내는 작품을 만들었고, 인간을 자연이나 창조자의 최고의 작품으로 고양시키며 찬양했다. 현대의 서구 국가들은 표면적으로 혹은 정말로 엘리트주의보다는 민주주의를 표방하면서, 인간을 비인격적이고 무의미한 우주 속에 사는 고아나 괴물로 묘사하는 예술에 장려금을 지급하기 시작했다.[93] 정부는 이상한 종류의 논리를 내세우며 보조

---

93. 독일 예술 사학자인 루크마커의 뛰어난 논문을 참고하라. H. R. Rookmaaker, *Modern Art and the Death of a Culture*(Downers Grove, III.: Intervarsity Press, 1970). 그보다 최근의 작품으로는 E. Michael Jone, *Degenerate Moderns*(San Francisco: Ignatius, 1993)이 있다.

금을 지급하여, 예술이 스스로 경제적인 문제를 해결할 때보다 더욱 품위를 잃고 퇴락하도록 부추기고 있다. 그레샴의 법칙을 유추해 본다면, 미술과 문학과 음악과 같은 문화적인 요소들은 그것들이 물질적으로 빈곤한 상태에서 만들어질 때보다는, 오히려 벌이가 잘 되거나 많은 장려금을 받음으로써 넉넉한 상태에서 혐오스럽고 비천한 미술과 문학과 음악을 생산해 낼 때 그 아름다움을 상실하게 된다. 대중들은 예전에 혐오스럽게 여기던 것들에 대해 처음에는 호기심을 느끼고 즐거워하다가 점차 싫증을 내고 권태감을 느끼고 결국에는 무관심하게 된다. 그 반면에 현대의 예술가들은 더욱 비천한 광경과 전시회를 통해 관심을 다시 끌어보려는 열광적인 노력을 기울이고 있다.

감각 문화가 일어나던 초창기에 르네상스는 고대의 예술가들이 창조한 아름다움을 새롭게 인식할 수 있도록 이끌었다. 하나님의 창조로 인해 인간이 고귀한 위치를 차지하게 되었다는 기독교적인 이해는 여전히 힘을 발휘하였고, 초기 감각 미술은 그리는 대상의 아름답고 용맹스럽고 고결한 요소를 부각시켰다. 명예는 덧없으나 예술은 영원하다는 인식 하에, 관대한 후원자들은 위대하고 영원한 아름다움을 간직한 작품을 주문하였다. 심지어 프랑스의 베르사유나 오스트리아의 쇤브룬 궁전과 같이 거대하고 인상적인 대 건축물에도 사람들이 예술 작품들을 가까이에서 감상할 수 있는 전시실이 만들어졌다.

감각 문화 시대가 진보할수록 이처럼 고상한 유형의 예술과 건축은 사람들의 호감을 사지 못했다. 20세기에 접어들어 이탈리아나 독일 및 소련 연방과 같은 전체주의 국가뿐 아니라 미국과 같은 민주주의 국가에서 고대 그리스와 로마의 건축 양식을 본뜬 거대한 건물들을 세우기 시작했으나, 점차 평범하고 기괴한 모습이 증가하는 성향을 보여 주고 있다. 미국에서 일찍이 건축된 개성이 강한 초고층 빌딩들은 제2차 세계대전 이후까지 독특한 모습을 유지했으나, 언제부턴가 미국의 대도시들의 정경(skyline)은 모두 비슷한 모습으로 보이기 시작했다. 높이가 수백 미터에 달하며, 온도 조절이 가능하여 창문을 열지 못하고, 특색 없는 외관을 갖춘 성냥갑 모양의 건물들이 한데 뒤섞여 있다.

우리 시대의 예술과 문학에서 드러나는 공통적이고 특징적인 경향은 인간과 그 문화가 점진적으로 퇴폐하고 있다는 사실이다. 20세기의 마지막 30년 동안 미국 정부는 가장 이상하고 저급하며 혐오스러운 형태의 예술을 지원하는 것을 정책으로 삼아, 소로킨이 '사회의 하수구' 라 불렀던 비천한 예술 작품들(예를 들어 십자가에 달린 그리스도나 소변으로 가득 찬 유리 항아리에 빠져 있는 교황의 모습을 담은 안드레스 세라노의 사진)에 대해 관대한 보조금을 제공하고 있다. 그런 예술은 예술적으로 훌륭한 미적 감각뿐 아니라 전통적인 도덕 기준마저 비웃음의 대상으로 만든다. 북아메리카와 유럽의 거대한 박물관에서는 인간의 퇴폐와 사악함을 묘사한 작품들을 서로 경쟁적으로 격찬하고 있다.

이런 경향이 계속되면 인류가 이 행성에서 살아갈 자격이 있는가에 대한 의문이 점점 더 거세게 일어날 것이다. 자기를 퇴폐로 몰아넣는 인간의 성향은 동물과 환경의 보호가 인류의 성장과 발전보다 더 고귀하고 우선적인 일이 되어야 한다고 주장하는 동물 권익 옹호자와 환경주의자들의 주장을 정당화시켜 주는 것처럼 보인다. 이런 종류의 '예술' 은 인간이 더 이상 최소한의 우선권도 차지할 자격이 없으며 오히려 지구 표면을 더럽히는 얼룩에 지나지 않으므로 완전히 없어져야 한다는 것을 암시한다.

현대 서구 분화는 파괴적이고 자기 모순적인 태도에 계속해서 빠져들고 있다. 인간은 완전히 자유롭지 못하고 단지 자율적이라는 가설에서 출발하여 그것을 법칙으로 정한 후에, 그들은 스스로 자유롭지 못하다는 것을 보여 주는 모습들을 더욱 찾아내고 있다. 서구에는 복종을 요구하는 독재 정권이나 포악한 절대 권력자는 없지만, 사람들은 점차 에리히 프롬(Erich Fromm)이 '익명의 권력'이라 부른 것에 의해 통제되고 있다.[94] 인간이 자기만의 우주에서 주인이라는 개념을 증명하기는커녕, 점점 부조리한 모순만을 드러내 보이고 있다. 마치 조지 오웰이 『1984』에서 "자유는 노예 제도이다," "전쟁은 평화이다," "무지가 힘이다" 등의 공식적인 표어를 내걸고 노예 사회를 예견했던 것과 같다.

1940년대 중반 오웰이 『1984』를 저술할 당시에 이러한 표어들은 너무나 터무니없게 들렸기 때문에 충격적이었다. 어떤 정부가 그러한 모순된 말로 누군가를 속일 수 있겠는가? 오웰이 목표로 삼았던 1984년으로부터 14년 이상 지난 오늘날, 그런 표어는 더 이상 터무니없는 것이 아님을 우리 모두는 잘 알고 있다. 미국에서 낙태는 '선택 사항'과 '출생률 조절'을 위한 수단이 되었다. 안락사(mercy killing)는 처음에 '품위 있는 죽음'이었지만 이제는 '의사 조력 자살'로 변했다. 불합리한 일들이 현실로 나타났다. 모순은 어디에서나 명백하게 드러나고 있다. 자기를 높이려던 인류는 마치 그것이 당연하기라도 한 것처럼 자신의 의지나 선택은 당연히 옳고 정확하다고 강변했으나, 이제 인류는 스스로 다른 피조물들과 지구에서 함께 살수 없는 존재들이라고 선언하며 그러한 선언이 옳다는 것을 입증하려는 듯이 행동하고 있다.

예수님은 "무릇 자기를 높이는 자는 낮아진다"(눅 14:11)고 말씀하셨다. 그의 비유(눅 14:8-11)에서, 잔치 석상에서 낮은 자리로 내려앉는 자는 부끄러움을 당했다. 오늘날 인류는 먼저 자신을 가장 높은 자리에 있는 숭고한 존재로 올려놓았으나, 어느 실존주의 작가(장 폴 사르트르)의 말대로 갑자기 자신이 "쓸모 없는 열정에 빠져 있다"는 것을 발견함으로써 비천해졌다.

---

94. Erich Fromm, *Escape from Freedom*(New York: Rinehart, 1941), 167.

현대 감각 시대가 시작될 때 르네상스의 예술가들은 인간 형체의 아름다움과 고결함을 새롭게 발견했다. 이성의 시대와 계몽주의 시대에 예술과 건축과 문학에서 고상한 고전 스타일의 부흥이 있었으며, 극작가이자 비평가였던 레싱(G. E. Lessing)은 인간이 "성년이 되었다"라고 선언했다. 철학자 칸트(Immanuel Kant)는 하나님의 존재에 대한 전통적인 증거들을 논박하면서 "이성의 범위 안에 있는 종교"를 제시하였다. 그 다음 세기에 니체(Friedrich Nietzsche)는 선언하기를 인간은 기독교 교회에서 전파하는 나약한 '노예 도덕'을 내버려야 하며 초인에 대한 영웅적인 이상을 위해 길을 열어 주어야 한다고 했다.[95] 인간의 오만과 자기 칭찬에는 한계가 없는 것처럼 보였지만, 제1차 세계대전의 발발과 함께 곧 환멸이 일기 시작했고, 25년 후에 스스로 가장 우월하다고 믿는 민족이 일으킨 광란 속에서 환멸은 극에 달했다. 그로 인하여 세계는 전에 경험해 보지 못한 파괴와 퇴락에 빠져들었다.

소로킨은 반세기 전에 이런 글을 남겼다.

우리의 문화는 모든 종류의 자기 중심주의를 비난하며 범사에서 만인의 사회화와 인간화를 자랑한다. 그러나 실제로 우리 문화는 집단은 물론이고 각 개인이 지닌 지나친 탐욕과 잔인성과 이기주의를 드러낸다. 무수한 로비 집단과 압력 단체, 경제, 정치, 직업, 종교 단체와 국가와 가정 그리고 다른 조직들도 여기에 포함된다.[96]

---

95. 레싱의 글은 *The Education of the Human Race*에서 인용하였고, 칸트의 글은 그가 쓴 논문의 제목이며, 니체의 사상은 그의 작품 『짜라투스트라는 이렇게 말했다』의 기본 주제이다.

96. Sorokin, *Crisis*, 197.

우리의 현재 상황은 소로킨이 위와 같은 글을 남길 때보다 더욱 많은 모순을 안고 있다. 소위 자유 시장이라 일컬어지는 지금 사회는 자기 실현이라는 구실 아래에서 이기주의와 탐욕을 실질적으로 찬양하고 있다. 그와 동시에 정부나 사회 기관이 가장 관심을 갖고 우선적으로 대우해 주는 대상은 심신의 장애가 있는 사람들이 아니라 일하거나 배우기를 거부한 사람들, 곧 게으르고 품행이 좋지 않은 사회의 구성원들이다. 조직뿐만 아니라 개인들도 이익을 챙기고 성공을 거두며 자기를 높이고 최고의 목표인 명예를 얻고자 안간힘을 쓴다.

대중 매체는 가장 타락한 인물들과 살인자들과 포르노 사진 작가와 범죄 조직을 옹호하며 격찬한다. '범죄 집단'은 신비감에 싸여 있어 실제로 혹은 상상으로 범죄 조직을 동경하게 한다. 성적으로 문란한 사람이 성관계를 통해 감염되는 치명적인 병에 걸리면(그들은 분명히 자기 실현이라는 구실로 다른 사람에게 전염시켰을 것이다), 그들은 고결한 희생자로 대우받고 심지어는 순교자처럼 칭송 받으면서 정부나 기업, 교육계로부터 질병의 예방한다는 기만적인 메시지를 전한다는 구실로 온갖 혜택을 받는다. 군대의 영웅들, 이타적인 의사, 성직자, 테레사 수녀처럼 훌륭하게 자기를 헌신한 사람 같은 정말로 숭고한 사람들은 지나칠 정도로 세심하게 매체의 검증을 받는다. 조금이라도 흠이 발견되면 나머지 모든 장점을 단번에 날려버리고, 사람들이 그들을 본받지 못하게 하여 소망을 잃게 하고, 개인의 즐거움과 편리함의 추구를 최고의 미덕으로 여기는 집단을 위한 변명거리를 제공한다.

정치, 교육, 스포츠, 예술계에서는 전통적인 덕목에 따라 살지 않는 사람들도 고귀한 인물로 높이 평가된다. 전문화된 능력을 지니고 있거나 많은 재산을 가지고 있고 매체로부터 호의적인 반응을 얻는다는 이유로, 그들은 유명 인사로 대접받고 정치적인 지도자나 심지어는 정부의 고위 관리가 되기도 한다. 그처럼 윤리적으로 평범한 사람들을 칭송하고 그들이 대중들의 관심을 끌게 한 후에, 그 동일한 매체는 미천한 신분에서 높은 지위에 오르기까지 그들이 보여 준 모든 결점들을, 그것이 실제적인 것이든 인위적으로 가공된 것이든, 낱낱이 파헤쳐 방송에 내보낸다. 따라서 일반 대중들은 차츰 환멸감을 느끼게 되고, 고상하고 도덕적인 행동을 하거나 다른 사람의 유익을 위해 자신을 희생하는 것은 사람으로서 도달하기 힘든 덕목이라는 결론에 이르게 한다. 설령 그런 덕목이 존재한다 하여도 그것은 남의 일을 거침없이 인정해 주기만 하는 고지식한 사람들에게서 나타나는 것이라 여긴다. 고상한 도덕적 기준과 그에 대한 헌신은 서구의 위대한 신앙적인 전통 중에 하나라고 고백하는 저명 인사들은 그러한 기준을 정말로 고수하고 있다면 철저히 검증을 받은 뒤 비웃음거리가 된다. 그러나 아무리 적은 것이라 할지라도 모순된 모습이나 결점이 그들의 삶에서 발견되면, 그들은 대중적인 비난과 경멸을 당하게 될 것이다.

무질서한 혼합주의

통합된 문화에서 양산되는 건축과 음악과 문학 작품들은 상당히 높은 수준의 일관성을 보여 준다. 그러한 완성도를 보여 주는 좋은 예는 B.C. 3세기부터 A.D. 3세기까지의 기간 동안 그리스 로마 세계에 퍼져 있던 헬레니즘 문화이다. 동쪽의 안디옥과 알렉산드리아에서부터 북서쪽에 있는 골 지방과 영국의 여러 도시들에 이르기까지, 신전과 원형 극장, 공공 건물, 조각 그리고 의술과 과학은 놀랍노록 균형 삽힌 양식을 보여 주고 있나. 위내한 철학자이면서 시인이었던 인물들은 지중해 연안 세계에 대한 모든 것을 공부하고 탐독했다. 지중해 연안에 기독교가 빠른 속도로 퍼져 나간 것은 로마 제국의 통치 때문이 아니라, 통치 계급의 언어인 라틴어가 퍼져 나가

지 못한 반면 당시 문화와 무역에 사용되었던 헬라어가 보급되었기 때문이다.[97]

통합된 문화가 분열되기 시작할 때, 가장 먼저 눈에 띄는 증상은 예술 분야에서 나타나는 무질서한 혼합주의이다. 양식, 주제, 패턴이 섞이게 되고, 인식 가능한 모든 문화와 시대로부터 전통들을 끌어온다. 소로킨은 지나치게 완숙한 상태에 들어선 그리스와 로마의 감각 문화를 문화 해체의 고전적인 사례로 들었다. 로마의 역사가 타키투스는 제국의 수도를 염두에 두고 그와 유사한 한탄을 하였다. "세계의 모든 지역에서 지독하고 혐오스러운 모든 것들이 흘러드는 하수구와 같다." 타키투스의 한탄은 서구의 거대한 정치 권력의 중심지(예를 들어 런던, 워싱턴, 파리)에만 해당되는 것이 아니라 서구에 있는 모든 주요 도시에 적용될 수 있다. 모든 도시는 어느 하나 예외 없이 세계 전역의 모든 문화와 하위 문화의 정제된 산물은 물론이고, 소로킨과 타키투스가 찌꺼기라 부르는 것까지 모으는 '하수구' 와 같은 기능을 하고 있다. 대중 매체의 보급 덕분에 사람들은 서구 사회 전체가 하나의 하수구 통으로 변해 가고 있다고 말할 수 있게 되었다.

다시 고대 로마의 예로 돌아가서, 독재적인 황제들로 상징되는 정부는 날로 증가하는 난잡한 혼합주의에 대해 양면적인 태도를 취했다. 그리하여 어떤 때에는 그것을 받아들이고 어떤 때에는 억압하려 했다. 군인 출신의 황제인 알렉산더 세베루스(A.D. 232-235)는 개인 신전을 건축했는데, 거기에 제우스, 모세, 예수 그리고 조로아스터의 동상을 세웠다. 그의 전임자이며 도덕적으로 타락했던 헬리오가발루스(Heliogabalus, A.D. 218-222)는

---

97. 많은 기독교 저술가들은 문화적으로 그리고 행정적으로 당시 시대가 통합되어 있었던 것을 "때가 차매 하나님이 그 아들을 보내셨다"(갈 4:4)는 바울의 말이 의미하는 내용의 일부로 이해한다.

고대 이집트 종교의 형상을 로마에 세우려는 시도를 하던 중에 피살되었다. 황제들에 의해 자행된 기독교에 대한 박해와 여러 차례 그들에 의해 시작된 다른 새로운 종교의 보급은, 해체되어 가는 문화를 정신적으로 통합하기 위한 조치를 단행하려는 그들의 바람에서 비롯되었다. 많은 역사가들은 가정하기를 비록 그 당시에 소수의 사람들이 기독교인이었지만, 콘스탄틴 황제(A.D. 306-337)는 기독교가 사회와 문화를 통합하는 힘으로 작용할 수 있으리라고 믿었기 때문에 기독교를 받아들이고 장려했다고 한다.

다양한 문화로부터 나온 요소들이 혼란을 일으키지 않고서도 통합된 문화에 유입될 가능성은 얼마든지 있다. 18세기에 유럽이 중국이나 동양과 활발한 무역을 시작하자, 중국의 골동품들은 유럽의 공공 장소와 가정에 자랑스럽게 진열되어 있었다. 오스트리아의 여왕이었던 마리아 테레사는 쉰브룬 왕궁에 중국식 응접실을 만들어 놓았다. 로마 제국의 경우 문화의 통합은 점차 어려워졌다. 로마 제국은 트라얀, 하드리안, 안토니우스 피우스, 마르쿠스 아우렐리우스 같은 네 명의 '훌륭한 황제들'의 통치 아래에서(A.D. 98-180) 국력이 최고조에 달했지만, 그들의 통치 기간 동안 지나치게 무르익은 감각적인 그리스 로마 문화는, 소로킨의 표현을 빌리자면, "각기 다른 문화의 이질적인 요소들을 한데 모아놓은 '하수구'나 쓰레기장 같았다."[98]

이런 모든 경향들은 어떤 류의 통일성 속으로도 통합되지 않았다고 소로킨은 보았다. 처음 수십 년 동안은 정신을 산란케 하는 다양성이 수도와 다른 큰 도시에 거주하는 여유 있는 계층에게 즐거움을 선사했고, 반면에 평민들은 음식을 마음대로 먹고 검투사들의 결투 장면을 구경할 수 있었나. 이러한 '경기'는 더욱 잔인한 다른 종류의 혼합주의를 상징한다. 세계 각

---

98. Sorokin, *Crisis*, 201.

지에서 잡아온 이국적인 야수들과 다양한 배경을 가진 노예들이 격렬한 결투를 벌였다. 그들은 경기를 주최한 사람의 변덕스러운 결정에 따라 여러 나라의 군대에서 사용하는 색다른 무기로 무장하거나 비무장인 상태로 싸웠다.

소로킨은 이런 현상에 대해 다음과 같이 예리하게 설명했다.

해체의 징표로써 그와 같은 혼합주의가 일어나는 이유는 분명하다. 우리가 관찰한 것처럼, 어떤 위대한 문화 체제는 의미 있는 인과 관계의 연결 고리에 의해 일관된 하나의 모습으로 통합된 통일체이다. 그렇게 통합된 통일체는 기독교에 의해 전파된 중세의 관념적이고 이상주의적인 문화에서 찾아볼 수 있다. 또한 감각 문화가 등장하고 성장한 몇 세기도 그런 단일성으로 계속 묶여 있었다. 감각 문화는 감각적인 가치를 강하게 지니고 있으며 그러한 도태는 쉽게 허물어지지 않는다. 감각 체제는 많은 문화의 요소를 받아들여 풍성하게 되었다. 그리스 로마나 아랍 문화, 비잔틴이나 이집트 문화, 동양이나 아메리카 원주민의 문화 등이 그 속에 들어 있다. 그러나 감각 문화는 그러한 모든 문화 중에서 자체의 정신적인 요소와 모순되지 않는 것들만을 수용한다. 그리하여 이렇게 수용된 요소들을 알맞게 수정하고 소화해 버린다. 조화되지 않고 소화되지 않는 이질적인 문화의 요소는 거부한다. 이런 의미에서 감각 문화는 여타 위대한 문화처럼 상당히 선택적이고 차별적이다. 지금 현재(1941년) 감각 문화는 상당히 다른 양상을 보이고 있다. 감각적인 가치는 세분화되어 산산이 부서졌다. 더 나아가 새로운 통신 수단의 발명으로 인하여 모든 인류의 문화와 매우 밀접하게 상호 작용을 할 수 있게 되었다. 외부 문화의 놀랍도록 다양한 요소들이 감각 문화 속으로 흘러 들어오기 시작했다. 인디언의 담배, 터키식 목욕탕, 커피와 차를 마시는 습관, 폴로 경기, 파자마 착용, 마약 중독과 동양의 종교 철학, 이런 모든 요소들이 서구의 감각 문화에 뿌리를 내렸다. 오스트레일리아의 부시맨 문화와 에스키모족들의 문화, 그뿐만 아니라 현재와 과거의 모든 역사에 흔적을 남긴 민족들, 곧 이집트인과 인도 사람, 중국인과 마야인, 그리스도와 로마인, 터키와 페르시아 사람들의 문화에 내재된 요소가 서구의 감각 문화에 스며들어 있고 점점 더 증가되는 추세이다.[99]

제2차 세계대전이 끝난 직후, 에리히 프롬은 『자유로부터의 도피』를 펴냈다. 그 책에서 프롬은 몇몇 위대한 독재자들의 말로는 자유의 회복을 의미하지 않았다고 설명했다. 왜냐하면 사회는 '익명의 권력'의 지배 아래 놓여 있기 때문이라는 것이다. 그 권력의 독재적인 강압 통치는 독재자들의 통치보다 더 견디기 어려운데, 그 이유는 눈에 보이지 않고 식별할 수 없기 때문이라 하였다.[100]

요즘의 북아메리카는 정치적 엄격성(political correctness)이라는 이름을 가진 익명의 권력이 다스리고 있다. 현대의 정치적 엄격성을 가장 잘 대변해 주는 것은 다원주의, 다문화주의 그리고 다양성이라는 용어이다.

이런 용어들은 중립적인 의미로 사회의 상태를 묘사하기 위해 사용될 수도 있다. 서구 사회는 다른 문화권에서 유입되는 이민자들과 '하위 문화', '이질적인 문화' 그리고 그 가운데에서 '퇴색하는 문화'의 증가로 인하여 다양성을 지니게 되었다. 서구 사회에서 이런 요소들이 기존의 문화에 흘러 들어오며 그들만의 독특한 문화적 전통을 유지하고 있는 상황을 우리는 다문화적이라고 적절히 묘사할 수 있겠다. 다원주의는 이러한 사회가 다

---

99. 위의 책., 201-201.

100. Fromm, *Escape from Freedom*, 167.

양한 문화를 포함하고 있으면서 어느 한 문화가 그 사회의 전체적인 기준으로 자리잡고 있지 않는 상태로 설명할 수 있다.

이 같은 세 가지 용어는 규범적인 의미로 사용되기도 한다. 즉 기존 사회의 상태에 대한 서술이 아니라 설득, 압력 혹은 무력에 의해 한 사회에 부과된 양식(pattern)으로 작용한다는 말이다. 그것이 바로 정치적 엄정성이라고 알려진 움직임의 요구이다. 즉 다원주의, 다문화주의 그리고 다양성은 높이 평가되고 장려되어야 하며, 필요하다면 서구 문화에 강제적으로 부과해야 한다는 것이다. 상당히 순진한 사람들에게 이러한 규범이 강제적으로 부여되면 결국에는 큰 불행을 야기할 것이 분명하다.

생물학적인 유기체가 건강할 때에는 여러 종류의 충격을 견딜 수 있고, 다양한 음식을 별 탈 없이 소화할 수 있으며, 접하게 되는 다양한 요소들을 효과적으로 다룰 수 있다. 이런 면에서 문화는 유기체와 같다. 문화가 강건한 성년(virility)[101]의 단계에 있으면, 그 문화는 수많은 이질적인 요소를 동화시킬 수 있고, 그것으로부터 여러 가지 것을 배우며 자기 것으로 소화할 수 있다. 하지만 아무리 강한 유기체라도 침입하는 세력의 위력적인 맹공에는 끝내 굴복하고 만다. 또한 그 유기체는 노화되고 쇠약해질수록 점점 더 상처를 쉽게 받는다. 그와 마찬가지로 어떤 사회 문화 체제든지 그것이 번성할 때에라도 이질적인 요소를 수용하는 데 한계가 있고, 문화가 소로킨이 즐겨 쓰는 표현대로 지나치게 완숙한 단계에 접어들면, 밀려드는 다양한 요소들을 동화시키고 그로부터 유익을 얻어내는 능력이 급격히 감소한다. "문화 속으로 유입되는 이질적인 요소의 양이 증가하면, 그 문화는 그 요소들을 소화시키지 못한 채로 지내게 된다. 외부 문화의 요소는 문화

---

101. 성년(virility)이라는 단어는 라틴어 vir에서 파생된 것인데, 원래 남자(male)라는 뜻이지만 실용적인 의미로 사용되어 정치적으로 부정확한 용어가 되었다. 덕행(virtue)이라는 단어도 동일한 라틴 어근에서 파생되었다.

의 양식을 더욱 왜곡시키고, 주류(主流) 문화에 속한 사람이나 요소들조차 해당 문화의 붕괴에 기여하게 될 것이다. 우리는 현대 서구 문화에서 바로 그런 현상이 일어나고 있는 것을 목격하고 있다."[102]

제2차 세계대전 이전에도 서구 문화에 담겨 있는 풍요로움과 다양성은 놀라울 정도였다. 여러 문화의 복합적인 측면들이 서구 문화 곳곳에서 발견되었고, 다양성은 뉴욕과 런던같이 세계적인 대도시 안에 혼합되어 있었다. 그러나 제2차 세계대전이 일어나기 전, 서구에 속한 각 국가들은 소도시와 시골을 중심으로 상당한 정도의 문화적 단일성을 나타내고 있었다. 제1차 세계대전이 일어나지 않았을 때에는 비자 없이 국경 통행이 가능했던 유럽에서 여러 나라의 국경을 가로질러 가면, 한 지방의 문화와 다른 지방의 문화가 지극히 다른 면을 지니고 있음을 쉽게 발견할 수 있었다. 반세기가 지난 지금, 시골 동네와 마을들까지 무질서한 혼합주의에 물들어 있는 광경을 보여 주고 있다.

음악에서 미술과 의복에 이르기까지, 가장 차분한 모양새에서부터 가장 이국적인 모양새까지, 가장 소박한 것부터 가장 정교한 것까지 모든 것을 어디에서나 이용할 수 있으며, 적어도 영화나 텔레비전을 통해서 볼 수도 있다. 소로킨이 1941년에 저술한 내용이 당시에는 전적으로 옳다고 여겨지지 않았으나 그의 말은 현대 서구 사회에 거의 섬뜩할 정도로 정확하게 적용되고 있다.

모든 민족과 종족들의 예절, 도덕 법규, 금기 사항, 관습, 규범, 윤리 체계, 법 조항이 점차 더욱 나란히 공존하게 될 것이다. 모는 종교 제세,

---

모든 신비적인 신앙 형태들이 이 안에 존재한다. 우리는 발달된 통신망을 통해 그 모든 것과 접촉하고, 우리 중에는 그러한 종교에 헌신하며 따르는 자들이 생겨날 것이다. … 또한 우리의 사회 제 집단들, 곧 가장 현저한 차이를 보이는 형태를 따라 본보기를 삼는, 가정에서부터 정치 체제에 이르는 모든 종류의 집단들이 제각기 우리들 가운데에서 기능을 발휘하게 된다.[103]

이미 20세기의 전반기에 분명히 드러난 난잡한 혼합주의는 눈에 띌 정도로 독특한 것이며, 소로킨 외에도 여러 사람들에 의하여 인지되었다. 문화가 아직은 어느 정도 통합되어 있고 외관상 견고해 보였기 때문에, 다른 문화의 요소가 계속 추가되는 것은 대부분의 사람들에게 불안보다는 호기심을 일으켰다. 반세기가 지난 후에 혼합주의와 연합한 혼돈은 너무나 일반화되어 이제 사람들은 그것이 인간 문화의 자연스런 상태라고 생각하며 관심도 기울이지 않는다.

독일은 2세기 이상 세계에서 가장 창조적이고 생산적인 문화를 형성했다. 아돌프 히틀러의 사회적인 광기로 말미암아 독일 문화에 들어 있던 '외국 풍의' '비게르만적이고' '유대적인' 문화의 이질적인 요소들을 일소하려는 결연한 노력이 시행되었고, 그 대신 제3제국(the Third Reich)의 막대한 지적, 예술적, 정신적 빈곤으로 인해 생겨난 '퇴폐적인' 요소가 유입되었다. 기독교의 교회들도 그 정책에 어느 정도 영향을 받았는데, 조금이라도 유대적인 요소를 지녔고 국제적이며 나약한 교회들은 제거해 버리려 했기 때문이다. 교회는 그리 개의치 않고 저항했으며 히틀러의 통치는 오래 가지 못했다. 나치의 억압에서 해방되자 독일 사람들은 영원한 가치

---

103. 위의 책., 202-203.

를 갈망하는 마음을 품게 되었고 교회는 새로운 부흥을 맞이했다. 독일에서는 실제적인 교회의 재건은 아니었더라도 잔잔한 신앙의 부흥 운동이 일었다.

하지만 교회, 특히 독일 복음주의 교회라는 조직으로 연합한 개신교는 놀랍도록 짧은 시간에 무질서한 혼합주의에 굴복하고 말았다. 2년에 한 번씩 개최되는 독일 개신교 대중 집회에서는 독일인의 신앙과 생활에 대한 전통적인 표현을 실제로 하지 못하게 되었다. 그 대신 대중 집회에서는 거대한 '가능성의 시장'이 제공되며, 그러한 테두리 내에서 가능한 모든 신앙의 방법들과 관습들이 제시되었다. 물론 전통적인 기독교 속에 들어 있던 서구 문화의 관습과 전통은, 한 때 독일이 창조적인 역할을 감당했지만, 모두 제거되었다.

히틀러의 통치 아래에서 보편화된 구호는 "오로지 총통이 좋아하는 것만 가능하다!"였다. 그 이후 새로운 문화 지배 체제에서는 "뭐든 상관없다!"는 식이다. 다른 유럽 국가들과 미국은 독일에서 히틀러의 통치로 가능했던 것처럼 단일화된 문화를 만들어 내려는 체계적인 노력을 기울이지는 않았지만, 전쟁이 끝난 후의 독일 사람들처럼 이제 모든 사람들은 "뭐든 상관없다!"고 하는 '가능성의 시장'을 경험하며 살아간다.

세계에서 미국보다 더 심한 혼합주의와 더 큰 혼란을 겪는 곳은 없다. 미국은 유행을 만들어 내기 때문에, 그 곳에서 생산되는 것은 무엇이든지 세계 전역에서 즉시 구입하고 복사하고 표절하고 혹은 다른 방법으로 취할 수 있다. 미국의 음악, 영화, 언어, 의상 스타일, 잡지, 텔레비전 프로그램은 미국에서 생겨나는 무질서한 혼합주의의 새로운 유형을 세계 노처에 퍼뜨리고, 새로운 유행은 몇 시간 안에 미국에서 새롭게 나타난다. 자신들만의 문화적인 전통을 자랑스러워하는 나라들은 미국의 문화 확장 정책의 물줄기를 저항할 능력이 없는 것처럼 보인다. 공산주의 국가들은 수십 년 간 모든 유산 계급들을 없애려고 막대한 노력을 기울였으나 허사로 돌아갔다. 결과적으로 미국에서 볼 수 있었던 무질서한 혼합주의는 다른 나라의 것에 비해 좀더 심하게 보이나, 결국 세계의 나머지 국가들도 그에 못지 않은 수준에 도달할 것이다.

얼마 전까지만 하더라도 세계 여러 나라의 다양한 요리를 즐길 수 있는 식당은 런던, 뉴욕, 파리 등 서구 세계의 대도시에서만 찾아볼 수 있었다. 이제는 소도시에서조차 놀라울 정도로 다양한 요리를 접할 수 있으며, 모든 요리사들은 할머니가 가르쳐 주신 요리법에 얽매이지 않고 폴란드의 키엘바사(kielbasa, 마늘을 넣은 폴란드의 훈제 소시지)부터 남아프리카의 타조 고기 요리를 만들어 내고, 영국의 끓이는 요리법에서부터 프라이팬을 흔들면서 센 불로 볶는 중국의 요리법까지 능통하고 있다. 주요 도시의 대극장과 소극장에서는 고전 그리스 비극과 유럽과 미국 극작가들의 작품은 물론이고 일본의 가부키, 중국의 가극 그리고 실험적인 연극 공연도 하고 있다. 전국에 걸쳐 공중파 방송과 케이블 텔레비전은 인간의 독창력이 상상해 낼 수 있을 만한 모든 종류의 오락을 제공한다.

종교의 상황은 더 복잡하여 정신을 잃을 정도이다. 기독교의 본류에 속하는 전통적인 형태, 정통 로마 가톨릭(미사를 영어와 라틴어로 드리는), 청교도 시대부터 이어온 엄격한 개신교 예배, 복음주의 진영의 모임, 무수한 사회 복음 운동의 형태와 겨루는 은사주의 모임, 여성 중심의 영성, 미국의 토착 신앙, 땅과 여신 숭배처럼 무수한 분파가 기독교의 이름 아래 형성되어 있다. 그러나 기독교의 종파는 현재의 무수한 종교와 신비적인 신앙에 비쳐 보면 극히 일부분에 지나지 않는다. 전통적인 형태와 이국적으로 변형된 형태의 유대교, 이슬람교, 불교, 힌두교와 같은 종교들도 쉽게 접할 수 있으며, 미국에서는 하루가 멀다 하고 신흥 종교가 생기고 있다. 기독교와 유대교의 종파나 이단[104] 외에도 오래 전에 사라진 종교들과 사교들이 재건되어 활력을 되찾고 있고, 주요 종교의 요소들은 서로 혼합되고 뒤섞이며, 완전히 새로운 종교들이 충동적으로 생겨난다.

시각 예술, 박물관, 고급 잡지들, 대학 과정 그리고 성인을 대상으로 하는 교육 프로그램에서는 신석기 시대의 동굴 벽화로부터 고대의 고전 미술을 거쳐 르네상스에 이르기까지 모든 것을 보여 준다. 중세와 비잔틴 시대의 종교 예술과 도상학(圖像學, iconography), 네덜란드의 거장들, 프랑스 인상파 화가, 표현주의 화가, 입체파, 초현실주의, 대중 예술과 일요판 신문의 확대된 만화란 등은 감탄의 대상으로 제시된다. 온갖 변형된 형태의 음악이 등장하는데, 현재 수집할 수 있는 고대의 음악부터 아프리카, 아시아, 아메리카의 민속 음악, 재즈, 록, 얼터너티브(alternative, 전자악기의 기계적인 음·잡음을 강조하여 구성하는 록음악의 총칭)까지 무수한 장르의 음악이 나타난다.

베스트 셀러 목록에는 성공 안내서부터 소설, 현대어로 펴내거나 왜곡된 고전 작품부터 모든 종류의 현실 도피 문학(공상 과학 소설, 탐정 소설과 스파이 스릴러물, 로맨스, 풍자, 온갖 설명을 덧붙인 포르노 사진집)이 포함된다. 한때 그리스와 로마, 영국, 프랑스, 러시아, 독일 그리고 스페인의 고전 작품을 격찬했던 대학들은 이제 그 작품들을 비교하기도 하고, 알려지지 않은 작품을 그 대신 가르치며, 종종 지적이지 못한 작가들을 소개하며 실험적인 문학을 도입한다. 종교 서적 시장도 예외일 수 없다. 전통적인

---

104 종파(sect)와 이단(cult)은 경멸적인 의미로 종종 사용된다. 그러나 여기에서 그 용어들은 좀더 기술적인 의미로 쓰였다. 종파는 특정 종교의 분파로서, 특색 있는 신앙이나 행위로 자신을 구별하지만 여전히 그 종교에 속해 있는 것으로 간주할 수 있는 것이다. 이단(cult)은 그와 대조적으로 그 기원은 널리 알려진 종교에 두고 있지만 너무나 다른 교리와 행위들에 치중하여 더 이상 원래 뿌리를 내리고 있던 종교와 동일시할 수 없는 집단이다.

신앙과 여러 사교와 비교(秘敎)에 관련된 책들이 제공되는데, 성경도 원래의 내용에 충실한 것과 색다른, 혹은 편향된 번역본으로 나뉘며, 신흥 종교와 고대 종교에 관련된 서적도 출판된다. 경건 서적은 하나님을 발견하고, 자신의 신성을 발견하고, 미래를 미리 알고, 병을 치료하고, 막대한 물질적인 복을 받는 기법들을 소개해 준다.

우리 문화는 동일한 열정으로 그레고리안 성가와 음악 채널(MTV)을 받아들인다. 성경과 사탄 숭배, 토마스 아퀴나스의 철학과 포스트모더니즘, 프로이트와 어거스틴, 고전 발레와 브레이크 댄스를 동일시한다. 이런 모든 일들은 동시에 일어나며, 종종 어떠한 결합력이나 일관성 없이 나란히 진행된다. 주요 도시에서 거대한 극장들이 사라지고 그 자리에 극장 단지가 들어서는 것도 상징적인 모습이다. 한 건물에 여러 개의 상영관이 갖추어져 어린이 영화로부터 폭력 액션 영화 그리고 조잡한 포르노 영화까지 모든 종류의 영화를 동시에 상영한다.

이런 현상이 의미하는 것은 현대의 감각 문화가 무너지고 있으며 자신감을 상실하고 있다는 것이다. 큰 대학들은 한때 서구 문화의 후견인이며 전달자였지만, 이제는 서구 문화를 자랑스럽게 여기기보다는 부끄럽게 생각하고 있다. 전에는 ‘서구 문명’이라는 과목이 서양 문명의 위대한 업적을 가르치는 필수 과목이었지만, 이제는 다양성이라는 명목 하에 원시적인 민족들과 뒤떨어진 사회가 이루었다고 하는 하찮은 혹은 날조된 업적의 혼합물로 그 과목을 대신하고 있다. 과거의 업적은 죽은 자들의 작품으로 취급되어 깨끗이 잊혀진다.

이 정도의 단계에 이르면 문화는 형태와 독특성을 상실하고 혼돈 상태에 빠진다. 창조적인 상상력은 적어도 시작 단계에서는 인식 가능한 기준과 가치에 부합되는 구조를 필요로 하는데, 이제는 더 이상 아무 것도 만들어 내지 못하고 진정한 창조성은 중단되었다. 텔레비전 작가들은 정서적인 어린이 프로그램을 만들어 낸다는 이유로 엄청난 보수를 받는데, 엄청난 양의 텔레비전 프로그램 방영 시간 중에서 그림 형제(Brothers Grimm, 독일의 언어학자, 동화 작가 형제)나 안데르센(Hans Christian Andersen)의 작품이 갖는 정도의 가치를 지니는 것은 거의 한 시간도 찾아볼 수 없다. 양이 질을 억누르고 있지만, 결코 수량이 품질의 자리를 대신할 수는 없다. 소로킨은 기록하기를 문화가 이런 단계에 도달하면, "문화는 역사를 이끌어 가던 창조적인 위치에서 박물관의 역사 유물로 돌변한다"[105]고 하였다.

거대한 물량주의

문화 붕괴의 증상 가운데 하나가 양이 질을 대신하는 것이라면, 또 다른 증상은 모든 삶의 영역에서 나타나는 거대주의의 출현이다. B.C. 6세기부터 4세기까지 그리스에서는 아름다움과 탁월함이 적절한 규모로 표현되었다. 아리스토텔레스는 "중용이 최상의 덕이다"라는 격언도 만들어 냈다. 아테네의 위대한 지적 예술 작품들은 작은 규모로 만들어졌다.

이상주의 단계가 감각 단계로 옮겨가면서 그리스와 로마의 문명은 양과 거대함을 좋아하는 쪽으로 기울었다. 로도스 항구에 세워진 300미터가 넘는 아폴로 신의 거상(巨像) 이름인 "콜로수스"(colossus)에서 '거대한'(colossal)이라는 단어가 파생되었다. 현대적인 도구나 기계 없이 2000년 전에 건축된 로마의 원형 경기장(Colosseum)은 아직도 방문객들에게 깊은 인상을 심어 준다. 통독 이전의 동베를린에서도 볼 수 있었던 '페르가메네 프리에제' (Pergamene Frieze)는 엄청난 크기를 자랑한다. 헬리카르나수스에 있는 '대영묘' (大靈廟, Mausoleum, 세계 7대 불가사의 중의 하나)는 크

---

105. Sorokin, *Crisis*, 204-205.

기가 400미터가 넘고, 하르디안의 묘는 중세의 성곽으로 바꿔도 충분할 만큼 거대했다.

그리스와 로마 시대 말엽의 도시들에는 넓은 도로가 건설되어 있었고 사치스러운 공원들이 곳곳에 조성되어 있었다. 막대한 재산을 축적한 흔적이 드러났으며, 공화정 시대의 부유했던 사람들은 그에 비하면 보잘것없이 보였다. 오로지 로마 군대만은 규모가 축소되었는데, 그 이유는 지중해 세계에 비교적 평화로운 상태가 계속되어 과거에 유지되었던 대규모의 군대가 더 이상 필요하지 않았기 때문이다. 군대를 유지하기 위해 필요한 돈이 다른 곳에 사용되었다. 사회의 모든 정상적인 행동은 숫자와 규모와 범위에서 크게 확장되었다. 드라마와 뮤지컬 작품은 새로운 악기들을 대거 도입하면서 규모가 커졌다. 위대한 사회 역사가인 미카엘 로스토프체프(Michael Rostovtzeff)와 제롬 카르코피노(Jerome Carcopino)의 설명에 따르면, 그런 모든 거대함은 과학 기술 없이 성취된 것이다.[106] 대중 교육은 예술과 과학과 철학을 위주로 이루어졌다. 예술, 철학, 연극, 음악, 잔인하고 강한 체력을 요구하는 '경기' 등 모든 것이 일괄적으로 교육되었다.

20세기가 진행되는 동안, 특별히 제2차 세계대전 이후 현대 세계에서 일어난 발전은 믿을 수 없을 정도로 책, 잡지, 레코드, 오디오 카세트, 의류, 스포츠 용품 등의 막대한 양의 소비재 생산을 가능하게 했다. 대중 통신 수단은 거의 모든 사람이 모든 것들을 동시에 접할 수 있는 가능성을 열어 주었다.

---

106. 로스토프체프는 소로킨의 친구였고, 그의 아들을 여러 모로 후원하고 양육해 준 대부(godfather)였다. 그가 저술한 *Social and Economic History of the Roman Empire*, 2d ed. rev.(Oxford: Clarendon Press, 1957)은 고전적인 작품이다. 제롬 카르코피노는 *Daily Life in Ancient Rome: The People and the City ant the Height of the Empire*, trans. E. O. Lorimer(New Haven, conn.: Yale University Press, 1940)의 저자이다.

이런 변화들은 너무나 빨리 광범위하게 일어났으므로, 많은 사람들은 새로운 세계가 모든 면에서 이전의 세계와는 전적으로 다르다는 것을 당연하게 여겼다. 그것은 현대적인 차원을 벗어난 '탈현대적'(postmodern)인 현상이었다.

이런 모습은 초기 기독교 시대의 로마와 비교할 수 없을 정도로 놀라운 것이다. 그때에는 손으로 책을 베껴 쓰고, 손으로 직접 쓴 편지를 통하여 정보가 전달되며, 거대한 건축물들을 세우기 위한 계획들이 간단한 도구에 의하여 기안되고, 동력 기계 없이 공사가 진행되었다. 감각 사회의 마지막 단계에서 혼합주의와 거대한 물량주의로 넘어가는 경향은 현재 우리의 모습을 그대로 예시해 주고 있다.

특정한 분야에서 많은 작품이 나올수록 뛰어난 작품이 나올 확률은 더 높아진다고 생각할 수도 있다. 그러나 사실은 그와 정반대이다. 양은 질을 대신할 수 없을 뿐 아니라 창조해 낼 수도 없다. "거대한 물량주의는 질적으로 위대한 가치를 지닌 작품을 창조할 수 없는 무능력함을 대변하는 것에 지나지 않는다. … 로마 제국이 점점 거대해질수록, 제국의 붕괴 속도는 점점 빨라졌고 시민들의 성향은 더욱 완고해졌다. … 철학자들의 무리는 많아졌지만, 위대한 철학자는 거의 나타나지 않았다."[107]

현재의 모든 미국 도시들은 60년 전의 맨해튼과 맞먹는 고층의 빌딩 숲을 이루고 있다. 그러나 전쟁 이전에 건축된 크라이슬러 빌딩과 엠파이어 스테이트 빌딩이 지녔던 품위 있는 모습은 시카고에 있는 시어스 타워나 뉴욕의 세계 무역센터 건물과 같은 새로운 고층 건물들의 무리와 좋은 대조를 이룬다. 한 세기 전만 하더라도 소수의 부유한 시민들만이 자기 가족과 하인들을 위한 특색 있는 건물을 짓기 위해 건축가를 고용할 수 있었다.

---

107. Sorokin, *Crisis*, 205.

이제 모든 도시의 교외는 '대저택 단지'로 둘러싸여 있다. 그런 주택 단지는 한 가족의 보금자리라기보다는 마치 협동 단체의 거대한 집단 거주지처럼 보인다.

거대한 물량주의는 지적이고 예술적인 작품들의 성질을 제대로 살리지 못한다. 소크라테스, 플라톤, 아리스토텔레스처럼 그리스 문화의 이상주의 단계에서 나타난 세 명의 위대한 그리스 철학자들의 명성은 오랜 세월 동안 이어져 내려왔다. 로마 제국의 그리스 식 도시에서 그 세 사람을 흉내냈던 수많은 사람들의 이름을 어찌 다 거론할 수 있겠는가? 우리와 좀더 가까운 시대의 예를 든다면, 거대한 물량주의가 아직 등장하지 않았던 18세기 말엽과 19세기 초엽에 칸트, 헤겔, 피히테와 같은 세 명의 뛰어난 철학자가 모습을 드러냈다. 오늘날 독일의 대학에서 그들을 전공하는 학생들의 수는 모두 합해 수천 명 정도가 아닌 수만 명에 이르고, 그들을 가르치는 교수만 수천 명에 달한다. 그들의 철학을 공부한 철학자들 가운데 지금부터 한 세기가 지난 후까지 이름을 남길 수 있는 사람은 몇이나 될까? 영어로 하는 연극의 대본을 쓴 극작가는 수없이 많다. 그러나 그들 중 누가 셰익스피어에 비할 수 있는가?

초기 기독교 시대에는 위대한 신학자들이 상당히 많았다. 그 가운데 세 명만 든다면, 오리겐, 어거스틴, 크리소스톰 등이다. 중세 시대에는 안셀름, 아퀴나스, 아벨라드 같은 신학자가 등장했고, 종교개혁 시대에는 루터와 칼빈과 낙스가 있었다. 오늘날에도 새로운 조직 신학자들이 거의 매년 나타난다. 그러나 20세기의 신학 작품 가운데 아퀴나스의 『신학대전』이나 칼빈의 『기독교강요』같이 오랫동안 기억될 만한 것이 있는가? 오늘날처럼 엄청난 숫자에는 미치지 않았지만 이름도 기억되지 않는 많은 설교가와 신학자들이 있었던 것이 사실이다. 그러나 그들 각자가 맡아 가르쳤던 그리 많지 않은 사람들 가운데에서 수세기 동안 영향력을 발휘한 위대한 작품을 만들어 낸 이들이 나왔다.

거대한 물량주의는 서구의 모든 삶의 영역에 실질적으로 영향을 끼쳤으며, 그 중에서도 미국의 교육 분야에 지대한 영향력을 행사했다. 1940년대 미국의 대학생 수는 2백만 명에도 미치지 못했다. 그러나 지금은 그때의 여섯 배에 이른다. 미국의 고등학교 졸업생 중에 절반 이상이 "고등교육"을 받기 위해 대학에 진학한다. 슬프게도 고등학교에서 가르치는 내용은 교육이라 일컬을 만한 가치도 없는 것처럼 보인다.

(오늘날의 우리 시대 문화에서) 질(quality)은 상관하지 않고 양 (quantity)만을 중시하는 현상의 결과가 거대한 물량주의를 표방하던 그리스 로마 문화가 도달한 결과와 유사한 것은 당연하지 않는가? 우리 감각 문화가 지닌 건설적인 창조성은 점차 쇠퇴하고, 문화 속에 잠재되어 있던 파괴적인 힘이 평범한 사람들에 대한 문화적인 지배 현상과 맞물려 날로 강력해지고 있다.[108]

평범한 대중의 산물: 창조성의 쇠퇴

다원주의와 다문화주의 그리고 다양성을 격찬하는 대중적인 경향은 문화가 붕괴되어 가고 있음을 보여 주는 증거이다. 문화의 정신이 분열되고 나누어질 때, 문화는 스스로에게 충실하지 못하게 된다. 미국 문화는 세계 역사상 자기 파괴에 공헌한 첫번째 문화일 것이다. 1992년에 있었던 크리스토퍼 콜럼비스의 '신대륙' 발견 500주년 기념제는 그런 점에서 매우 중요한 사건이었다. 1892년의 400주년 기념제는 미국 전역에 걸쳐 열광적으

---

108. Sorokin, *Crisis*, 208.

로 진행되었다. 1992년에 이르자 다원주의와 다문화주의의 힘은 미국 문화에 속한 대부분의 사람들을 어리둥절하게 하고 굴욕감을 느끼게 하였고, 그로 인하여 500주년 기념식은 사실상 거의 주목을 끌지 못한 상태에서 진행될 수밖에 없었다.[109]

1941년에 소로킨은 "영속적인 가치를 창조하는 것은 하지 않는 상태에서 가공할 만한 속도로 빨라지는 변화"에 대해 언급하였다. 즉, "어제의 가치들은 오늘 이미 진부한 것이 되고, 오늘 가치 있는 것들도 내일이면 시대에 뒤떨어진다."[110] 이 같은 지속적인 변화의 격랑(激浪) 속에서 영속적인 가치를 지닌 것이 어떻게 창조될 수 있겠는가? 모든 문화가 끊임없이 혼란을 겪는다. 베를린의 재통일 이후, 사람들은 말하기를 "베를린은 하나의 거대한 건축용 대지이다"라고 하였다. 그 말은 사실이었다. 왜냐하면 1943년부터 1945년까지 베를린은 수백 번의 공습으로 초토화되었고, 곧바로 소련의 침공 때에 무수한 포격을 당했기 때문이다. 미국에서는 그와 같은 광범위한 폭격은 필요하지 않다. 왜냐하면 미국인들은 매일 도시들을 무너뜨리고, 그와 동시에 그 도시들을 재빨리 다시 건축하기 때문이다. 그들은 철골과 철근 콘크리트로 이루어진 거대한 빌딩들을 세우고 다른 건물을 짓기 위해 그것들을 허문다.

종교와 철학은 사무실 빌딩과 공장들처럼 빠른 속도로 변한다. 오늘 새로운 성당이 세워지고, 내일은 스포츠 센터의 주차장을 만들기 위해 그 성당이 철거된다. 신화에 등장하는 크로노스(Chronos)처럼 지금 시대의 문화는 끊임없이 자기 자식들을 먹어 치운다. 심지어 모두의 감탄을 불러일

---

109. 그에 비해 그리 중요하지 않은 기념식들, 예를 들면 연합군의 노르망디 상륙작전 50주년 기념일이나 우드스탁(Woodstock) 축제 25주년 기념식이 더 많은 관심을 끌었다.

110. Sorokin, *Crisis*, 직접적인 언급이 없더라도 이 곳의 내용들은 소로킨의 글에 상당 부분 의존하고 있음을 알기 바란다.

으키는 창작물이나 업적도, 그것들이 모든 것이 유동적이고 아무 것도 확실하지 않은 소용돌이 속에서 생겨났다는 이유로 평가 절하된다.

현대의 감각 문화는 여러 면에서 생산적이기도 하다. 특히 과학과 첨단 기술 및 의료 분야는 괄목할 만한 성장을 이루고 있다. 초기의 감각 문화는 문학과 음악과 미술 분야에서 상당히 창조적인 성향을 보였다. 그러나 16세기의 종교개혁 때에 엄청난 영적인 독창성이 흘러나온 후에, 감각 문화는 점차적으로 종교와 윤리 분야에서 생산적인 힘을 잃어 갔다. 전보다 많은 신학을 양산하는 신학자들이 많아졌지만, 거의 예외 없이 그들은 거인들의 어깨를 딛고 서 있는 난쟁이에 불과했다.[111] 오늘날 주목을 끄는 기독교의 인물들은 대중 복음 전도자나 텔레비전 설교자들이다. 아퀴나스나 루터의 작품에 버금가는 글을 저술하는 저자들이 있다 하더라도, 그들의 작품은 대중 매체 종교를 통해 번영과 성공을 거두려는 자들의 아우성 속에 파묻히고 만다. 일단 성공을 거두면 그것을 모방한 수많은 아류들이 생겨나고, 군중들 틈에 있는 진실로 창조적인 개인들이 있다 하여도 그들의 업적은 종종 대중들의 평범함 속에 가려 주목을 끌지 못한다. 인간의 생명과 인간의 운명이 지닌 의미에 대해 말하는 종교의 주장은 형편없는 대중 매체의 평범성에 의하여 우스꽝스러운 것이 되고 만다.

그와 동시에 모든 종류의 사이비 종교와 사이비 과학적인 방안들이 제시되는데, '인간' 을 '벌거벗은 원숭이' 의 모습으로 격하시키려는 일단의 인류학과 심리학 학파의 시도는 그 가운데 상당히 일반화되었다.[112] 상당한 화

---

111. 우리 시대에는 아퀴나스와 칼빈에 필적하기에 충분한 자질을 갖춘 한 명의 개신교 신학자가 있는데, 바로 그가 칼 바르트(Karl Barth, 1886-1968)이다.

112. '인간 동물' 은 유선 방송에서 방영되는 유명한 시리즈물의 이름이다. 반면에 『벌거벗은 원숭이』(New York: Dell, 1967)는 데스몬드 모리스(Desmond Morris)의 첫번째 작품이면서 가장 성공적인 작품이다. 그는 자기의 동료들과 함께 인간이 독특한 가치를

제를 모으고 있는 것 같은 20세기의 사회학은 원시 문화를 연구하여 아주 꺼림칙하게도 이를 고상한 성격을 지닌 행복한 사회로 묘사했다. 그 문화의 사회적 관습과 성격은 현재의 우리 관습과 윤리보다 더 우월한 것으로 제시된다.[113] "한 번 죽는 것은 사람에게 정하신 것이요 그 후에는 심판이 있으리니"(히 9:27)라는 약속과 경고는 유일신 신앙을 가진 사람들에게 너무나 당연한 것이며, 이 땅에서 사는 날 동안 행하는 결정과 행동들을 중요하게 여기도록 이끌어 준다. 이와 같은 강조점은 점차 늘어나는 환생에 대한 관심으로 대치되었다. 그 개념은 수세기에 걸쳐 인도 문화가 겪은 정체(stagnation)의 주요한 원인이 되었다. 종교는 사람들에게 아편이라는 칼 마르크스의 조롱과는 반대로 기독교 신앙은 인간으로 하여금 성실한 노력을 하도록 하는 엄청난 자극제가 되어 왔다. 하지만 신흥 종교들이나 '뉴 에이지'로 불리는 사교(邪敎)들은 실제로 인간에게 아편이 될 것이다.

의학과 과학

말기의 감각 문화 중에서 의학과 과학 분야는 여전히 생산적이고 창조적인 것처럼 보인다. 그러나 그 분야에서도 의외의 방해물과 반전이 나타나고 있다. 1950년대 말기와 1960년대 초기 동안 로켓 기술은 빠른 속도로 진보하였고, 1969년에 처음으로 인간이 달에 착륙했다. 오랫동안 기다려 온

지닌 존재라는 사실을 완강히 거부했다.

113. Ruth Benedict, *Patterns of Culture*(Boston and New York: Houghton Mifflin, 1934); Margaret Mead, *Coming of Age in Samoa*(New York: Blue Ribbon Books, 1928). 이상하게도, 아니 어쩌면 이상한 것도 아니지만, 위의 두 사람은 전통적인 기독교의 가치들에 대한 올바른 인식을 교육에서 배제하려고 많은 노력을 기울였는데, 두 여자 모두 동성애적인 성향을 지니고 있었다. E. Michael Jones, *Degenerate Moderns*, 19-49.

'우주 정복'이 시작되는 듯이 보였다. 하지만 그때 이후로 온갖 종류의 문제점들이 불거져 나오기 시작했다. 그러나 무엇보다 중요한 요소는 질적으로 저하되는 감각 문화가 너무나 자기 중심적으로 변하여 그러한 탐사를 밀어붙이는 데 필요한 막대한 노력을 기울이지 않았다는 것이다. 만일 즉각적으로 얻어지는 이익이 없으면 아무런 소용도 없다는 식이었다.

의학은 위대한 진보를 계속했으나, 그 역시 뜻하지 않은 장애물에 부딪혔다. 새로운 의료 기술의 막대한 비용은 기존의 설비를 대치하는 것에 비교할 수 없을 정도로 엄청나게 소요되었다. X선 체축(體軸) 단층촬영(CAT, Computerized Axial Tomography) 검사는 일반적인 엑스-레이(X-ray) 촬영에 비해 훨씬 많은 비용이 든다. 자기 공명 측정기(MRI, Magnetic Resonance Imaging)는 그보다 더 비싸다. 새로운 의료 기술은 발전을 상징하지만 사회는 점점 그 기술들을 이용하기가 어려워지고 있다. 비록 인간 수명의 최대치는 더 이상 늘어나지 않는다 하여도, 무수한 사람들이 고령의 나이가 되도록 살고 있으며, 시간이 감에 따라 더욱 많은 의료비를 지출하고 있다. 결과적으로 의료 기관과 법률 기관과 정치 조직의 일부에서는 "살인을 해결책으로 택하는 방법"[114]인 안락사를 요구하게 되었다.

의학 분야에서 매년마다 새로운 약품과 의료 기계와 기술을 개발하더라도, 대중의 반응은 이를 천재적인 업적이라고도 하고 아주 불충분한 술책에 불과하다고도 하는 등 다양하다. 의학계가 자랑으로 삼는 업적들은 진부하거나 파괴적이기도 하다. 난잡한 성관계를 통해 전염되는 성병의 확산을 감소시키기 위해 콘돔의 사용이 증가되고, "원치 않는 임신"을 해결하는 수단으로 낙태가 성행하고, 인간의 생명을 중단시키는 수단으로 치사제

---

114. 이 말은 유명한 오스트리아 사회학자인 한스 밀렌도르퍼(Hans Millendorfer)가 1987년 부활절 주간 월요일에 오스트리아의 비엔나에서 행한 강연에서 비롯되었다.

를 주사하거나 의사 조력 자살과 같은 의료 기술이 사용되는 것에 사람들은 점점 더 매력을 느끼게 되었다. 물론 우리가 '인간 동물'을 단순히 '벌거벗은 원숭이'로 여긴다면, 연구가들이나 의사들이 의미 없는 인간의 존재를 연장시키려는 방법을 찾기에 지쳐 싫증을 내는 것을 쉽게 이해할 수 있다.

인간의 창조성은 어떤 분야의 것이든 인간의 생명이 중요하며 인간의 생명을 구하기 위한 노력은 마땅히 보상을 받아야 한다는 생각에서 나온다. 예술가, 학자, 과학자들은 각각 개별적으로 가끔씩 놀라운 창조성을 발휘하고 있지만, 문화가 스스로를 탈진하여 붕괴된다면 진정으로 창조적인 작품들은 희박해지고 결국 사라지게 될 것이다.

8

민주주의 이론의 위기

짐은 곧 국가다.
-루이 14세-

소로킨 교수의 근본적인 연구나 오늘날 이루어지는 모든 연구가 정치학이나 정치 철학에 관한 것은 아니다. 그럼에도 불구하고 그것은 본질적으로 정치를 다루고 있다. 왜냐하면 정치는 후기 감각 문화에서 중심적인 위치를 차지하고 있고, 감각 문화의 위기 속에 내포되어 있는 중심적인 요소이기 때문이다. 인간은 언제나 자신이 살아가는 사회를 만들어간다는 사실을 언급하면서, 아리스토텔레스는 인간을 '정치적 동물'이라 불렀다. 인류 역사 초창기에는 우리가 지금 알고 있는 것처럼 복잡성과 본질적인 모순을 지니고 있는 정치가 아직 출현하지 않았다. 대부분의 사회 질서는 전통적인 관습에 따랐다. 통치는 군주에 의해 이루어졌고 그의 신하들이 '관리'를 맡아 행성 업무를 처리했나. 왕권은 일반적으로 세습되었지만, 때때로 전쟁으로 빼앗기거나 쿠데타나 무혈 혁명 등으로 뒤바뀌는 경우가 있었다. 권력 체계는 단순했고 선거 운동이나 투표는 아예 없었다.

정치(politics)라는 용어는 도시를 뜻하는 그리스 단어 'polis'에서 파생되었다. 정치는 그리스의 조그마한 도시 국가에서부터 소규모로 시작되었다. 거대한 물량주의를 선호하는 경향(이는 감각적인 사회-문화 체제의 특징으로써 이미 앞장에서 언급했다)은 자연적으로 정치 분야에도 반영되었다. 현대의 국가들이 통치하는 영토는 고대 군주 국가의 것보다 더 넓지 않다. 로마와 아랍 제국은 대부분의 현대 국가들보다 더 넓은 지역을 다스렸다. 그러나 현대 국가들은 전보다 더 침략적이며 사회적이고 개인적인 삶의 모든 영역에 이르기까지 널리 영향을 미친다.

결과적으로 정치는 오늘날의 다른 여러 요소들과 마찬가지로 거대한 물량주의로 인하여 손상되고 있다. 명목상으로나 진정으로 서구 문화 도처에 세워진 민주주의 체제 속에서 모든 성인은 선거권을 가짐으로써 정치 과정에 잠재적으로 참여하게 되고, 절대적으로 모든 사람, 곧 성인이나 아이 혹은 투표권이 있는 사람이나 없는 사람은 모두 정치의 영향을 받는다. 정치는 침략적이고 포괄적이다. 이로 인하여 자크 엘룰(Jacques Ellul) 이 '정치적인 환상' 이라 부르는 것이 만들어진다. 즉 모든 질문은 정치적인 질문이며, 따라서 모든 대답도 정치로부터 나와야 한다는 것이다.[115]

정치적인 거대한 물량주의 시기에는 전략적으로 중요한 장소나 필수적인 요소에서 일어나는 변화는 문화 전체에 결과를 미친다. 기독교의 발흥 이전에 있었던 감각 문화의 마지막 단계에서, 콘스탄틴 황제 한 사람의 개종은 당시 서서히 일어나기 시작했던 사회-문화적 변화를 가로막는 장애물들을 순식간에 제거해 버렸다. 현대 서구 문화의 감각 단계에서 아돌프 히틀러 한 사람이 거둔 파괴적인 승리는 서구의 사회-문화적 변화를 가로막던 장애물들을 전혀 다른 측면에서 허물어 버렸다.

---

115. Jacques Ellul, *The Political Illusion*, trans. Konrad Kellen(New York: Random House, 1972).

콘스탄틴 황제는 구시대의 감각적인 질서가 무너져 갈 때 무대에 등장하여, 초기 기독교의 관념 문화를 가로막는 장벽들을 제거했다. 히틀러 역시 '서구의 몰락' 기간에 권력을 잡았다. 그는 스펭글러(그는 히틀러를 동경하지 않았다)를 동경했고, 자신이 몰락의 방향을 돌려 천 년의 역사를 지닌 독일 제국을 건설하리라는 환상을 품었다. 히틀러는 자신이 퇴폐적인 감각 문화로 여긴 서구의 문화를 정복하여, 그것을 '20세기의 신화' 라는 일종의 광기 어린 이상주의로 대치하고 싶어했다. 만일 그가 전 세계를 대항하여 싸움을 일으키지 않았다면, 그의 천 년 제국은 아마도 내부적인 모순으로 인하여 무너지고 말았을 것이다.

앞으로 수십 년이 지난 후 역사가들은 서구 감각 문화 말기에 히틀러가 끼친 영향을 과거 콘스탄틴 황제가 당시에 끼친 것처럼 중대한 것이었음을 깨닫게 될 것이다. 콘스탄틴은 새로운 문화의 발흥을 막는 장벽을 제거함으로써 위대한 사회-문화적 변화를 촉진시켰고, 히틀러는 오래 전부터 이어온 체제의 마지막 남은 힘을 분쇄함으로써 자기도 모르게 지금 우리가 겪고 있는 변화를 조장했다. 그의 업적은(만약 그가 한 일들을 '업적' 이라고 부를 수 있다면), 비록 서방 연합군으로 대변되는 구시대 질서가 표면적인 승리를 거두었다 하여도, 서구 문명의 구조적인 방어벽을 다시는 회복하지 못할 정도로 분쇄시키는 상황을 야기할 것이다.

히틀러는 서구 문화가 이미 변화 단계에 접어들지 않았더라면 성공을 거두지 못했을 것이다. 서구 문화는 처음에는 한 쪽으로 조금 기울어지지만 슬쩍 건드리기만 하면 곧바로 완전히 넘어져 버릴 위험한 시기에 도달해 있었다. 콘스탄틴의 행농은 당시의 문화가 초기 중세 시내의 기독교 문화로 넘어가는 변화 과정을 가속시켰다. 히틀러의 행위는 변화기의 무질서를 더 격렬하게 만들었다.

말기 감각 단계에서 정치가 지니는 중요성

히틀러가 승리를 거듭한 초기에 누렸던 압도적인 환호는 문화의 변환기에서 거대한 물량주의가 중요한 위치를 차지한다는 증거이다. 히틀러 같은 사람이나 나치즘 같은 운동은 사회 질서의 기초가 쇠퇴할 때에만 성공할 수 있다. 히틀러와 나치가 최후의 승리를 거두지는 못했으나, 그들은 서구 사회를 비롯한 전 세계로 하여금 '새로운 질서'를 준비하도록 하는 자극제 역할을 했다. 히틀러는 그의 선배인 무솔리니와 레닌, 그의 동시대 인물인 스탈린 및 그의 뒤를 이어 등장하는 마오쩌둥처럼 전체주의적인 체제를 만들어 냈다. 그 체제 속에서는 문화를 지탱하는 소규모의 모든 조직들이 획일화되거나 제거된다. 개인성을 뒷받침해 주거나 "대중 속의 한 원자"[116]로 함몰되는 것을 막아 주는 가족, 공동체, 교회, 학교, 노조, 사회 단체나 기타 집단과의 생명력 있는 관계로부터 개인은 분리된다. 나치나 마르크스주의자들의 일당 독재라는 측면에서 말하는 전체주의자가 되지는 않더라도, 불행하게도 대중 민주주의는 거대한 물량주의에 잠식될 수 있다. 민주주의는 각 개인이 국가 정책을 결정하는 목소리를 낼 수 있는 체제가 되기보다는, 자유와 개인의 독립성이라는 환상을 유지하면서 동시에 대중을 획일화하고 균일화시키는 방법이 되었다.

히틀러와 나치는 자신들의 국가사회주의당(National Socialist Party)이 역사상 처음으로 과학에 입각한 정책을 만들었다고 주장했다.[117] 이러한

---

116. 한나 아렌트(Hannah Arendt)가 만들어 낸 이 표현은 개인이 원자처럼 변하고, 서로 서로 멀어지고 거대한 대중과의 관계를 제외하면 어느 누구와도 아무런 유대 관계를 지니지 못하는, 익명성이 압도적인 추세를 이루는 상태를 의미한다. Hannah Arendt, *The Origins of Totalitarianism*(New York: Harcourt Brace, 1968).

117. 그 정당의 공식 명칭은 Nationalsozialistische Deutsche Arbeiterpartei(NSDAP) '국가 사

“정치의 새로운 기술”은 전통 사회 질서의 마지막 남아 있는 근본을 뒤흔들어 버렸다. 히틀러와 대항하여 싸운 국가들은 강제적으로 권력을 중앙집권화하고 획일화시킴으로써 나치의 거대한 물량주의에 대항할 수 있는 ‘민주주의적’ 거대 물량주의를 만들어 냈다. 정치적인 환상을 가진 집권자들은 자유와 개인의 존엄성 상실이라는 미미한 대가만 지불하면, 올바른 정치적 선택을 통해 번영과 행복을 보장받을 것이라는 약속으로 국민들을 현혹했다.

서구의 전체적인 사회-문화 체제는 극도로 불안정한 상태에 이르렀다. 변화는 필연적이었다. 다가오는 변화가 ‘하나님의 형상’을 나타내야 하는 우리의 소명을 알리게 될지, 아니면 감각적인 행복이나 덧없는 만족을 쌓는 것을 의미와 목적으로 삼는 차원으로 되돌아갈 것인지에 대한 결정은 지금 세대에게 달려 있다. 그 선택은 인간의 존엄성에 대한 새로운 인식과 하나님의 형상으로 만들어진 피조물로서 책임과, 인간은 ‘성년’이 되었으므로 “마치 하나님이 살아 계시지 않는 것처럼” 살 수 있고, 살아가야 한다는 것을 보여 주려는 새롭고도 더욱 비극적인 시도 사이에서 이루어진다.[118]

전자를 선택하면 우리는 새로운 관념적 혹은 이상주의적 문화에 도달하게 될 것이고, 후자를 택하면 이미 소멸되고 있는 감각 문화의 단계를 잠시 연장시키지만 결국 전체적인 문화의 붕괴를 피하지 못하게 될 것이다.

회주의 독일 노동자당 ‘(National Socialist German Workers’ Party)였다.

118. 본회퍼(Dietrich Bonhoeffer, 1906-1945)는 우리 인간이 세계에 대한 완전한 책임을 맡아야 하며, 우리가 스스로 만들어 놓은 곤경으로부터 하나님이나 천사가 구원해 줄 것을 기대하지 말아야 한다는 의미로 이런 말을 했다. 불행히도 이 말은 종종 만일 우리가 책임질 하나님이 없다면, 우리는 원하는 대로 함부로 행동할 수 있다는 의미로 잘못 사용되기도 한다.

합법성의 위기

민주주의 이론의 위기는 정부의 합법성에 대한 무의미한 탐구에서 잘 나타난다. 주로 군주체제였던 과거의 정부는 왕조의 합법성에 근거하여 충성을 요구하였고, 신성 로마 제국 때에는 합법적인 유권자에 의한 선출이라는 기초 위에서 권력에 충성할 것을 강요했다. 만일 왕이나 황제가 정당한 계승자이거나 적절한 유권자들에 의하여 적법하게 선출되었다면, 그의 통치는 하나님의 의지를 반영하는 것이었다. "백성의 행복이 최상의 법이다"(salus populi suprema lex)라는 옛 격언은 군주가 나라를 다스리는 기준으로 작용했고, 군주들이 전제적인 독재 정치를 하지 못하도록 예방하는 장치도 되었다.

이상주의 시대의 이상과 확신이 힘을 잃어 가자, 군주 정치에 대한 평판도 점차 나빠졌다. 민주주의가 더 나은 선택으로 눈에 띄게 되었고, 실제로 미국에서는 민주주의가 하나님에 의해 정해진 정부의 형태라는 것이 당연하게 여겨졌다. 영국의 북아메리카 식민지와 프랑스에서 시작된 혁명적인 격변기 동안, 합법성에 관한 이전의 원리는 주권을 가진 국민이란 개념으로 대치되었다. 국민의 소리는 하나님의 음성이었다(vox populi, vox Dei). 어려운 점은 한 명의 군주나 소수의 통치자는 국가 전체를 다스릴 수 있는 반면, 국민들은 전체로서 나라를 다스릴 수 없고, 각 시민들의 소리를 들을 수 있는 작은 공동체에서나 그런 체제가 가능하다는 것이었다.

민주주의 이론은 국민들이 자기들의 지도자를 선택할 권한을 갖는다면 현명하게 택할 것이라고 주장한다. 그러므로 왕조의 정통성에 근거하여 왕을 세우거나 몇몇 높은 신분의 유권자들에 의하여 통치자를 선출하는 방식보다는 민주주의 방식으로 더 훌륭하고 재능 있는 지도자를 세울 수 있다는 것이다. 불행하게도, 무질서한 혼합주의나 거대한 물량주의가 주류를 이룬 시대에는 그런 주장은 극히 예외적인 경우만을 제외하고 모두 사실이 아닌 것으로 드러났다. 이 같은 사실을 인식하자 자신들의 민주적인 선택의 결과로 생겨난 민주적으로 통치하는 국가에 속한 국민들 가운데 불만을 품는 사람들이 생겨났다.

오늘날 국가의 최고 위치를 차지하기 위해 나서는 후보자가 사람들에게 어떤 결정적인 시기에 잠시 동안이라도 인기를 누리고 명성을 얻고 있다면, 그는 지도자로 선출될 것이다. 이론적으로 지식을 갖춘 투표자라면 가장 뛰어난 남자나 여자를 자신들의 지도자로 선택할 것 같다. 그러나 실제로 그들은 가장 많은 명성을 누리는 사람을 택한다. 그가 스포츠 스타이든, 연기자이든, 심지어 신용 사기꾼이든 스트립 쇼도 마다 않는 전위 예술가이든 상관하지 않는다. 합법성의 위기는 지도자를 세우는 방식을 세습 방식에서 투표로 선출하는 방법으로 바꾼다고 해소되지 않는다. 역동적인 합리성과 개인적인 장점보다는 인기가 정부의 우두머리를 선택하는 기준이 된다면, 그 결과는 정부 자체의 합법성 부재(不在)로 이어진다. 일단 개인적이고 계층적인 이해 관계의 적나라한 영향력이 사방에 퍼지고 질보다는 거대한 물량주의가 표준으로 자리잡으면, 민주적인 과정은 손상되고 그와 더불어 '민주적'이라고 여겨지는 모든 정부의 합법성과 완전성이 치명적인 상처를 입는다. 합법성이 주도하는 시대에는 정부에 대한 대중적인 신뢰는 통치자가 하나님의 택함을 받은 사람이라는 이론에 근거하고 있었다. 국민들이 자기 손으로 지도자를 택하고도 종종 잘못 선택한 것을 깨닫게 될 때마다, 필연적으로 지도자에 대한 신뢰는 약해지기 시작한다.

20세기가 시작될 때 세계 대부분의 국가들은 황제와 왕들의 봉지를 받고 있었다. 역사의 기록이 시작된 이후 항상 그런 통치 체제가 유지되어 왔다. 군주 정치는 거의 모든 인간 사회를 위한 자연적인 정부 형태처럼 보였다. 그러나 점증하는 말기 감각 문화의 위기는 그런 생각을 순식간에 날려 버렸다. 1900년에는 작은 규모의 군주국이 여러 개 있었고, 영국, 러시아, 중국, 일본, 터키, 에티오피아, 스페인, 네덜란드, 벨기에, 독일, 오스트리아-헝가리 제국이 세계의 대부분 지역을 장악하고 있었다.

대중 통치 이론은 현재의 정부 조직이 움직이는 실제적인 모습과는 전혀 다르고 서투르게 시작되었다. 정부는 문화가 통합된 상태로 남아 있는 것을 돕는 원동력이 되기보다는 문화의 분열을 일으키는 또 다른 세력이 되었다. 과거에는 전제 군주 한 사람이 국민들에게 알려질 수 있었고, 때로 불신을 당하고 미움을 받기도 하고 심지어 증오의 대상이 되기도 했다. 현대의 정부는 대통령이나 수상을 부각시킴으로써 민주주의 체제를 인격화시키려는 막대한 노력을 기울임에도 불구하고, 아주 작은 규모의 나라에서조차 헤아릴 수 없고 복잡하며 본질적으로 정체를 파악할 수 없는 존재가 되었다. 사람들은 정부를 불신하며 적대적인 태도를 취하고 있지만 그들은 미움의 대상으로 삼을 만한 전제 군주가 눈에 띄지 않는다. 그들은 점점 알려지지 않는 익명의 권력자들에 대한 집중되지 않는 불신을 쌓아갈 따름이다.

군주 체제는 무수한 사회-문화적 변화 속에서도 견뎌내며 살아남는 강력한 힘을 보유하고 있다. 그러나 통치 체제 역시 변화의 흐름을 거스르지 못했다. 군주 정치에서 민주주의 정치로, 혹은 식민지 상태에서 독립국으로의 변화는 필수적이며 당연한 것으로 받아들여졌다. 그러나 불행히도 그러한 변화들은 종종 소로킨의 표현대로 "손쉽긴 하지만 피상적인 술책" 에 지나지 않았음이 명백하게 드러나고 있다. 민주주의는 하나님이 제정하신 것이며 인간이 만들어 낼 수 있는 것 가운데 가장 뛰어나고 공정한 체제라고 가정하는 것은 큰 실수이다. 민주주의가 이루어 놓은 결과에 대해 좌절하고 환멸을 느끼는 감정이 고조됨에 따라 민주주의 자체에 대한 좌절감이 일어나고 있다. 그렇다고 해서 군주 정치가 대안이라고 생각하는 사람은 거의 없고, 또다시 독재 체제 아래로 들어가려 하는 사람도 없다. 정부가 처한 이러한 난관, 곧 민주 정치의 이상적인 형태로 여겨졌던 것이 실패로 돌아갔다는 생각의 증가는 정부의 실패를 나타내는 증상이 아니라 사회-문화 체제가 막다른 골목에 이르러 힘이 고갈되었음을 보여 주는 징표이다. 이것은 근본적인 변화, 즉 군주 정치에서 민주주의로 이행되는 것을 능가하는 변화가 진행 중이라는 것을 깨달아야 하는 또 다른 이유이다.

만일 그로 인해 사회의 부흥이 일어날 수 있다면, 그런 변화는 반드시 '민중 혁명'을 능가해야 하는 것이어야 하지만 '민주적인' 방법으로 진행되어야 한다. 민중 혁명은 전제 군주를 몰아내는 것이지만 그것은 일반적으로 혼란을 야기하는데, 그 이유는 국가의 우두머리를 넘어뜨릴 뿐 아니라 사회적인 교제와 경제적인 상호 작용에서 형성되는 많은 정상적인 관습들마저 파괴시키기 때문이다. 프랑스혁명은 순식간에 너무나 큰 혼란을 일으켰으므로 대다수의 사람들로 하여금 나폴레옹을 귀환시키는 것이 바람직하다고 여기도록 만들었다. 러시아 사람들이 짜르의 독재 정부를 전복시킨 후, 그 나라는 곧 일인 통치 체제 아래로 들어갔다. 처음에는 레닌의 통치를 받았고, 그 다음에는 스탈린 그리고 그의 후계자들의 통치가 이어졌으며, 최근에 와서야 그러한 일인 독재 체제에서 벗어날 수 있었다.

감각 문화에서 나타나는 민주주의의 약점

민주주의가 다수의 사람들에게 그들이 원하는 것을 주려고 한다는 이유 때문에 그것이 감각 문화, 곧 개인적인 욕구를 만족시켜 주는 것이 죄고선 (summum bonum)으로 여겨지는 문화에 적합한 것처럼 보일지 몰라도, 실제로는 민주주의와 감각 문화 사이에는 고유의 긴장 상태가 형성되어 있다. 고대 세계의 뛰어난 민주주의 국가들(아테네와 로마 공화국 등)은 이상주의 문화 속에서 일어났고, 감각 문화로 변화되는 과정 중에서 살아남지 못했다. 민주주의는 다수 대중들의 자기 훈련과 극기심을 요구한다. 그런 특질들은 감각 문화 속에서 조롱 거리에 지나지 않으며 곧 사라진다. 비록 민주주의 이론은 정부에 대한 사람들의 만족과 참여가 민주적인 정권에 합법성을 부여해 준다고 가르쳐 주지만 실상은 그렇지 않다. 그 말은 어느 정도는 사실이다. 왜냐하면 그 이론은 적용되지 않고 있기 때문이다. 그러나 적용된다 하여도 말기 감각 문화라는 상황 아래에서는 쓸모 없는 것이 되고 만다.

현재의 감각 문화 속에는 활기 넘치는 민주 정부를 위해 가장 중요한 조건 하나가 점점 결핍되어 가고 있다. 그것은 시민 대다수의 도덕적 책임감과 성실함이다. 민주주의 제도는 국민들이 삶의 여러 영역에서 스스로를 다스려야 한다는 것을 필수적인 전제로 삼고 있다. 그러나 이러한 전제는 "먹고, 마시고, 즐기라"는 감각적인 태도로 인하여 방해를 받고 좌절된다. 모든 사람이 자발적으로 존귀하게 여기는 영원하고 신성한 정의의 원칙이 있다는 생각은(이것은 관념 문화와 이상주의 문화의 특성이다) 감각 문화 속에서 사라져 버렸다. 그 문화 속에서 사람들은 즐거움을 주며 고통을 막아 주고 즉각적인 만족을 제공하는 것에만 관심을 보인다. 사람들이 자발적으로 다른 사람들의 유익을 위해 행동하도록 감동시키는 이상이나 원칙을 지니고 있지 않을 때, 어떤 정부도 원활하고 만족스럽게 기능을 발휘할 수 없다.

감각적인 단계에 있는 사회에서 정부의 도덕적 합법성에 대한 믿음을 유지한다는 것은 극도로 어려운 일이다. 군주 정치 체제나 민주주의 체제가 모두 마찬가지이다. 오늘날 세계의 대부분 국가들이(UN도 여기에 포함된다) 민주주의가 국민을 위한 가장 훌륭한 정부 형태라는 것을 적어도 형식적으로나마 인정한다고 하더라도, 정부에서 일어나는 위기는 그 자체로 민주주의 이론이 위기에 처해 있다는 것을 보여 준다. 민주주의의 실패는 조만간 인류 전체의 실패로 보여질 것이다.

시민들은 민주주의가 공정하고 효과적으로 기능을 발휘할 수 있으며, 또한 민주주의가 일반 국민들의 복지를 증진시키기에 가장 적합한 형태라고 여기고 싶겠지만, 실제로 민주주의가 사람들의 바람대로 작용하는 경우는 거의 드물다. 민주주의는 가치(value)에 대한 일치된 여론을 전제로 하고 있다. 즉, 도덕적으로 선하고 바람직한 삶의 구성 요소에 관한 폭넓은 일치를 필요로 한다. 이런 요소들은 통합된 문화의 두드러진 특징이기도 하지만, 문화가 변화 단계를 거치며 붕괴될 때 사회에서 자취를 감춘다. 결과적으로 확신을 갖고 예견할 수 있는 한 가지 사실은, 서구 사회가 귀하게 여기고 있다고 공언하는 민주주의는 감각 단계가 근본적인 방향 전환을 하지 않고 이대로 계속 간다면, 곧 사라질 운명에 처해 있다는 것이다. 지나치게 완숙한 상태에 이른 감각 문화에서 많은 사람들을 다스리는 것은 시간이 갈수록 더 어려워진다. 통치 체제가 군주 정치이든 민주주의든, 아니면 소수 독재 정치이든 일인 독재이든, 그것은 상관이 없다. 왜냐하면 사람들은 자신들의 감각을 만족시켜 주는 것에만 흥미를 가지고 있기 때문에, 그와 동시에 자발적으로 공동체의 이익을 위해 행동한다는 것은 불가능한 일이다.

미국을 건설한 창시자들은 이 같은 근본적인 사실을 완전히 파악하고 있었다. 영국 식민지였던 13개 주가 영국 왕에 대항하여 반란을 일으켜 공화국을 설립했을 때, 당시 지도자들은 하나님에 대한 신앙에 의존할 것을 되풀이하여 말했고 새로운 국가를 보호해 달라고 하나님께 기원했다. 서구 문화가 전반적으로 감각 단계에 이미 들어섰음에도 불구하고, "먹고, 마시고, 즐기라"는 감각 문화의 이데올로기는 미지의 대륙 한 구석에 살고 있던 낙후된 미국 식민지에 아직은 지배적인 영향을 끼치지 못했다. 미국 국민 가운데 많은 사람들이 기독교 신앙을 받아들였고, 사회적으로 유명한 많은 사람들은 자신이 기독교인은 아닐지라도 적어도 이상주의적인 철학을 고집하였고 기독교의 내용과 유사한 덕목들을 마음 깊이 신봉하고 있었다.

이와 같은 이상주의적인 성향은 점점 확산되는 감각 문화 속에서도 상당히 오랫동안 유지되었지만, 1960년대에 미국에서의 이상주의적 경향은 종말을 고했다. 케네디 대통령은 자기가 다시금 이상주의를 불러일으킬 수 있으리라 생각하였고, 잠시 동안 이상주의의 불길을 되살리는 데에 성공했다. 1961년의 취임 연설에서 케네디 대통령은 미국 국민들 가운데 아직 남아 있는 이상주의적 사고방식에 호소했다. "국가가 당신을 위해 무엇을 해 줄 수 있느냐고 묻지 말고, 당신이 국가를 위해 무엇을 할 수 있는지 물어 보라."

케네디의 희망에도 불구하고 국민들에게는 케네디가 기대하는 것을 성취할 만한 힘이 남아 있지 않았다. 문화는 이미 감각적인 단계에 완전히 접어들었고, 대중 매체와 통신의 영향력은 미국인들이 과거에 지녔던 이상주의적 태도에 대한 모든 기억마저 빠른 속도로 망각하게끔 만들고 있었기 때문이다. 이러한 경향은 1963년에 일어난 케네디 암살 사건과 그의 형제인 로버트의 살해 그리고 1968년에 있었던 인권 운동가 마틴 루터 킹 2세의 죽음 이후에 더욱 가속화되었다. 만약 대통령이 암살당하지 않았더라도 그가 되살리려 했던 이상주의가 그의 계획에 적합한 것으로 판명되었을지 의문이다. 그러나 일련의 끔직한 사건들은 베트남에서 일어난 많은 인명을 앗아간 무익한 전쟁과 결합되어 미국 사람들 가운데 남아 있던 과거의 이상주의적 성향을 거의 대부분 파괴했다. 실제로 서구 문화 전반에 걸쳐 이상주의의 잔재는 흔적을 찾아보기 어렵게 되었다.

최근의 역사에서 일어난 사건들, 곧 역사적인 재난들은 모두 서구 사회에서 민주주의 이론의 극심한 위기를 일으키는 데 일조했다. 하지만 그런 위기의 근본적인 원인은 역사적인 사건들이 아닌 감각 문화의 본질 속에 자리잡고 있었다.

감각 단계가 진척되고 더욱 널리 퍼지며 차츰 퇴락할수록, 독재적인 정부와 민주주의는 권력을 유지하기 위해 대중들을 현혹시키는 수단에 의존하게 된다. 로마 제국은 빵과 원형 경기장의 경기로 시민들을 달랬고, 현대의 민주적인 복지 국가들은 다양한 형태의 권리와 복지를 제공한다. 무질서한 혼합주의에 기여하는 예술과 인물들을 위해 조금이라도 색다른 요소를 지니고 있으면 국가의 재산으로 보조금을 지급한다. 이것은 민주주의가 제대로 기능하기 위해 필요한 도덕적인 합의에 역행하는 작용을 한다. 거대한 물량주의를 지향하는 경향(7장에서 논의한 대로)은 개인을 더욱 집단적인 근거 위에서 취급하려 하고, 현재의 군중들은 어느 누구와도 깊고 오래가는 관계를 맺지 않으며 단지 통치 기구나 복지 기관을 통해 국가와 연결되어 있을 뿐이다.

민주주의 이론의 위기

민주주의는 이상적인 것으로 신성하게 여겨지고 지구상에서 가장 공정한 정부 형태로 인식되어 왔다. "민주주의를 위해 세계의 안전을 수호하자"라는 명목으로 미국은 제1차 세계대전에 참전했고, UN과 다른 열강들은 아직 민주주의가 세워지지 않는 곳에 민주주의를 건설하기 위한 노력을 기울인다는 구실로 세계 곳곳에 끊임없이 개입하고 있다. 공식적으로 평화를 수호하는 조직인 UN은 민주주의를 회복하거나 보존한다고 하면 선뜻 군사적인 행동을 허락한다. 폐위된 전제 군주를 복위시키기 위해 군사적인 행동을 허락하는 경우는 결코 없다. 아무리 고대로부터 내려오는 왕의 혈통을 이었다는 그 군주의 주장이 합법적이라도 달라지는 것은 없다.[119] 소수의 이슬람 국가를 제외하고 아직 남아 있는 몇몇 군주 군가는 모두 자신들이 민주적으로 통치하고 있다고 힘주어 강조한다. 심지어 몰락한 공산주의 독재 정부조차 자신들을 민주주의라 부른다. 중국 인민 공화국 같은 경우도 거기에 속한다. 그러나 오늘날 '민주주의' 라는 단어는 정말로 무엇을 의미하는가?

　민주적인 정치 이론의 근본적인 원리는 다음과 같다. 권력은 국민에게서 나오고, 정부는 통치 받는 사람들의 확실한 동의 아래에서 그들의 권한을 얻어와야 한다. 그리스와 로마에서 볼 수 있는 초창기의 민주주의와 공화정은 소규모의 도시 국가에서 이루어졌다. 거기에서는 중요한 사안을 결정하는 것과 정부 조직에 시민들의 상당수가 직접 참여하는 것이 가능했다. 물론 작은 도시 국가에서도 참정권은 한정되어 있어서, 모든 사람이 정치에 참여할 수 있는 것은 아니었다. '민주주의', '공화국', '군주정치' 그리고 '제국' 등의 용어는 시민들이나 피지배자가 누릴 수 있는 자유의 정도에 대해서 말하는 것이 아니며, 지배받는 억압의 정도를 가리키는 것도 아니다. 의회 정치보다는 왕의 통치 아래에서 사는 것이 편할 때가 있고, 군주 정치는 평민들의 탄원을 듣는 데에 있어 민주적으로 구성된 관료 정치 조직보다 더 빠를 때도 있다.

　서구 사회의 민주주의 안에서 '민주주의' 라는 단어는 원래의 뜻을 그대로 의미하는 경우가 거의 드물다. 민주주의 이론이 실행되는 방법에는 여러 가지 문제와 모순이 나타난다. 여러 나라들이 다양한 방법으로 통제할 수 없는 상태에 이르고 있다. 몇몇 국가는 전제 정치로 되돌아가기도 하고, 다른 나라들은 혼란 속으로 빠져든다. 미국은 말기 감각 사회에서 민주주

---

119. 위대한 민주주의 국가는 물론이고 UN은 에티오피아의 경우처럼, 현대에 가장 잔인한 독재자로 밝혀진 사람에 의해 세계에서 가장 오래된 왕가가 전복되고 황제가 살해되더라고 결코 반응을 보이지 않는다.

의 이론이 막다른 골목에 다다랐음으로 보여 주는 두드러진 사례이다.

앞에서 살핀 것처럼 민주주의는 비교적 소규모인 공동체에 그 기원을 두고 있다. 현대의 민주주의는 중세 독일의 작은 자유 마을과 스위스의 시골에 있는 주(州, canton)를 시초로 삼고 있다. 고대 그리스의 도시 국가들처럼 그 마을들은 시민들과 관료들 사이에 어느 정도의 직접적인 상호 작용이 가능할 정도로 소규모였다. 국가적인 규모를 지닌 최초의 현대적인 '공화정'은 프랑스였는데, 금방 공포 정치를 행하는 독재 정권으로 뒤바뀌어 나폴레옹을 황제로 받아들이게 되었다. 많은 시련과 전쟁과 외국의 점령을 거친 후, 프랑스는 대중들의 선거를 통해 중앙 집권적인 통치 형태를 지닌 국가가 되었다. 그러나 오늘날의 평범한 프랑스 사람들은 "짐이 곧 국가이다"라고 말한 '태양 왕' 루이 14세의 치하에 있었던 선조들보다 더 제한된 개인의 자유를 누리고 있으며, 그때에 비해 국가로부터 더 많은 간섭을 당하고 있다.

민주주의 이론은 국민들을, 그들 개인의 수가 수천 명이든, 수백만 명이든, 수억 명이든 상관없이, 전체로서 취급한다. 각 개인은 자신의 고유한 야망, 희망, 실망 등을 안고 있으면서, 자신들의 지도자를 현명하게 선택할 수 있을 만큼 충분한 지식과 능력을 지니고 있다고 본다. 민주적인 투표 과정은 도덕 철학을 가르치는 60세의 노 교수나 20세의 매춘부를 차별하지 않는다. 모두 한 표만 행사할 수 있다. "남자 한 명에 한 표"라는 표어는, 오늘날에는 "한 사람에 한 표"로 변했지만, 어디에서나 시행되어야 하는 신적 명령으로 받아들여졌다. "숫자가 정의를 이룬다"는 말이 있다. 권위와 권력은 자연권(natural right)에 의해 다수의 사람들에게 속해 있는 깃으로 여겨진다.

"한 사람에 한 표"는 모든 개인에게 존엄성과 힘을 주는 원리인 것처럼 보인다. 그러나 불행하게도 현실은 그렇지 않다. 예를 들어, 미국에서는 모든 표(vote)는 동일한 가치를 지니며 다수가 통치한다는 이론을 받아들인다. 이 이론은 그 자체로 반드시 완전한 것은 아니며, 실질적으로 적용되지도 않는다. 미국뿐 아니라 서구의 다른 여러 나라에서도 나라를 다스리는 사람들은 다수가 아니라 소수이다. 이런 일은 두 가지 측면에서 일어난다.

1. 투표소에 가는 유권자들의 수가 너무 적으므로 당선자들은 아주 소수의 유권자에 의해 어려움 없이 당선된다. 당선자들이 다수를 득표했을 때도 마찬가지이다.
2. 두 명 이상의 후보자가 하나의 자리를 놓고 경합할 때, 승리를 거두는 후보는 실제로 투표한 사람들의 다수를 획득한 것이 아니라 후보자들 가운데 최고 득표를 거두는 경우가 많다.

투표율이 낮고 당선자가 얻은 최고 득표수가 너무 적으면, 그 민주주의 체제는 민주주의 이론이 규정한 대로 역할을 다하지 못했으며 '다수 원칙' 이 제대로 이행되지 않았음이 분명하다. 민주적인 절차는 실제로 기능을 발휘하지 않았는데, 그 이유는 너무 적은 사람들이 투표했기 때문이고 그렇게 적은 수의 사람이 투표한 이유는 그 절차에 환멸을 느끼기 때문이다.

20세기 이전까지는 대부분의 나라에서 투표권이 특정 집단에만 한정되어 있었다. 예를 들면, 성인 남자, 가장, 특정 인종의 성인 남자, 재산 소유자, 글을 읽고 쓸 수 있는 사람, 또는 읽고 쓰기 시험을 통과한 사람 등이었다. 이렇게 여러 가지 제한 규정을 만들어 놓은 배후에는 그럴듯한 이유가 있었다.

- 재산을 소유한 사람은 공동체의 안정에 깊은 관심을 갖고 있는 것으로 추정되었다.

- 남자들은 때때로 집안의 우두머리로 여겨져 온 가족을 대표하여 투표했다. 여러 나라에서 모든 남자들은 병역의 의무를 지고 있었고 투표는 국가 방위와 연관되어 있었다.
- 글을 읽거나 쓰지 못하는 사람들은 글을 아는 사람에 비해 평균적으로 견문이 넓지 못하며 지적으로 떨어진다고 여겨졌다.

투표권을 제한하는 데에는 다음과 같은 이유가 함축되어 있다. 투표권을 부여받은 사람들은 공동체에 대한 깊은 관심을 가지고 있어야 하며, 따라서 공동체 전체에 이익이 되는 결정을 내릴 수 있는 사람이어야 한다는 것이다. 참정권이 제한되던 시절에 투표권을 가진 사람들은 실제로 자기 자신의 개인적인 이익보다는 국가 전체의 행복을 위해 투표한다는 책임감을 느낀 적도 있었지만, 그들이 모두 다 그런 마음을 가졌다고 확신할 수는 없다.

참정권이 제한되지 않을 때, 실제로 투표하는 사람이나 그들이 뽑는 사람이 진심으로 공동체에 깊은 관심을 가지고 있으리라는 것을 보장할 수 없다. 특히 문화가 붕괴되는 과정에 있을 때에는 다양한 종류의 특정한 이해 관계가 우위를 차지하려고 다투게 된다. "자기만 살고 보자"는 태도가 확산된다. 정부 구조가 더 커지게 되면, 자격을 갖춘 유권자들이 현명한 결정을 내릴 수 있는 능력은 감소된다. 선거는 인기 경쟁으로 변한다. 고위직에 입후보한 사람들은 현명한 구호를 내걸거나, 무미 건조한 농담을 함으로써 당선되거나 낙선되기도 한다. 단 한 번만 말을 실수해도 그 말은 어디에나 있는 대중 매체에 의해 백만 배 이상 과장된다(수백만 개의 텔레비전 화면에 방영되고 인쇄물을 통해 또다시 수백만 번 반복해서 알려진다).

일단 정권을 잡으면 그가 현명하든 어리석든 간에, 이타적이며 정직하든 아니면 부패하고 부도덕하든 간에, 아침부터 저녁까지 무수한 충고와 청원과 탄원과 욕설과 무례한 행동과 풍자적으로 빈정대는 말에 시달리며, 그 내용은 강력한 매체의 힘으로 전국에 퍼져나간다. 그의 무분별한 행동은 아무리 사소한 것이라도 거대한 규모로 확대된다. 미국에서는 라디오와 텔레비전 대담 프로와 여론 조사가 매우 양심적이고 성실한 공직자들을 대상으로 이루어지며, 일반 대중들은 엄청난 양의 정보와 충고와 무례함을 목격한다. 따라서 잘못된 정보와 욕설과 거침없는 중상 모략으로부터 정확한 정보와 가치 있는 충고를 걸러내기란 어려운 정도가 아니라 거의 불가능하다.

미국에서 정부의 권력은 워싱턴에 근거를 두고 있으며, 넓은 대륙에 흩어져 있는 국민들이 스스로를 통치할 만한 능력을 가지고 있다는 것은 실질적으로 부정된다. 세세한 연방 정부의 규정들은 거의 수만 페이지라는 엄청난 분량에 이른다. 투표를 통해 가장 단순한 형태로 그리고 직접적으로 드러나는 사람들의 의사라 할지라도 헌법에 근거하여 결정을 내린다는 주나 연방 법원의 판사들에 의해 단번에 폐기되기도 한다. 사실 헌법이란 것은 판사들이 어느 특정한 순간에 의미를 부여하고 싶어하는 것을 뜻할 뿐이며 그 이상도 그 이하도 아니다. 투표를 통해 이루어진 헌법 수정은 얼마 가지 않아 그것을 반대하는 판사들에 의해 "헌법에 반하는" 것으로 선포될 수 있다. 소규모의 사회 단위(주(州)로부터 시작하여 민간 법인과 각 개인에 이르기까지)가 스스로 자신들의 기준을 설정하고 가장 자신들에게 이익을 가져다주는 것이 무엇인지를 결정할 수 있는 권리는, 비민주적인 중앙 정부의 결정과 선거를 통해 선출되지도 않는 관료들의 결정으로 인해 강탈되고 폐지되며 뒤집히기도 한다. 광대한 대륙 전반에 걸쳐 일어나는 시민들의 일상적인 일들은 정부에서 만들어진 법규나, 투표로 선출된 공무원이나 선출직이 아닌 익명의 관리자, 관료, 판사들에 의해 만들어진 법규에 따라 지배를 받는다.

이러한 체제가 정말로 모든 결정들이 군주들과 귀족들에 의해 내려지는 체제보다 더 우월하고 선호할 만한 것인가? 그들은 실제로 군중들의 압력과 순간적인 열광으로부터 민주주의 체제의 지도자들보다 훨씬 자유롭다. 만일 민주주의가 우월한 것이 있다면, 그 사회의 통치권이 군주 정치에서 흔히 일어나는 혁명적인 폭력 없이도 국민들에 의해 선출된 직책에서 나올 수 있다는 사실이다.

미국에서 일어나는 상황은 다른 민주주의 국가에서도 좀더 소규모로 비슷하게 나타난다. 유럽은 중간 크기의 나라들과 그보다 더 작은 나라들이 나름대로의 다양한 문화와 전통을 지니고 살아가는데, 중앙 집권적인 유럽 공동체로 모든 나라들을 합병하여 미국의 세력에 대항하거나 그것을 능가하려는 경향이 나타나고 있다.

효율적인 정부 조직의 크기가 날로 거대해지는 현상은 민주주의를 점점 더 허구로 만들고 있다. 미국이 어느 정도의 주권을 가진 주(州)들의 연방에서 중앙 집권적인 초강대국으로 변모하면서, 자신들의 일을 스스로 처리할 수 있는 개인들이나 지방 자치체의 활동은 더욱 제약을 받게 되었다. 과거에 왕을 백성들의 '아버지' 혹은 '목자'로 칭하던 것이 허구(fiction)라면, 오늘날에는 "국민에 의한, 국민의 정부"라는 말이 허구이다. "국민을 위한" 정부라는 말은 여전히 적용될 수 있는데, 선출되거나 임명된 관리들이 진심으로 국민들의 이익을 위한다는 조건이 붙는다. 그러나 "국민에 의한" 정부라는 말은 이미 환상이 되었다.

현대 과학 기술과 현대적인 통신 수단은 시민들이 모든 종류의 논쟁점에 대해 짧은 시간에 투표를 통해 결정하는 것을 가능하게 하였다. 사람들은, 적어도 "과학적으로 선택된 표본"이 된 사람들은 매일 그들이 현재의 문제에 대해 어떻게 생각하고 있는지 질문을 받는다. 때때로 선출된 관리들은 그런 여론 조사의 결과를 이용해 결정을 내리기도 하지만, 그 결과를 무시하는 경우가 더 많은데 이것이 오히려 현명한 선택일 수도 있다. 그런 여론 조사를 받아들이면 여론 조사에 응한 사람들의 입장에 서게 됨으로써 세밀한 고찰과 현명한 해결이 어려워질 수 있기 때문이다. 수억 명에 달하는 사람들의 목소리가 터져 나오면, 특정한 문제에 대해 개인이 귀를 기울일 수 있는 능력은 거의 제로 상태까지 떨어진다. 개인의 의지가 정부의 결정에 영향을 미치는 것은 마치 미시시피 강을 지나는 배의 갑판에서 쏟아진 한 잔의 물이 미시시피 강의 수위에 영향을 끼치지 못하는 것처럼 불가능한 일이다.

각 개인이 자기가 어떤 일을 하고 자신의 삶을 어떻게 이끌어갈 것인지를 자유롭게 결정할 수 있는 개인 생활과 행동의 영역은 계속해서 줄어들고 있다. 자기 자녀들의 교육을 지도하고 그들의 순수함을 지켜 주는 부모들의 능력은 실질적으로 무력화되었다. 학교는 가정에서 도덕 교육이 제대로 이루어지지 않는 것을 보완하려는 헛된 노력보다는 법 집행 기술과 금속 탐지기에 점점 더 의존하고 있다. 정치 과정에 대한 사람들의 불만과 좌절감은 날로 증가하고 있으며 날이 갈수록 더욱 분명하게 표출되고 있다.

이번 세기의 막바지에 이르러 새로운 황제(Caesar)들이 등장할 것이라던 오스왈드 스펭글러의 예언은 "무엇이든 이보다는 더 나을 것이다"라는 논리에 근거하여 성취될 것이다. 현재의 민주주의 구조는 더 이상 원래 의도하고 약속했던 대로 기능을 발휘하지 못하고 있다는 것이 시간이 지날수록 분명해지고 있으며, 민주주의는 그럴 만한 능력이 없다는 의구심이 날로 증가하고 있다.

대중 매체와 급속한 통신의 발전으로 순식간에 사람들 사이의 분위기나 사회 전체의 변화를 찬성하는 쪽으로 돌려놓는 일이 전보다 훨씬 수월해졌다. 말기 감각 문화에서는 어떤 가치도 영구적이며 보편적인 효력을 발휘한다고 받아들여지지 않으므로, 어떤 종류의 변화가 앞에서 기다리고 있는

지 예견하는 것이 불가능하다. 그러나 앞으로 일어날 변화는 1991년의 소련 붕괴나 1933년에 있었던 바이마르 공화국의 종말과 같이 극적으로 발생할 가능성도 배제할 수 없다.

민주주의와 감각적인 탐닉

도덕적인 설득과 권위나 이상에 대한 호소를 통해 사람들에게 영향을 끼칠 수 있었던 관념 문화나 이상주의 문화와는 달리, 감각 문화는 오로지 감각적인 만족을 제공함으로써 사람들의 관심을 끌 수 있다. 마치 지금의 서구 문화가 그런 것처럼 감각 문화가 부유하고 사치스러워질 때, 사람들로 하여금 자제력을 발휘하고 위험을 극복하고 경제적인 재난을 피하기 위해 필요한 노력을 기울이도록 동기를 유발시키는 것은 점점 더 어려워진다. 만일 알렉산더 대왕이나 나폴레옹, 윈스턴 처칠같이 강력한 지도력을 가진 지도자가 서구 사회에 등장한다 하여도, 편리함만 추구하고 자기 멋대로 굴며 무기력한 상태에서 서구 사람들을 그가 일깨울 수 있을지 의문이다. 말기 감각 문화에 처한 민주주의 사회의 사람들이 자신의 고유한 도덕 관념을 가지거나, 어렵고 힘든 상황에서 인내심을 키우며 필요한 용기를 지니는 것은 너무나 벅찬 일이다. 그런 문화 속에서 "인자가 온 것은 섬김을 받으려 함이 아니라 도리어 섬기려 하기 위함"(마 20:28)이라는 예수님의 말씀은 대부분의 사람들에게 완전히 어리석은 소리로 들릴 것이다. 이상주의적인 사회는 봉사를 높이 평가하지만 감각적인 사회는 이익을 소중히 여긴다.

전체 문화는 동일한 양상으로 변화되지 않으며 도한 그러한 변화가 모든 곳에서 동시에 일어나지 않기 때문에, 감각 문화에도 도덕적인 호소가 영향을 끼치는 영역이 남아 있기 마련이다. 감각적인 정신 상태가 더욱 널리 퍼지면 민주적인 정치가들은 단순한 선동 정치가로 전락하게 되어, 사람들에게 아첨하고 그들로 하여금 물질적인 이익과 즐거움을 더욱 쉽게 얻을 수 있도록 돕는다. 마치 로마 황제들이 서민들에게 빵과 원형 경기장의 경기를 제공해 주었던 것과 같다.

그러나 이런 식의 접근은 자멸을 불러오게 되는데, 그 이유는 물질적인 생산품은 수많은 자원들을 이용해야 하고 거기에 엄청난 노력을 기울여야만 제공할 수 있기 때문이다. 그런 물질적인 이득은 오직 사회의 구성원들이 자기 훈련과 자기 부인에 전념할 준비가 된 사회에서만 누릴 수 있다. 바로 이것이 서구 사회에서 대부분의 사람들에게 수단과 방법을 가리지 않고 성적인 쾌락과 자기 만족을 추구할 것을 극단적으로 강조하는 부분적인 이유가 될 것이다. 바로 이 같은 현상이 서구 사회에서 계속 이어지고 있다. 위대한 역사 철학가인 아놀드 토인비 역시 그런 사실을 염두에 두고 다음과 같은 글을 남겼을 것이다. "성적인 방종은 인류의 미래에 대한 신앙과 희망을 상실했다는 증거이다."[120] 토인비 교수는 당시 일본에서 이상주의적인 성향의 불교 학문 단체를 이끌고 있던 다이사쿠 이케다(Daisaku Ikeda)와 나눈 대화에서 그렇게 말했다. 이케다는 이렇게 말했다. "성적인 윤리가 상실되고 성관계에서 진정한 사랑이 부재한 것은, 삶을 물질적인 가치의 측면에서만 간주하려는 경향 때문이 아닌가 생각해 본다. 성은 정신과 완전히 분리된 쾌락의 수단으로 변해 버렸다. 우리가 이런 경향들에 대해 근본적인 원인을 찾아 분석하지 않으면 결단코 해결점에 도달하지 못할 것으로 확신한다."[121]

---

120. Arnold Toynbee and Daisaku Ikeda, *Choose Life: A Dialogue*, ed. Richard L. Gage(London: Oxford University Press, 1976), 20.

121. 위의 책., 18.

성적인 행동에 대한 모든 도덕적이고 윤리적인 규율이 느슨해진 것은, 감각적인 측면이 압도적으로 강한 문화 속에 있는 민주주의의 논리적이고 필연적인 결과이다. 경제적인 제약 때문에 정부는 국민들에게 더 많은 물질적 이익들을 제공해 주지 못한다. 그와 반대로 성적인 탐닉의 기회는 무한한 것처럼 보인다. 성적 행동에 대한 법적 사회적 제약을 느슨하게 하는 것은 정부의 손실은 전혀 없이 국민들에게 쾌락주의적인 만족감을 주는 것 같지만, 일단 모든 규제들이 해제되면 사람들은 곧 싫증을 느끼게 되고 정부는 더 이상 그들에게 아무 것도 제공할 것이 없는 상태에 이른다.

살찐 당나귀에게는 또 다른 당근을 줌으로써 마차를 끌도록 동기부여를 할 수 없는 것과 마찬가지로, 성적으로 만족한 대중들은 곧 더 이상 천박한 쾌락이 제공되지 않는 상태에 이르게 된다. 물질적이고 감각적인 만족에 대한 추구는 곧 마약과 쾌락을 얻기 위한 여러 가지 기술적인 수단들에 대한 추구로 이어진다. 그러나 새로운 만족감은 동기를 약화시켜 민주주의 체제가 올바로 기능하기 위해 필요한 요소인 모든 이타주의와 공동체에 대한 봉사 정신을 더욱 손상시키게 된다.

민주주의를 폐지하자?

20세기의 말엽에 이르면서 군주 정치는 거의 폐지되었고, 왕족과 귀족 가문은 모두 정리되었다. 군주 정치는 4천 년의 전통 위에 서 있었고 대단한 복원력을 보여 주었다. 왕들이나 황제들이 폐위되고 살해당한 후에도, 군주 정치에 대한 향수는 사라지지 않았다. 스튜어트 왕가는 영국의 왕좌에 복귀했고, 부르봉 왕가는 프랑스의 왕권을 잠시나마 다시 잡았다. 프랑스는 공화정을 결정적으로 완성하기 직전까지 두 명의 황제와 다른 한 명의 왕을 인정했다. 20세기에 들어 군주 정치에 대한 개념은 살아 남을 만한 능력을 상실한 듯이 보인다. 볼셰비키 혁명 당원들은 러시아의 마지막 황제를 살해하고 그의 가족을 몰살시켰다. 중국의 왕족은 마지막 만주 제국과 함께 사라져 버렸다. 영국, 일본, 그 외의 일부 국가는 형식적으로는 군주 정치를 표방하나 실제로는 민주주의 정치가 이루어지고 있다.

최근까지 민주주의였던 국가에 전제 군주가 등장하는 것이 전혀 불가능하지는 않지만, 왕이나 황제의 복귀는 거의 불가능한 일이다. 군주 정치는 더 이상 국민들에게 충성심을 일으키거나 그들의 상상력을 자극할 수 없다. 그러므로 군주 체제는 역사의 무대에서 자취를 감췄다. 하지만 민주주의도 무기력하고 부적절한 단계에 접어들고 있다. 민주주의도 철폐되거나 역사의 뒤안길로 사라져 버려야만 할까? 만일 그렇다면, 그것을 대치할 만한 것은 무엇인가? 말기 감각 문화라는 정황 속에서는 만족스러운 대안이 제시될 수 없다. 바로 이런 이유 때문에 우리는 콘스탄틴 황제 이후에 유럽이 전체적으로 변화된 것과 같은 철저한 사회-문화적 부흥을 소망할 수밖에 없다. 만일 그러한 부흥이 일어나지 않는다면, 우리는 다음에 어떤 체제가 도래할 것인지 전혀 예측하지 못한 상태에서 혼돈 속으로 빠져들고 말 것이다.

9

교육의 위기

채찍과 꾸지람이 지혜를 주거늘
임의로 하게 버려 두면 그 자식은 어미를 욕되게 하느니라
-잠언 29장15절-

미국은 서구 문명 전반에 걸쳐 광범위하게 발생하는 문제점들의 극단적인 사례들을 대표적으로 보여 주고 있다. 그 문제점들은 세 단어로 표현할 수 있다. 평등(equality), 권위(authority) 그리고 탁월성(excellence). '평등'에 대한 추구는 교육이 기초하고 있는 근본적인 지주(支柱)인 '권위'의 붕괴를 야기했고, 교육이 성취하려고 의도하는 주요한 목표들 가운데 하나인 '탁월성'의 실질적인 소실을 가져왔다.

교육 분야처럼 권위의 상실이 명확하게 드러나는 곳도 없다. 교육이라는 개념 자체는 학습자가 알지 못하거나 할 수 없는 것을 교사는 알고 또 할 수 있다는 것을 전제로 삼는다. 또한 학습자가 자진해서 지시에 따르고 배우려 해야 한다는 것도 전제로 한다. 이런 전제들이 '권위'라는 말에 함축되어 있다.

이 단어가 교육이라는 정황 속에서 의미하는 바를 명확하게 드러내는 일은 매우 중요하다. 왜냐하면 그 단어는 지금 시대에 너무나 미심쩍은 것이

되었으므로 권위에 대해 강조하기만 하면 많은 사람들은 즉시 귀를 막아버리기 때문이다. '권위'(Authority)는 종종 '권위주의'(Authoritarianism)를 연상시켜 거부되거나 미심쩍게 보여지는데, 전제 군주의 악덕과 권력의 남용 등과 관련된 옳지 못한 요소로 인식되어 있기 때문이다. 그 단어는 일반적으로 사용되면 때때로 '권력'(power)과 혼동된다. 이미 타계한 정치 철학자 한나 아렌트(Hannah Arendt)는 단순한 권력과 진정한 권위 사이의 중요한 차이점을 지적하여 그러한 오해를 극복할 수 있도록 도움을 주었다.

- 권력은 강제로 자신의 요구를 따르도록 밀어붙이는 능력이다.
- 권위는 자발적으로 순종하도록 이끌어내는 능력이다.[122]

교육자는 자신의 책임 하에 협력을 이끌어낼 수 있는 자질을 갖출 필요가 있다. 그렇지 않으면 교육은 이루어질 수 없다. 그러나 그 교육자가 권위를 소유한 것과 도덕적이든 물리적이든 강제력의 사용에 의존할 수밖에 없는 것은 큰 차이가 있다. 미국 교육계에서 발생하는 위기는 권위의 상실과 함께 시작되었다. 교육받는 학습자들로부터 자발적인 협력을 이끌어내는 권위가 조금 있거나 아예 없을 때 뿐 아니라 교사의 힘마저 더 이상 존재하지 않을 때, 혹은 책임을 맡은 사람이 그 힘을 사용할 용기나 주도권을 빼앗겼을 때에도, 교육의 위기는 극치에 이른다.[123]

어떤 개인이나 조직이 자신들의 요구 조건이나 질서에 순종하도록 하기 위해 강제력에 의존해야 할 때, 참된 권위는 더 이상 존재하지 않는다는 생

---

122. Hannah Arendt, *The Crisis of the Republic*(New York: Harcourt Brace, 1972).

123. James Dobson, *Dare to Discipline*(Wheaton, Ill.: Tyndale House, 1987). 유명한 교육가인 저자가 정한 책 제목은, 교육의 부재는 가정에만 한정되는 것이 아니라 교육 기관 전반에 걸쳐 일어나는 현상인 것을 암시하고 있다.

각에 의해 개인이나 조직의 약점이 드러난다. 군인, 노동자, 단체 경기 선수들은 상관이나 책임자 혹은 감독의 인격적인 자질에 존경심이 우러날 때 보이는 사기와 책임 수행, 또는 지도자가 직무를 다하기 위해 명령을 내릴 때 나타나는 그의 모습 사이에 엄청난 차이가 있다는 것을 안다(그런 상황 하에서 그를 조직의 지도자(leader)라 칭하는 것은 잘못된 명칭이다. 왜냐하면 아래 사람들이 복종해야 하는 명령을 내리는 것은 단순히 그가 힘이 있어서가 아니라 그의 지위 때문이므로, 그것은 지도력도 아니고 진정한 권위도 아니기 때문이다).

진정한 의미에서 권위가 땅에 떨어지기 시작하면, 해당 기관이나 조직은 질서를 잃어버리고 방향 감각을 상실하게 된다. 결국 그 집단은 애초에 의도했던 기능을 수행하지 못한다. 그렇더라도 그들이 권력을 지니고 있다면, 어느 정도의 복종을 이끌어내고 가시적인 효과를 거두기 위해 강제력을 동원할 수 있을 것이다. 그럴 만한 권력이 없거나 강제력을 동원할 수 없을 때에는, 그 조직이 완전히 무력해질 때까지 혹은 그 조직의 기능을 정상화하기 위해 어느 정도 독재적인 성격의 지도력이 등장할 때까지 무질서와 방향 감각의 상실은 계속 증가된다.[124] 이 원리는 단지 교육계뿐 아니라 사회 전체에도 그대로 적용할 수 있다. 이런 결과는 인류 역사 전체를 통해 살펴볼 수 있고 사회-문화 체제 전반에 영향을 끼쳤다. 하지만 권위의 상실로 발생하는 결과는 종종 교육계에서 가장 먼저 명백하게 드러난다. 이러한 교육 과정을 통해 그 세대의 인격과 정신이 문화 내에 형성되거나 붕괴되어 그 사회의 미래를 결정하게 될 것이다. 바로 이런 이유 때문에 교육은 군대나 사업체 그리고 사회 단체나 계급 구조로 조직화된 종교와는 달리

---

124. 장기간의 무질서는 결국 어떤 형태이든 독재적인 성향의 지도력을 불러 올 것이라는 신념은 플라톤부터 현재에 이르기까지 모든 정치 철학자들이 지닌 중심적인 생각이다.

더욱 도덕적인 권위에 의존하게 되며, 강제력을 사용하여 외적인 효과를 유지하는 측면에서도 다른 조직체에 비해 능숙하지 못하다. 만일 교육계 전반에 걸쳐 강제력을 동원해야 한다면, 그것은 교육 과정이 완전히 실패하지는 않았더라도 서서히 무너져 가고 있다는 확실한 표시이다.

무질서가 지나쳐 실제로 독재자의 출현으로 이어졌던 사례들은 역사 전반에 걸쳐 수시로 여러 나라에서 일어났다. 그런 일이 정치권에서 일어나면 모든 국민에게 낱낱이 알려진다. 권위의 추락이 전제 군주의 출현을 얼마나 부추기는가를 보여 주는 유명한 사례가 있다. 초대 로마 황제인 아우구스투스는 개인적인 실패와 결점에도 불구하고 그런 위치까지 오른 인물이었으며 진실한 도덕적 권위를 지니고 있었다. 아우구스투스는 복종을 끌어내기 위해 권력을 사용하는 일이 거의 없었다. 우두머리로서 그는 로마 원로원에서 가장 먼저 투표를 하였고 나머지 원로원 의원들이 그의 뒤를 따랐다. 견유학파(Cynics)는 시민으로서의 용기를 지니지 않는 원로원 의원들의 소심함이나 두려움을 비꼬았을 것이다. 그러나 그렇게 말하는 것은 아우구스투스의 권위를 제대로 이해하지 못한 결과이다.

제국의 기초를 세운 아우구스투스를 이은 후계자들에 대한 서글픈 이야기는 전혀 다른 양상을 보여 준다. 그들은 차츰 품위를 잃었고 성실함을 내버렸다. 그 과정에서 그들에 대한 존경심은 사라지고 모든 진정한 권위도 급격히 사라졌다. 무질서와 불안이 가중되었고, 그런 혼란은 마지막 황제인 줄리앙 가문에까지 이어졌으며, 심지어 네로는 근위대에게 멸시를 당하고 결국 암살을 당했다. 네로의 죽음 이후 잠깐 동안 혼란한 시기가 이어졌고, 그 이후 엄격하고 냉혹하며 유능한 군대 장관인 베스파시안이 왕위를 계승하여[125] 어느 정도 질서를 회복하긴 했으나 자유와 인간의 존엄성이라

---

125. '자주색 의복'을 입을 수 있는 권한은 황제의 특권이었고, 때때로 정해진 후계자나 황

는 엄청난 대가를 지불해야 했다.

그리스의 철학자 플라톤에서부터 고인이 된 에릭 뵈겔린(Eric Voegelin, 1901-1985)에 이르기까지 위대한 여러 교육가들은 민주주의 퇴보를 나타내는 세 단계를 지적했다.

1. 정치적인 진보로 인해 현명하고 신중한 지도자들인 아리스토이 (aristoi, 최상의 진실한 사람들)에게는 백성들을 지도하는 것이 어렵게 된다.[126]

2. 현명하고 신중한 지도자들은 정치 과정이 변화함에 따라 또다시 선출되기 어렵다.

3. 교육의 퇴보로 인해 현명하고 신중한 지도자들이 양성되는 것이 어렵게 되거나 불가능하게 된다.

이러한 과정의 궁극적인 결과는 전제 군주의 등장이다. 플라톤은 그런

제의 권력을 공유하는 실력자들도 그 옷을 입었다.

126. 귀족(aristocrat)이나 귀족 정치(aristocracy)라는 용어들은 민주주의에 익숙한 사람들에게 불쾌감을 일으킨다. 플라톤으로부터 시작하여 많은 철학자들은 귀족 정치를 구성하는 기본 요소를 두 가지로 꼽을 것은 주목해 볼 필요가 있다. 우리가 속해 있는 사회를 비롯한 대부분의 사회에는 조상 때부터 귀족이었던 특정 계층과 부호와 공직자가 있고, 아니면 적어도 재산과 지위를 물려받은 사람들이 있다. 교육의 기능 중 한 가지는 그런 특권층의 귀족들을 받아들여 일반 대중을 위한 봉사에 적합하도록 그들을 훈련시키는 것이다. 두번째 요소는 교육 자체에 관한 것으로, 물려받은 재산이나 지위가 없는 사람들이 교육을 통해 지식과 사려 분별을 키우고 사회에서 지도력을 발휘하는 데 필요한 덕목을 갖추게 하는 것이다. 오늘날 교육이 지닌 적절치 못한 특징 가운데 하나는 시간이 지날수록 교육이 두 가지 직무를 모두 실패하고 있다는 점이다. 두 가지 직무란 특정 계층의 자녀들에게 인격과 도덕 원리를 가르쳐 주는 것과, 일반 대중들의 자녀들이 사람들의 신임과 신뢰를 받을 만한 가치가 있는 인물이 되도록 훈련시키는 것이다.

결과가 필연적이라고 생각했다. 뵈겔린은 그런 결과를 우리 사회에서 피할 수 있는 길은 종교적인 가치와 태도를 회복하는 것이라 생각했다.[127] 북아메리카의 문화 상황을 솔직하게 바라본다면, 플라톤이 말한 세번째 단계에 아직 다다르지는 않았더라도 매우 근접해 있음을 알게 될 것이다.

미국 사회나 교육 체계에는 아직 전제 정치가 등장하지는 않았다. 하지만 이런 경향이 역전되지 않는 한, 특히 교육 분야에서 변화가 일어나지 않으면, 점차 증가하는 전제적인 통치에 대항할 원대한 대안을 예견하기란 어렵게 된다.

강제력이나 강제적인 위협을 포함한 단호한 통제하는 각종 제도는 일선 교육 현장에 일시적인 개선 효과가 있을지는 모르지만, 그것이 장기적인 해결책은 될 수 없다. 1995년 말에 전역한 육군 예비역 장성이 시애틀과 워싱턴의 공립학교들을 관리하는 교육감으로 임명되었다. 그런 모습을 보면서 미국의 대다수 국민들은 로마가 겪은 것처럼, 군대에서 잔뼈가 굵은 강경한 인물만이 날로 늘어나는 혼란을 잠재우기 위한 유일한 대안이 되는 것이 그대로 미국에서도 재현되고 있다고 생각할 수 있지 않을까?

권위: 문제의 출발점

일반화된 권위의 붕괴는 권위에 수반되는 상징, 습관, 전통의 상실에서 쉽게 찾을 수 있다. 전통적인 생각을 따른다면 권위는 품위(dignity, worth)와 덕행(virtue)과 직접적으로 관련을 맺고 있다. 손상된 품위와 덕행을 지닌 사람 혹은 아예 그런 요소를 지니지 못한 사람은 권위를 가질 수 없다.

---

127. Glenn N. Schram, *Towards a Response to the American Crisis*, expanded ed.(Front Royal, Va.: Christendom Press, 1993), 149-162. esp. 161.

어떤 직위의 칭호, 명예, 상징, 휘장 등은 그 자체가 위엄을 지니고 있다기보다는, 오히려 그런 것들을 지니거나 부착하고 있는 사람들이 품위를 지니거나 다른 사람들도 그런 좋은 요소를 함양하도록 권장하기 위함이다. 서구 특히 미국에서 일어난 민주주의의 발전은 품위의 모든 상징들을 점점 더 없애 버리는 결과를 낳았다. 그 이유는 아마도 모든 사람들 사이에서 평등에 대한 요구가 거세졌기 때문일 것이다.

미국의 헌법은 신분을 나타내는 칭호나 장식을 사용하지 못하도록 금지하고 있다. 그렇다고 미국을 세운 창시자들이 품위나 덕행과 같은 훌륭한 요소들을 무시했다고 가정하는 것은 상당히 심각한 오해이다. 그들이 신분을 나타내는 호칭을 폐지한 이유는 진정한 품위와 덕행은 유전되는 것이 아니라 각 개인에 의해 계발되고 표현되어야 하는 것임을 알리려고 했기 때문이다. 존경은 얻어져야 하는 것이고, 일단 얻어지면 대중들의 인정을 받아야 한다. 이런 이유에서 신분에 관한 호칭은 사라졌지만, 다른 호칭들과 상징들은 계속 유지되었다.

현대 미국에서는 20세기까지 다소 남아 있었던 호칭과 상징들이 거의 모두 폐기되거나 완전히 반대되는 뜻으로 변해 버렸다. 미국의 대통령은 아직도 '대통령 각하' (Mr. President)라고 불리지만, 대통령 호칭에 대해서도 점점 이름을 부르거나 애칭으로 부르는 경우가 늘어나고 있다.[128] '각하' 와 '-님' 과 같은 호칭은 여전히 쓰이지만 풍자적으로 비꼬기 위한 말로 자주 사용되어, 마치 그들이 문자적인 의미와는 정반대의 인물인 것을 암시하기

---

128. 특별히 그 당사자가 타고난 품위와 미덕을 뛰어나게 소유하지 않았다는 인식이 퍼져 있을 때에 그런 현상이 나타난다. 프랭클린 루즈벨트는 'F.D.R.' 이라고 불리긴 했지만 'Frank' 라고 불린 적은 없었다. 로날드 레이건은 'Ronald' 나 'Ron' 으로는 부르지 않았다. 그러나 클린턴 대통령은 흔히들 '빌' (Bill)이라 부르고, 클린턴의 공화당 상대는 '얼간이' 라고 부른다.

도 한다.

더욱 중요한 것은 일반 사람들의 대화 수준도 떨어져 간다는 것이다. 무례하고 천박한 말 그리고 외설적인 말과 몸짓이 대중들 사이에 일반화되었고, 동등한 위치에 있는 사람은 물론이고 상관과 하급자 사이에서 이루어지는 사적인 대화도 그렇게 변했다. 고등학교에 다니는 남녀 학생들의 대화는 오래 전의 선창가 술집에서 오가던 대화 못지 않게 상스럽고 외설적인 내용으로 가득 차 있다. 또한 대학의 교양 교육은 학생들에게 교양 있는 언어를 사용하도록 가르치지 않는다. 상스러운 음란함은 벽에 스프레이로 뿌려 놓은 낙서에서도 찾아볼 수 있다.

한때 품위와 덕망 있는 인격을 가진 사람이나 조직에 부여하던 존경과 권위의 표시와 상징들이 사라지는 것을 오히려 바람직한 경향이라고 오해하는 사람들이 있다. 그들은 그런 현상을 ‘민주주의의 진보’ 로 여긴다. 그것은 제한된 의미에서 민주주의가 이룩한 진보의 표시이지만, 퇴락의 진보는 진정한 의미의 진보는 아니다. 플라톤이 말한 것처럼, 쇠퇴기에 접어든 민주주의에서 인간은 차츰 무례하게 되고 권위를 경멸하며 극도의 관능성을 추구한다. 이런 현상들이 현대 사회에서 폭넓게 나타나는데, 민주주의를 표방하는 미국에서는 물론이고 대부분의 다른 민주주의 국가에서 일어난다. 그리고 적어도 그들만은 그렇지 않으리라고 기대했던 사람들로 형성되었으며 또한 치명적인 영향력을 끼칠 수도 있는 분야인 교육계에서 나타나고 있다.

교육은 먼저 적정한 수준의 지식을 지니지 못한 사람들과 지식을 공유하고, 인간으로서 지켜야 할 덕목을 모르는 자들에게 그것을 가르쳐 주며, 아직 인격이 미숙하거나 형성되지 않은 사람이 도덕적인 탁월함을 보이도록 이끌어 주는 역할을 한다. 교사는 학생들을 가르치기 위해 전달해야 할 지식을 알고 있어야 하는 것은 물론이고, 학생들이 자신에게 관심을 보이고 충분한 존경심을 품게 함으로써 그들이 자발적으로 배우려는 자세를 갖게 해야 한다. 어떤 교육 내용은 강제적으로 주입되기도 하는데, 강제력은 교수와 학습에 필요한 권위를 대치하기에는 형편없이 부족한 것이다.

권위가 떨어지는 원인은 두 가지로 꼽을 수 있다. 먼저, '공동선' (common good)에 대해 일반적으로 공유하고 있던 일치감의 상실이다. 그런 현상은 일반 성인들 사이에서 나타나고 있고, 교육을 받아야 할 어린아이들과 청소년층에서 더욱 분명하게 드러난다. 정의와 윤리의 기준은 물론이고 진리의 체계가 위기에 처해 있는 사회에서는 공동의 이익에 대한 일반적인 동의가 이루어질 수 없다. 그런 상황 아래에서는 어느 특정한 교사들과 교육 기관들이 덕망이 높고 품위와 권위를 지니고 있는지 파악하는 것이 불가능하며, 그들이 하는 말에 귀를 기울이고 따를 만한 가치가 있다고 추천하는 것 역시 어렵다. 두번째는 평등의 원리에 대한 왜곡이다. 어떤 하나의 원리로 모든 인간의 잠재적인 존엄성과 가치를 인식하려고 의도한다면, 어떤 한 사람의 특별한 품위와 업적과 권위를 완전히 인식하는 일은 더 이상 불가능하고 일정한 한계가 있다는 점에서 오용될 소지를 안고 있다. 따라서 어떤 민주주의 원리가 적합한 정황 속에서는 완벽한 효력을 발휘한다하더라도 절대적이고 보편적인 원리로 제시될 때에는 해를 끼치게 된다.

제멋대로의 평등성

미국의 독립 선언서에서도 분명히 선언하고 있는 것저럼 "모든 인간은 평등하게 창조되었다"는 말은 실질적인 진리이다. 그러나 이런 평등이란 개념은 인간이 초월적인 창조자와 그분의 목적이라는 문맥 속에서 사용된 '창조되었다' 라는 동사에서만 의미가 있다.[129] 나이, 경험, 능력, 지식 그리고 도덕성의 수준에는 모든 인간들이 큰 차이를 지니고 있다. 권위는 바로 이런 차이에 기초를 두고 있다. 사람들 사이의 차이점이 인식되지 않고 존중되지 않는 곳에는 권위가 자리잡을 수 없고 진정한 의미의 교육도 이루어질 수 없다. 마치 개나 다른 애완용 동물들에게 요구되는 일방적인 주입이나 일종의 복종 훈련 같은 것만이 남게 된다.

사람들 사이에 존재하는 실제적인 차이를 정면으로 거부하는 평등성의 개념은 전적으로 교육에 불리한 영향을 미친다. "내 의견도 당신 것만큼 타당해요"라는 말은 기호의 문제(matters of taste)가 결부되어 약간 미심쩍은 부분이 없진 않지만, 그래도 받아들일 만하다. 배부른 돼지보다는 배고픈 소크라테스가 되는 것이 훨씬 낫고, 엔리코 카루소(Enrico Caruso, 1873-1921, 이탈리아의 테너 가수)가 엘비스 프레슬리보다 더 위대한 가수라는 것은 어느 정도 타당한 말이다. 반면 객관적으로 증명할 수 있는 사실들에 관한 것이라면 모든 의견들이 공평하게 타당성을 지닌다고 할 수 없다. 그리고 도덕적인 원리가 포함되는 경우에는 더욱 중요한 차이가 분명히 존재하게 된다. "그러므로 무엇이든지 남에게 대접을 받고자 하는 대로 너희도 남을 대접하라"(마 7:12)는 황금률은 "남이 너희에게 대접하는 만큼만 너희도 대접하라"는 식의 현대적인 개념보다 사회 속에서 색다른 기능과 더 중요한 가치를 지닌다.

만일 모든 사람들이 모든 부분에서 동일하다면, 논리적으로 한 사람이

---

129. 인간에 남자와 여자가 모두 포함된다는 것을 의도적으로 지적할 필요는 없다. 그러나 평등이라고 하는 이 훌륭한 원리가 반드시 균일하게 적용되는 것은 아니다. 자유와 행복의 추구라고 하는 두 가지 권리는 노예 제도에 밀려 보류되었다. 신학적인 관점에서 볼 때, 모든 인간은 그들의 인종이나 성별이나 나이나 처해 있는 상황에 관계없이 그들이 하나님의 형상으로 만들어졌다는 점에서 고귀하며 근본적으로 동등하다. 물론 인간은 육체적인 힘이나 건강, 재산, 지혜, 수명 그리고 다른 여러 가지 점에서 같지 않다.

다른 사람들을 가르친다는 것은 불가능하다. 물론 어느 누구도 모든 사람이 동등하다거나 학교에 다니는 어린이나 청소년들 그리고 대학에 재학 중인 젊은이들이 동일하다는 것을 실제적으로는 믿지 않는다. 그러나 일반화된 평등성이라는 허구(fiction)가 공개적으로 확산되기 시작하면 교육이 제대로 기능하기 위해 필요한 권위에 막대한 해를 끼치게 된다.

권위의 총체적 붕괴

교육에서 권위가 떨어지는 한 가지 이유는 각 개인들과 기관들이 덕을 세우고 있음을 보여 주고 공동의 선을 위해 봉사한다는 것을 인정받을 때라야 비로소 개인과 교육 기관의 권위가 세워질 수 있기 때문이며, 게다가 현대의 문화는 공동선이 무엇이냐에 대한 공감대를 상실해 가고 있다는 점도 한 몫을 하였다. 이런 현상이 일반 사람들 사이에 환멸이나 반감을 일으키지는 않았지만, 권위와 품위와 덕목이 가장 확실한 안전 장치가 되어야 하는 고차원적인 학습 영역인 교육계에 커다란 방향성의 상실과 퇴조와 혼란을 야기했다. 정치학자인 글렌 쉬람(Glenn Schram)은 이렇게 말했다.

대학이 교육계에서 일어나는 위기의 중심부라는 데에는 의심의 여지가 없다. 대학은 공동선과 관련한 사회 전반의 광범위한 권위의 위기 발생에도 중심적인 역할을 했다. 그 이유는 대학이 미국 문화에 막대한 영향력을 행사하고 있기 때문이다. 결국 대중 매체의 영향력이 아무리 강력하다고 해도 대학이 끼치는 징도에는 이르지 못한다.[130]

---

130. Schram, *Toward a Response*, 78.

북아메리카에서 유명한 교육 기관들(예를 들어 하버드, 예일, 프린스턴, 스탠포드, 시카고 대학 등)과 그들의 경쟁자나 그들을 모방하려는 다른 학교들은 20세기 후반에도 겉으로는 그들이 지닌 원래의 권위, 품위, 덕목 등을 손상하지 않은 채로 유지되었다. 대부분의 학생들이 21살 미만의 법적으로 미성년자를 받아들여, 대학은 스스로를 학생들의 '부모를 대신하는' 역할을 하는 것으로 자처했다. 따라서 학교는 지금까지 도덕적인 원리를 가르치고 행동과 예절에 대한 기준과 성적인 부분을 포함한 윤리적 기준을 지키도록 강요했고, 학생들은 그 가르침에 따를 의무가 있었다.

60년대는 학생 운동이 활발하게 일어났다. 그때 대학의 학장들과 총장들은 인질로 잡히고 사무실은 점거당했다. 언론의 자유란 천박한 상스러움과 외설을 의미했고, 모든 남자 대학과 여자 대학들은 갑작스럽게 남녀 공학으로 바뀌었다. 그들은 교육보다는 공학이라는 데에 더 신경을 썼다. 많은 사립 남·여 학교들도 그런 수순을 밟았다. 성년이 되는 나이를 18세로 낮춘 것은 대다수 대학생들이 실제적인 성숙의 여부는 제쳐두고서라도 공식적으로 성숙했으며, 대학은 더 이상 부모와 동등한 권위를 내세울 수 없게 되었음을 의미했다. "부모를 대신한다"던 대학의 권위는 전반적인 부모들의 권위가 은연중에 무너지게 된 시기와 거의 때를 같이하여 땅에 떨어졌다.

남녀간의 평등은 여자 대학과 여자 기숙사가 더 이상 과거처럼 여성적인 미덕을 보호한다는 특별한 기능을 수행하지 않는다는 것을 의미했다. 실제로 기숙사와 복도 심지어는 방까지 남녀 구분 없이 개방되었고, 그것은 성적인 문란함이라는 예견된 결과를 낳았다. 성행위에 도덕적인 관계는 개입되지 않았다. 성적인 관계가 개인적인 윤리의 주요 관심사라 하더라도 윤리는 점차 상대화되고 관계없는 요소가 되었다. 교육의 전통적인 목적 가운데 하나가 윤리를 가르치는 것이므로, 성적인 행동에서 윤리적인 개념이 제거되면 윤리 교육은 그 즉시 본질을 잃어버리고 교육 과정의 중요한 부분으로서 기능을 상실하여 사라지게 된다.[131]

　이성애(異性愛)적 행위에 더 이상 도덕적인 억제력이 작용하지 않게 되자, 동성애적 성향을 지닌 사람들이 자유를 요구하고 나섰다. 먼저 게이가 그리고 레즈비언이, 결국은 양성애적(bisexual) 성향을 지닌 사람들과 조직까지 그런 움직임을 보였다. 그리하여 그들은 다양성과 다원주의와 다문화주의라는 명목 아래 권리를 얻고 인정을 받게 되었고, 그제야 비로소 그들의 목소리는 잠잠해졌다. 전통적인 유대교와 기독교의 도덕 원리는 물론이고, 오랜 세월 동안 내려온 히포크라테스의 선서까지 위배하는 '의료 행위'인 낙태가 주기적으로 대학 병원에서 행해지고 있다. 동성애자들의 성행위에 사용되는 특수한 성병 예방 기구들은 쉽게 어디에서나 구할 수 있을 뿐 아니라 선전까지 하고 있으며, 어떤 경우에는 학생들에게 무료로 나눠주기도 한다. 대학 차원에서 시작된 그런 일들은 이제 중·고등학교까지 번져가고 있다. 성행위는 도덕적인 차원의 문제가 아니라 개인적인 취향의 문제라는 주장은 유대교와 기독교의 도덕적 가르침이나 다른 여러 종교들과 철학의 가르침에 완전히 상반된 것이다. 성행위가 도덕적인 원리의 문제가 아니라고 말한다면 너무나 인간성에 반하는 것으로, 도덕적인 영역에서 자유로워진 성행위로 인해 다른 도덕적인 차원의 모든 훈계들은 폐기되고야 말 것이다. 만일 도덕성에 의해 성적인 행동이 억제되지 않는다면, 도덕이란 무기력할 뿐이고 아무 것도 통제할 수 없게 된다.

　1950년대에 인종에 대한 편견과 차별을 철폐하려고 애썼던 대학 당국은

---

131. "가치관을 순화(純化)시키자"는 운동은 윤리의 규범이나 행동의 기준을 가르치는 것이 아니라 학생들이 "자신들이 귀하게 여기는 가치를 결정할 수 있도록" 도와주는 수준에 그치고 있다. 두 가지 관점은 전혀 다른 결과를 가져온다.

입학 지원서에 사진을 붙이라는 요구를 하지 않았고, 남학생 사교 클럽 (fraternities)과 같이 인종 차별이나 종교적인 제한 규정을 지니고 있는 학생 조직은 승인해 주지 않았다. 그러나 점차 대학은 분열주의와 편견과 인종적인 선호도와 분리를 인정하기 시작하여, 다양성과 다문화주의라는 오도된 규정 아래 학생들을 분리시켜 기숙사에 배치했다. 미국 내에서는 어떤 인종적인 배경을 가지고 있든지 간에 남자와 여자는 동일하게 존중되고 존엄성을 지닌다는 개념은 이번 세기 들어 고등 교육이 이루어지면서 보편화되었으나, 그 개념은 종족주의의 새로운 다양성과 인종 분리주의와 인종 우월주의 이론을 합법화하는 역할을 했다. 그런 변화의 잠재적이고 파괴적인 결과보다 더 중요한 것은 학문적인 우수성을 창조하던 과거의 원리들을 대학이 불성실하고 불명예스런 방법으로 포기해 버렸음을 표명하는 것이라는 사실이다.

우수성의 철폐

지위에 관한 선언을 통해 공공연하게 표명되던 여성과 소수 민족에 대한 폭넓고 일방적인 관심은 학문적인 우수성과 공평성을 향한 과거의 열심을 완전히 무너뜨리지는 않았지만 확실히 뒤틀어졌다. 적어도 이론적으로는 "사람들을 차별하지 않는다"고 공언하면서, 대학 입학 허가나 교수 공채 위원회에 자신들에게 부과된 혹은 임의적인 인종과 성별에 관한 할당량을 억지로 채우려는 열심에 사로잡혀 있다.

미국의 교육 기관들은 거의 전적으로 자진해서 독일의 교육계가 나치 치하에서 행했던 일들을 시행하기 시작했다. 비록 독일의 교육자들에게는 정부의 명령을 거부하면 보복에 대한 두려움이라는 합당한 이유가 있기는 했지만, 당시 교육계에 몸담고 있던 사람들 가운데 반대 의사를 나타낸 사람들이 거의 없었다는 것은 독일 지식층의 수치스러운 기록으로 남아 있다. 유대인들을 추방함으로써 그리고 정치적으로 전적인 찬성론자가 아니면 교육을 받지 못하도록 금지함으로써, 독일은 가장 유능하고 잠재력 있는 지도자들을 스스로 포기하고 말았다. 그와 유사한 현상이 지금 미국에서 일어나고 있다.

새롭게 일어나고 있는 잘못된 민족적 우월감, 성 차별주의, 다양성 등이 근본적인 문제가 아니라, 그런 풍조의 확산이 문제점을 나타내고 있다. 즉 진리에 대한 추구가 소위 '정치적 엄정성'으로 대치되고 있다. '정치적 엄정성'이란 용어는 오해에서 비롯되었다는 조롱을 받지만, 실제로 그 말은 상당히 적절한 표현이다. 독재 정권에서 교육은 법과 경찰력의 통제를 받으면서 정확한 정치적인 노선을 준수할 것을 요구받는다. 자유로운 민주주의 국가에서는 정치적인 노선에 대한 엄정성을 강요하는 비밀 국가 경찰은 없으나,[132] 그럼에도 불구하고 대부분의 교육 기관은 맹목적으로 그것을 따라간다. 정치적인 수용성 때문에 기꺼이 진리를 억압하려는 태도는 필연적으로 진리를 공동체에서 덜 중요한 것으로 격하시키고 교육의 본질 전체에 파괴적인 영향을 미친다.

전통적으로 그리고 논리적으로, 민주주의 국가에서 교육의 주된 목표 가운데 하나는 지도자들에게 지적인 능력과 성실함과 탁월한 도덕성을 훈련시키는 것이다. 그럼으로써 군주 정치의 주류를 이루던 세습적인 상류 계급 대신에 능력과 덕목을 겸비한 진정한 지도층을 형성하는 것이다. 이러한 과업은 점차 자취를 감추고 있고 심지어 국가적인 차원에서 거부당하고 있다. 이런 현상을 교육으로 인한 지도층의 제거 혹은 거세로 말하는 사람도 있을 것이다. 도덕적인 우수성은 거의 완전한 포기 상태에 이르렀고 그

---

132. 독일의 게슈타포(Gestapo)는 비밀 국가 경찰(Geheime Staatspolizei)을 줄인 말이다.

런 개념조차 아주 무의미한 것으로 취급되고 있다. 뛰어난 도덕성에 대한 강조 없이 지식을 전달하는 것은 공동선에 별다른 도움이 되지 않으며, 그런 의미의 교육은 단지 교양 있는 범죄자를 길러내는 것에 지나지 않는다.

고위층에서 일어나는 고결함의 상실이 그대로 확산되는 것은 아니다. 의학, 물리학, 공학 등과 같은 객관적인 통제와 과학적인 검증이 가능한 영역에서 미국의 대학들은 여전히 인상적인 결과를 내놓고 있다. 하지만 그 결과들이 전부 다 긍정적인 것만은 아니다. 제2차 세계대전 이후에 엄청나게 확대되기 시작된 고등 교육은 대학 내에 열정이 부족하고 자격이 미달되는 수백만 명의 학생들을 만들어 놓았다. 그런 교육 기관들은 생존을 위해 부분적으로나 대규모로 학생들의 학비에 의존하였으므로, 돈을 지불할 능력이 있는 사람들에게는 그저 학위와 명예를 수여하는 한이 있어도 입학자 수를 늘리려는 분위기를 유발시켰다. 독단적인 서구 사회와 유럽 중심적이며 남성 지향적인 기준을 강요하지 않으려는 열망과 평등에 대한 요구는 성적 평가에 인플레이션을 초래하여, 어떤 학생이 "매우 잘했음"(high honors)이라는 평가를 받았다면 그것은 과거에 "보통" 정도 수준이라는 것을 의미했다.[133]

고등 교육 기관에서 일어나는 일들은 중등 교육 기관이나 초등 교육 기관에 영향을 미치며 때로는 옳지 못한 현상을 전염시키기도 한다. 학문적인 업적을 측정하는 일반적인 방법, 예를 들어 국가가 관리하는 대학 입학 시험(SAT나 ACT 시험)은 점차적으로 거의 계속하여 20여 년에 걸쳐 그 수준이 떨어지고 있다. 고등학교를 졸업한 학생 중에 글을 읽지 못하는 학생도 상당수에 이른다. 공립 학교들이 건물과 시설을 늘리는 데 막대한 양의

---

133. 어떤 초등학교와 중·고등학교에서는 성적 평가를 완전히 폐지했고, 학생들이 서로간에 우열감을 느끼지 않도록 하기 위해 성적 대신 "협동심이 좋다", 혹은 "향상되고 있다"와 같은 모호한 설명으로 대치했다.

돈을 쏟아 붓고 관리자들에게 높은 보수를 지급하지만, 미국의 학생들은 일본이나 한국과 같은 아시아 국가들뿐만 아니라 스위스와 같은 부유한 유럽 국가들보다 훨씬 더 열등한 상태에 이르렀고, 심지어는 많은 물질적인 혜택을 누리지 못하는 국가보다 더 뒤쳐지고 말았다.

권위의 총체적인 상실은 학생들이 총이나 칼을 학교에 들고 들어가지 못하도록 경찰관이 고등학교나 중학교의 정문에서 금속 탐지기로 검사를 하는 모습에서 상징적으로 나타난다. 미국은 클린턴 대통령이 1996년 1월의 연두 교서에서 말한 것처럼 자신의 임기가 끝나기 전까지 모든 교실에 컴퓨터를 설치할 수 있을 만큼 부유해질 수도 있으나, 아무리 비싸고 복잡한 교육 기자재라도 교사들에게 가르칠 수 있는 권위가 없고 학생들이 자발적으로 배우기를 거절한다면 전혀 그 값어치를 하지 못할 것이다.

10
의학의 위기

의사가 누가 죽어야 하고 누가 살아야 할 것인지를 결정할 수 있을 때,
그는 그 나라에서 가장 위험한 인물이 될 것이다.
-크리스토프 휴프랜드(Christoph Hufeland)-

의학은 인간의 삶과 문화에서 어느 때보다도 더 중요한 지위를 차지하게
되었다. 오래 전의 의술은 비교적 효과도 떨어지고 값도 저렴했으나, 수십
년 전부터 의술은 큰 효능을 발휘하면서 믿을 수 없을 만큼 비싸졌다. 예를
들어, 미국에서의 의료비는 국민 총생산(GNP)의 6분의 일을 차지하고 있
다. 이제 문화 속에서 의학은 교육이나 국가 방위(평화로운 시기에), 종교
혹은 예술보다 더 중요한 요소가 되었다. 한때 단순한 기술과 천직으로 여
겨졌던 의학은 산업화되고 상업화되었다. 종종 모든 서구 문화의 선도자
역할을 하는 미국에서는 의료 행위와 수술, 정신 의학 및 병원 치료 등을
위해 자동차나 화장품처럼 광고를 한다.

"시카고 대학 병원 - 의료계의 선두를 지켜갑니다."
"북일리노이에 있는 유일한 하버드 대학 출신 남성 전문의."

의학의 기원은 그리 오래되지 않았다. 역사가 기록되기 시작한 이후, 질병과 상해는 인류를 괴롭혀 왔다. 인류는 병든 사람과 상처받은 사람을 치료하기 위해 할 수 있는 일은 무엇이든 하려고 노력했지만, 불행하게도 질병과 고통은 치료되거나 고쳐지기보다는 더 많아졌다. 그리고 결국 모든 사람은 죽는다. 따라서 의학이 할 수 있는 일은 본질적으로 한계가 있다. 그러나 의학이 과거에 질병이나 상해로 사람들이 목숨을 잃을 수밖에 없었던 한계를 뛰어넘어 사람들의 생명을 점점 더 연장시킬수록 그만큼 차츰 더 많은 좌절에 직면하게 된다. 이것이 수익 체감의 법칙이다. 의술이 지닌 치료 가능성은 점점 줄어드는 반면, 그 비용은 천문학적으로 높아지게 된다. 한 사람의 생명을 몇 달이나 몇 주간 정도 연장시키기 위한 비용이 그 사람이 평생토록 건강을 돌보는 데 사용한 금액보다 더 많을 수도 있다.

의술은 산업화되고 상업화된 정도에 그치지 않고, 정치적으로 취급되기에 이르러 점차 의료 혜택은 현대 서구 국가에 거주하는 모든 국민들(국민이거나 아니거나, 그 나라에 거하는 모든 거주민들)의 권리로 규정되고 있다. 의술로 인하여 많은 사람들의 생명이 연장되긴 하지만, 그에 따른 비용은 대부분의 사람들이 지불하기 불가능한 정도에 이르고 결과적으로 국가 재정에 막대한 부담을 주기 때문에, 치료를 받을 수 있는 권리는 '죽을 권리'로 '대치'되고 있다. 이처럼 이상한 '권리'(모든 사람은 반드시 죽기 마련인데, 그것을 권리라고 정의한 것 자체가 이상하다)는 의사 조력 자살의 형태로 제공된다. 네덜란드에서 의사 조력 자살은 이미 자발적인 안락사의 형태로 시행되고 있다.

과거에는 그런 일들을 상상도 못했고, 심지어 반세기 전에만 해도 전혀 생각하지 못했다. 천연두나 소아마비와 같이 오랫동안 인간을 괴롭혀 온 질병들은 비교적 적은 비용으로도 예방할 수 있지만, 암과 같은 질병을 치료하는 데에는 상당한 비용이 소요된다. 또한 에이즈나 알츠하이머병(노인

성 치매) 그리고 나이가 들어가면서 앓게 되는 퇴행성 질환은 아무리 많은 비용을 들여도 완치가 되지 않는다. 의학은 선사 시대부터 고통과 질병에서 벗어나고 치료를 용이하게 하기 위한 인간의 단순한 관심에서 시작되었지만 이제는 믿기 어려울 정도로 복잡한 사업이 되었고, 그로 인한 결과는 윤리와 법의 방향 감각을 흐트러뜨리는 데에 상당한 역할을 하고 있다.

의학의 역사

선사 시대 문명의 유물들을 잘 살펴보면 글자가 발명되기 이전부터 의료 행위가 존재하고 있었던 증거들을 제공해 준다. 수술의 역사는 역사가 기록되기 훨씬 전에 시작되었다. 고고학자들은 부러졌다가 다시 이어진 뼈를 발굴했고, 심지어 수술한 흔적이 있는 두개골들을 찾아내기도 했다. 어떤 두개골에는 환자가 수술 이후에 흉터 자국이 아문 후에도 어느 정도 살아 있었음을 보여 주는 흔적이 남아 있다. 하지만 그러한 원시적인 수술은 조잡하고 고통스러우며 위험했다. 또한 그 당시에 사용된 약품은 거의 효과가 없었다. 많은 사람들의 눈에는 종교나 마술이 자신들을 고통으로부터 더 잘 구해 줄 것처럼 보였다. 고고학적 가치를 지닌 유적지에서 발견되는 매우 살찐 작은 조각상(彫刻像)들은 다산의 여신을 상징하는 것으로 여겨지기도 하는데, 실은 병적인 비만 때문에 고통 당하는 사람들을 위해 초자연적인 도움을 기원하는 제물이었다.

그렇다면 언제 의술이 실제로 시작되었을까? 하와가 아담의 갈빗대로 만들어진 후에 아담의 상처 난 옆구리를 싸매 줄 때였을까? 하와가 첫 아들인 가인을 낳은 후 아담이 가인의 탯줄을 끊은 것이었을까? 창세기의 첫 부분은 의료 행위에 대해 말하고 있지 않지만, 치료 행위가 반드시 필요한 상황들이 거기에 묘사되어 있다. 최초의 인류부터 남자와 여자는 질병과 상처와 죽음으로 인하여 고통을 받았고, 어떤 질병은 치료하고 또 다른 것은 예방하기 위한 노력으로 모든 지혜와 경험을 동원했으며, 의술과 종교를 조화시키려고 애썼다. 사람들은 질병과 질환에 시달리고 아직 준비가 되지 않은 상태에서 죽음을 맞이하게 되자, 그들은 자신들의 존재를 발견하게 되었고 존재의 의미가 신비로운 것을 깨달았다. 또한 어떻게 그리고 무슨 이유로 존재하게 되었는지 알고 싶어했을 뿐 아니라, 이 땅에서의 삶이 마감되면 어떤 세상을 기대할 수 있는지 궁금하게 여겼다.

종교는 생명의 신비를 설명하려 했으며, 미지의 세계를 겸허하게 받아들이도록 권면하고, 인간보다 더 강력한 존재나 세력들로부터 도움을 얻으려 했다. 아주 자연스럽게 종교는 고통당하는 사람들의 회복을 위해 애썼다. 종교의 이런 기능은 오늘날까지 이어지고 있다. 기초가 든든하고 제대로 틀을 형성하고 있는 종교들은 대개 병을 고치는 것을 주된 사역으로 삼지 않는다. 따라서 의술로 병을 고치지 못한 사람들은 비상한 능력으로 병을 치료한다고 주장하는 '신앙 치유자' 들을 자주 찾는다.

의술과 건강 관리는 종교에 비해 훨씬 현실적이고 실제적인 분야로 보인다. 그러나 종교와 마찬가지로 의술은 과학적으로 설명될 수 없는 문제들을 해결하려고 시도한다. 또한 생명, 탄생, 죽음 등의 문제들에 대한 도움을 얻기 위해 어렴풋이 이해하는 힘들에 의존하기도 한다. 초기 단계의 문화에서 의술과 종교는 자연스럽게 밀접한 관계를 맺고 있었다. 질병은 종종 잘못된 신앙, 곧 신들이나 악마들을 성나게 했기 때문에 의해 생기는 것으로 여겨졌다. 그러므로 질병은 올바른 신앙을 가질 때 회복될 수 있었고, 그 과정에 영적인 실체와 통하는 길을 알고 약초와 다른 치료법에 대한 지식을 지닌 지혜자의 도움을 필요로 했다. 마법이나 주술로 질병을 치료하는 마법사들은 때때로 비웃음의 대상으로 묘사되는데, 개화된 현대인들 가운데 그들을 진지하게 받아들이는 사람은 거의 없다. 그러나 최신의 의료 기술로 무장한 우리 시대의 많은 의사들도 다음과 같은 고백을 한다. "치료는 제가 하지만, 하나님이 낫게 하십니다."

고대의 문화 속에서 가장 지혜롭고 많은 학식을 쌓은 사람들은 주로 사제들(priests)이었고, 그러므로 의술은 종종 종교인들의 보호 아래 시행되었다. 질병이 영적인 원인 때문이라는 가정 아래 사제나 주술사들은 어떤 범죄 때문에 질병이 생겼는지 알아내려고 시도하기도 하고, 질병 자체의 특징을 진찰할 수도 있었다. 신들에 대한 범죄가 있다고 의심이 갈 때에는, 제한된 범위 내에서 사용 가능한 모든 치료법을 이용하고 또한 종교적이거나 마술적인 수단을 동원하여 치료하는 것이 자연스러운 모습이었다. 치료가 성공할 가능성은 그리 높지 않았다. 질병이 심각한 상태인 경우에는 거의 혹은 전혀 고칠 수 없었다. 인간의 신체가 지니고 있는 자연적인 치유력 때문에 나은 경우에도 무지한 의사나 사제들은 자신들이 성공적으로 치료했다고 주장하는 경우도 있었다.

역사를 기록하기 시작한 시대에 이르러, 의술은 통합된 문화를 구성하는 일부분이었고 삶의 다른 여러 부분에서 중요한 역할을 담당했다. 그 이유는 의술이 무언가를 할 수 있기 때문이라기보다는 인간의 삶에서 건강과 고통이 차지하는 중요성 때문이었다. 문명이 점차 진보할수록 의술도 발전했고, 특별히 과학 혁명의 시작과 19세기의 급속한 발달로 의술의 발전 속도는 더욱 빨라졌다.

기원전 8세기에 바벨론 제국에서 만들어진 유명한 함무라비 법전(가장 오래된 법전)에도 의술에 관한 내용이 담겨 있다. 반신(半神, semidivine)적인 제사장 기능을 수행하는 군수의 왕권을 중심으로 통일된 문화 속에서, 의사들은 교육을 받은 후 활동했고 왕실로부터 사례를 받았다. 그들 가운데 가장 뛰어난 의사는 왕실의 주치의가 되었고, 그보다 조금 못한 사람은 귀족들과 부유한 시민들을 치료했고, 가장 실력이 떨어지는 사람은 일반 백성들의 치료를 맡았다. 어떤 계층의 사람이든지 무료로 의료 혜택을 받을 수 있었다. 그것은 의술이 그 당시 문화에 완전히 통합되어 있었음을 보여 준다. 그러나 이처럼 정부의 주도하에 제공되는 의료 혜택의 배후에 부정적인 측면이 있었다. 의사는 국가의 공무원이었으므로 자신이 주도적으로 해결해야 할 문제조차 왕에게 보고해야 할 의무가 있었다.

이집트에서 시행된 의술에 대한 기록은 바벨론의 기록보다 약 500년 이후의 것이다. 이집트에서도 의술은 초기 관념 문화를 형성하는 필수적인 요소였다. 비록 이집트인들은 의술을 종교나 마술적인 기술로 생각하지는 않았지만, 의술에 대한 연구는 사제를 양성하는 교육 체계와 대신전과 밀접한 연관을 맺고 있었다. 이집트의 의사들은 특이한 질병에 대한 세밀하고 정확한 기록을 남겨두었고, 자주 사용된 유용한 약재와 약초 500여 가지에 대한 약전(藥典)도 남겼다.

히포크라테스의 의술

우리가 알고 있는 의술의 역사는 그리스 문화의 이상주의 시대에 엄청나게 확장되었다. 히포크라테스라는 이름과 관련된 전통들은 오랜 세월에 걸쳐 이어져 내려오고 있다. 그가 수립한 전통은 로마 제국의 감각 문화 시기에도 의료계에 지배적인 영향을 미쳤고, 중세 유럽은 물론이고 근동 지역의 이슬람 국가에서도 발전되고 강화되었다. 그런데 감각 단계에 접어든 현대 서구 문화에서 히포크라테스의 전통은 심각하게 도전 받기 시작했다.

여러 세기에 걸쳐 존중되고 준수됨으로써 어느 정도 신성시된 히포크라테스의 전통은 기원전 5세기에 그리스로 전파되었다. 영웅 시대의 관념 문화는 이상주의적인 성향으로 점차 바뀌어, 감각을 통해 느낄 수 있는 경험적인 증거와 현실 세계에 대한 인식을 초감각적인 실체에 결합시키려 하였다. 의술은 더욱 분명하게 마술이 아닌 학문과 기술로 자리잡았지만, 여전히 신들 곧 아폴로, 아스클레피오스(의술의 신), 히게이아(건강의 여신), 파나시아 그리고 다른 모든 신들과 여신들에게 봉헌된 학문이며 기술이었다. 히포크라테스와 그의 학파에서 펴낸 것으로 추정되는 광범위한 전집이 있는데, 거기에는 질병의 예방법과 도덕적인 특성에 대한 유용한 충고와 더불어 의술과 수술 상태에 대한 뛰어난 설명도 제시되어 있다.

그 당시 지배적이었던 이상주의 문화의 전반적인 특징은 다음 같은 사실에 잘 반영되어 있다. 의사는 자신이 맡은 환자의 육체적인 건강뿐 아니라 도덕적이고 영적인 생활도 관심 있게 살펴야 할 의무가 있었다. 히포크라테스 전통 가운데 가장 익숙한 요소는 '히포크라테스 선서'인데, 거기에는 그 당시 숭배하던 신들을 아주 자연스럽게 언급하고 있다. 유대인과 이슬람교도뿐 아니라 기독교인들도 각자에게 알맞게 수정하여 그 '선서'를 채택하였다. 어느 나라에서 뿌리를 내리든지 히포크라테스의 전통은 의사들에게 그들의 일을 신성한 천직으로 여기며, 자신들을 하나님(혹은 신들)과 직장 동료들, 특히 환자들 앞에 책임 있는 존재로 생각하도록 가르쳤다.

히포크라테스 전통은 먼저 환자들에 대한 의사들의 의무를 규정하고 있다. 환자는 하나님의 형상으로 만들어진 귀한 존재로 여겨야 했다. 의사들은 종종 히포크라테스 전통에서 벗어나 군주나 국가를 위해 일하기도 했다. 마치 수의사가 개나 말에 대한 특별한 의무감 없이 그것들을 치료하고 자신에게 동물들의 치료비를 지불하는 주인에게만 의무감을 느끼는 것처럼, 바른 전통에서 벗어난 의사들은 자신들의 환자들을 귀한 가치를 지닌 한 개인으로서 대하지 않고 그들에 대한 특별한 의무감도 없었다. 히포크라테스는 자기 학생들과 자신의 전통을 따르는 모든 사람들에게 가장 먼저 환자에 대한 그들의 의무를 가르쳤다. 우리 시대의 상황에 구체적으로 적용해 본다면, 새롭게 의사가 되는 사람은 낙태와 관련된 수술이나 조언을 하지 않으며 또한 '조력 자살'을 돕거나 권고하지 않겠다는 다짐을 해야 한다.

서구 사회에서 낙태가 폭넓게 받아들여지고 있는 현실은 지금 시대가 히포크라테스 선서를 평가절하하고 있음을 의미한다. 미국에서는 1973년에 미국 대법원에 의해 그 선서가 의료 윤리에 대한 지침이 될 수 없다는 판결이 내려졌다. 낙태에 대한 승낙에 뒤이어 안락사마저 허용하는 일이 여러 나라에서 일어났는데, 낙태를 반대하는 사람들은 미리 그런 결과를 예측했으나 낙태를 지지하는 사람들은 그런 일은 없을 것이라고 장담했었다.

고대에 행해졌던 의술의 세밀한 측면까지 자세히 살피는 것은 본질에서 벗어나는 것처럼 보일 수도 있으나, 히포크라테스 선서의 규정들은 인간 본성과 인간의 도덕적 책임감에 대한 근본적인 이해를 반영하고 있다는 점에서 매우 중요하다. 그러한 이해는 이상주의 문화와 완벽하게 조화될 수 있으나, 감각 문화에서는 고지식하고 어리석은 것처럼 보이기도 한다. 치사제를 제공하지 못하게 하거나 그런 약을 구한 사람과 상담하는 것을 금지하는 것은 마치 치사 주사로 사형을 집행하는 자리에 의사의 참여를 배제하는 것과 마찬가지일 것이다. 미국에서 주사를 이용한 사형 방법은 사형수가 "선택할 수 있는 방법" 가운데 하나가 되고 있다.

사형 선고를 받은 사람이 목을 베는 사람(망나니)에 의해 도끼로 목을 베이든, 교수형 집행인에 의해 교수대에 달리든, 교도소장이 전기 의자의 스위치를 누름으로써 죽든, 흰 가운을 걸친 '전문의'가 놓은 주사를 맞고 죽든, 죽음을 앞둔 그에게는 별다른 차이가 없을 것이다. 그러나 의사를 참석시키지도 않은 상태에서 치명적인 주사를 주입하여 그 효과로 사형시키는 방법은 현대 사회 전반에 걸쳐 문화적인 변화가 일어나고 있음을 보여주는 중요한 단서이다. 사형에 대한 심각한 윤리적인 의문은 기술적인 논의로 축소되고, 기술의 변화는 사형 제도를 반대하는 경향을 지닌 수많은 반대자들의 주장을 잠재우기에 충분하다.

히포크라테스의 전통에 서 있는 의사들은 환자를 위해 일했다. 약 천 년 정도 앞서 있었던 바벨론의 의사들과는 달리, 그는 군주를 위해 일하지 않았고 그에게 업무에 관한 보고를 하지도 않았으며, 오히려 환자들의 사생활을 존중했다. 바로 인간의 영혼을 귀하게 여기고 인간은 누구나 하나님 앞에서 개인적인 책임을 지고 있는 존재로 여기는 태도가 이상주의 문화의 전형적인 모습이다. 모든 초감각적인 실체를 거부하는 문화는 한 개인을 특별한 개체로 존중하지 못하고, 결국 인간을 단순히 유기적인 물질로 여기게 될 것이다. 따라서 그 혹은 그녀가 유용할 때에는 돌보고 높여 주지만 더 이상 쓸모가 없어지면 위생적인 방법으로 폐기 처분해 버린다.

함무라비 시대의 의사들은 정부 차원에서 의술을 베풀었고, 히포크라테스는 우리에게 인간적인 의술을 가르쳐 주었다. 현대인들은 다시금 감각적인 성향과 가장 잘 들어맞는 정부 중심의 의술로 되돌아가고 있다. 환자에 대한 치료는 국가에 대한 그 환자의 실제적인 혹은 잠재적인 가치에 근거하여 이루어진다. 오늘날 서구 사회에서 이루어지는 여러 가지 국가적 차원의 공공 의료 계획은 환자에게 베풀어야 할 국가의 모든 의무와는 상관없이 궁극적인 우선권을 가진다.

마지막으로 히포크라테스는 자기를 따르는 의사들과 일반 대중들 그리고 하나님의 명령으로부터 보상과 인정을 받고 싶어했다. 그는 권력자가 아닌 하나님과 사람들에게 책임감을 느끼고 있었다.

문화가 하나님이나 하나님의 명령을 인식하지 못하고 그에 대한 책임감을 상실할 때, 즉 더 이상 그 문화가 관념적이거나 이상주의적이 아니라 감각적인 단계에 들어서면 인간 개인을 예전처럼 귀하게 여기는 일은 점점 더 어려워진다. 인간은 사회적인 유용성이라는 계산법에서 변치 않는 요소가 되었다. 마치 수의사에게 치료를 받는 동물들처럼 사용 가능하거나 경제적으로 편리할 때에만 대우받고 치료를 받을 수 있지만 더 이상 쓸모가 없어지면 고통 없이 제거된다.

감각 문화 속의 의학

통합된 문화의 다른 여러 측면과 마찬가지로 의술은 문화가 나아가는 기본적인 방향을 따라가는데, 그 와중에서도 의술은 종교처럼 그 자체의 고유한 특성들을 보존하려 한다. 감각적인 정황 속에서 의술은 물질적인 수단에 근거하지 않은 모든 치료법을 무시하는 경향이 있다. 특히 수술이나 의약품 분야에서는 더욱 그렇다. 관념적인 사회에서는 오히려 의사의 치료를 무시하고 치료를 영적인 차원에서만 강조하려는 경향이 있다. 감각적인 문화가 압도적인 현대 서구 사회에서조차 질병을 고치기 위해 순전히 영적인 치료만을 선호하는 사람들이 있다. 크리스천 사이언스로 알려진 종파가 이런 성향을 지니고 있다.

일반적으로 감각 문화는 오로지 물리적인 원인과 물리적인 치료법만을 진지하게 받아들인다는 인식이 퍼져 있다. 그러나 지나치게 완숙기에 접어든 서구의 감각 문화 속에 살고 있는 사람들은 점차 기존의 것과 다른 '대체'(alternative) 의학에 눈을 돌리고 있다. 그 방법은 약초를 다루는 사람들과 옛날 방법을 선호하는 치료자들 사이에 내려오는 민간 전승이나 지혜에 어느 정도 근거하고 있고, 여러 가지 신비한 마술적인 힘에 일정 부분 의존하고 있다. 그러한 영역은 수십 년 전만 하더라도 주술사와 무당을 연상시키는 무의미한 말이며 미신이라고 거부되었다.[134] 이러한 현상은 역시

---

134. 감각 문화는 많은 질병이 심신 상관적인 특성을 지니고 있다는 것을 부인하지 않으며 심리적인 치료법의 가능성을 배제하지 않는다. 그러나 감각 문화는 인간의 정신을 물

무질서한 혼합주의를 보여 주는 한 예이다. 그것은 이제 우리가 경험하기 시작하는 사회-문화적인 변화를 반영하고 있는데, 점차 사회에는 감각적인 실체의 확실성을 점차적으로 포기하고 진리의 다른 원천들을 찾으려는 움직임들이 활발해질 것이다.

일반 대중들은 현대 의학이 이룬 승리와 업적에 대해 두 가지 상반된 생각을 품고 있다. 먼저 의학(전문가와 거대한 병원들)에 대해 거의 종교적인 경외심을 품고 있다. 다른 한편, 의료 서비스에 너무 막대한 비용이 들어간다는 것이다. 그 때문에 건강을 돌보는 직업을 가진 사람들이 인간의 고통에 대해 무관심하면서 탐욕만 품고 있는 것으로 인식되기도 한다. 또한 특정한 치료 요법들과 기술들은 별 효과가 없으며, 어떤 의사들과 병원들은 환자를 치료하는 일에 태만하다고 널리 알려지기도 한다. 의사들이 히포크라테스의 선서를 너무나 쉽게 내버리고 안락사와 낙태를 받아들이는 모습 때문에, 의사들에 대한 신뢰가 무너지고 의사라는 직업에 대한 적대적인 분위기가 형성되었다.

의료 기관들은 절대적인 윤리 기준(특별히 히포크라테스가 세운 의료 기준)으로부터 스스로 멀어지기 시작했다. 과거에는 그러한 윤리 기준을 지니고 있다는 이유로 많은 존경을 받기도 했다. 수세기 동안 의학은 문화 속에 고유한 위치를 차지하고 있었기 때문에 히포크라테스의 절대적인 기준들을 준수할 수 있었다. 이상주의 문화 속에서 형성되었던 대부분의 서구 문화는 오랜 시간이 지나면서 완전히 감각적인 단계에 접어들었고, 보편적으로 근거가 확실하고 구속력이 있는 하나님의 명령이나 자연법에 입

질 세계의 일부로 여긴다. '대체 의학'(alternative medicine)으로 불리는 분야는 광범위하며 학문 중심의 의학에 의해 오랫동안 무시된 진정으로 지혜롭고 도움이 되는 과정들과 산물들을 포함하고 있으며, 상상과 미신 및 마술과 경험적인 입증이 부족한 모든 요소들도 그 속에 들어 있다.

각하여 생각하기를 중단했다. 냉소주의와 풍자 문학의 발흥에도 불구하고, 일반 대중들은 의사들이 평범한 사람들에 비해 고상한 이상과 헌신하려는 마음을 더 많이 지니고 있는 것으로 인식했다. 하지만 이제 감각 단계로 넘어간 문화 변혁의 충격이 전통적인 의료 원칙을 훼손시키고 있으며, 미국과 네덜란드는 "무엇보다도 해를 끼치지 말라"는 히포크라테스의 금언을 폐기시키는 일에 앞장서고 있다. 세계 도처의 의료계는 점차 낙태와 안락사, 의사 조력 자살과 같은 실용주의적인 접근법을 받아들이는 추세에 있다. 의학에 대한 접근법의 이러한 변화는 지나친 완숙기에 이른 서구의 감각 문화가 변화 단계에 접어들었음을 보여 주는 또 다른 징후이다. 감각적인 사회-문화 체제가 위기에 빠져 있다면, 의료계 역시 나름대로의 위기를 당하게 되는 것은 당연한 일이다. 의료비 문제(미국에서 일고 있는 노인 의료 보험 제도(Medicare)와 국민 의료 보장 제도(Medicaid)에 관한 논쟁)는 의료계에 나타나는 위기의 가시적인 부분에 지나지 않는다. 또한 의료계의 위기는 전체 문화의 위기를 구성하는 일부이다.

현대 의학은 과거 같으면 사형 선고에 해당하는 질병들까지 치료할 능력을 보유하고 있다. 더 나아가 인간 본질의 가장 근본적인 측면인 개인의 성별까지 바꿀 수 있는, 혹은 바뀐 것처럼 보이게 할 수 있는 수준에 이르렀다. 따라서 의학은 인간의 환경을 변화시키고, 인간을 원래의 상태 이상으로 높여 주며, 그로 하여금 생물학적 한계에서 자유롭게 해줄 수 있는 것처럼 보인다. 하지만 사실은 인간성과 의학은 더욱 깊은 곤경 속으로 빠져들고 있다. 인간의 생명을 무한정 연장시키려는 시도는 인간의 영적 본질에 대한 모든 인식을 배제시켜 버린다. 자신들이 영속적인 운명과 영원한 생명에 대한 기대를 품고 있다고 생각하는 사람들은 도덕적인 생활을 필사적으로 고집하려 들지 않는다.

영혼은 반복적으로 환생한다는 힌두교의 가르침은 종종 다음과 같은 사실에 대한 설명으로 제시된다. 인도의 힌두교 문화는 전통적으로 인간의 고통에 관심을 기울이지 않고, 서구 기독교에 비해 생명을 중요하게 여기지 않는다. 기독교는 미래에 누릴 생명에 대한 소망을 강조하지만 환생은 부인한다. 다시 말하면 각 사람은 이 땅에서 단 한 번의 생명을 누린다는 것이다. 이런 관점은 각 개인에 대한 동정적인 관심과 보호를 자극하며, 동시에 의사들과 환자들로 하여금 죽음의 불가피성을 받아들이게 하고, 죽음이 한 개인의 존재에서 끝을 의미하는 것이 아님을 믿게 한다.

서구 문화가 완전히 감각적인 상태에 이르고 감각적인 정신 상태가 의료계에 확산되면서, 죽음 이후의 생명에 대한 보편적인 확신이 사라지고 이 땅의 삶 속에서 행한 행위에 대해 책임을 져야 하는 하나님의 심판이 있으리라는 믿음도 없어지고 있다. 결과적으로 생명이 더 이상 매력적이지 못하게 되어, 의학은 "무엇보다도 해를 끼치지 말라"는 충고를 잊어버리고 '위엄 있는 죽음' 혹은 '의사 조력 자살'처럼 완곡하게 불리는 치명적인 범죄 행위들을 자행한다.

예전의 기독교 신앙을 모조리 버린 서구의 의학은 점차 인간의 생명을 함부로 취급하게 되어, 원치 않는 아이를 경솔하게 낙태시켜 버리고 나이 든 노인이나 만성 질환에 시달리는 환자들처럼 생명의 물질적인 가치가 그리 높지 않는 것처럼 보이는 사람들의 안락사를 허용하고 있다. 완전히 감각적인 문화 속에서, 특별히 퇴보 상태에 들어선 감각 문화 속에서 의학이 신들이나 개인의 존엄성에 헌신하는 치료 기술이 되기를 포기하는 것은 지극히 당연한 일이며, 사회 자본의 비용을 절감하고 사회의 효용성을 증가시키기 위한 실용적인 기술이 되는 것 역시 사연스럽게 보인다. 현대 의학은 여러 업적을 남기긴 했으나 해결이 불가능한 재정적인 문제라는 부산물(副産物)을 만들어 냈다. 사회와 인간 행동의 문제들이 마치 의학적인 문제인 양 취급되는 현실이 사태를 더욱 악화시키고 있다.

비록 서구 사회의 여러 나라마다 세부적인 상황은 다양하게 나타나지만, 미국에서 시행되는 의료 정책은 많은 국가들의 전형이 되고 있다. 미국의 공공 정책은 많은 모순과 불합리성들을 안고 있다. 그 중에는 장애자와 노인들 그리고 의료 혜택을 받지 못하는 사람들에게 지원을 확대한다는 결정도 포함되어 있는데, 그 정책은 빈민층에 대한 식량 배급을 늘려야 한다는 압박을 받으면서도 의사 조력 자살을 장려하는 모습과 현저한 대조를 이룬다. 의사 조력 자살은 장기간 고통 당하는 사람의 문제를 해결해 주는 동시에 의료비용을 절감하는 적절한 방법으로 장려되고 있다.

의학을 가르치는 사람들과 철학자들과 사회 과학자들은 이런 현실을 환호하든지 아니면 개탄하든지 그 여부에 상관없이, 그것을 '인도주의적인 전통의 파괴'로 인식하며, "에른스트 해켈(Ernst Haeckel)과 다른 다윈주의자들의 영향 아래 윤리학이 생물학처럼 된 것"에서 그 원인을 찾는다.[135] 이런 주장이 사실이긴 하나, 그들은 전체적인 상황을 파악하지 못했고 전통 파괴의 완전한 본질을 드러내지 못했다. 의료계에 전해 내려오는 인도주의적 전통은 히포크라테스까지 거슬러 올라가며, 그 전통은 서구 문화의 이상주의적 단계를 거치면서,[136] 특히 기독교와 유대교 그리고 이슬람교 등과 같은 종교에 의해 더욱 강화되었다. 하지만 그런 전통도 감각 단계에 접어든 문화 속에서 끝나게 되었다. 감각 문화는 인간을 절대적인 명령이라고 하는 '미신'에서 '해방' 시킨다는 명목으로 "인간으로부터 인간과 인간의 존엄성, 인간의 고결함과 불가침성을 무조건적으로 보호해 주는 비가시

---

135. Jügen Sandman, *Der Bruch mit der humanit ren Tradition, in Forschungen zur neuren Medizin- und Biologiegeschichte*, ed. Gunter Man and Werner F. Kümmel, vol. 2. (Stuttgart and New York: G. Fischer, 1990).

136. Ludwig Edelstein, "The Hippocratic Oath," *in Supplements to the History of Medicine*, vol. 1(Baltimore: Johns Hopkins, 1943).

적인 갑옷을 제거해 버렸다."[137]

현재 일어나는 많은 문제들은 의사의 직무에 대한 정의를 "고통을 끝내는 것"이라고 잘못 내렸기 때문에 발생하고 있다. 히포크라테스는 "고통을 끝내는 것"에 대해 결코 말한 적이 없으며 오로지 치료에 대해서만 말했다. 인간의 삶이 육체적인 생활의 즐거움과 고통이라는 한계 속에서만 의미를 지니며 죽음 이후에 바라볼 것이 아무 것도 없다면, 지나친 고통은 생명을 가능한 한 빨리 던져버려야 하는 짐으로 보이게 할 수도 있을 것이다. 적어도 이생에서는 죽음이 고통을 끝낸다는 것이 자명한 사실이다(죽음 이후에 영원한 시간 속에서 일어날 일들은 의학이 취급할 준비가 되어 있지 않은 문제이다). 히포크라테스가 고통을 끝내는 데에만 주로 관심을 쏟았다면, 그는 죽음에 이르는 약들을 금지하기보다는 오히려 처방해 주었을 것이다. 그는 치료와 살인 사이를 엄밀히 구분하였고, 치료가 불가능하다는 것을 인정해야 할 때에도 살인은 엄격하게 거부했다.

안락사를 인정하는 추세는 '환자의 자율성'에 대한 지나친 강조로 인해 촉진되었고, 각 개인에게 가능한 한 최대의 범위 안에서 선택권을 준다는 구실 아래 몸이 쇠약한 사람이나 고통 당하는 사람에 대한 살인을 허용하고 있다. 현대의 말기 감각 사회는 더 이상 의사들이 어떤 환자를 죽일 수 있는 권한을 가지고 있는지 묻기 위해 고민하지 않고, 그들이 그런 권한을 지니고 있다는 가정 하에 시행 방법과 시기에 관하여 논하고 있다.

미국에서 가장 탁월한 공중위생국장(Surgeon General)이었던 에버렛 쿠프(Everett Koop)는 종종 이렇게 말했다. "의학의 부패와 공모한 법의 부패가 이 같은 상황을 야기했다." 상애 아동들을 돌보는 데 평생을 헌신한 그는 현재의 상태를 자신이 생명을 걸고 지켜온 모든 가치들과 전적으로 반

---

137. Pitirim A. Sorokin, *The Crisis of Our Age*, 2d. ed. (Oxford: Oneworld, 1992) 134-135.

대되는 것으로 보았다. 물론 쿠프의 주장은 옳지만 그의 포괄적인 비판은 문화 전반에 걸쳐 일어나는 위기의 표면을 건드린 것에 불과하다. 부패된 것은 법이나 의학 분야뿐만이 아니다. 오히려 위기는 문화 전체에 확산되고 있다. 문제가 되는 환자를 안락사 시키도록 쉽게 의뢰하는 것은 문화 자체가 안락사를 받아들일 만큼 변했다는 것을 보여 주는 징조이다. 기독교 신앙이나 히포크라테스의 전통과 같이 윤리적으로 든든한 바탕 위에 있는 사람이라면 안락사 같은 손쉬운 해결책을 거부할 것이다.

의학은 종종 철학이나 세계관이라기보다는 마치 공학이나 산업을 통해 만들어 낸 생산물과 같은 하나의 기술로 여겨진다. 하지만 의학은 그 분야에 종사하는 사람들이 폭넓은 인간 경험을 접할 수 있게 이끌어 준다. 또한 문화에서 일어나는 변화는 조만간 의학에 영향을 끼치며, 의료계에서 일어나는 변화는 반드시 전체 문화에 영향을 미치게 된다.

11
다음 단계

우리는 이 책 전체에 걸쳐 주로 서구 문화와 문명을 다루었고, 문화에 영향을 끼치고 있는 현재의 위기가 일시적인 것이나 사소한 것이 아니라 우리의 일상 생활 속의 모든 측면에 영향을 끼치는 전체적이고 체제적인 것임을 살펴보았다. 서구 사회의 체제적인 위기는 필연적으로 세계의 다른 나라들에까지 영향을 미치게 되는데, 지구상의 모든 나라들은 저마다 독특한 문화와 생활 방식을 가지고 있으면서도 점점 밀접하게 서로 연결되고 있기 때문이다. 이 말은 서구 문화에 영향을 끼치는 것은 모두 나머지 세계에도 영향을 끼치며, 세계의 다른 국가들에 영향을 끼치는 것은 무엇이든 서구 사회에도 영향을 미칠 수 있다는 의미이다. 지난 2세기 동안 서구 문화의 여러 측면들, 특히 서구의 기술은 다른 사회보다 앞섰다. 서구의 문화와 아울러 서구의 종교(기독교)는 다른 사회의 문화를 변화시켰고 그 과정 중에서 자신도 변화되었다. 여러 문화 사이의 중요한 차이점은 여전히 존재한다. 서구에서 두드러진 경향들과 발전한 모습들은 다른 곳에서 느린 속도로 정착되거나 아예 전적으로 거부당한다. 하지만 일반적으로 서구의 발전은 그것이 이롭든 해롭든 세계 전역에서 모방되고 있다.

다른 문화의 특징들도 서구 사회 속으로 흘러들고 있다. 그러나 해체와 혼합주의로 흘러가는 분명한 추세에도 불구하고 서구 문화는 여전히 특이한 방법으로 묘사되고 취급되기에 충분한 통합된 체제를 유지하고 있다. 전 세계는 단일한 체제로 취급될 수 없다. 각각의 문화는 저마다 지니고 있는 독특한, 새로워지는 능력을 근거로 다루어져야 한다. 우리는 세계의 다른 문화들로부터 배울 것이 있고 또 배워야 한다. 그러나 서구의 위기는 인도나 중국 혹은 아프리카의 문화 요소들에 접목함으로써 해결될 수 없다. 그런 시도는 서구의 침체 상태를 보여 주는 증상 가운데 하나인 무질서한 혼합주의를 더욱 부추길 따름이다.

기독교의 관점에서 보면, 문화와 문명으로부터 단절되는 현상은 고민스러운 일이다. 그러나 문명과 문화의 입장에서 기독교와 단절되는 것이 괴로운 일이겠는가? 명목상으로만 기독교 국가인 미국의 국민들 가운데에도 문화 속의 기독교적인 색채에 대해 부정적인 시각을 가진 사람들이 많고, 그들은 기독교가 독특한 정치적 색채를 드러내는 것은 더욱 부정적으로 바라본다.

인간은 그들이 얼마나 많이 교화되고 교양을 지니고 있는가의 여부에 상관없이 인간이다. 인간이 되기 위해 자의식을 갖고 의도적으로 '교화' 되어야 할 필요는 없다. 또한 인간은 그들이 기독교나 다른 종교에 속해 있는지의 여부에 관계없이 인간이다. 인간이 되는 것은 문화와 종교와는 별개의 문제이다. 하지만 어떤 인간이 되는가 하는 것은 우리를 둘러싸고 있는 문화와 문명 및 우리가 받아들이거나 거부하기도 하는 종교와 결코 떼어놓을 수 없는 문제이다.

인간이 하나님의 형상대로 만들어진 피조물이라면, 인간의 존엄성은 인간의 정신이나 신체적인 능력, 교육, 예술적인 감수성의 수준에 근거하지 않고 하나님이 부여하신 본성에 근거하고 있다는 것이 분명해진다. 어느 누구도 인간이 '되어질' 필요는 없다. 왜냐하면 우리 모두는 원래부터 하나님의 허락하심에 따라 인간이기 때문이다. 그러나 '비인간적' 인 인간이 될 수 있다. 인간성은 하나님에 의해 창조되었지만 비인간성은 반항적인 인간들이 자초한 것이다.

인간은 하나님이 직접 만드신 작품이고 문화는 인간의 작품이다. 창세기는 하나님이 남자와 여자를 자신의 마지막 작품으로 창조하셨으며, 그가 자신의 창조를 모두 좋았더라고 선포하셨음을 말해 주고 있다. 창세기에 따르면 창조에 뒤이어 타락으로 인해 죄가 들어왔고 인간의 상태는 그때부터 거의 호전되지 못했다.

진화론은 전혀 다르게 설명한다. 인간은 좋게 만들어지지 않았고 타락하지도 않았으며, 오히려 이 땅에서 생명은 계통을 따라 발전해 간다고 주장한다. 생물체는 시간이 지날수록 자연 선택(도태)에 의해 개선되고 나아진다는 것이다. 이 같은 주장에 의하면 인간은 지구가 지금까지 만들어 낸 것 중에 가장 뛰어난 산물이다. 그러나 진화의 가장 뛰어난 업적이라는 인간은 점점 악화되어 가고 있다. 이처럼 진화론은 인간의 존엄성에 대하여 양면적인 주장을 하고 있다. 왜냐하면 진화론자들은 지금 현재에 비해 미래에는 진보가 있을 것이며, 그때에는 우리의 현재 모습이 마치 침팬지처럼 미개한 모습처럼 보일 것이라고 강력히 주장하고 있기 때문이다. 그런 관점에 사로잡혀 있으면 우생학적인 번식과 인위적인 조작을 서슴지 않고 시행할 것이다. 초기 단계의 우생학적인 만행은 '인간 이하의' **종족**을 멸종시킨다는 명목을 내세운 히틀러에 의해 자행되었다.

다윈의 영향으로 스펭글러와 다른 여러 학자들이 유기체적 모델을 문화에 적용하고 있듯이, 오늘날에도 많은 사람들이 진화론적 모델을 문화에 적용하고 있다. 문화는 종(種, species)이 진화하는 것처럼 진화하며 후기 문화는 거의 필연적으로 이전의 문화보다 더 나아진다는 것이 그들의 주장이다.[138]

현대 문명은 중세 시대에서 발전한 것이라고 당연히 받아들여진다. 어쩌면 그럴 수도 있겠지만, 현대 문명이 계속해서 발전하거나 혹은 더욱 발전된 단계에 이르러 안정되리라는 보장은 전혀 없다. 문화는 구성원들이 생활하고 생각하며 행동하는 방식에 따라 건강하기도 하고 쇠약하기도 하며, 조화가 잘 되기도 하고 그렇지 못할 수도 있고, 활기에 넘치거나 활발하지 못하기도 한다. 문화는 우리가 인간적인 혹은 인도적인 이상이라고 여기는 것을 거부하거나 위반한다는 의미에서 비인간적이라 할 수 있다. 어떤 행동과 태도를 인간적인 것이라고 말할 수 있으려면, 우리는 인간이 무엇이고 마땅히 어떠해야 한다는 것과, 인간의 본성이 지닌 가치는 무엇이며 비열한 행동은 어떤 것인지 알아야만 한다. 따라서 "인간이 무엇인가?"라는 질문이 뒤따른다.

인간은 만물의 척도인가?

초기 서양 철학자 중의 한 사람인 프로타고라스는 "인간은 만물의 척도"라는 유명한 말을 남겼다. 이 말을 이해하려는 사람은 스스로를 통해 만물을 측정할 수 있기 위해 인간이 무엇인지를 알아야 한다. 그리스 문화의 이상주의적 단계에 살고 있었던 프로타고라스는 인간 본성은 직관적으로 알려진다고 주장했다. 명백한 신적 계시, 곧 하나님이 자기 형상대로 인간을

---

138. 흥미롭게도 스펭글러는 진화론을 거부했고, 진화론적 발전 개념을 문화에 적용시키지 않았다. 그는 문화가 '적자 생존'에 의해 진보한다는 것을 믿지 않았다.

만들었다는 성경의 가르침과 같은 계시는 필요 없다. 인간은 어떠한 신적인 교사로부터 가르침을 받지 않고서도 얼마든지 자신을 알 수 있다는 것이다. 인간이 어떠한 초자연적인 계시나 가르침을 받지 않고 정말로 자기 자신을 알고 선과 악을 구별할 수 있다고 주장하는 것은 실제에 대한 관념적인 접근법과 정반대이다.[139] 두말할 필요 없이 이런 주장은 초기 기독교 시대에는 제기되지 않았지만, 감각 시대에 접어들어 다시금 제기되었고 이제는 대부분의 현대 사상의 공통된 전제가 되었다. 인간의 존엄성과 인간성의 가치에 대한 인식의 측면에서 볼 때, 불행하게도 이러한 전제는 상당히 오랫동안 지배적인 위치를 차지하고 있었으므로, 그 결과 사물의 모든 원리를 발견하는 것은 고사하고 인간은 아무 것도 알 수 없다는 것만 확인하게 되었다. 따라서 인간의 사고(思考)는 실제적인 의미가 전혀 없는 단순히 물리적이고 생화학적인 현상에 지나지 않았다.

인간이 자율적으로 사고할 수 있고 자기 자신에 대해 스스로가 법칙으로 작용할 수 있다는 전제에 근거하여 행동했던 수세기가 지나 하나님이나 신적인 계시로부터 어떤 도움도 필요치 않게 되자, 인간은 이전에 지녔던 자신의 존엄성과 운명에 대한 순진한 확신을 상실하고 말았다. 인간은 자신의 삶을 부조리하다고 여기며 자신을 '쓸모 없는 열정', '정열적인 허무', '벌거벗은 원숭이' 등으로 묘사하기 시작했다. 1930년대와 1940년대에 히틀러는 수백만 명의 사람들을 '하위 인간'(subhumans) 또는 '쓸모없는 식충이들'(useless eaters)이라 부르며 무참히 학살했다. 그 당시와 1950년대에는 스탈린과 마오쩌둥이 더 많은 인명을 살상했다. 쓸모 없는 열정의 소유자인 인간은 만물의 척도는 고사하고 어떤 것의 척도도 될 수 없다는 것

---

139. 관념적인 시각뿐 아니라 이상주의적인 시각으로도, 그런 주장은 "이론적인 사고의 거짓된 자율"이라 일컬어지는 잘못으로 여겨진다.

이 자명해졌다. 그와 더불어 지극히 중대한 요소도 상실되었다. 사람들은 더 이상 자신 있게 하나님께로 향하는 시편 기자의 고백을 따라할 수 없었다. "사람이 무엇이관대 주께서 저를 생각하시며 인자가 무엇이관대 주께서 저를 권고하시나이까 저를 천사보다 조금 못하게 하시고 영화와 존귀로 관을 씌우셨나이다"(시 8:4-5).

인간이 '만물의 척도'이던 시기와 '쓸모 없는 열정'의 소유자가 되어버린 시대 사이에는 2천 년의 기독교 시대가 자리하고 있고, 문화 변혁에 있어서도 완전히 주기(cycle)적인 변화가 진행되었다. 프로타고라스가 살았던 이상주의 문화를 거쳐 감각 문화의 발흥과 쇠퇴, 초대 교회와 중세 기독교 문명의 관념 문화와 이상주의 문화 그리고 마지막으로 지금 타락 단계에 접어든 서구의 감각 문화에 이르는 변화의 주기가 이어져 왔다. 프로타고라스는 우리가 '인간에 대한 순진한 자각'이라고 취급하는 개념을 지니고 있었다. 히브리인들의 성경에 기초를 세우고 형성된 기독교 교리는 인간의 존엄성에 대한 분명한 근거를 실제로 지니고 있다. 즉, 인간은 전능하신 창조주의 피조물이며 창조주의 형상대로 만들어졌다는 확신이다. 비록 기독교는 인간이 죄를 지어 결점을 지니게 되었고 인간의 본성이 부패되고 지성이 신뢰할 수 없게 되었다고 가르치지만, 또한 기독교는 이처럼 비관적인 인식에 덧붙여 인간은 여전히 그 자체로 그리고 하나님 보시기에 귀중한 존재라고 가르친다. 인간은 이 땅에서 하나님의 거룩한 목적을 지닌 존재로 일컬어지고, 장차 하나님과 교제하며 함께 살아갈 존재로 간주된다. 유대교와 기독교의 타락 개념은 인간이 죄의 실체를 받아들임으로써 그의 본성과 행동에 결점과 부패가 스며들었음을 설명해 주고 있다. 기독교는 인간이 당한 상처를 치유하기 위해 인간을 바라보지 않고 구원자를 허락하시는 하나님을 바라본다. 하나님은 용서와 회복을 허락해 주실 것이다.

하나님을 인정하는 데에 실패하고 자율적인 인간을 우주의 중심으로 만들어 놓은 문화는 처음에는 인간을 찬양하고 그에게 자유라는 위대한 전망을 제공해 주었다. 그러나 점차 시간이 흐를수록 그런 문화는 인간에게 극심한 재앙을 몰고 왔다. 인간의 본성은 손상되었고, 비록 우리가 선을 행할 능력을 지니고 있다하더라도, 동시에 우리는 죄악을 범하고 부패하려는 경향을 지니고 있다. 한때 세계를 주도했던 독일의 유명한 대학들은 히틀러의 생체 실험과 안락사 프로그램을 위해 의과대학 교수들을 제공했다. 가장 뛰어난 미국의 대학들은 성적인 자유와 타락이 찬양되는 중심지가 되었다. 그 대학들이 공식적인 비난에 반응하는 유일한 행동은 부도덕에 대한 공개적인 반대였다.

인류에게 또 한 번의 대홍수 심판이?

여러 문화의 많은 신화와 전설과 민담에서도 유사한 내용을 찾아볼 수 있는 창세기의 기록에 따르면, 하나님은 노아에게 이 땅을 다시는 물로 멸망시키지 않겠다고 약속하셨다. 하지만 그는 인간이 스스로에게 해가 되는 일을 결코 하지 않을 것이라는 보장을 하지는 않으셨다. 우리는 말 그대로 노아의 홍수 때와 같은 큰 물난리를 당하고 있지는 않지만, 변화와 문제들과 유행의 엄청난 조류를 몸소 겪고 있다. 그 같은 물살은 우리를 삼켜버리고 이 땅 위에서 인간의 삶을 불가능하게 하거나 적어도 살 만한 가치가 없는 것으로 만들어 버릴 만한 것들이다.

앞장에서 살펴본 대로, 서구 문명의 모든 요소들은 서서히 거의 감지할 수 없는 속도로 전반적인 해체 과정에 들어서기 시작했다. 하지만 여전히 서구 문명은 위험 천만한 속도를 내며 앞으로 내달리고 있다. 이 말은 단순히 인간의 삶 속에서 좋은 요소로 분류되는 것들, 예를 들면 고전 음악, 고급 의상, 순수 문학, 고급 가구 등과 같은 것들을 더 이상 찾아볼 수 없다는 뜻이 아니라, 만일 인간의 삶이 이런 식으로 계속 이어진다면 동물들의 삶보다 더 나을 것이 없는 지경에 이르게 된다는 의미이다. 사회학자들, 경제학자들, 통계학자들은 지금과 같은 경향이 계속 된다면 광범위한 재난을 면치 못할 것이라고 지적한다.

- 2500년이 이르기 전에 인류가 멸망할 것이다(피에르 샤뉴).
- 기하급수적인 인구 폭발이라는 가공할 만한 무게에 눌려 세계가 질식사하게 될 것이다(폴 얼리치).
- 핵 재앙이 일어날 것이다(칼 세이건).
- 무시무시한 전염병이 돌 것이다(조나단 맨).
- 각종 경제적인 재난이 시작될 것이다(대부분의 경제학자들).

많은 예견들과 가능성들 가운데 몇 가지는 우리가 전혀 손쓸 수 없는 차원의 것들이다. 예를 들면, 혜성과의 충돌로 인하여 일어나는 지구의 실질적인 파멸과 같은 것들이다. 하지만 많은 다른 문제들은 우리가 자초하고 있으며, 혜성과의 충돌로 일어나는 것보다 훨씬 더 강력한 충격과 파멸을 가져올 수 있다. 오늘날의 현대 문화가 체제 전반에 걸쳐 맞고 있는 위기는 인간들이 초래한 위기들이다. 만일 그런 위기가 강력한 파괴력을 가지고 현대 문화를 흔들어 놓는다면, 우리가 그 위기를 야기했다는 사실이 별 도움이 되지 않을 것이다. 하지만 위기가 최고조에 달하기 전에, 우리 인간들이 그 위기를 불러왔다는 사실은 또한 우리에게 그 위기를 해결할 수 있는 가능성이 있음을 암시해 준다.

대부분의 미래학자들은(그들이 공직에 있지 않더라도) 인간의 가까운 미래를 희망이 거의 없는 두려운 상태로 바라본다. 미래에 대한 전망은 제2차 세계대전 이후부터 극적으로 변했다. 그 당시 승전국들은 세계를 정복하려는 야심을 품었던 두 나라만을 제거하면 전 세계를 위해 행복하고 번영하는 미래가 보장될 것으로 생각했다. 20세기 후반기의 사람들은 대륙간의 핵전쟁과 모든 인류의 종말이라는 공포의 그림자에 가려서 살아왔다. 1991년 소련 연방의 붕괴로 그러한 위협이 사라진 것처럼 보였지만, 세계는 제2차 세계대전 이후에 승전국들이 느꼈던 것과 같은 낙관주의와 희망의 물결을 경험하지 못했다. 전 세계의 사람들은 국제적인 경계를 다시 긋는 것으로, 혹은 핵무기 비축량과 상비군을 감축하는 정도로 안전을 보장받기에는 전 인류 사회가 너무 많이 나아갔다는 사실을 인식하고 있는 듯하다. 세계적인 두려움의 주요 원인으로 여겨졌던 세력이 소멸된 이후에도 불길한 예감이 지속되는 것은 세계가 역동적이고도 위험한 문화인 서구 기독교 문화의 방향 감각과 중대한 흐름들을 상실하고 있음을 보여 주는 증거이다.

여러 미래학자들과 마찬가지로 소로킨은 사회가 이 상태로 계속 나아간다면 임박한 진노의 날을 맞을 것이라고 경고했다. 하지만 다른 많은 학자들과는 달리 그는 운명론자나 비관론자가 아니었다. 그는 진노의 날이 바로 앞에 다가왔음을 알게 해주는 동일한 자료와 분석 결과를 통해 장래의 환난을 피할 수 있는 가능성도 발견했다. 단 그 같은 가능성은 우리가 정확히 현재의 상태를 인식하고, 우리 앞에 놓인 위험을 빠져나갈 길을 어디에서 그리고 어떻게 찾아야 할 것인지를 알고 있다는 가정 위에서 성립한다. 그는 인류의 역사에서 겉으로 보기에 도저히 돌이킬 수 없는 몰락과 퇴락의 상태에서 부흥과 부활로 돌아서는 경우를 여러 번 목격했다. 소로킨이 보기에 그와 같은 긍정적인 발전들은 새로운 기술이나 더 나은 통치 체제 그리고 사회 개혁 계획의 결과가 아니었다. 그런 발전들은 사회가 자신의 상태를 이해하고, 거기에서 벗어나는 길을 알게 되는 은총을 받아들이며, 바른 길을 선택하려는 의지와 힘을 지니고 있을 때에 가능했다. 소로킨은 모든 해결책이 자신의 분석 속에 있다고 생각하지 않았으며, 오히려 자신의 분석이 사회로 하여금 위험을 깨닫고 창조적인 해결책을 발견하며, 그 길로 나아갈 필요성을 인식하는 데 일조하기를 원했다.

소로킨의 관점은 이 땅의 한정된 범위 안에 머물지 않았다. 그는 우리 인간의 삶이 하나님 앞에서(coram Deo) 이루어지는 것임을 깊이 인식하고 있었다. 하나님은 참으로 우리에게 위대한 자유를 허락하신다. 우리는 나쁜 의도로 그 자유를 남용할 수도 있지만, 선을 행하기 위해 사용할 수도 있다. 하나님은 우리가 전적으로 우리의 방법대로 행동하도록 내버려두지 않으시고, "필요한 때에 도우시는 은혜"를 내려 주실 수 있고 또 내려 주고 계신다. 이러한 모든 이유로 인하여 우리는 불가피하게 보이는 광범위한 변화가 반드시 퇴락을 의미하는 것이 아님을 믿을 수 있다. 그런 변화들은 부흥과 부활로 이어질 수 있다. 우리가 "자각의 은혜를 받고" 그에 따라 행동한다면 그런 일들은 현실로 나타날 것이다.

소로킨은 비록 러시아 정교회에 속해 있었지만, 기독교적인 부흥이나 방향 전환을 명백하게 표명하지 않았다. 하지만 그가 저술하던 문화적 정황 속에서, 그의 주장은 자연스럽게 많은 독자들에게 기독교적인 해석으로 비춰졌다. 물론 어떤 사람들은 일반적인 혹은 모호한 방법을 사용하여 신앙의 영적 실재와 신적 은혜를 말하기도 하는데, 그들의 말은 특정한 교리적 내용을 담고 있지 않은 일반적인 의미의 신앙심에 호소하기 위한 의도에서 비롯된 것이다. 오늘날에는 소로킨이 했던 것보다 더욱 명백하게 밝힐 필요가 있다. 우리가 영적인 부흥과 도덕적인 가치의 회복을 원한다면, 우리는 누구의 영(whose spirit)과 무슨 가치(what values)를 말하고 있는지 정확히 구분하여 말해 줄 필요가 있다. 기독교로 인하여 형성된 문명 속에서는 기독교 유산 자체 속에서 먼저 논리를 전개해야 한다.[140]

그러한 요소가 기독교 전통 속에 실제로 존재하고 있는가, 아니면 우리는 다른 곳에서 그런 요소를 찾아야 하나? 우리의 문명에 남아 있는 기독교적 유산들 속에 우리로 하여금 부흥, 혹은 소로킨이 말한 "새로운 새벽"을 경험하게 만드는 충분히 강력하고 견고한 요소가 남아 있는가? 그리스도인들이 비록 용기를 잃긴 했지만 그러기를 바랄 것이다. 다른 사람들은 그것을 의심할 것이며 심지어 그런 가능성에 대해 적대적인 입장에 있을 것이다. 그러나 현재의 위기가 지닌 심각성을 깨닫는다면 그들도 기독교적인 유산을 당장 거절하지는 못할 것이다.

영속적인 가치의 회복

체제 전반에 걸친 위기는 전반적인 해결책을 필요로 한다. 거의 6세기 동안이나 서구 세계를 지배해 왔던 문화의 형태를 해체시키려 하는 현재의 위기는 앞날에 대한 전망을 빼앗아 갔고 소명과 목적에 대한 인식을 앗아 갔으며, 바울이 항상 있을 것이라고 말한 '믿음, 소망, 사랑 이 세 가지' (고전 13:13)까지 잃게 만들었다. 1960년대에 비틀즈가 불렀던 노래에서는 "당신에게 필요한 것은 사랑 뿐"이라고 하였다. 하지만 사랑은 서구 문명에서 유별나게 부족한 요소이다. 특히 미국은 가정과 학교와 거리에서 일어나는 폭력의 위기에 직면하고 있으며, 연예 매체를 통해 가상적인 형태의 폭력이 난무하고 있다. 심지어 병원과 진료소에서 심한 고통을 당하거나 결함이 있다고 여겨지는 환자들을 위해 살인이 해결책으로 제시되기도 한다.

---

140. 요즈음 여러 학자들과 매체들 그리고 정치적인 집단에서는 기독교를 과거의 유품으로 여기고 인간의 진보와 발전을 가로막는 장애물로 여겨 경멸하는 것이 일종의 관례가 되었다. 이 같은 전제는 문화를 보존하고 문제들을 치유하는 데 필요한 중요한 요소들을 제거해 버릴 위험을 안고 있다.

이 같은 사랑의 결핍은 소망의 상실과 함께 생겨난다. 탐욕스러운 사랑, 즉 좋아하는 사람이나 물건을 소유하려는 욕망은 최악의 상황 속에서 일어날 수 있다. 그러나 헌신적인 사랑(agape)은 희망을 가질 수 있어야 가능해진다. 임박했던 핵전쟁의 위협이 물러갔다는 사실에도 불구하고 서구 문화는 물론이고 세계는 더 많은 희망을 품지 못하는 것처럼 보이고 기대를 품고서 미래를 바라보지도 못하는 듯하다. 희망은 모든 일이 잘 해결되리라는 확신을 위한 기초가 없을 때에는 생겨날 수 없다.

사람들이 보고 듣는 것들 대부분이 어둡고 불길하게 여겨질 때에, 어떻게 개인들이나 그들로 구성된 사회가 그와 같은 희망적인 확신을 품을 수 있겠는가? 물론 해결책은 히브리서에서 "바라는 것들의 실상이요 보지 못하는 것들의 증거"(히 11:1)라고 정의하고 있는 '믿음'(faith)이다. 사회학적인 분석에서 사용하는 전문적인 술어로 바꿔본다면, 희망은 초감각적인 실재에 대한 확신에 근거하고, 그 확신은 오로지 신앙을 통해 얻을 수 있다.

서구 사회가 자신을 태동시킨 신앙에 대한 의식적인 자각과 헌신을 거의 내팽개쳤다는 사실은 대다수의 사람들이 동의하고 있는 바이다. 이 말은 서구 문화에 속한 모든 사람들이 개인적인 신앙을 버렸다는 의미가 아니라, 신앙은 중립적인 것이라고 말은 하지만 실제로는 적대적이고 무신론적인 정책에 의하여 점점 서구 사회의 구조로부터 추방되고 있다는 뜻이다. 예를 들어 미국 정부는 공식적으로 무신론을 지지하거나 종교를 억압한 적은 없으며 기독교를 특별히 달리 취급한 적도 없다. 하지만 여러 가지 정책들을 통해(특히 대법원의 결정으로 인해) 미국 정부는 점점 모든 종교들을, 특히 기독교를 사회의 변두리로 내몰고 있다.

전통적인 종교들을 몰아냄으로써 폭력 범죄가 엄청나게 증가하고, 도덕의 붕괴가 일어나며, 문화적인 혼란을 야기하는 모든 요소들은 무수히 늘어났다. 대규모의 사회 변화에 포함된 많은 문제들은 신앙의 상실로 인하여 일어났다. 다른 한편, 사회 퇴락의 징조들은 믿음의 상실과 소망의 소멸 그리고 사랑의 결핍과 긴밀하게 관련되어 있으므로, 원인과 결과의 밀접한 관계를 부인하려는 것은 어리석은 태도이다.

중국 사회는 유교라고 알려진 종교에 가까운 철학의 상당히 든든한 바탕 위에서 성장했다. 마오쩌둥의 지휘 아래 이루어진 공산주의 혁명은 유교를 모조리 몰아내려 하였다. 공산 혁명의 장기적인 결과는 아직 분명하게 나타나지 않았지만, 지금 전 세계는 마오쩌둥의 혁명이 무수한 인명의 학살을 불러왔다는 것을 알고 있다. 그 사건의 상처는 이제 겨우 거론되기 시작했고 부분적으로 치유되었을 따름이다. 중국은 수천 년을 이어온 문화를 내버린 대가를 톡톡히 지불했는데, 그 이유는 너무 폭력적으로 그런 일이 이루어졌기 때문이다. 하지만 폭력이 그 같은 대가를 치르게 된 유일한 이유일까? 서구 사회는 기독교 문화를 비폭력적인 방법으로 내버렸다. 하지만 서구 사회의 행동이 폭력적이지 않다는 이유로 기독교 문화를 잃어버린 대가를 지불하지 않으리라는 보장을 누가 할 수 있겠는가?

마르크스는 모든 종교(한때 그가 신앙을 고백했던 기독교도 포함하여)를 '인민의 아편' 이라고 비웃었다. 즉 사람들로 하여금 앞으로 도래할 더 나은 세상에 대한 희망으로 불행을 견딜 수 있게 해주는 마약이라는 것이다. 그래서 마르크스는 자신이 기독교를 제거해 버리겠다고 생각했지만, 이 세상에서 더 나은 삶과 더 완벽한 사회를 건설하리라는 희망은 잃지 않고 오히려 더욱 키워나갔다. 이것은 또 하나의 대체된 종말론에 지나지 않았다. 마르크스주의는 아서 쾨슬러(Arthur Koestler)의 표현대로 '실패한 망상(god)' 에 불과했다. 마르크스는 그리스도나 공자의 가르침을 아편으로 여겼지만, 자신의 가르침은 다른 종교보다 훨씬 강력한 마약과 같았다. 선이 악에 대해 궁극적으로 승리하게 될 하나님의 나라에 관한 믿음과 영원한 생명에 대한 기대를 저버린 서구 사회는 점차 희망을 상실해 가고 있다. 마르크스와 히틀러처럼 서구의 사상가들과 정치가들도 한때는 이 세계에 한정된 미래에 대한 희망적인 믿음을 밝힌 적도 있지만, 그들은 비참하게 몰락하고 말았다. 마르크스주의나 히틀러에 굴복하지 않은 서구 국가에서 이 세상에 대한 다양한 희망은 억지로 강요되지는 않았지만, 그들이 지닌 희망이 실패하리라는 것은 점차 부인할 수 없는 사실로 밝혀지고 있다. 세계 도처에서 정치 지도자들은 아직도 밝은 미래에 대한 약속으로 군중들을 고무시키려고 애쓰고 있다. 그러나 인간의 문제는 인간 스스로 해결할 능력이 없다는 생각이 널리 퍼져 있고, 인간에게 허용된 시간이 모두 끝나간다는 인식이 확산되고 있다.

2천 년이 마무리되는 시점에서 우리는 어떤 희망을 품을 수 있을까? 1990년대 말기에 이루어진 의학계의 위대한 발전에도 불구하고, 암과 에이즈(AIDS)가 치료되지 않고 오히려 "살인이 해결책으로 제시" 되어 안락사와 낙태가 자행되고 있는 현실은 희망이 상실되어 가고 있다는 상징적인 모습이다. 이러한 종류의 '해결책' 은 희망의 근원이 될 수 없다. 사랑의 하나님과 영원한 생명의 약속이라는 개념이 서구 사회의 대부분 사람들의 의식을 구성하는 중요한 요소인 이상(비록 확고하게 믿지는 않는다 하여도), 완전한 취업이나 평화 혹은 심장병 치료와 같이 조금 덜 중요한 약속들이라도 장래에 대한 확신과 희망의 감정을 고양시키는 데 도움을 줄 수는 있다. 하지만 인류를 위해 은혜를 베풀고자 하는 목적을 지니신 하나님께서 존재하신다는 자각과 확신이 없다면, 조금 덜 중요한 약속들은 확신을 지니지 못하도록 만든다.

믿음을 소유하지 않은 개인과 사회는 소망을 잃어버리고, 소망이 없는 개인과 사회는 사랑을 잃기 시작한다. 여기서 말하는 사랑이란 두 가지 의미의 사랑을 모두 일컫는다. 즉, 개인적인 욕심이 없고 헌신적인 사랑과 강한 감정적인 매력과 약속이라고 하는 좀더 친숙한 의미의 사랑을 포함한다. 서구 사회는 점진적으로 사랑이 없는 사회가 되어 가고 있으며, 온갖 종류의 내부적인 폭력이 도처에서 자행되며 날로 심해지고 있다.

현재의 서구 문화가 겪는 체제 전반에 걸친 위기에는 이와 같은 '영원한 것들'의 상실이 포함되어 있다. 서구 문화가 그런 요소들을 잃어버렸으므로, 서구의 위기는 영원한 가치들을 회복하고 영원한 요소들을 가능하게 하는 원천에 새롭게 다가감으로써 극복될 수 있다. 그러한 접근은 이루어질 수 있을까? 그 결과는 앞으로 사회에 널리 퍼지게 될 두 가지 상반되는 움직임에 따라 좌우될 것이다.

- 종교적인 전망, 특별히 기독교적인 전망의 부흥과 부활이 몇몇 서구 사회에서 시작되고 있음이 관찰되고 있다.
- 정부와 대중 매체, 교육 기관 그리고 여러 사회 단체는 일반적으로 종교에 대해, 특히 기독교에 대해 적대감을 점점 더 강하게 드러내고 있다.

20세기가 마무리되는 지금 기독교에 기초한 사회는 위기에 처해 있다. 세계의 많은 사람들은 이렇게 말한다. "기독교는 우리와 상관이 없어. 우리 나라 사람들은 그리스도인도 아니고 그런 적도 없었어." 그 말은 사실일지 모른다. 하지만 전통적인 기독교의 힘이 더 이상 세계의 많은 곳을 지배하지 못하게 되었을지라도, 그 영향력은 여전히 널리 퍼져 있으며 기독교계 안에서 일어나는 극적인 변화는 선 세계에 영향을 끼친다. 한때 자신들이 '그리스도인'이라는 것을 당연하게 여겼던 민족들도, 자신들이 '세속적인' 혹은 '평범한' 사람들이며 기독교는 여러 가지 종교 가운데 하나이거나 어느 정도 유용한 개인적인 취미일 뿐이라는 공식적인 태도를 취한다. 사람들은 이렇게 말한다. "우리는 그리스도인이 아니며 그리스도인이 되려 하지도 않는다. 우리 사회는 다원주의 사회이며 다문화주의를 표방한다. 국가 교회란 있을 수 없고, 공식적인 교리도 필요 없다. 종교의 운명 혹은 소위 기독교 문화의 운명은 우리와 상관이 없다."

오늘날에는 이전에 국민 절반 이상이 교회에 속했던 나라들 가운데에서도, 많은 사람들이 자신들의 미래와 자신들이 속한 사회의 미래는 기독교계의 위기와 깊이 연루되어 있다고 생각하지 않으려 한다. 하지만 실제로 서구 문명은 기독교에 너무나 깊이 물들어 있으므로, 기독교계의 위기는 필연적으로 서구 문명의 위기가 될 수밖에 없으며, 전 세계에는 서구 문명이 널리 퍼져 있으므로 서구의 위기는 곧 세계의 위기가 된다.

기독교는 서구의 다른 어느 나라보다 미국에서 많은 대중들 가운데 견고하게 뿌리내리고 있다(한국에서 일어난 기독교의 성장은 괄목할 만한 정도이며, 지금은 명목상으로만 기독교 국가라고 하는 유럽의 여러 나라들보다 한국에 있는 교회들이 더욱 강력한 힘을 발휘하고 있다). 이런 현상에도 불구하고 혹은 바로 이런 이유 때문에 지금의 미국 내에서 기독교는 다른 어느 나라보다도 정부와 사회의 강력한 집단으로부터 심한 공격을 당하고 있으며 캐나다도 예외는 아니다. 일반 대중들 사이에서 '영원한 가치'의 의미를 회복하려는 강한 분위기가 일어나는 곳에는 그런 기운을 억누르려는 정부의 압력이 증가하는 경향이 나타난다.

그러므로 지금 우리가 논의하고 있는 것과 같은 엄청난 문화적 변혁은 종종 정부의 행동에 따라, 비록 정부가 그렇게 한다고 해도 변화를 일으키거나 방해하지 못하지만, 지연되거나 촉진되기도 한다는 것을 기억해야 한다. 예를 들어, 미국 정부가 진심으로 모종의 종교적 부흥을 배후에서 전심전력을 다해 돕는다 하여도, 그런 행동이 신앙적인 부흥을 일으킬 수는 없다. 반대로, 신앙의 부흥이 진행되고 있고 정부가 그것을 억누르려 애쓴다고 하여도, 과거의 로마 제국이나 근대의 중국 공산당처럼 결코 성공할 수 없다. 문화 전체의 회복과 부흥은 '자각의 은혜'를 받아들이고 그에 따라 행동하는 많은 사람들에 의존하고 있다. 정부는 이러한 인식의 표명을 조성하거나 방해할 수는 있지만, 그러한 자각의 은혜를 만들어 내거나 억압하지 못한다.

우리를 둘러싼 감각 문화는 실질적으로 스스로를 소모시키고 있다. 감각 문화가 수세기 동안 소유하고 있었던 활력을 회복시키는 힘이 그 문화 내부에는 존재하지 않는다. 사실, 현재의 감각 문화에서 일어나는 쇠퇴는 너무나 급속히 이루어지고 있어서 몇몇 사회는 완전히 사회의 붕괴를 맞을 위기에 놓여 있다. 사회의 붕괴는 오로지 다음과 같은 두 가지 요소로만 예방할 수 있다. 첫째는 조지 오웰이 『1984년』에 그려 놓은 것과 같은 혹독하고 강력한 정부의 통제이고, 둘째는 4세기와 5세기의 기독교 시대에 로마 제국이 경험한 것과 같은 근본적인 방향 전환이다.

방향 전환

서구 문화는 기독교에 의해 형성되었지만, 지금은 무수한 이질적이고 조화되지 않는 요소들이 포함되어 있다. 그 가운데 몇 가지 요소들은 기독교적 기초를 가진 것이라고 생각되는 것은 무엇이나 적극적으로 거부하고, 기독교적 요소들을 거짓되고 억압하는 것으로 여겨 거절한다. 기독교가 담고 있는 인간과 인간의 존엄성을 지향하고, 진리 그 자체를 추구하는 확실하고 긍정적인 방향성이 현대 사회에서 잊혀지거나 명백하게 거부되고 있다.

현대 서구 문화와 마찬가지로 로마 세계의 말기 감각 문화는 다양해지고 다원화되었다. 혼합주의와 거대한 물량주의를 지향하는 감각 문화의 내적인 경향은 사회의 통합 원리와 정반대로 나아갔다. 통합 체제는 잘 조화되고 밀착된 세계관과 인생관을 보여 주지만, 감각 문화가 절정에 이르고 부패되기 시작하면 그 체제 역시 붕괴되고 내적으로 충돌하는 경향과 관점들을 드러낸다. 로마 이교주의 말기의 감각적인 사회가 기독교를 받아들임으로써 변화가 일어나자, 비교적 단일화된 세계관과 인생관이 다시 한번 사회에 뿌리를 내렸다. 현대 서구의 감각 문화는 말기 로마의 문화보다 더욱 혼란스러운 혼합주의를 보여 주고 있는데, 그 이유는 서구 문화가 지중해와 북아프리카 그리고 서아시아뿐만 아니라 전 세계로부터 많은 요소들을 받아들였기 때문이다. 대중 매체는 다른 장소와 사회로부터 끌어들인 문화적 사회적 양식들을 지니고 세계 도처에 있는 공동체와 개인들에게 접근할 수 있는 능력을 지니고 있으며, 기존의 것과 전혀 다르고 충돌되는 관점과 전통들을 한데 섞어 놓는다. 그럼으로써 개인이나 문화가 특정한 기준의 틀을 당연한 것으로 받아들이는 것을 힘들게 하고, 다른 기준들을 평가하거나 어떤 것이 가장 좋은 것인지 결정하는 방법을 알 수 없도록 혼란스럽게 한다.

지금의 서구 문화는 중대한 시기에 이르렀다. 서구 문화는 광범위한 방향 전환과 부흥을 경험해야 한다. 그렇지 않으면 서구 사회는 혼란 속으로 무너져버리고 말 것이다. 혼돈이 이미 시작되었음을 보여 주는 징후들이 북아메리카 사람들의 삶의 여러 언저리에서 나타나고 있다. 그에 비해 서유럽은 좀더 견고하게 보인다. 그러나 서유럽에서도 심각한 긴장 상태를 야기하고 사회 전반의 붕괴를 일으킬 수 있는 요소들이 서서히 나타나고 있다. 20세기에 들어서 근본적인 방향 전환을 일으키고자 시도하는 두 가지 운동이 대두되었다.

▪ 나치주의는 상당히 협소한 문제에 집중하고 있었는데, 무수한 인종

가운데 유일한 하나의 종족에만 집중하였다. 적극적으로 자기 세력을 확대하려는 시도는 불과 십 년이 지나기도 전에 많은 피와 잔해 속에서 산산조각 나고 말았다.

- 마르크스주의 역시 단일한 세계관과 인생관을 표방하였다. 그들은 기독교뿐만 아니라 모든 종교와 모든 초감각적인 실재들을 명백하게 거부하였다. 이제 마르크스주의는 유럽과 미국의 모든 곳에서 실질적으로 자취를 감추었고, 그들의 주장과 세계관은 더 이상 기독교가 주류를 이루는 어느 곳에서도 대중적인 관심이나 헌신을 이끌어내지 못하고 있다. 그처럼 거대하고 단일화된 신념 체계가 소멸되었다 하더라도 러시아와 다른 여러 곳에서 과거의 기독교적 성향이 회복되지는 않았다.

나치주의는 비록 스스로를 과학적이라고 부르지만, 유사 종교적인 측면을 지니고 있다. 마르크스주의는 완전히 유물론적일 뿐만 아니라 과학적이라고 자기를 내세운다. 두 이데올로기 모두 자신들을 둘러싼 혼란스러운 혼합주의의 자리에 단일화된 문화적 체제를 세우려는 시도를 멈추지 않았다. 그러나 나치주의나 마르크스주의는 힘을 과도하게 사용했음에도 불구하고 단일화된 체제를 성공적으로 이끌어내지 못했다. 나치주의는 외국의 반대자들에 의해 패배했지만, 만일 전쟁에서 승리했다고 하여도 내부에 지니고 있는 고유한 긴장과 모순이 붕괴를 야기했을 것이다. 소련의 마르크스주의는 70년이 지나기도 전에 무너지고 말았다. 붕괴되는 감각 분화를 물질적인 기초 위에서 재건하려는 시도는 아무리 큰 힘을 동원하여 억압적으로 강요하더라도 오래 가지 못한다. 가장 중요한 질문은 바로 이것이다. 그 자리를 무엇이 대신할 수 있겠는가?

12

황혼인가, 새벽인가?

서구 문화의 유산 앞에 무엇이 기다리고 있을까? 세계 문명과 깊은 연관을 맺고 있는 서구 문화 앞에 놓여 있는 것은 무엇인가? 무엇이 인류 앞에 가로놓여 있는가? 현재 우리가 겪는 체제 전반에 걸친 위기로 인해 생겨날 가능성이 있는 몇 가지 결과가 있는데 그 가운데 오직 하나만이 희망적이다. 소로킨은 "우리에게 가능성 있는 단 하나의 구원 여정"을 제시했다. 그 여정을 분명히 파악하는 일은 반드시 필요하며 개인들, 공동체, 사회 기구, 사회 구조와 같은 우리 사회 구성 요소들 가운데 어떤 것이 사회를 올바른 방향으로 발전하도록 이끌 수 있는지 깨닫는 것은 매우 중요하다. 그런 것들은 "사회 구성원들을 파멸로 이끌기보다는 이 지구 위에서 인간의 독창적이고 창조적인 사역을 더 잘 실현하도록 인도해 준다." [141] 소모적이고 퇴락하는 서구 문명의 현재 국면을 반드시 서구 문화와 문명의 종말을 미리

---

141. Pitirim A. Sorokin, *The Crisis of Our Age*, 2d ed. (Oxford: Oneworld, 1992), 264.

보여 주는 전조로 받아들일 필요는 없다. 그러나 현재의 어떤 퇴폐적인 경향이 끝까지 계속 이어지고, 그보다 훨씬 바람직한 모습들이 열매를 거두기도 전에 억지로 고사되고 억압을 받는다면, 서구 문화는 몰락을 피할 수 없을 것이다.

몰락(eclipse)

서구 문명의 문화적 위기에 대한 한 가지 '해결책'은 몰락뿐이다. 서구 국가들이 지닌 엄청난 과학, 산업, 경제적 잠재력이라는 측면에서 본다면, 서구 문화가 영원히 사라지고 키플링이 그의 시 "후퇴"(Recessional)에서 예견한 것과 같은 종말적인 상황이 도래하리라는 것은 전혀 말도 되지 않는 것처럼 보인다. 그러나 서구의 문화는 역사와 전설 속에서 사라져버린 도시인 니느웨와 두로의 문화와 같은 운명이 될 가능성은 얼마든지 있다.

미국(20세기의 마지막에 유일하게 남은 초강대국)을 포함한 서구의 부유한 강대국들이 갑자기 움츠러들고 세계 무대에서 사라지거나 무기력하게 약화되는 일이 전혀 일어나지 않을 것 같은가? 1970년대 말에 미국이 베트남에서 치욕을 당한 이후, 잠시 동안 세계의 여러 나라들이 보기에는 소련이 세계에서 유일한 초강대국이 된 것 같았다. 심지어 1980년대에도 미국의 국방 전문가들은 소련이 서구 세계를 재무장시키려는 레이건 대통령의 노력에 대항하여 미국을 먼저 공격하지 않을까 염려했다.

1988년 말까지도 서구 국가들은 여전히 자신들에게 완전한 파멸은 아니라도 결정적인 패배를 안겨 줄 수 있는 강력하고 통합된 군사력을 지닌 세력과 맞서고 있다고 생각했다. 여러 가지 구실이나 노골적인 침공으로 서구를 집어삼키려는 소련의 노력은 소설가들과 영화 제작자들에게 좋은 자료를 제공했다. 바로 그때 전혀 예기치 못한 상황에서 거대한 소련이 산산이 부서지기 시작했다. 그 분열은 1989년에 수많은 사람들이 독일 민주 공화국이었던 동독으로부터 탈출을 시도하면서 시작되었고, 1991년 여름에 모스크바에서 실패로 돌아간 쿠데타로 인해 최고점에 이르렀다. 그 쿠데타는 "사악한 제국"을 이전과 유사한 형태로 유지하려는 세력들에 의한 최후의 발악이었다. 쿠데타는 성공하지 못했고, 그러한 실패로 인해 그 해가 가기 전에 소련 연방이 완전히 붕괴되고 세계 무대에서 사라지도록 촉진하는 역할을 했다. 1995년이 시작되면서, 한때 맹위를 떨쳤던 러시아 군대는 코카서스에 있는 겨우 백만을 넘는 소수 민족의 저항도 진압하지 못하는 수모를 당했다.

그런 일이 미국에서도 일어날 수 있을까? 어느 누구도 부유하고 강력하며 세계 도처에 흩어진 군대를 지니고 있고 모든 대륙에서 엄청난 경제적 이익을 거두고 있는 미국이 갑자기 무너지고 붕괴되리라고 생각하지 않는다. 하지만 어느 누구도 소련이 그처럼 몰락할 것을 예상하지 못했다. 서구 문명의 중심지를 형성하고 있는 거대하고 부유한 나라들 내부에는 소련의 몰락과 유사한 정도의 파멸을 야기할 수 있는 요소들이 벌써부터 나타나고 있다. 이 세상의 영광은 사라지게 마련이다.

사회 체제의 퇴락

모든 체제는 그 내부에 어떤 요소들을 포함하고 있으며, 어떤 요소들을 결여하고 있는지 인식해내는 능력이 있어야 한다. 서구의 사회 체제는 더 이상 그것을 인식할 수 없다. 어떤 체제들, 특히 대부분의 기계 장치들은 스스로를 수리할 수 있는 능력이 없기 때문에 반드시 외부의 존재에 의해 고쳐져야 한다. 어떤 복잡한 유기체들(주로 살아 있는 유기체)은 스스로를 치료할 수 있는 능력을 지니고 있다. 단 그들이 외부의 확인할 수 없는 요소들의 침입으로 인하여 치료 과정에 방해를 받지 않는다는 조건에서만 그렇다.

- 인체는 외부의 장기를 인식할 수 있어서, 신체가 자연스런 면역 반응을 중화시키려는 정교한 작용을 하지 않는다면 아무리 건강한 장기의 이식도 거부하고 만다.

- 기계 장치와 산업 체계는 애초부터 고안된 방식으로만 재료를 가공 처리할 수 있다. 합성 가솔린을 만들기 위해 석탄을 가공하는 공장 설비는 근본적인 설비 변경을 하지 않는 한 감자나 철광석을 가공하지 못한다.

- 한 가정이 죽음이나 이혼으로 어머니를 잃는다면, 그 집안의 아이들은 상당한 적응 기간을 갖지 않으면 다른 여성을 쉽게 받아들이지 못하고, 심지어 자신들의 어머니와 나이와 몸집과 성장 배경이 유사한 여성도 받아들이지 못하는 경우가 많다.

- 어떤 미식 축구팀이 작전 시간(time out)을 요청하여 부상당한 수비수를 경기장 밖으로 데리고 나올 때, 아무리 공을 잘 던진다고 하여도 야구 투수를 그 자리에 대신 투입하지는 못한다. 상대방 팀으로부터 수비수를 받아들이는 것은 더더욱 불가능하다. 근본적인 대책이 강구되어야 한다.

- 보병 부대가 전투에서 손실을 입었을 때, 같은 아군이라고 하더라도 해군 병사들로 대체할 수는 없다. 또한 다른 언어를 사용하고 다른

무기로 무장한 타국의 보병을 보충할 수도 없다.

- 로마 가톨릭의 주교가 사고로 죽음을 당했더라도 그 자리를 즉각 감리교 감독으로 대체할 수 없고, 힌두교의 사제나 불교의 승려 혹은 행정가는 더더욱 불가능하다.

위에서 말한 내용들은 누가 보아도 분명한 사실이다. 도시나 주(州), 국가 혹은 국가 경제같이 더욱 크고 복잡한 체계들 내부에 어떤 요소가 포함되어 있는지 인식할 능력을 지닐 필요가 없어도 된다고 생각하는 것이 바람직한가? 그처럼 복잡한 사회 구조들이 새롭고 이질적인 요소들을 즉각 거부하지 않고, 적어도 그 요소들이 내부로 유입되기 전에 적응되고 변형되도록 하지도 않고, 간단하고 자연스럽게 그것들을 받아들일 것이라고 상상할 수 있는가?

문화는 어떤 면에서 유기체와 같다. 그러한 문화는 스트레스를 견디는 데 한계가 있기 마련이다. 유럽에서 산업이 고도로 발달한 나라들, 곧 독일, 프랑스, 영국, 이탈리아는 부유하고 겉으로는 견고하게 보이지만 저마다 갑작스런 위기를 유발시킬 수 있는 문제들을 안고 있다. 상당히 심각한 몇 가지 문제가 발생하기도 하는데, 그 이유는 사회 체제가 취약해지고 자신의 경계를 규명하거나 한정짓지 못하기 때문이다. 그러한 사회 체제는 더 이상 내부에 어떤 것이 존재하는지 구분해내는 능력이 없으므로, 사회를 일관되고 적절한 기능을 유지하는 데 필요한 조절 능력을 발휘하지 못한다. 새롭게 형성된 유럽 연합(European Union)의 국가들은 서로의 국경에서 여권 검사를 하지 않는다. 그런 국가 가운데 하나인 이탈리아는 긴 해안선을 모두 감시할 수 없다. 결과적으로 여러 나라에서 흘러 들어오는 입국자들은 이탈리아에 쉽게 상륙할 수 있고, 유럽 연합의 어느 국가든 원하는 목적지까지 자유롭게 갈 수 있다.

서구의 국가들은 몇몇 주요한 사회 문제들을 상당히 오랜 기간 동안 지니고 있었으므로, 이제는 순순히 그것들을 삶의 일부로 받아들인다. 만성적인 대규모의 실업, 특히 젊은이들의 실업은 사회의 내부에 이질적인 계층을 만들어 내는 심각한 문제 중의 하나이다. 무수한 사람들이 직장에서 쫓겨나 실업 보상금을 받든 받지 못하든 간에, 가족들을 부양할 적절한 수단을 지니고 있지 못하므로 사회를 이루는 구성원으로서 제대로 기능을 하지 못한다. 가정 파탄, 소년 소녀 가장, 무주택자들은 사회 속에서 자신의 기능과 위치를 상실하게 된다. 사회는 그들을 더 이상 '용인' 하지 못한다. 그들은 사회 속에 있을 자리를 찾지 못하며, 사회는 그들을 어떻게 다루어야 할지 모른다. 그들은 자신들의 역할이 무엇이며 무엇이어야 하는지 구분할 능력을 잃어버렸다. 그들은 자기들이 잘못을 저지르지 않고서도 사회로부터 소외되고 사회의 붕괴에 크게 기여한다. 일반적으로 용인된 사회적, 도덕적 방향성을 공유하지 못한 집단과 하위 집단은 사회와 자기를 동일시하기 어렵게 된다. 그 결과 사회는 그들을 위한 자리를 마련하거나 그들에게 가치 있는 직무나 유익하고 만족스러운 역할을 맡기는 데 많은 어려움을 겪는다. 이 말은 외부인은 사회에 통합될 수 없으며 필연적으로 사회를 분열시킨다는 말이 아니다. 오히려 그들을 수용할 수 있는 접촉점이 마련되어 그들이 더 이상 '낯선' 사람이 되지 않고, 사회를 분열시키는 일을 하지 않고 사회 속에서 함께 살아갈 수 있어야 한다는 뜻이다.

미국은 건국된 이후 오랫동안 그러한 접촉점을 만들어 내는 일에 남다른 성공을 거두었다. 여러 다양한 배경과 다른 종교적 전통에서 자라난 사람들이 통합된 환경에서 일반적인 국민 생활 속으로 편입되었다. 그러나 지난 30년 동안의 정부 정책으로 인하여 현재 미국 내에서 그러한 접촉점을 만들어 내는 일은 더욱 어렵게 되었다. 정부는 현재 일반 사람들보다 더 다양한 배경과 문화에서 자라난 이민자들을 우선적으로 허용하는 정책을 펴고 있지만, 불법 이민자들의 유입을 막는다는 명목으로 이민은 거의 이루어지지 않고 있다. 또한 다문화주의라고 알려진 새로운 사회의 통념은 이민자들로 하여금 미국 사회에 적응하려는 노력을 하지 않도록 방해하고 있다.

현재와 같은 상태로 눈부신 발전을 이룬 세계에서 종교들 사이에 대규모의 전쟁이 일어나리라고는 상상도 못할 것처럼 보인다. 하지만 이슬람과 기독교 사이에는 천 년의 세월 동안 끊임없이 전쟁이 이어졌다. 두 종교간의 충돌은 A.D. 636년에 있었던 아랍의 침공으로 인해 촉발되었고, 13세기에 걸친 11번의 십자군 전쟁이 진행되었으며, 동쪽의 이슬람 국가였던 터키와 서방의 기독교 국가인 스페인의 전쟁으로 이어졌고, 다른 지역에서 계속 되풀이하여 전쟁이 일어났다. 1683년에 비엔나에서 터키가 패배함으로써 두 종교간의 전쟁은 어느 정도 일단락 되었다(만약 아프리카와 아라비아 및 크림 반도에서 있었던 전쟁을 제외한다면). 발칸 반도에서 일어난 내전과 수단에서 기독교인들의 의해 자행된 대량 학살은 이슬람과 기독교 사이의 평화로운 공존이 결코 쉽게 이루어지지 않는 것임을 다시 한번 상기시켜 주었다.

폭력적인 충돌이 전혀 일어나지 않을 것처럼 보였고 전통적으로 통합된 문화를 지니고 있었으며, 서구 문명에서 가장 성공적인 사례로 꼽히던 독일과 프랑스에서도 종교적인 갈등과 긴장은 예외 없이 발생했다.[142] 앞서가는 두 나라의 기독교 문화는 지난 세기를 지내면서 약화되었다. 제2차 세계대전 이후 두 나라는 고대부터 내려온 풍부한 분화를 자랑하는 이슬람

------

142. 독일과 프랑스 역시 서구 문화에서 가장 추악한 모습들의 사례를 보여 주었다. 즉 혁명을 빙자한 테러, 정복 전쟁, 나치주의 등이 두 나라에서 일어났다.

국가인 터키와 아랍에서 흘러 들어온 수백만 명의 이민자들을 사회 구성원으로 통합시키는 데에 실패했다고 시인했다. 새로운 이주민들은 자신들의 전통을 버리면서까지 프랑스인이나 독일인이 되려하지 않았다. 심지어 자신들에게 친숙한 관습과 태도가 새로 이주한 나라에서 낯설고 적대적인 것으로 취급받더라도 그것을 끝까지 고수하려 했다. 그들이 새로운 조국에 적응할 수 있었겠는가?

이질적인 문화에서 성장한 많은 사람들을 기존의 사회 구조에 받아들이는 것은 필연적으로 긴장을 야기한다. 정부 지도자들, 학자들, 매체의 권위자와 같이 주류를 이루는 문화의 주도적인 인물들이 외부에서 유입된 문화에 대해 반감을 가지고 있고 새로운 이주민들을 기존 사회에 이끌어들이려고 노력하지 않을 때 상황은 더욱 악화된다. 기독교와 이슬람처럼 혹은 프랑스와 북아프리카의 식민지처럼, 두 개의 문화가 서로 거부하며 적대감을 지니고 있으면 여러 가지 문제들이 필연적으로 발생한다.

조화로운 통합을 이루기 위한 과업은 매우 힘든 일이다. 그런 일은 전혀 불가능한 것은 아니지만 기술과 인내와 시간과 관용을 필요로 한다. 현대 산업 사회에서 고용주는 오로지 가능한 한 최저의 비용으로 작업을 진행시키는 데에만 관심을 가지고 있고, 낯선 문화에 둘러싸여 있는 이민자들을 돕는 것에는 큰 관심을 보이지 않는다. 다원주의와 다문화주의의 영향을 받은 문화 지도자들은 이민자들에게 거대한 도시 속에 '소수 민족의 집단 거주지'(enclave)를 만들어 살 것을 장려한다. 이것은 미국이 좋은 의도로 추진한 2개 국어를 병용하는 교육이라는 프로그램으로 인해 생겨난 의도하지 않은 결과이다.

기술과 인내와 시간과 관용이라는 네 가지 요소가 결핍되었을 경우, 과도한 문화적 다양성이 어떤 결과를 거둘 것인지 생각해 보라. 또한 다양성이 극단적인 수준까지 추구되어 새로운 이민자들에게 불쾌감을 안겨 줄 때 어떤 일이 일어날 것인지 생각해 보라. 그런 사회의 장래에 어떤 일이 일어날 것인지를 보여 주는 놀라운 사례가 보스니아-헤르체고비나의 내전에서 극명하게 나타났다. 술탄(이슬람교 국가의 군주)이나 합스부르크가(家)(13세기이래 신성 로마 제국 황제, 오스트리아, 스페인 등의 국왕을 배출한 독일의 왕가)의 통치 아래 있는 동안 또는 유고슬라비아의 공산주의 독재 정권의 지배 아래 있을 동안, 보스니아-헤르체고비나에서 일어나는 긴장은 효과적으로 완화되었고 전쟁으로 이어지지 않았다. 인종의 차이점은 그리 대단한 것이 아니었고 모든 국민들은 동일한 언어를 사용했다. 그러나 통일성과 공동의 목표에 대한 공감대를 형성하지 못하여, 로마 가톨릭을 따르는 크로아티아 사람들과 동방 정교회를 신봉하는 세르비아 사람들 그리고 두 민족 사이에서 이탈하여 이슬람을 믿는 사람들 사이에 일어난 분열은 한때 온건하게 안정되어 있었고 튼튼하게 존립하고 있었던 사회에 재난을 몰고 왔다.

지금까지 통합된 형태를 유지했던 국가들이 여러 개의 소국으로 분열된다면(프랑스가 알제리 정도의 크기를 가진 네 나라로, 독일이 터키 정도의 다섯 개 국가로, 이탈리아가 알바니아 크기의 여섯 개 국가로 나눠진다면), 그러한 소국가들은 보스니아를 파멸시킨 것과 같은 분열을 겪지 않을 수 있을까? 발칸 반도에서 일어난 현상이 유럽을 거의 위협하지 못하고 세계에는 더욱 영향을 미치지 않으리라는 생각은 피해야 한다. 유고슬라비아에서 엄청난 분열과 고통을 촉발시킨 요소들이 분열을 일으키는 요소들이 대립과 폭력을 일으킨 적이 없었던 규모가 크고 전략적으로 더욱 중요한 나라들에도 나타나고 있으며 점점 증대되고 있다.

서유럽의 모든 나라들은 실업, 농업 부문의 과잉 생산, 가족 농장의 포기, 노화, 인구 감소 등 일일이 열거할 수 없는 수많은 구조적인 문제를 오랜 세월 동안 직면해 왔다. 동일한 문화 속에서 인종적으로, 언어학적으로 그리고 종교적으로 일치를 이루고 있는 사람들 사이에서도 혼란과 분열이 일어나며, 그들 역시 오랫동안 살아온 지역에서 쫓겨나고 허무감에 시달린다. 아직도 이방인 취급을 받는 사람들은 그러한 긴장감을 더욱 강하게 느끼고 있을 것이다.

유럽은 점차 기독교를 고백하는 사람들 사이에 일어나는 신앙적인 갈등을 다루는 방법을 익혀가고 있다. 여전히 자신을 그리스도인이라고 내세우는 많은 사람들이 점점 더 독단적인 자세를 취하는 소수의 이슬람교도들과 평화롭고 생산적으로 화합하며 살아갈 수 있을까? 이제 유럽의 공산주의는 소련이라는 든든했던 기초를 잃어버렸으므로, 한때 두려움에 떨던 국가들이 앞으로는 생명을 위협하는 도전도 두려워할 필요가 없다고 여기면서 평화로운 상태에 접어들고 있는 것처럼 보인다. 종교적인 긴장은 개별적인 국가 내부에서 혹은 국가 사이에서 이데올로기의 차이보다 더 위험한 결과를 초래할 수 있다.

이슬람과 기독교 사이의 긴장은 서구 문화에서 가장 위험한 요소이다. 이슬람은 수세기에 걸쳐 수많은 고급 문화를 만들었다. 그러나 그들은 이러한 업적을 자신들이 소수 민족으로 있는 지역에 심는 일을 거의 하지 않았다. 그들이 할 수 있는 일은 서구 문화에 남아 있는 기독교적 바탕을 희석시키거나 궁극적으로 파괴하는 것뿐이었다. 그 결과로 사회가 안정성을 유지하리라고 기대하는 것이 거의 불가능하게 되었다.[143] 제2차 세계대전 이후 수백만의 이슬람교도들이 노동자나 피난민의 신분으로 서유럽에 흘러 들어왔다. 또한 그보다 적은 수가 미국으로 들어왔으며, 흑인 이슬람 운

---

143. 사회의 혼란이 다양한 배경에서 성장한 이민자들의 유입으로만 야기된 것이 아니라, 그들을 받아들이는 사회의 주도적인 집단이 그들을 주류 문화에 편입시키지 못했기 때문에 생긴 것임을 반드시 기억해야 한다.

동에 의해 그들의 영향력은 어느 정도 증대되었다. 이제 그들은 최근까지 단일한 기독교 국가였던 여러 나라에서 중요하지만 여전히 충분하게 동화되지 못한 소집단을 형성하고 있다.

많은 이슬람 학자들과 비이슬람 학자들은, 이슬람교도들이나 일반인, 특별히 이민자들은 그들이 정착하는 국가의 문화를 전복하거나 새롭게 만들기 위한 계획과 프로그램을 지니고 있다는 의심스런 눈초리를 전혀 근거 없는 것으로 치부한다. 적어도 어떤 이슬람교도들은 기독교와 유대교를 이슬람교에 굴복시키고 싶어하는 것은 부인할 수 없는 사실이다. 반대로 어떤 그리스도인들은 실제로 이슬람을 무너뜨리지는 않더라도 그들을 그리스도인으로 만들기 위한 노력을 강도 높게 실행하고 있다(하지만 대다수의 그리스도인들은 이슬람교도들을 선교하려하기보다는 간섭하지 않고 평화롭게 내버려두는 데에 만족하는 것처럼 보인다).

이슬람교도들이 서구 문화에 불안을 야기할 가능성이 있는가 하는 문제는 우리의 관심사이다. 왜냐하면 그것은 서구 문화의 위기와 직접 관련되어 있기 때문이다. 이제 서구 사회에는 이슬람교도들로 구성된 소집단이 적절하게 형성되어 있으며, 반면에 한때 그리스도인들의 소집단이 형성되어 있었던 알제리나 터키와 같은 몇몇 주요 이슬람 지역은 이제 더 이상 그런 집단을 용납하지 않는다. 그러므로 내부의 종교적인 긴장으로 인한 커다란 사회 문제는 다른 어느 지역보다 서구 사회에서 발생할 가능성이 매우 높다. 명목상으로만 기독교 국가인 서구 사회의 정부와 학계에 몸담고 있는 많은 사람들은 이런 현상을 놀라울 정도로 무관심하게 바라보고 있다. 아마도 그들은 자신들이 물려받은 신앙을 진지하게 여기시 않기 때문에, 다른 사람이 사회의 분위기를 아무리 심각하게 받아들여도 혹은 이슬람교도들이 아무리 종교적인 갈등을 일으키더라도 그들은 전혀 개의치 않을 것이다.

여러 나라에서 토착화와 인종 차별 운동이 일어났다. 아직까지 그런 움직임은 사회의 일치를 심각하게 해칠 정도로 강력한 힘을 발휘하지 못하고 있다. 상류층과 지식층이 그 문제에 대해 무관심하고 있으므로, 그런 운동은 주로 하위 계층과 중·하류층에서 일어나고 있고 사회의 전반적인 지지를 이끌어내지 못하고 있다. 그런 계층은 대부분 경제적인 문제로 인하여 고통 당하는 사람들로 이루어져 있다. 직업이 불안정하게 되고, 경제 사정이 악화되며, 의료비용이 급상승하고, 정부는 해결책을 찾기보다는 주로 권력을 확장하는 데에만 골몰한다면, 사회 구성원들 사이에 내재하는 불안 요인들이 혼란스러운 폭력으로 이어질 가능성이 있다.

역사적으로 혁명은 국민들이 궁핍과 압제와 억압으로 고통받을 때에 일어나지 않고, 오히려 비교적 번영을 누리고 자유로운 사람들이 자신들의 자유와 번영을 빼앗겼다고 생각할 때에 주로 발생했다. 불행하게도 근대에 발생한 주요 혁명들은 대부분 사람들을 혁명 이전보다 훨씬 더 열악한 상태로 전락시키고 말았다. 이러한 일들은 프랑스와 러시아, 이란과 다른 여러 나라에서 극적으로 일어났다.

각각의 경우마다 외국의 군대를 혁명에 끌어들임으로써 무질서와 혼란이 더욱 극에 달했다. 만일 서구의 강대국이 정말로 붕괴를 경험했다면, 다른 강대국들은 중재에 나서서 사태를 해결하려 했을 것이다. 만일 혼돈과 혼란이 수습하지 못할 정도로 발생한다면, 당황한 서구의 국가들은 그제야 타국의 위임 통치를 스스로 구할 것이며, 최악의 경우에는 최근까지 경멸했던 강대국에 의해 완전히 정복당하게 될 것이다.

이 같은 전망이 비현실적으로 보인다면 러시아의 경우를 생각해 보라. 한때 강력한 힘을 발휘했고 얼마 전까지만 하여도 핵무기로 전 세계를 위협하는 위치에 있었던 소련 연방의 뒤를 이은 국가로서, 러시아는 120만의 인구를 가진 공화국의 반란도 진압하는 데 많은 어려움을 겪어야 했다. 가난하고 굶주리는 백성들의 압력과 부유하고 방종하며 잘난 체하는 서구 사회의 유혹은 그 조그마한 공화국으로 하여금 폭력적인 투쟁을 몸소 실천하도록 부추겼다.

간단히 말해서, 현재의 서구 문명이 겪는 체제 전반적인 위기로 인해 발생할 수 있는 한 가지 결과는 비극적인 파멸이며, 거만했던 서구의 사람들이 다른 국가에 복종하는 것이다. 아마 더욱 강하고, 인구가 더 많고, 의지가 더욱 확고한, 그러나 조금 덜 '문명화된' 국가에 복속될지도 모른다. 만일 이러한 일들을 하나님의 관점에서 바라볼 수 있다면, 그것은 인류가 한 단계 발전했다는 증거이다. 서구 문명에 속한 사람들의 관점에서 볼 때, 서구 문화의 붕괴 가능성은, 비록 거기에 서구인들의 멸절이 수반되지 않는다 하여도, 평온한 마음으로 바라볼 수 있는 성질의 것이 아니다. 서구 문화의 몰락은 전혀 불가능한 일이 아니다.

세상 사람들의 각성:
의도적으로 그런 일이 일어날까? 우연히 그런 일이 일어날까?

서구 세계의 국가들은 개인의 자유와 권리를 허용하여 그들의 창조적이고 생산적인 잠재력을 충분히 발휘하도록 허용한 덕분에 더욱 부유해지고 강력해졌다. 개인주의와 지역주의는 서구 문화의 발전에 결정적인 역할을 담당했다. 더욱 큰 사회 구조를 만들려는 현재의 세계적인 경향은 기독교의 출현 이후 형성된 서구 문화의 근본적인 원리에 전적으로 역행하는 것이다. 서구의 원리는 국가, 종족, 언어, 심지어 종교적인 표현은 광범위하지만 공통적인 기반 위에서 최대한 다양하게 드러내도록 허용하는 것이다.[144]

---

144. 미국은 '평화 유지군'이라는 명목으로 군대를 지구 곳곳에 주둔시켜 놓았고, 북대서양

일찍이 서방의 주요 국가들은 여러 개의 작은 공동체로 구성되어 있었다. 각 공동체에서 사람들은 서로를 잘 알고 있었으며, 각 공동체에는 공동의 이익과 공동체 정신 및 상호 일치를 위한 기준이 당연히 세워져 있었다. 과거 서구 사회에서는 자선이나 복지는 통치자나 정부에 의하여 계획되지 않았던 반면, 교회에서 자비와 동정심을 베풀 것을 강조했고 국가는 교회의 그러한 자세를 기대하고 고맙게 여겼다. 자유 방임주의를 표방하는 자본주의는 정부의 복지 정책이 부재한 상황에서도 자선과 동정심이라는 신앙적인 교리의 실천을 통하여 적절히 조절되고 온전히 유지될 수 있었다.[145]

서구 사회에서 전통적인 신앙을 고수하는 집단이나 정부와 관련 없는 단체들이 자선과 동정심을 증진시키는 사업을 효과적으로 수행함으로써, 서구 사회는 가난하고 많은 혜택을 받지 못하는 사람들을 급격히 줄여나갈 수 있었다. 아직 '복지'라고 정의되지 않은 자선을 끊임없이 베푼 사람들은 지난 세기에 일어난 두 가지 사건으로 인하여 힘을 잃었고 결국 그 일을 포기하고 말았다.

1. *다윈의 진화론*. 다윈은 '적자 생존'의 원칙을 생물학의 원리로 선포했다. 사회적 진화론은 그런 주장을 도덕적인 명령으로 격상시켰고, 약자들이 고통을 당하여 소멸되는 것을 정당화하였다. 진화론은 자본가들이 자유 방임 체제를 악용하는 것을 합리화시키는 데 일조 했다. 그리

조약 기구(NATO), 북미 자유 무역 연합(NAFTA) 그리고 세계 무역 기구(WTO) 등은 '새로운 세계 질서'를 형성하려는 열망을 반영하고 있다('새로운 세계 질서'(new world order)라는 용어는 미국 대통령인 조지 부시가 사용한 것으로, 무의식중에 독일의 아돌프 히틀러의 표현에서 빌려온 것이다).

145. Marvin Olasky의 *The Tragedy of Christian Compassion*(Downers Grove, III.: Grossway, 1993)을 보라.

고 세계대전의 끔직한 공포가 군국주의자들을 정신차리게 하기도 전에, 다윈의 이론은 전쟁이 문명의 발전을 위해 필요하다는 것을 증명하기 위해 인용되었다.

2. *정부의 복지 정책*. 19세기에 각국의 정부는 경제적인 활동에서 낙오한 사람들을 보조하고 구제하는 기준을 제시함으로써, 그때까지 자선을 베풀던 교회와 개인의 일들을 강제로 박탈했다. 점차 증가하는 정부의 보조 정책은 개인적인 자선은 더 이상 필요가 없다는 분위기를 형성하였고, 사람들은 이기적이고 탐욕적인 마음의 노예가 되었다. 계몽주의 이후 극단적인 이기주의가 서구 문화의 특징이 되었고 기독교 교회와 기독교 신앙을 모두 약화시키는 결과를 낳았다. 지나친 개인주의는 기독교뿐만 아니라 어떤 종교와도 어울리지 못하고, 2000년이 끝나는 지금 서구의 기독교는 너무 나약하고 지나치게 분열되어 있으며 사회에 효과적으로 도전을 던져 주지 못해 당황하고 있다.

종교 혹은 영웅 숭배도 기여할 수 있다

역사적으로 재난을 향해 나아가는 것 같았던 크고 작은 사회 속에서 자신들의 상황을 철저히 평가하여 그들의 가치를 근본적으로 재점검하고, 퇴폐와 몰락을 향한 뒤집을 수 없을 듯한 흐름들을 바꿔 놓은 경우가 여러 번 있었다. 그 중에 널리 알려진 두 번의 부흥 운동이 있는데, 첫번째는 아랍 국가들에 의해 연이어 처참하게 패배를 당한 이후 동로마, 즉 비잔틴 문명에서 일어난 부흥의 움직임이다. 성상 파괴로 널리 알려진 신앙 운동이 비잔틴 문화의 부활을 일으킨 중요한 요소였다(성상 파괴는 나중에 동방정교회에 의해 거부되었다). 두번째는 영국 사회의 부흥이다. 18세기에 존

(John)과 찰스 웨슬리(Charles Wesley) 그리고 조지 횟필드(George Whitfield)에 의해 촉발된 신앙 부흥 운동이 영국을 휩쓸었다. 두 가지 경우 모두 사회 부흥 운동은 문화 전체에 걸쳐 퍼져나갔고 장기간에 걸쳐 좋은 성과를 얻었다. 물론 어떤 경우든 로마의 말기 감각 문화가 초기 기독교 관념 문화로 변화된 것과 같은 체제 전반적이고 근본적인 변화를 동반하지는 않았지만, 그들이 일으킨 변화는 실질적인 것이었고 그로 인해 거두어들인 결과는 정말로 인상적이었다.

영웅 숭배와 유사 종교

우리는 근대에 들어올수록 종교적인 가치에 근거하지 않은 상태에서 일어나는 국가적인 부흥 운동을 목격하게 된다. 그런 국가들은 영적인 차원의 호소보다는 국가적인 혹은 민족적인 감정을 자극하였다. 이탈리아와 독일의 '부흥'은 무솔리니와 히틀러의 통치 아래 이루어졌다. 두 나라 모두 카리스마를 겸비한 '영웅'이 사기를 잃은 이탈리아 사람들과 전쟁에 패배한 독일인들을 일으켜 세워, 그들이 엄청난 업적을 세우며 두려움 없이 과감한 행동을 할 수 있도록 부추겼다. 무솔리니나 히틀러는 사람들이 품고 있는 기독교적인 신념이나 헌신 위에 국가를 건설하지 않았지만, 그들은 종종 자신들의 목적을 위해 기독교적인 용어와 개념을 함부로 도용하였다. 국가와 민족의 부흥을 일으키자는 그들의 호소는 고대 로마나 게르만 민족의 실질적인 혹은 가상적인 영광을 드러내기보다는 종종 자신들이 세상을 구할 메시아라는 것을 나타내는 것 같은 언어로 변질되었다.

이처럼 강력한 이데올로기에 기초하여 문화를 변혁하려는 노력들은 낙관주의를 불러일으키려는 시도보다도 못하다. 1917년부터 1991년까지 계속되었던 소련의 노력은 위대한 성공이라는 자신들의 평가와는 정반대로 거의 실패로 돌아갔다. 심지어 소련이 붕괴되던 시기에도, 소련 연방의 외부에는 '새로운 소련인'을 만들고 인류를 위해 아름다운 미래를 가져오려는 시도에 대해 찬양하는 열성파들과 선전원들이 있었다. 수백만 명의 인명과 수백만의 품위와 존엄성을 산산조각 내버리는 대가를 지불했던 이와 같은 열광적인 노력은 철저한 실패로 드러났고 결국에는 사회적이고 도덕적인 혼란만을 남기고 말았다.[146]

마르크스주의적 사회를 건설하려는 지속적인 노력은 주로 서방 세계의 외부에서 진행되고 있다. 1990년에 이르러 공산주의는 쿠바를 제외한 서방 세계에서 자취를 감췄다. 공산주의는 완전히 실패한 것처럼 보인다. 유사 종교들은 문화 쇠퇴의 치료에 도움이 되지 않는 위험한 요소들이지만, 여전히 계속해서 발생하고 있다.

여러 나라에서 지도자들은 국가의 부흥을 약속하였다. 그들은 때때로 잘난 체하며 심지어는 자기가 세상을 구할 것 같은 표현을 사용하기도 했다.

- "새로운 질서"(my New Order)와 "천년 왕국" - 히틀러
- 뉴딜 정책(the New Deal) - 루즈벨트
- 신 개척(the New Frontier) - 케네디
- 위대한 사회(the Great Society) - 존슨
- 문화 혁명(the Cultural Revolution) - 마오쩌둥
- 새로운 미국 혁명(the New American Revolution) - 닉슨
- 새 언약(the New Covenant) - 클린턴

---

146. 새로운 러시아 정부는 모든 종류의 영적인 세력에게 문호를 개방하였다. 전통적인 그리고 비전통적인 기독교 단체들은 물론이고 다른 여러 종교들과 온갖 종류의 영적인 운동들이 개방 정책을 적절히 이용했다. 새로운 관념적인 혹은 이상주의적인 문화가 실제로 우리 앞에 펼쳐진다면, 그것은 아마 러시아에서 가장 먼저 시작될 것이다.

이런 주장들과 기원을 같이하는 변화는 '60년대 혁명'이었다. 이 운동은 자연주의자들(Rousseauist)의 희망과 같은 것인데, 그들은 인색한 중산층들의 '위선'을 깨뜨리고 기독교적인 색채를 띤 도덕과 관습들도 무너뜨림으로써, '새로운 시대'(Age of Aquarius)가 어디에선가 도래하리라고 믿었다.

물론 당시의 상황이 완전히 암울한 것만은 아니었다. 사람들에게 부흥과 문화적 변혁을 강요하려는 이러한 시도들과 더불어, 미약하나마 여전히 중요한 부분적인 부흥이 일어난 사례들이 있었다. 그런 부흥이 폭넓게 확산되지 않았어도 사회의 퇴락을 어느 정도 조절할 수 있으며, 서구의 전반적인 문화 부흥을 위한 한 유형을 제공하기에 충분했다. 제2차 세계대전 직후, 자유를 되찾은 프랑스와 패전국이 된 서독은 새로운 활력을 되찾기 위해 노력했고 실질적인 부흥을 맞았다. 두 나라 모두 찰스 드 골(Charles de Gaulle)과 콘라드 아데나워(Konrad Adenauer) 같은 카리스마적인 인물의 지도력 아래 부흥을 일으켰지만 종교적인 뉘앙스는 풍기지 않았다. 겨우 50여 년 전에 일어났던 이러한 국가적인 부흥 운동으로 축적된 힘은 이미 거의 소모된 듯하다. 그러한 부흥 운동에는 근본적인 방향 전환이 배제되어 일시적이고 부분적인 가치관과 강조점의 변화만을 초래했다. 그럼에도 불구하고 그들은 쇠퇴하는 분위기를 확실히 되돌릴 수 있다는 좋은 선례를 남겼다. 비록 두 나라의 부흥 운동이 제한되어 있었고 짧은 기간 동안에만 진행되었지만, 좀더 완전한 부흥이 우리 앞에 놓여 있다는 희망을 안겨 주었다.

사회를 부흥시키려는 이런 노력들과 프로그램들은 좋은 의도였든 아니든 간에 거의 대부분 소로킨이 말한 "손쉬우나 얄팍한 술수"에 의존했다. 근본적인 방향 전환을 시도했던 두 가지 경우인 히틀러와 마오쩌둥에 의해 주도되었던 혁명은 최악의 것이었다. 히틀러의 혁명은 세계의 많은 지역을 잿더미로 만들고 말았다. 종종 은폐되는 동족에 대한 엄청난 학살을 일으킨 마오쩌둥의 혁명 역시 쇠퇴하고 있는 것처럼 보이며, 자신들이 내걸었던 이상들을 공식적으로 포기하거나 그것들이 도달하기 어려운 목표임을 인정하지도 않으면서, 슬그머니 애초에 표명했던 거창한 목표에서 물러나고 있다. '새로운 시대'(Age of Aquarius)를 향한 비정치적인 '60년대의 혁명' 운동도 근본적인 방향 전환을 포함하고 있었지만, 히틀러와 마오쩌둥의 혁명과는 달리 자신들의 이상을 실행에 옮길 만한 권력 구조를 지니지 못하여 결국 많은 바램을 지닌 우울한 분위기의 운동에 머물고 말았다.

최근의 역사에 나타난 지도자들의 노력과 일시적인 성공은 그들의 통치 아래 있었던 국민들이 고통을 당하고 있었고 탈출구를 찾고 있었기 때문에 가능했다. 불행하게도 일반 대중들의 마음은 문제의 근본적인 본질을 파악하지 못하고 문제의 원인을 외국 군대나 사악한 개인, 이기적인 집단, 탐욕스러운 소수 집단, 억압하는 구조와 같은 것에서 찾았다. 따라서 그들은 파악된 적이나 구조적인 권력의 남용에 대해 사력을 다해 대항하면 국가의 앞날에 놀라운 미래가 열릴 것이라고 스스로를 속였다. 놀라운 미래가 사라지자, 어떤 국가는 히틀러처럼 많은 인명의 살상과 국가의 몰락을 겪었고, 어떤 나라는 미약한 경제 구조와 붕괴되는 사회 질서 때문에 흔적 없이 사라졌으며, 몇몇 국가의 국민들은 더욱 커다란 환멸감에 사로잡히게 되어 어떤 종류의 변화도 자신들에게 유익할 것이라는 기대를 하지 않게 되었다.

소로킨의 영적인 통찰력

소로킨은 공식적으로는 그리스도인임을 표명했지만 자신이 희망하는 사회 부흥에 특별히 기독교적인 요소가 포함되어야 한다고 강조하지 않았다. 그는 부흥 운동에 예수가 가르친 도덕적이고 윤리적인 원리의 대부분을 효과적으로 채택하는 방향 전환이 있어야만 한다고 예상했지만 유별나게 표시를 내지는 않았다. 이런 원리들은 본질적으로 유대교에서 기원하였고 다른 고등 종교들의 윤리적 가르침과 거의 일치한다. 그런 원리를 따르기 위해 반드시 신앙적인 회심이나 교리적인 헌신을 동반해야 할 필요는 없다. 소로킨은 '창조적인 이타주의'를 주장했고 그 원리를 알리기 위해 단기 학교도 설립했다.

비교리적인 영적 부흥이라 부를 수 있는 소로킨의 희망이 유일한 것은 아니었다. 그의 주장은 기독교 원리를 대중들의 의식과 생활 속에 심으려는 또 다른 비교리적인 시도를 많이 닮았다. 그런 시도란 프랭크 부크만(Frank Buchman)이 제창한 '옥스퍼드 그룹' (Oxford Group) 운동(부크만이 1921년 영국 옥스퍼드에서 일으킨 신교 운동, 신앙 재무장 운동)을 일컫는다. 비교리적인 도덕 부흥을 위한 여러 번의 운동이 일어났는데, 제2차 세계대전이 끝나리라는 희망적인 기대가 널리 퍼진 시대에 집중적으로 생겨났다. 하지만 그런 운동들은 실질적인 변화를 일으키지 못했고, 오히려 위기는 계속해서 증가되었다. 여러 가지 시도들은 신앙의 굳건한 기초 없이 도덕의 수준을 끌어올리는 것이 얼마나 많은 결점을 지니고 있는지 잘 보여 주었다.

도덕적인 방향 전환이 필요하다는 인식이 폭넓게 퍼져 있다. 그런 인식은 미국의 모든 선거 운동에서 거듭 강조되지만, 구체적인 실천 방법은 거의 제시되지 않고 실현되지도 않는다. 강제로 사회를 갱신하려는 노력은 실패로 돌아가고, 종교를 빙자하여 그런 일을 시행하려는 시도는 무기력할 수밖에 없다. 그런 모습들은 소로킨이 되풀이하여 주장하는 긴박한 '신적인 도움'이 반드시 필요하다는 것을 잘 보여 준다. 인간이 전적으로 자신의 수단만 고집한다면, 지금 직면하고 있는 어려 가지 어려운 문제들은 결코 해결할 수 없는 상태로 남아 있을 것이다. 신의 은혜에 호소하는 것은 일반적으로 특정한 종류의 종교적인 부흥을 일컫는 말로 표현된다는 어려움이 있다. 그러면 종교 조직과 특정한 교리적 헌신을 거부하는 문화 단체의 즉각적인 반대에 부딪치게 된다. 좀더 폭넓은 도덕의 방향 전환과 부흥을 위한 호소일지라도 그 속에 특정 종교의 색채가 담겨 있으면 폭넓은 반대에 직면한다.[147] 영적 부흥은 많은 사람에게 필요한 것으로 여겨졌지만, '포괄적인' 영성의 회복은 불가능하다. 그러므로 사회 갱신을 위한 제안은 정체가 분명한 신앙적 관점에서 제시될 수밖에 없으며, 그런 제안이 제시되면 이전에 시작되었던 운동을 억압하고 위협하려 한다는 반대 움직임이 즉각적으로 나타난다.

개인적인 차원의 부흥: 나로부터 시작

어떤 지도자들은 개인적인 변화를 가장 중요한 것으로 여긴다. 그런 지도자 중에는 20세기의 가장 뛰어난 복음 전도자인 빌리 그래함(Billy Graham)이 포함되어 있는데, 그는 역사상 어느 누구보다 더 많은 사람들에게 복음을 전했다고 알려져 있다. 그래함은 그리스도를 개인적으로 받아들이는 것을 출발점으로 본다. 결과적으로 그와 그의 주장에 동의하는 많은 사람들의 노력은 기독교를 받아들이려 하지 않는 사람들에게 거의 강력한 영향을 끼치지 못했다. 왜냐하면 그들은 사회적인 부흥에 주의를 기울이기 전에 먼저 개인적인 중생이라는 기독교의 메시지를 받아들여야 했기 때문이다. 그래함과 다른 기독교 복음 전도자들의 메시지는 특별했고 분명

---

147. 미국에서 기독교 연합 기구는, 그런 연합 운동의 목표가 예전에 평범하고 인간적인 예의 범절로 여겨지던 것과 그리 다르지 않다는 사실에도 불구하고, 대중 매체와 많은 정치 집단과 지식층으로부터 맹렬한 반대를 불러일으켰다.

했다. 만약 그들의 말이 폭넓게 받아들여졌다면 이 사회는 분명히 변화되었을 것이다. 그러나 그들이 종교적인 특성을 선명하게 지니고 있다는 이유 때문에, 그래함의 설교와 같은 메시지는 사회 여러 집단에 의해 배척되었고 많은 사람들의 적극적인 반대에 부딪혔다.

기독교나 유대-기독교적인 부흥 프로그램의 온건한 형태는 피티림 소로킨, 프랭크 부크만, 마틴 루터 킹 2세 및 다른 사람들에 의해 제기되었고, 그들은 기독교적인 환경에서 자라났지만 종교적이고 신앙 고백적인 범위를 뛰어넘어 일반 사람들에게 광범위하게 적용될 것을 희망하였다. 여기에서 말한 모든 이들은 우리 시대의 위기를 새롭게 인식하고, 퇴보로 나아가는 길에서 벗어나 이타주의적인 길을 발견하고 따라가려는 새로운 결심을 하라는 자신들의 호소에 사람들이 전혀 귀를 기울이지 않는 것을 알았다. 아마도 소로킨은 그런 반응에 약간 실망했지만 그리 놀라지는 않은 듯하다. 그는 우리에게 '자각의 은혜'가 필요하다고 경고했다. 만일 이런 은혜가 주어진다고 하여도, 모든 사람들이 하나님은 존재하시고 인간을 위해 선한 목적을 지니고 있다고 생각하며 그의 은혜가 허락될 것을 희망적으로 기대한다고 하여도, 인간의 입장에서는 자각과 복종이 요구된다.

문화의 전환

문화 전체가 '전환되는 것'은 가능한가? 즉 문화가 이기심과 탐닉의 자기 중심적인 패턴을 벗어버리고 그 대신 이타주의적인 양상으로 변화하는 일이 가능한가? 전체 사회가 "네 이웃을 네 몸과 같이 사랑하라"(마 22:39)는 두번째 지상명령에 따라 행동하기 시작할 수 있을까? 사회가 나아가는 방향의 근본적인 변화는 독재자가 아무리 진지하고 열성적으로 노력한다 하여도 그들의 명령에 따라 이루어질 수는 없다. 공산주의의 비극적인 실패가 그 사실을 잘 말해 주고 있다. 또한 사회의 변화는 사회 문제 전문가에 의해 완수될 수도 없으며, 무미건조한 도덕적 가르침에 의해서도 효과적으로 촉진되지 않는다. 소로킨, 부크만, 마틴 루터 킹 그리고 그들과 유사한 주장을 제기한 다른 사람들이 사회 전반에 널리 퍼져나가기를 원했던 영적인 각성은 대규모 문화 변혁의 과정에서만 실현될 수 있다. 여러 가지 문화 분석은 이제 그러한 변화가 시작되고 있음을 시사해 주고 있다. 그와 같은 영적 각성은 기독교의 번영과 보조를 맞추게 된다. 또한 산상수훈의 팔복에 잘 표현된 것과 같은(마 5:3-11을 보라) 기독교의 부흥도 함께 동반될 것이다. 교회의 권력이나 신정 정치 구조에 의해서가 아니라 교회를 직접 세우신 분의 영에 의한 부흥을 말이다.

말기의 로마 제국은 너무나 쇠약해지고 환멸에 빠진 상태였으므로, 기독교라는 새로운 종교에 의해 변화될 만한 분위기가 충분히 성숙되어 있었다. 현대의 사회-문화 체제도 로마와 유사한 상태가 아닌가? 현대 사회는 지칠 대로 지쳤고 환멸감에 싸여 있다. 선행과 숭고한 목표 그리고 영웅적인 행동 등은 매체와 예술에서 언제나 조롱의 대상이 되고 있다. 윤리적 원리를 확고하게 주장하고, 덕행을 찬양하며, 고전적인 유대교와 기독교의 도덕을 비난하는 자들을 과감히 비판하는 사람은 도덕적이며 금욕적이고 위선적이라는 비웃음을 면치 못한다.

모든 사회에는 도덕적인 중심, 곧 사회를 존속하게 만드는 원리들과 이상들에 대한 일반적인 공감대가 요구된다. 서구 문화를 창출했던 원리와 이상들이 점차 소멸되면서, 사회가 스스로 유지되는 기능을 상실하는 시점에 점차 도달하고 있다. 그런 일이 현실로 나타나면, 사회 소식이 와해되고 문화는 혼돈 속에 빠져들며, 복합적인 통치 체제가 등장하여 질서를 유지한다는 구실로 자유를 빼앗아 갈 것이다. 그런 체제는 과거 소련과 같은 혹독한 전체주의일 수도 있고, 그보다는 좀더 관대하고 외적으로 혜택을 주는 체제일 수도 있다. 후자에 대한 예는 스웨덴 식의 사회주의에서 볼 수 있는 온정주의(paternalism)에 기초한 국가 체제이다. 그런 체제는 지방의 모든 전통과 자원봉사 집단의 문제는 물론이고 가족 구조와 개인의 일에도 영향력을 행사한다. 사회 구조의 붕괴를 피할 수 있는 대안은 관념 문화와 이상주의 문화의 특징을 이루는 진리와 원칙과 이상들에 대한 일반 대중들이 총체적이고 폭넓은 재각성 외에는 아무 것도 없다.

근시안적인 시각에 사로잡혀 현재의 감각 문화 이전의 상태를 바라볼 수 없다면 우리는 오로지 퇴보와 해체를 목격할 수밖에 없고, 강력한 통치자가 나타나 질서와 사회의 응집력을 확립하지 않으면 사태가 더욱 빠른 속도로 악화될 것이라는 예상만을 내놓을 것이다. 우리가 시야를 넓히고 감각 문화가 어떻게 갱신되었는지, 특히 이교도 국가인 로마에서 기독교적인 색채를 띤 유럽으로 변화되는 과정이 어떠했는지 잘 살핀다면, 현재의 상황이 더욱 호전되리라는 희망을 얼마든지 품을 수 있을 것이다. 바람직한 변화를 위해 요구되는 것은 근본적인 방향 전환, 즉 초월적인 믿음과 가치에 대한 새로운 접근과 수용이다. 이것은 정부가 법에 의해 요구하거나 재교육을 통해 강요할 수 없는 것이다. 믿음과 가치에 대한 새로운 인식은 인간의 지성 너머로부터 시작되어야 하며, 인간의 마음속에 깊이 간직되어야 한다.

만일 이런 일이 일어나려면, 전체적인 국가 통제와 전체적인 계획이라는 절망적인 대안이 제시되기 전에 그것이 시행되어야 한다. 전체적인 통제와 계획은 과거 소련 연방의 특징을 이루었던 요소이며, 지금도 여전히 공산주의 국가인 중국에서 진행되고 있다. 불안정하지만 여전히 기독교적이고 서구적인 문화를 지니고 있었던 러시아 제국은 침략해 오는 독일과 내부적인 고통 그리고 제1차 세계대전의 무질서 아래에서 붕괴되었다. 그 뒤에 등장한 공산주의 정권은 전통적인 가치들을 국가에서 강요하는 공산주의식 도덕으로 바꾸고 새로운 사회주의 인간을 창조하려는 강도 높은 계획을 실행하였다. 이 같은 엄청난 노력이 1991년에 갑자기 중단되었고 수포로 돌아갔다. 비록 많은 결점과 모순을 안고 있었지만, 러시아 정교가 추구했던 도덕적이고 이타주의적인 바탕을 폐지한 자리는 더 나은 것으로 채워지지 않았고 현재는 도덕적인 진공 상태로 남아 있었다. 과거 소련 연방의 광활한 영토에 자리하고 있었던 러시아와 많은 국가들은 도덕적인 진공 상태에 무언가 채운다는 것이 너무나 어려운 일이라는 것을 깨달았고, 이미 자취를 감춘 전제 정치를 다시금 회복할 것을 애처롭게 요구하고 있다.

'좁은 의미의 서구'에서 바라본 전망

넓은 의미에서 서구 문화에 속해 있었던 소련 연방과 뒤이어 등장한 국가들과는 달리, 좁은 의미에서의 서구인 서유럽과 북아메리카는 획일화되고 유물론에 입각한 독재 정권 아래에서 수십 년 동안 도덕적이고 영적인 영역을 박탈당하는 고통을 겪지는 않았다. 좁은 의미의 서구에는 기독교의 관념적이고 이상주의적인 기초가 다른 어느 곳보다 더 많이 남아 있었지만, 서유럽과 북아메리카의 문화적인 퇴보와 환멸감은 점점 깊어지고 있다. 서구의 부유한 국가들은 만약 "자각의 은혜"가 주어진다면 그것을 기꺼이 받아들이고 거기에 근거하여 행동하려 하는가? 이것이 중요한 문제이다. 이 질문에 대한 대답은 지금 서구인들이 겪고 있는 영적인 어둠이 새벽을 맞이하기 전의 여명인지, 아니면 더 깊은 밤이 오기 전의 황혼인지 결정하게 될 것이다.

도덕적인 부흥이 필요하다는 생각은 서구에 널리 확산되어 있다. 하지만 동시에 서구에는 도덕적인 부흥을 일으키기 위해 반드시 필요한 영적이고 도덕적인 선택, 결단, 희생 등에 대한 두려움과 염려가 폭넓게 퍼져 있다. 국가 전체의 복지 체계에 어떤 개선책이 만들어지지 않으면 몇 년 안에 엉망이 되어버린다는 사실을 인식시키는 것으로 모종의 헌신을 하도록 미국인들을 설득하기에는 충분한 근거가 되지 못한다. '희생' 한다고 하여 이익이 줄어드는 경우는 절대 없고 단지 정부의 보조가 증가하는 속도가 감소될 뿐이라는 점을 강조하여도 결과는 마찬가지이다. 지금 누리는 편리함을 내일 모조리 잃어버리지 않겠다는 이유로 전혀 희생하지 않으려는 사람들은, 만약 하나님께서 자각의 은혜를 부여해 주신다 하여도 그것을 받아들이고 그에 따라 행동할 수 있는 도덕적이고 영적인 능력을 지니고 있는지 의심스럽다. 어떠한 덕목이 아무리 고귀하고 유익한 것이라 하여도, 그것을 선택함으로써 편리함과 안락함을 조금이라도 희생해야 한다면, 현대의 서구 문화에 물든 사람들이 그런 행동을 선택할 수 있겠는가?

만일 사람들이 그런 능력을 지니고 있지 않다는 결론에 도달한다면, 가능한 한 점차적으로 무리 없이 미국을 혼돈 상태나 전체주의로 이끌어가려고 시도하는 사람들이 나타나지 않으리라는 보장이 없다. 그렇다면 "멸망으로 이르는 넓은 길" 에서 벗어날 대안이나 희망은 전혀 찾아볼 수 없지 않겠는가?

이처럼 비관적인 전망을 환하게 밝혀 주는 한 줄기 빛이 있다. 그 빛은 마치 막 흩어지기 시작하는 구름 사이로 빛을 발하는 태양처럼 밝게 비친다. 인간이 하나님의 형상대로 만들어졌다면, 인간과 인간의 사회는 언제까지나 양심의 소리에 귀를 기울이지 않거나 선행을 분간하지 못하는 상태로 남아 있을 수 없다. 사람들은 여기저기에서 많은 일들을 보고 들으면서 양심의 소리로 인해 옳지 못한 방향을 되돌리고 새롭게 시작하라고 목청을 높이기 시작한다. 사회 갱신의 요구보다 더 폭넓게 퍼져 있는 것은 심각해진 문화의 위기에 대해 불안해하면서 영적이고 이상적인 본성의 대답을 갈망하는 분위기이다. 이 같은 열망을 채워 주고 우리가 누린 과거의 모든 장엄한 영광이 니느웨와 두로의 것처럼 되기 전에 변화를 일으키기 위해, 과연 어떤 해결책이 제시될 수 있으며 앞으로 어떤 방법들이 등장하겠는가?

지나간 시절의 전투적인 세속주의와 종교적인 무관심은 서구 사회로 하여금 전통적인 종교, 특히 기독교라는 꼬리표를 붙인 모든 운동과 제안에 대해 의심하고 적대감을 갖도록 만들어 놓았다. 쇠퇴하고 있는 감각 문화에 대한 호의적인 태도가 시들해지면서 생겨난 환멸감은 사람들에게 기독교를 막연히 의심하는 태도를 버리도록 하였고, 단순히 모호한 표현으로 제시되는 관념적이고 영적인 성격의 것이 아니라면 기독교적인 성격이 분명한 해결책도 순순히 받아들이게 하였다. 주위 상황이 매우 열악한 곳일수록(예를 들어 감옥이나 마약 중독이 심각한 지역) 기독교의 활동은 다른 어떤 것보다 먼저 시작되었고, 받아들여지고, 결국 확실하게 인정을 받았다.[148] 사람들은 지나치게 무르익은 서구의 감각 문화가 파멸 직전에 이르렀음을 점점 깨닫게 되었으므로, 많은 사람들이 1600년 전에 소멸되던 이교 문화가 초기 기독교로 바뀌는 위대한 변화를 일으킨 힘과 원리를 알고 싶어하는 것도 당연한 일이다.

혼돈이냐 공감대냐?

기독교가 내부적으로 타락한 상태에 있으며 감각적인 사회보다 더 부패하였다는 주장도 제기되고 있다. 피상적으로 본다면 그 말은 사실이다. 많은 종파들이 연합하고 있는 세계 교회 협의회(WCC)와 같은 조직은 미온적인 수준의 도덕적인 상투어만을 늘어놓는 무기력한 후원자로 전락했으며,

---

148. 두 가지 현저한 사례는 찰스 콜슨(Charle Colson)이 설립한 교도소 선교회(Prison Fellowship)과 데이비드 윌커슨(David Wilkerson)에 의해 만들어진 십대선교회(Teen Challenge Ministry)이다. 두 단체는 현재 여러 국가에서 활동하고 있다.

또한 이따금씩 곳곳에서 일어나는 혁명을 지원하고 반(反)서구 운동을 벌이려는 노력을 하고 있다. 랄프 포터(Ralph Potter)나 에밀리오 카스트로(Emilio Castro)[149]의 선언 또는 그리스도 일치의 교회(COCU)[150]의 책략 등으로 사회가 활기를 띠게 되거나 부흥 운동이 촉발되리라는 것은 상상도 할 수 없는 일이다.

교회 내부에 혼란스러운 일이 많고 교회를 떠나는 사람도 많은 것은 부인할 수 없다. 하지만 초대 교회는 정부의 박해로 인하여 고통당했을 뿐 아니라, 교회의 특성을 송두리째 변질시킬 수 있는 여러 집단들에 대항하여 싸우며 물리쳐야 했던 것을 반드시 기억해야 한다. 교회를 위협하는 집단에는 영지주의(Gnosticism), 마르시온주의(Marcionism) 그리고 아리우스주의(Arianism) 등이 있었다[151](아리우스주의는 콘스탄틴 황제가 기독교로 개종한 직후 곧바로 분쇄되었다). 기독교는 그런 도전 세력들을 물리치기 위해 국가의 도움을 끌어들이지 않았다. 왜냐하면 앞의 두 집단은 황제들이 이교도였으므로 교회가 무수히 박해를 받던 때에 물리쳤기 때문이다. 아리우스주의는 실제로 황제들의 후원을 한동안 받았지만, 정부의 도움이 아닌 더욱 확고한 신학에 의해 격퇴할 수 있었다.

기독교는 다른 황제[152]의 통치 아래 있던 수십 년의 기간이 지날 때까지

---

149. 세계 교회 협의회 의장.

150. '그리스도 일치의 교회'(Church of Christ Uniting), 미국 개신교 종파들을 통합하려는 교묘한 운동.

151. 영지주의와 마르시온주의는 2세기의 기독교를 위협하던 주요 집단이었다. 그들은 이 세계가 하나님에 의해 창조되지 않았고 악의를 지닌 조물주에 의해 만들어졌다고 가르쳤다. 아리우스주의는 정통에 가깝지만 예수 그리스도의 신성을 부인했고, 그가 인성을 지니고 있는 천사 같은 존재라고 주장했다. *The Image of Christ in the Mirror of Heresy and Orthodoxy from the Apostles to the Present*(Garden City: Doubleday, 1984,and paperback, Grand Rapids: Baker, 1988)의 Heresies 부분을 보라.

국교가 되지 못했다. 많은 역사가들과 사회학자들은, 그들이 기독교이든 비기독교인이든 간에, 기독교가 국교로 공인된 것이 기독교의 이타주의적인 도덕적 사회적 가르침에 유익한 영향력을 촉진시키기보다는 오히려 방해가 되었다고 보고 있다. 왜냐하면 교회가 재산과 세력을 얻게 되자 초창기에 지녔던 도덕적 능력을 잃어버렸기 때문이다. 사회-문화적인 변혁을 가능케 하는 것은 기독교의 국교화가 아니었다. 그 이유는 이미 콘스탄틴 황제 이전부터 기독교는 국교화의 과정에 접어들어 있었기 때문이다. 교회가 박해에서 벗어나자 변화는 가속화되었지만 그러한 해방이 변화의 주요한 원인은 아니었다. 기독교의 공인은 교회의 정치적인 역량을 강화시켜 주었지만 도덕적인 영향력은 오히려 감소시켰다. 문화의 지속적인 변혁은 학교, 대학, 병원 등을 통해 교사들과 전도자들 그리고 신학자들에 의하여 진행되었다.

가장 고귀하고 진실한 진리는 오로지 하나님의 진리뿐이며 하나님은 우리를 그의 형상대로 지으시고 이 땅에 사는 우리에게 분명한 목적을 부여하셨다는 그리스도인들의 확고한 신념이 사회를 유지하고 변화시킨다. 기독교의 국교화가 반드시 필요한 것은 아니다. 오히려 그것은 해가 될 수 있다. 신앙의 자유가 박해보다 더 좋지만, 전적으로 그렇다고 할 수는 없는 노릇이다. 정작 필요한 것은 "그는 우리를 지으신 자시요 우리는 그의 것이니 그의 백성"(시 100:3)이라는 사실을 많은 사람들이 함께 고백하는 것이다. 가장 먼저 깨달아야 하는 것은 우리가 시간과 공간과 우연의 산물이 아니라, 하나님으로부터 부여받은 존엄성을 지니고 있다는 사실이다. 또한 그런 존엄성 때문에 우리는 서로를 존경하고 섬겨야 하며, 하나님께서 우리에게 맡겨 주신 생명과 이 땅을 보존하고 보호해야 한다는 것도 잊어서

---

152. A.D. 381년 겔라시우스(Gelasius) 황제.

는 안 된다. 우리는 이 땅 위에서 창조적 사명을 부여받았으며 이 땅에서 해야 할 일들을 모두 마치면 '심판대' 앞에 서야만 한다는 사실도 잊지 말아야 한다.

13
위기와 해결책

러시아와 동유럽을 포함한 서구 문명은 상호 연관된 방대하고 복잡한 구조로 이루어진 체제를 하고 있다. 오늘날에는 이러한 체제 내의 모든 요소들이 실제로 위기에 처해 있다. 사람들은 자신들에게 익숙한 영역에서 발생하는 위기만을 알고 있는 경우가 많다. 의사와 간호사 그리고 병원의 행정 담당자와 환자들은 의료계에서 일고 있는 위기를 몸소 느끼며 인식하고 있다. 교사들과 교육 행정가들은 교육의 위기를 잘 알고 있다. 경제학자들은 경제 위기를 알고 있다. 주교들과 목회자들, 교단의 지도자들은 신앙의 위기를 절감하고 있다. 그러나 위기 상황을 전체적으로 파악하고 있는 사람은 그리 많지 않다. 각 분야의 위기들은 하나씩 따로 처리할 수 있는 별개의 문제가 아니다. 또한 그런 위기들을 처리하는 것은 각각의 문제들을 다루는 데 있어서 '손쉬우나 천박한 술수'들을 피할 수 있는 단순한 문제도 아니다. 한때는 어떤 영역에서 사용된 포괄적이고 장기적인 조치들도 사회 전반의 문제를 해결하지 못한다. 왜냐하면 현재의 위기는 사회 전체에 걸쳐 퍼져 있는 질병과 같아서 사회의 모든 영역이 이 질병에 감염되어 있기 때문이다. 선체에 여러 번의 어뢰를 맞은 전함처럼, 서구 문화는 한두 개의 구멍이 아니라 모든 구멍들을 정해진 시간 내에 막지 못하는 한 반드시 침몰하고 말 것이다.

거대한 사회-문화 체제를 구성하고 있는 모든 소형 체계들 가운데에서 다른 체계들의 모습과 방향을 결정하는 것은 진리 체계이다. 어떤 사회에서 무엇이 진실하고 근본적이며 반박할 수 없는 것이라고 생각하고 있는가?

서구 문명은 기독교 세계관과 인생관에 의해 힘을 얻었고 그 바탕 위에서 건설되었다. 진리와 가치에 대한 기독교적 이해가 관념 문화를 이룩했으며, 그 문화는 다신교에 바탕을 두고 있던 로마 제국의 쇠퇴하는 감각 문화의 자리를 대신했다. 이러한 관념 문화는 수세기에 걸쳐 변형되었고, 차츰 이상주의 문화가 되었고 나중에는 감각 문화로 변했으며, 결국 완전히 변질된 감각 문화가 되고 말았다. 처음에는 기독교 가치 구조가 다른 무엇보다 절대적으로 우세했다. 그 이후에도 다른 가치관들이 서서히 인정받기 시작했다는 사실에도 불구하고, 기독교 가치관의 영향력은 강력한 상태로 남아 있었다. 서구 문화가 감각 단계에 접어든 지금, 감각적인 가치는 기독교적 가치 체계의 자취들을 모조리 소멸시켜 버렸다. 한때 감각적 가치는 관념적이고 이상주의적인 단계의 엄격함과 비교하여 너무나 숭고하고 매력적인 것으로 보였다. 관념적인 가치들을 무너뜨리고 승리를 거두면서 감각적인 가치는 시간이 지날수록 더욱 퇴폐적인 성격을 드러냈다. 차츰 서구 문화의 많은 부분들이 감각을 자극하는 즐거움을 추구하자 소비재의 낭비와 사치가 천문학적인 수준으로 상승했지만, 이런 것들은 아무리 풍족하게 사용하고 아무리 탐욕스럽게 소모하여도 인간의 마음에 아무런 의미도

충족시켜 주지 못한다

만족과 행복의 수준은 산업 자본주의 초기로부터 복지 국가의 풍족한 사회로 변화되면서 더욱 상승했지만, 결론적으로 볼 때 복지 국가에서 살고 있는 사람들은 풍족한 환경에 질리고 싫증을 느끼며 불만을 품게 되었다. 금방 무슨 일이라도 일어날 것만 같은 불길한 느낌이 문화 전반에 폭넓게 악영향을 미치고 있다. 개인의 자유를 강조하는 계몽주의의 유산은 극단적인 수준에 이르러, 사람들로 하여금 다른 사람들과 편안하고 믿을 수 있는 방법으로 관계를 맺을 수 있도록 도와주던 전형적인 관습들이 사방에서 무너지고 있다. 고의적인 근거 없이 범하는 범죄, 사기, 속임수, 상업과 공업 그리고 정치 분야에서 은밀히 주고받는 뇌물 등이 너무 일반화되어 직접 피해를 당한 사람 외에는 그러한 범법 행위에 거의 관심을 기울이지 않는다. 이런 현상은 유럽보다 미국에서 더욱 빠르게 확산되고 있다. 심지어 위에서 말한 여러 가지 범죄 가운데 어떤 것은 아직 유럽에서 발생하지 않았지만, 서서히 나타나려는 조짐을 보이고 있다. 북아메리카는 물론이고 유럽에서 예술은 더 이상 아름다움을 창조해 내는 것이 아니라 충격을 주는 수단이 되었다. 오싹함, 폭력, 모든 종류의 성적 행동, 심지어 내장이나 방광의 기능 같은 것도 무대와 화면에 올려지거나 방영되어 비평가들로부터 기막히고 독창적이라는 찬사를 받는다. 이와 같은 현상은 인생과 미래에 대한 일반인들의 신뢰를 무너뜨리고 있다.

미국에는 좀더 특별한 문제들이 나타나는데, 그것은 바로 젊은이들의 문화가 유럽보다 더욱 빠른 속도로 감각 문화의 마지막 단계를 향해 나아가고 있다는 사실이다. 유명한 아이비 리그(ivy league: 미국 북농부의 오랜 전통을 가진 명문 8대학. 하버드, 예일, 콜롬비아, 프린스턴, 브라운, 펜실베니아, 코넬, 다트머스)로부터 보잘것없는 유치원에 이르기까지 모든 교육 기관은 성적인 행동의 변화와 남용을 가르치고 그런 행동들을 실행하는 기회를 제공하는 데에 몰두하고 있다. 정말로 중요한 문제들과 지적이고 직업에 관한 기술들에 대한 교육은 점차 시들해지고 있다. 서구의 지적이고 영적인 전통으로부터 서구 문화가 자라 나왔고 그것으로 인하여 그 문화가 지금까지 지탱되었는데, 이제 그런 전통들은 무시당하고 비웃음거리가 되며 비난의 대상이 되었다.

과거에 치료자라고 존경받던 의사들은 의심스러운 존재가 되었고 더 나아가 위협적인 인물들로 돌변했다. 그들은 낙태나 의사 조력 자살과 같이 생명을 마감하는 조치도 "전적으로 의료 행위의 영역"으로 해석하여 어려움에 처해 있는 사람들에게 손쉬운 해결책을 제공할 수 있는 자유를 점점 더 많이 요구하고 있다. 뉴스와 연예 매체는 공직자들이 취임하기만 하면 그들이 지닌 실제적인 혹은 가상의 약점들을 폭로하는 기술을 완벽하게 터득했다. 또한 통치자들이 강제력이나 억압보다는 설득을 통해 국가를 다스리는 것을 가능하게 해주는 도덕적인 권위의 기반을 송두리째 뒤흔들어 버린다. 거의 예외 없이 모든 유명한 교회 지도자들은 사람들에게 하나님을 알고 그를 섬기기 위해 무엇을 믿어야 하며 어떻게 살아야 하는지 가르치는 것보다는, 오히려 믿을 필요가 없는 것은 무엇이며 그들이 처벌을 받지 않고 범할 수 있는 행동 규칙은 어떤 것이 있는지 가르치는 일에 몰두한다. 그리하여 자신들의 천박한 욕망과 정욕을 만족시키려 한다.

이와 같은 상황 속에서 서구 문명은 중단할 수 없는 하강 곡선을 그리기 시작한 것처럼 보인다. 서구의 몰락은 충분히 일어날 수 있는 경우이지만, 필연적인 것으로 볼 필요는 없다. 그것을 예방할 수 있는 길은 무엇일까? 은혜와 신중함이라는 두 가지 요소가 절대적으로 요구된다. 은혜는 오직 하나님으로부터 온다. 은혜는 우리가 마음대로 할 수 있는 것이 아니지만, 하나님이 내려주실 것을 간구할 수는 있다. 신중함은 우리가 상황을 이해하고 여러 가지 방안들과 그것의 상호 관계를 분별하여 올바른 방향을 선택할 수 있는 능력과 의지를 뜻한다.

특정한 종류의 은혜는 반드시 채워져야 하는 필요 조건이라고 말함으로써, 우리는 하나님을 상황 속으로 끌어들인다. 신앙의 초감각적 진리들을 강조하는 사회는 색다른 방향을 선택할 것이며, 오로지 감각으로 평가할 수 있는 것만을 중요시하는 사회들이 내린 것과 전혀 다른 결정을 내릴 것이다. 스노우(C. P. Snow)는 그 사실을 이렇게 표현했다. "오늘 곤경을 당하라, 그렇지 않으면 내일 곤경에 빠질 것이다." 감각 문화는 "내일이면 죽을 터이니 먹고 마시고 즐기라"는 좌우명 아래 움직인다. 그런 이유 때문에 감각 문화는 이 땅에서 누리는 잠깐 동안의 만족을 놓치지 않으려 하고, 앞으로 인생에서 닥쳐올 '곤경'을 대비하는 준비를 전혀 하지 않으려 한다.

서구 문화에 명백하게 나타나는 이러한 애처로운 증상들은 그 사회에 속한 모든 사람에게서도 나타나므로 결코 부인할 수 없다. 서구의 어두운 앞날을 보여 주는 이러한 종류의 분석은 우울하고 사람들에게 인기가 없으며 너무 앞날을 어둡게 본다는 구실로 쉽게 잊혀진다. 하지만 그런 예견들을 쉽게 잊는 것은 중대한 실수인데, 그 이유는 우리가 최악의 상황을 피할 수 있는 유일한 길은 만연되어 있는 위기의 심각성을 이해하는 것뿐이기 때문이다. 우리는 절망의 구렁텅이로 인도하는 길을 알고 있어야 할 필요가 있다. 또한 우리에게는 "우리에게 열려진 유일한 구원 여정"[153]을 안내하는 표지판도 필요하다. 일반 대중들은 물론이고 진지한 사상가들은 마르크스주의와 같은 체제에 대해서는 심도 있게 생각하려 한다. 심지어 그 체제를 시행하려는 노력이 실패했을 때에도 그 진지함에는 변화가 없다. 명백하게 옳지 못한 체제인 나치주의도 적어도 초창기에는 지식층 가운데 그 체제를

---

153. Pitirim A. Sorokin, *The Crisis of Our Age*, 2d ed. (Oxford: Oneworld, 1992), 264.

변호하는 인물들을 거느릴 수 있었다. 서구 문화를 실제로 형성한 사상들과 가치관들이 나치주의처럼 파괴적인 것으로 드러난 체제보다 더 뛰어나고 적절한 체제로 보여질 것이라고 기대하는 것은 너무 지나친 바람일까?

초감각적인 가치에서 감각적인 가치로 변화할 때 생기는 충격은 어렵지 않게 묘사할 수 있다. 서구 사회가 처한 곤경은 모든 사람들이 분명하게 알고 있으며, 그 앞에 놓여 있는 문제들과 위험의 심각성을 부인할 사람은 아무도 없다. 독자들은 진리 체계에 대한 자신들의 개인적인 확신과는 상관없이, 소로킨이 현재의 위기와 그 결과에 대해 묘사한 글의 의미를 파악할 수 있어야 한다. 우리는 '자각의 은혜'를 만들어 내거나 명령할 수 없다. 하지만 이 땅 위에서 살아가는 존재인 인간에 대한 목적과 의미가 있다면, 그 목적을 세워 놓으신 거룩하신 하나님께 인간 존재의 목적을 이해할 수 있도록 도와주시기를 소망하는 것은 지극히 바람직한 모습이다.

진리를 향한 근본적인 방향성은 필연적으로 개인과 사회의 행동에 영향을 미친다. 회의론자와 냉소주의자들은 영웅이 되지만, 진지하게 행동하는 사람들은 희생을 당하는 시대가 되었다. 종종 종교적인 가르침과 그 가르침 위에 근거한 실천은, 그 가르침이 사회의 모든 구성원들에게 받아들여지는가의 여부에 상관없이, 사회 전반에 유익한 영향을 끼친다. 이슬람교도들과 같은 열정은 인간으로 하여금 더욱 용감하게 싸우게 하고 예상보다 훨씬 더 큰 위험도 감수하게 한다는 것을 이해하기 위해 이슬람교도가 될 필요는 없다. 가톨릭은 유대교나 루터교보다 독신주의 서원을 더 잘 받아들이고 지킨다는 것을 알기 위해 로마 가톨릭 교인이 될 필요도 없다. 또한 정결한 음식법과 건강 규례는 그것을 지키는 사람에게 유익이 된다는 것을 깨닫기 위해 정통 유대교인이 될 필요는 없다. 전통적인 기독교 신자가 되지 않고서라도 그리스도인이라면 무신론자나 분리주의자와는 달리 현재의 문화에서 일어나는 변화에 대한 이러한 분석을 영적인 부흥을 요청하는 것으로 해석하려 한다는 점을 이해하기란 그리 어렵지 않다.

문화 전반에 관한 상황이 건강을 위한 유대교의 음식법과 히포크라테스 식 교훈의 가치에 대한 입장과 흡사하다. 신앙공동체에 속해 있지 않는 이 상 종교의 가르침을 실제로 따르는 사람은 거의 없다. 신념을 공유하고 있 는 공동체가 없을 때에는, 정부가 법의 힘으로 행동의 기준을 부여할 수 있 지만 종종 그런 강제성은 처음부터 효력 없는 근거가 된다. 미국과 다른 여 러 국가의 정부들은 담배 소비를 줄이기 위한 격렬한 전쟁을 수행하고 있 다. 정부의 시책은 흡연률을 감소시켰지만 청소년이나 성인들이 지속적으 로 담배를 피우는 것을 막지는 못했다. 금연 정책은 어느 정도 성공을 거두 며 시행되는 반면, 마약 사용, 알코올 중독, 가정 파탄, 매독과 임질, 에이즈 같은 성병은 물론이고 무수한 질병을 감염시키는 무분별한 성행위 등은 거 의 손도 대지 못하고 있다.[154]

주의 사항

피티림 소로킨은 러시아 정교를 배경으로 하는 그리스도인의 입장에서 글을 썼다. 그는 세계의 주요 종교들이 주장하는 견해와 사상에 대해 지극 히 개방적이고 호의적인 자세를 지니고 있었다. 그가 내놓은 분석과 희망 은 전통적인 표현으로 기술되지 않았지만, 영적인 실재에 대해 열려 있는 사람과 하나님을 아는 모든 사람들의 호감을 샀다. 그는 모든 종교의 관념 적이고 이상주의적인 측면을 상당히 존중했으며, 아놀드 토인비가 그의 말

---

154. 정부의 무능함과 어리석음을 보여 주는 사례는 그 외에도 많다. 성병 예방을 위한 콘돔 사용을 증진시키려는 헛된 노력도 그 속에 포함된다. 그들은 마치 조그마한 콘돔을 사 용하는 것이 의학적, 도덕적, 사회적, 영적인 질병과 부조리의 문제를 해결할 수 있는 방법인 것처럼 착각하고 있다.

년에 했던 것보다 더 열심히 종교의 혼합을 받아들였고 심지어는 그것을 주장했다는 소리도 종종 들린다. 그의 사고에 깃든 기독교적 성향과 색채는 감춰지지 않았지만 유난히 두드러지지도 않았다. 그는 하나님을 '무한정 다양하신 분'(Infinite Manifold)이라는 비정통적인 표현으로 자주 언급했는데, 그의 표현은 자신이 비난했던 혼란스러운 혼합주의는 물론이고 범신론도 암시하고 있다. 무질서한 혼합주의에 대한 소로킨의 비판을 상기해 본다면, 우리는 그가 모순되는 체계를 서로 혼합시키는 것이 무익하고 파괴적인 결과를 가져온다는 것을 충분히 인식하고 있었음을 알게 된다. 그의 후기 작품으로 보이는, 『인간성의 재건』(The Reconstruction of Humanity)[155]에서 그는 현재의 위기를 해결하기 위해 종교적인 부흥을 기대하고 있는 것처럼 보인다. 그는 부흥을 일반적인 용어로 설명했고, 때때로 마치 세계의 주요 종교들 사이에 있는 모순과 부조화를 인식하지 못하고 있는 것처럼 글을 쓰기도 했다.

소로킨이 주요 종교들 사이의 중요한 차이점을 인식하는 데 실패한 것은 이해할 만하다. 그가 저술하던 시기에 다양한 형태를 지니고 있었던 기독교는 서구 문화에서 이미 절반 정도 공인된 종교였다. 서구 사회에 종교적인 각성이라는 표현을 사용하는 것은 곧 기독교적 각성을 암시했다. 다른 종교에 대해 그가 지니고 있던 적절한 통찰력을 다른 표현으로 제시할 필요도 없었고, 종교간의 차이점을 조화시키거나 상호 협력을 촉진시키려는 계획을 제안할 필요도 없었다. 그는 전통적인 종교와 그 가치관에 대한 세상 사람들, 특히 정부와 학계와 대중 매체에 있는 사람들의 적대감을 거의 고려하지 않은 것 같다.

오늘날에는 서구 문화 전반의 상황이 변했다. 1941년의 서구 사회는 기

---

155. Pitirim A. Sorokin, *The Reconstruction of Humanity*(Boston: Beacon Press, 1948).

독교 외에 유대교라는 위대한 전통만을 알고 있었고, 유대교는 당시의 서구 사회에 적절히 뿌리내리고 있었다. 1990년대 후반기는 그 당시와 두 가지 차이점을 보여 준다. 첫째는 이제 서구 문화는 힌두교와 이슬람교 및 불교를 알고 있을 뿐 아니라, 무수한 사람들이 서구 문화 속에서 그런 종교들의 영향을 받으며 살아가고 있다. 그러한 종교들이 힘을 발휘하는 지역에서 이민을 온 사람들과 기독교나 서구의 세속주의에서 타종교로 개종하는 사람들이 점차 늘고 있다. 전통적인 고등 종교 외에도 새로운 종교 운동이 많이 일어나고 있는데, 신흥 종교 가운데 몇몇은 뉴에이지(New Age)[156]라는 이름 아래 통합되고 있다. 새로운 종교들은 일반적으로 기독교보다는 고대 이교주의나 동양의 종교와 더 많은 유사점을 지니고 있다. 따라서 이제는 사람들이 종교적인 혹은 영적인 부흥에 대한 말을 들어도 그것을 기독교나 유대교적인 의미로 이해할 것이라고 쉽게 단정지을 수 없다.

1940년대와 1990년대 사이의 두번째 주요한 차이점은 일반적인 의미에서의 종교, 특별히 기독교가 서구 문화에서 차지하고 있었던 지적이고 사회적인 평판으로부터 내몰리고 있다는 것이다. 대부분의 지식층과 연예계의 엘리트들은 교황이나 보수적인 가톨릭 주교들의 적개심과 경멸이 섞인 성명서(소위 종교 권리 운동이나 근본주의자들로부터는 더 심한 소리도 나온다)에 대해서도 환영을 표하는 것이 어쩔 수 없는 상례가 되었다. 심지어 정치가들조차도 정통적인 신앙을 분명히 드러내는 용어를 사용하는 데에는 상당히 신중을 기해야만 한다. 상황이 이처럼 변했기 때문에, 문화 전반에 걸쳐(단지 기독교적인 요소뿐만 아니라) 근본적인 기독교의 원리, 곧

---

156. 이 주제에 관하여 유용한 책이 두 권 있다. Douglas Groothuis, *Understanding the New Age* (Downers Grove, Ⅲ.: Intervarsity Press, 1986)와 Peter Jones, *The Gnostic Empire Strikes Back: An Old Heresy for the New Age*(Phillipsburg, N.J.: P & R Publishers, 1992).

로마의 감각 문화 말기에 영적 부흥을 일으켰던 원리의 회복 가능성을 진지하게 돌이켜 보아야 하며, 그러한 회복이 일어나야 서구 문화가 진노의 날이 아닌 새로운 새벽을 맞게 되리라고 주장하는 것은 무익해 보일 수도 있다.

이 책에 묘사된 여러 가지 위기가 실제로 널리 퍼져 있다는 사실은 부인할 수 없다. 어떤 술어를 사용하든지 간에, 서구 문화가 위험한 시점에 도달했다는 것은 너무나 분명하다. 어떠한 행정적인, 과학적인 혹은 기술적인 혁신도 서구 사회가 고통스럽고 체제적인 재난을 겪지 않고 위기에서 벗어날 수 있도록 할 수 없다. '손쉬우나 천박한 술수' 는 기껏해야 붕괴를 연기시킬 수 있긴 하지만, 그로 인하여 상황은 더욱 악화되고 말 것이다.

이 같은 사실로부터 어떤 결론이 도출될 수 있으며 도출되어야 하는가? 이성, 하나님, 사회 그리고 사회가 지식이라고 부르는 모든 것을 상당히 싫어하는 철학자였던 고(故) 미첼 포컬트(Michel Foucault)의 견해를 따르는 사람이라면, 우리가 이성, 문화, 정의라고 잘못 생각하고 있는 억압적인 구조를 위기가 파괴해 버릴 것이라는 기대로 인해 오히려 그 위기를 반길 것이다.[157] 물론 포컬트와 같은 태도가 보편적인 것은 아니며, 다양한 서구 문화 속의 평범한 사람들 중에 폭넓게 퍼져 있는 것도 아니지만, 그러한 태도

---

157. 미첼포컬트(Michel Foucault, 1926-1984)는 철학계에서 가장 유명한 직책이었던 프랑스 대학의 교수직을 역임했다. 그는 자신이 에이즈에 걸린 것을 알고 있는 적극적인 동성 연애자였고, 의도적으로 다른 사람들에게 감염시키기도 했다. 인류가 자신들을 미개 상태와 혼돈에서 구별하기 위해 세워 놓은 모든 기준들을 거부했던 급진적인 그의 태도는 다음과 같은 글에 잘 나타나 있다. "우리는 개별적인 행동으로 체제를 무너뜨릴 수 없다. 우리는 모든 싸움터인 대학, 감옥, 정신 의학계를 하나씩 정복해 나가야 한다. 왜냐하면 우리 힘은 모든 분야를 동시에 공격할 만큼 강하지 못하기 때문이다. 우리는 가장 견고한 장애물을 공격하며 허물고 있다. 우리가 끝까지 밀고 나가면 사회 체제는 오래지 않아 무너지고 말 것이다. 이제 우리는 승리를 거둔 것처럼 보이지만 또다시 조직

들에게 혼돈과 우유 부단함, 의심, 비겁함에 직면하게 만들고, 일반인들은 선동 정치가의 말에 현혹되어 민족주의와 외세 배척, 민족주의를 받아들이게끔 한다.

이런 상태가 계속되면 피할 수 없는 어려움에 직면하게 된다. 헌신적인 그리스도인은 물론이고 서구 문화에서 성경적이고 기독교적인 기초를 용납하는 사람은 누구나 자신들이 문화의 치유와 부흥을 위한 주체 세력이 되어야 한다는 제안을 진지하게 받아들여야 한다. 미국에서 이루어진 여러 차례의 조사는 미국인들 대다수가 아직도 종교에 호의적인 자세를 가지고 있고 기독교적 원리가 미국 사회와 문화의 기초를 이루고 있다는 사실에 동의하고 있음을 보여 준다. 문제는 중요한 위치에 있는 사람들 중에 형성되어 있는 반종교적이고 반기독교적인 성향이 기독교 문명에 대한 폭넓은 공감대를 효과적으로 방해하고 있으며, 포르노 영화에 대한 규제와 공공 장소에 크리스마스 트리를 설치하는 것과 같은 기독교의 도덕과 문화적 유산을 보존하려는 단체를 돕기 위한 노력을 무력화시키고 있다는 것이다.

서구 사회의 모든 국가에는 포컬트처럼 지나칠 정도로 파괴적인 사람은 드물지만 서구 문화와 그 전통에 적의를 품은 사람들이 꽤 많이 있다. 그들은 기독교를 진지하게 대우하는 것에 대해 비판적으로 심지어는 화를 내며

재건될 것이며, 그때 우리는 다시 시작해야 한다. 이것은 오랜 시간을 요하는 투쟁이다. 그 일은 계속 반복되며, 어찌 보면 모순된 행동으로 여겨질 수도 있다. 그러나 우리가 거부하는 체제와 체제를 통해 작용하는 권력은 오히려 응집력을 제공해 준다." Michel Foucault, *Language, Counter-Memory, Practice*, ed. Donald F. Bouchard(Ithaca, N.Y.: Cornell University Press, 1977), 230.

포컬트에 의해 공격당한 대학 체제가 오히려 그에게 저명한 명예를 부여한 것은 막바지에 다다른 서구의 감각 문화가 보여 주는 특징이다. 그는 서구 문명이 기초하고 있는 모든 특성들, 곧 진리와 거짓, 지식과 무지, 선과 악, 건전함과 광기의 구별을 이론적으로 그리고 실제로 공격했다.

반발한다. 또한 이전에 큰 영향을 끼쳤던 종교의 냄새를 풍기는 관행이나 원리, 가치관을 재도입하려는 모든 시도나 제안을 무조건적으로 거부한다. 그럼에도 불구하고 기독교는, 비록 약화되고 순수함을 잃긴 했지만, 여전히 서구의 사람들 속에서 찾아볼 수 있는 많은 가치들과 예절의 바탕을 제공하고 있다.

하나님과 성경을 믿지 않으며 그렇기 때문에 신적인 영역에서 내려오는 자각의 은총을 기대하지 않는 사람들은, 이 책에 제시해 놓은 분석들을 전적으로 암울하고, 비관적이며, 쓸모 없는 것처럼 볼지도 모른다. 그러나 현재의 상황과 경향에 대한 분석은 실제 자료와 누구나 확인해 볼 수 있는 관찰에 근거하고 있다. 이러한 평가는 대다수 사람들의 상식과 크게 다를 바 없으며, 그 내용은 여론 형성 집단과 매체 엘리트들에 의해 약화되지도 않았으므로 사회에 대한 비판은 전혀 담고 있지 않으며 비난이나 혐오감도 포함되어 있지 않다.

이와 같은 분석은 여기에 제시된 것들을 사실로 인정할 뿐만 아니라 그런 사실들이 우리를 어디로 이끌어갈 것인지 인식하고 있는 독자들에게 큰 유익을 줄 것이다. 또한 하나님이나 신적인 은혜에 관심을 갖지 않으며, 그러한 은혜가 특정한 종교나 종교적인 헌신하지 않고서도 어떤 형태로든 신청만 하면 보충될 수 있다고 여기는 사람에게도 이 책의 내용이 유익할 것이다. 우주와 지구, 인류 그리고 자신들이 우연히 만들어진 산물에 지나지 않는다고 생각하는 사람들에게 진지한 제안을 하는 것은 불가능한 일임을 솔직히 인정해야 한다. 자크 모노드(Jacques Monod)는 인간을 우연과 필연의 혼합체로 보았고, 올리버 웬델 홈즈 2세(Oliver Wendell Holmes Jr.)는 말하기를, 인간은 우주 속에서 모래 알갱이나 개코 원숭이보다 더 나을 것이 없는 존재라 하였다.[158] 인간은 서로 보호하고 존경해야 할만큼 존엄성을 지닌 존재임을 깨닫기 위해 신실한 그리스도인나 엄격한 유대교인이 되든지, 아니면 유사한 종교적인 신념이라도 받아들여야 하지 않을까? 자기의 형상대로 우리를 만드신 창조주께서 부여하신 사명과 의무를 깨닫지 못하더라도, 사람들은 우리 인간이 이 땅에서 창조적인 사명과 서로에 대한 의무를 공유하고 있다는 사실에 동의할 수 있을까?

일반적으로 말하는 종교 혹은 특별히 기독교를 어리석고 위험한 미신이라고 여겨 반대하고, 초월적인 영적 원리들이나 가치들을 기꺼이 받아들이려고 하지 않는 사람들은 감각적인 성향에 빠져 있으며 이 책의 제안들을 받아들이는 것은 고사하고 이해하기도 어려울 테지만, 오히려 그런 사람들에게 수용하도록 노력할 것을 촉구해야 한다. 비록 인간의 마음이 죄에 물들어 있지만 아직 영적인 것을 배울 수 있는 능력을 지니고 있다. 그와 같은 영적인 가치들에 대한 인간의 학습 능력은 기독교가 지배적이었던 시기에 적극적으로 활용되었지만, 결국에는 다른 종교에 대한 편협함을 거부하고 인내와 자비를 실천하는 차원으로 변화되었다. 감각적인 원리에 물든 사람들은 종교적인 사람들의 편협함과 배타성을 그럴듯하게 비난한다. 하지만 그런 사람들에게 스스로의 상태를 점검하고, 관념적이고 이상주의적인 생각이 지닌 중요한 유익들을 간과하고 있다고 말하는 것이 지나친 일은 아니다.

단순한 의견, 공상, 편견 이상의 것들이 관념적이고 이상주의적인 견해 속에 들어 있다. 현재의 말기 감각 문화가 근본적인 방향 전환을 하지 않고 지금의 길로 계속 나아간다면, 종교적인 사람들뿐만이 아니라 모든 사람들이 고통스러운 상태에 이를 것이다. 『폐쇄된 미국인의 마음』[159]의 저자인 알

---

158. 숫자가 격감하고 있는 개코 원숭이가 인간보다 더 중요하다고 생각하는 동물 보호 운동가들이 많다는 것도 우리 시대의 위기를 보여 주는 또 다른 증상이다. 그들은 인간의 수가 너무 많으며, 인간들이 산업 발전을 핑계로 개코 원숭이의 서식지인 환경을 오염시키며 파괴하고 있다고 주장한다.

렌 블룸처럼 지각력이 뛰어난 사상가들은 수백만의 독자들이 현대 사회의 문제를 인식하도록 깨우쳤지만, 현재의 곤경에서 벗어나는 길을 제시한 사람은 아무도 없었다. 그 이유는 간단하다. 탈출구는 신적 은혜(또한 인간의 자각)에 달려 있지만, 신적인 은혜는 서구의 말기 감각 문화가 중요하게 여기기를 거부하는 요소이기 때문이다.

일상 생활의 경험과 전문적인 여론 조사는 미국 사회의 많은 사람들이 하나님을 믿고 있지만, 성경이 인간에게 들려주시는 하나님의 말씀이라고 생각하는 사람은 극히 드물다는 것을 보여 준다. 한때 활력 있는 이상주의 문화를 만들어 냈던 신앙적 확신에 대해 모호하고 습관적으로 동의하는 이런 자세로부터 퇴락 일로에 있는 감각 문화를 부활시킬 수 있는 헌신과 결단을 이끌어낼 수 있겠는가?

어떤 인간 사회도 완전한 것은 없었고, 인간의 본성에 대한 이해를 충분히 제공한 사회도 없었다. 알두스 헉슬리(Aldous Huxley)의 『훌륭한 신세계』나 조지 오웰의 『1984년』에 제시된 암울한 전망은 아직 우리에게 일어나지 않았다. 그러나 대부분의 독자들은 인류가 스스로를 정치적인 독재, 기술, 마약의 노예로 만들 것이며, 인간의 자유를 파괴하는 세력의 도래가 머지 않아 이루어질 수도 있다는 가능성을 인식하고 있을 것이다. 만일 사회의 문제에 대한 해결책은 오로지 인간으로부터 나올 것이라 생각한다면, 무솔리니, 레닌, 히틀러, 스탈린, 마오쩌둥과 같은 인물들에 대한 경험이 나약한 인간은 이 땅에 천국과 비슷한 유토피아가 아닌 살기 힘든 결함 투성이의 사회(dystopia)를 만들어 낼 수밖에 없다는 사실을 깨닫도록 가르

---

159. Allan Bloom, *The Closing of the American Mind: How Higher Education Has Failed Democracy and Impoverished the Souls of Today's Students*(New York: simon ans Schuster, 1987).

쳐 줄 것이다.

성경의 하나님을 믿는 사람이든 믿지 않는 사람이든, 조직적으로 하나님에 대한 신앙을 거부한 몇몇 사회는 자멸하고 말았고, 그 과정 중에 수천만의 인명과 헤아릴 수 없는 인간의 행복을 앗아갔다는 사실을 부인하지 못할 것이다. 비록 하나님에 대한 신앙이 입증되지 못한다 하여도 그 같은 신앙으로부터 기인한 어떤 전제들은 인간으로 하여금 살 만한 가치가 있는 사회를 만들고 유지할 수 있게 도와주었고, 사회가 앞으로도 계속 그러하리라는 기대를 갖는 것을 가능하게 해주었다.

비록 명확한 종교적 신념을 밝히지도 않고 또한 하나님이나 영원한 생명을 믿지는 않지만, 정직하고 관념적이고 이타적인 사람들이 많이 있다는 것은 누구나 알고 있는 사실이다.[160] 어떤 사람은 선천적으로 고결함을 지니고 있는 것처럼 보이며, 어떤 사람은 이기적이고 비열하며 소심하고 저속한 행동 방식을 타고 나는 것처럼 보인다. 많은 사람들은 자신의 육체적이고 감정적인 욕망을 채우는 것을 최고의 가치로 여기며 살아가는 반면 그렇지 않은 사람들도 많이 있다. 인간의 역사를 통해 여자와 남자, 어른이나 아이 할 것 없이 무수한 사람들이 자기 아닌 다른 사람을 위해, 혹은 자신이 옳다고 여기는 이상을 위해 수고를 아끼지 않고, 험난한 난관을 극복하고, 자신들의 소유와 생명까지 희생하였다.

---

160. 임마누엘 칸트는 전통적인 이성에 근거한 주장에 의해 하나님의 존재를 증명할 수 있는 가능성을 부인했다. 그러나 그는 하나님의 존재, 영혼의 불멸성, 의지의 자유 등이 "실천 이성을 위해 필요한 전제"라고 말했다. 그는 인간이 선천적으로 도덕적인 존재이며, 본성에 정직하기 위해서는 도덕적 증명에 관여해야 한다고 주장했다. 또한 도덕적 증명은 최종적인 실체에 대한 세 가지 가설을 세웠을 때에만 가능하다고 하였다. 마치 말기 감각 문화가 그런 것처럼, 이런 가설들을 거부하는 태도는 도덕 이성을 위한 인간의 능력을 소멸시킬 것이다.

오로지 자기 자신과 자기 만족을 위해 살아가는 사람도 많다. 그럼에도 불구하고 그보다 훨씬 많은 사람들이 다른 사람들과 숭고한 이상을 위해 엄청난 희생을 기꺼이 감수하고 심지어 생명을 바치기도 한다. 일반적으로 그와 같은 사람들의 대부분은 모세의 율법에 나타났고, 예수님께서도 강조하신 "사람이 떡으로만 사는 것이 아니다"(신 8:3)라는 진리를 몸소 보여주었다. 인간은 음식 없이 살 수 없다. 하지만 음식이 아무리 맛있고 풍족하다 하여도 그것만으로 인간 마음의 염원과 열망을 만족시킬 수 없다. 어떤 사회가 영적인 진리와 이상적인 가치에 대한 개념을 거부하는 시점에 이르면, 그 사회에 속한 모든 구성원들은 물질적인 요소로 자신들의 영적인 필요를 채우기 위해 노력하도록 강요받지만, 결국에는 좌절감과 비탄함만을 맛보게 된다. 사회의 대다수 구성원이 심각한 정도의 좌절감과 비탄으로 고통받게 될 때에는 선각자나 앞날에 대한 식견을 가진 사람들이 나타나 더 고귀한 가치와 귀중한 목표를 제시하게 될 것이다. 우리는 어떤 선각자의 말에 귀를 기울이며, 어떤 가치와 목표를 받아들일 것인지 신중하게 결정해야 한다.

새벽의 첫 미광(微光)

소로킨은 1941년에 서구 사회가 얼마 있지 않아 물질적인 요소와 육체적인 쾌락을 우선하는 전제로부터 돌아서서 다시금 영적인 세계를 바라보게 될 것이라고 예견했다. 1960년대에 들어 통찰력 있는 기독교 사상가인 프랜시스 쉐퍼는 20세기가 끝나는 마지막 10년 동안이 "충족되지 않은 신비주의" 시대가 될 것이라고 예언했다. 그들이 말한 일들이 점차 현실화되기 시작했다. 그들의 예언은 어느 정도 성취되었는데, 그들의 말대로 서구 사회는 풍부한 물질적 가치에 대한 탐욕스러운 추구로부터 돌아서고 있으며 영적인 가치에 대해 연구하기 시작했다. 이 시점에서 제기해야 하는 중대한 질문은, 우리가 얼마나 깊은 영성으로 나아가야 하는가에 관한 것이 아니라 우리가 어떤 종류의 영성을 받아들여야 하는가에 관한 것이다. 조지 오웰과 알두스 헉슬리는 정체 불명의 무감각한 전체주의 전제 국가인 '훌륭한 신세계'를 예견했다. 폴 얼리치는 전 세계적인 굶주림과 대규모의 아사(餓死)가 발생할 것이라 하였다. 할 린제이는 엄청난 재앙을 몰고 오게 될 아마겟돈 전쟁이 일어날 것으로 보았다. 지금까지 어떤 예언도 성취되지 않았다. 오스왈드 스펭글러는 좀더 넓은 관점을 가지고 인간 역사를 전체적으로 살핀 후에, 서구 문화의 몰락은 불가피하다고 생각했다. 오로지 소로킨만이 서구 문화가 관념적인 혹은 이상주의적인 문화의 단계로 변화되기 시작한다는 희망을 가졌다. 다른 사람들의 주장은, 적어도 지금까지는, 모두 틀린 것으로 판명되었다. 누가 그런 예견들이 현실로 나타나기를 바라겠는가?

신선하고 신중하고 확신에 찬 기독교라도 지금과 같은 감각 문화를 부흥시키지 못할지도 모른다. 그렇다면 어느 누가 그런 일을 할 수 있을까? 오스트리아 사회학자인 한스 밀렌도르퍼는 이렇게 말했다. "미래는 기독교적인 성향을 지니게 될 것이다. 그렇지 않으면 미래는 열리지 않을 것이다." 매몰찬 그리스도인들과 그들이 모여 만든 이름뿐인 기독교 단체로부터 편협함을 느끼고 차별과 욕설을 당한 사람들에게는 이런 말들이 협박처럼 들릴 것이다. 그러나 그리스도인이라는 말을 그리스도에게 속한 사람이라는 의미로 이해한다면 그리고 그리스도인들 대다수가 그 말의 진정한 의미에 걸맞는 행동을 보여 줄 수 있다면, 미래가 기독교의 시대가 되어야 한다는 말들은 위협적이지 않고 오히려 희망적으로 들릴 것이다. 우리 시대의 문화는 지금까지 걸어온 길을 끝내려는 시점에 있지만 앞으로 나아갈 길은 여전히 열려 있다. 예수께서 말씀하신 것처럼, 멸망으로 인도하는 길이 있지만 생명으로 인도하는 길도 있다. 최후의 심판날은 분명히 올 것이지만, 그것만이 전부는 아니다. 더욱 중요한 사실은 하나님이 살아 계시고 그가 인간을 위한 선한 목적을 지니고 계신다는 것이다. "주의 이름으로 오시는 이에게 복이 있으리로다."[161]

---

161. 마태복음 21장 9절을 본문으로 하는 이 구절은 피티림 소로킨이 지은 『우리 시대의 위기』(*The Crisis of Our Age*)의 마지막 부분에도 실려 있다.

참고문헌

Anderson, Olive. *Suicide in Victorian and Edwardian England*. Oxford: Clarendon, 1987.

Arendt, Hannah. *The Crises of the Republic*. New York: Harcourt Brace, 1972.

------. *The Origins of Totalitarianism*. New York: Harcourt Brace, 1968.

------. *The Human Condition*. Chicago: University of Chicago Press, 1958.

Benedict, Ruth. *Patterns of Culture*. Boston and New York: Houghton Mifflin Company, 1934.

Bennett, William John. *The Index of Leading Cultural Indicators*. Vol. 1. Washington, D.C.: Heritage
    Foundation and Empower America, 1993.

Bloom, Allan. *The Closing of the American Mind: How Higher Education Has Failed Democracy and Impoverished the Souls of Today's Students*. New York: Simon and Schuster, 1987.

Bruckberger, R. L. *La Revelation de Jesus Christ*. Paris: Grasset, 1983.

Carcopino, Jerome. *Daily Life in Ancient Rome: The People and the City at the Height of the Empire*. Trans. E. O. Lorimer. Now Haven, Conn.: Yale University Press, 1940.

Coudenhove-Kalergi, Richard N. von. *Ethik und Hyperethik*. Leipzig, Germany: Der Neue Geist/ Peter Reinhold, 1922.

Darwin, Charles. *The Origin of the Species*. New York: Collier & Son, 1909.

Dobson, James. *Dare to Discipline*. Wheaton, Ill.: Tyndale House, 1987.

Edelstein, Ludwig. "The Hippocratic Oath" in *Supplements to the History of Medicine*. Vol. 1. Baltimore: Johns Hopkins, 1943.

Ehrlich, Paul. *The Population Bomb*. New York: Ballantine Books, 1968.

Ellul, Jacques. *The Political Illusion*. Trans. Konrad Kellen. New York: Random House, 1972.

Foucault, Michel. *Language, Counter-Memory, Practice*. Ed. Donald F. Bouchard. Ithaca, N.Y.: Cornell University Press, 1977.

Fromm, Erich. *Escape from Freedom*. New York: Farrar & Rinehart, 1941.

Gates, Barbara T. *Victorian Suicide: mad Crimes and Sad Histories*. Princeton, N.J.: Princeton University Press, 1988.

Glover, Terror Reaveley. *The Conflict of Religions in the Early Roman Empire*.

10th ed., London: Methuen, 1923.

Groothuis, Douglas. *Unmasking the New Age*. Downers Grove, Ill.: InterVarsity Press, 1986.

Hertwig, Oskar. *Zur Abwehr des ethischen, des sozialen, des politischen Darwinismus*. Jena, Germany: Gustav Fischer, 1918.

Huxley, Aldous. *Brave New World*. New York: Harper & Brothers, 1950.

Jones, E. Michael. *Degenerate Moderns*. San Francisco: Ignatius, 1993.

Jones, Peter. *The Gnostic Empire Strikes Back: An Old Heresy for the New Age*. Phillipsburg, N.J.: P&R Publishers, 1992.

Lewis, C. S. *The Abolition of Man*. New York: Macmillian, 1953.

Lindsay, Hal. *The Late, Great Planet Earth*. Grand Rapids, Mich.: Zondervan, 1971.

Mead, Margaret. *Coming of Age in Samoa*. New York: Blue Ribbon Books, 1928.

Medved, Michael. *Hollywood vs. America*. New York: HarperCollins, 1992.

Olasky, Marvin. *The Tragedy of Christian Compassion*. Downers Grove, III.: Crossway, 1993.

Reich, Charles. *The Greening of America: How the Youth Revolution Is Trying to Make America Livable*. New York: Random House, 1970.

Rookmaaker, H. R. *Modern Art and the Death of a Culture*. Downers Grove, Ill.: InterVarsity Press, 1970.

Rostovtzeff, Michael. *Social and Economic History of the Roman Empire*. 2ed. rev. Oxford: Clarendon Press, 1957.

Sandmann, J rgen. *Der Bruch mit der humanitaren Tradition in Forschungen zur neueren Medizinund Biologiegeschichle*. Ed. Gunter Mann and Wener F. K mmel. Stuttgart and New York: G. Fischer, 1990.

Schaeffer, Francis A. *The Collected Works of Francis Schaeffer*. 5 vols. Wheaton, Ill.: Crossway, 1982.

Schram, Glenn N. *Towards a Response to the American Crisis*. Fort Royal, Va.: Christendom Press, 1993.

Skinner, *Burrhus Frederic*. Walden 2. New York: Macmillan, 1976.

------. *Beyond Freedom and Dignity*. New York: Knopf, 1971.

Sorokin, Pitirim A. *The Crisis of Our Age*. 2ed Oxford: Oneworld, 1992; 1 ed., 1941.

------. *The American Sex Revolution*. Boston: Peter Sargent, 1956.

------. *Social and Cultural Dynamics: A Study of Change in Major Systems of Art, Truth, Ethics, Law, and Social Relationships*. 4 vols. New York: American Book Company, 1937-41.

Spengler, Oswald. *The Decline of the West*. *Trans*. *Francis Atkinson*. New York: A. A. Knopf, 1926-28.

Tocqueville, Alexis de. *Democracy in America*. Trans Henry Reeve. new Rochelle, N.Y.: Arlington House, 1966.

Toffler, Alvin. *The Third Wave*. New York: Morrow, 1980.

------. *Future Shock*. New York: Random House, 1970.

Toynbee, Arnold. *A Study of History*. New York: American Heritage Press, 1972.

Toynbee, Arnold, and Daisaku Ikeda. *Choose Life: A Dialogue*. Ed. Richard C. Gage. London: Oxford University Press, 1976.

색인